"사회를 보호해야 한다"

"사회를 보호해야 한다"

콜레주드프랑스 강의 1975~76년

미셸 푸코 지음 | 김상운 옮김

일러두기

1. 한국어판의 번역대본으로 사용한 프랑스어판, 그리고 각주를 첨부하거나 교열하는 과정에서 참조한 영어판, 일본어판의 서지사항은 아래와 같다.

   • 프랑스어판. *"Il faut défendre la société": Cours au Collège de France, 1975~1976*, édition établie sous la direction de François Ewald et Alessandro Fontana, par Mauro Bertani et Alessandro Fontana, Paris: Seuil/Gallimard, 1997.
   • 영어판. *"Society Must Be Defended": Lectures at the Collège de France, 1975~1976*, ed. Arnold I. Davidson, trans. Graham Burchell, New York: Palgrave Macmillan, 2003.
   • 일본어판. 『社会は防衛しなければならない: コレージュ・ド・フランス講義(1975~1976)』, 石田英敬・小野正嗣 翻訳, 東京: 筑摩書房, 2007.

2. 본문에서 언급되는 프랑크 왕국의 시기에는 독일과 프랑스가 엄격히 나뉘지 않은 상태였는데, 사실상 오늘날 우리가 알고 있는 독일과 프랑스의 시작은 843년의 베르됭 조약으로 인해 등장한 동프랑크 왕국과 서프랑크 왕국이다. 따라서 이 점을 암시하기 위해 서프랑크 왕국 이전 프랑스 군주들의 명칭은 독일어 발음으로 표기했다. 한편 잉글랜드 군주의 경우에는 '노르만족의 잉글랜드 정복'이라는 맥락에서 언급되는(즉, 노르만족 출신임이 강조되는) '정복왕 기욤'을 제외하고는 모두 영어 발음으로 표기했다.

   예) 클로비스 1세 → 클로도비크 1세, 샤를마뉴 → 카롤루스 대제
   정복왕 윌리엄 → 정복왕 기욤

3. 본문과 각주 등에서 '[ ]' 안의 내용은 프랑스어판 편집자 혹은 옮긴이가 덧붙인 것이다. 프랑스어판 편집자는 주로 푸코의 문장(말)이 불분명해 그 내용을 '완성'하는 데 이 괄호를 사용했고, 옮긴이의 경우에는 주로 첨언을 통해 그 내용을 '보충'(명확화)하는 데 이 괄호를 사용했다. 원칙적으로는 별도의 문장 기호들로 두 경우를 일일이 구별하는 게 맞겠으나, 너무 많은 문장 기호들은 오히려 가독성을 해쳐서 그렇게 하질 않았다.

4. 참조한 다른 판본들의 표현이 프랑스어판의 원래 표현과는 엄연히 다르지만 책의 내용을 이해하는 데 훨씬 더 도움이 된다고 판단된 경우에도 '[ ]'를 사용해 그 표현을 병기했다. 단, 이 경우에는 해당 표현이 어느 판본에서 나왔는지를, '— Eng./De./日.'(영어판, 독일어판, 일본어판)처럼 약자로 표기해 명확히 구별해 놓았다.

5. 프랑스어판의 편집자 후주는 숫자(1), 2) ……)로 표기해 본문에 삽입했고 본문 각주는 별표(*, **……)로 표시해 구분했다. 옮긴이 주는 십자가표(†, ‡……)로 표시했다.

6. 단행본·전집·정기간행물·팸플릿·영상물·음반물·공연물에는 겹낫표(『 』)를, 논문·기고문·단편·미술 등에는 홑낫표(「 」)를 사용했다.

차 례

프랑스어판 편집자 서문

미셸 푸코는 안식년이던 1977년만 제외하고 1970년 12월부터 1984년 6월 사망할 때까지 줄곧 콜레주드프랑스에서 가르쳤다. 푸코의 강좌명은 '사유 체계의 역사'Histoire des systèmes de pensée였다.

　1969년 11월 30일 콜레주드프랑스 교수 총회에서 쥘 뷔유맹의 제안으로 개설된 이 강좌는 장 이폴리트가 죽을 때까지 맡았던 '철학적 사유의 역사'Histoire de la pensée philosophique를 대체한 것이었다. 1970년 4월 12일 교수 총회에서 푸코는 이 신규 강좌의 전임교수로 선출됐다.[1] 그때 푸코는 43세였다.

　1970년 12월 2일 푸코는 교수취임 기념강의를 했다.[2]

　콜레주드프랑스에서의 수업은 특이한 규칙에 따라 진행됐다. 교수들은 연간 26시간만 강의하면 됐다(그 시간수의 절반까지는 세미나 형태로 할 수 있었다).[3] 교수들은 매년 새로운 연구업적을 발표해야 했고, 매번

---

1) 푸코는 교수선발 서류심사용으로 작성해 제출한 소책자를 다음과 같은 말로 끝맺었다. "사유 체계의 역사를 쓰는 일에 착수해야 할 것이다." Michel Foucault, "Titres et travaux," *Dits et Écrits*, t.1: 1954-1969, éd. Daniel Defert et François Ewald, avec collab. Jacques Lagrange, Paris: Gallimard, 1994, p.846.

2) 이 강의는 1971년 5월 『담론의 질서』라는 제목으로 갈리마르 출판사에서 출간됐다. Michel Foucault, *L'Ordre du discours*, Paris: Gallimard, 1971. [이정우 옮김, 『담론의 질서』(개정판), 중원문화, 2012.]

3) 1980년대 초까지 푸코는 그렇게 했다.

강의내용도 바꿔야 했다. 강의나 세미나 출석은 완전히 자유로워서 등록을 하거나 학위증을 제출할 필요가 전혀 없었다. 교수들도 학위증을 수여하지 않았다.[4] 콜레주드프랑스 식의 용어를 따르자면, 교수들은 학생을 가진 것이 아니라 청강생을 가지고 있었다.

푸코의 강의는 [몇몇 예외를 빼면] 1월 초부터 3월 말까지 매주 수요일에 열렸다. 학생, 교사, 연구자, 그리고 호기심으로 온 사람들과 많은 외국인들이 섞인 청강생의 숫자는 매우 많아서 콜레주드프랑스의 원형 강의실 두 개를 가득 메웠다. 푸코는 자신과 '청중' 사이의 거리가 너무 멀다고, 따라서 강의에 으레 따르는 상호교류가 이뤄질 수 없다고 가끔 불평했다.[5] 푸코는 정말로 공동의 작업장이 될 수 있는 세미나를 꿈꿨다. 그래서 여러 가지 시도를 해봤다. 말년에 가서는 강의가 끝난 뒤 청강생들의 질문에 답하는 데 오랜 시간을 할애하기도 했다.

1975년 『누벨옵세르바퇴르』 기자인 제라르 프티장은 그 분위기를 다음과 같이 적었다. "마치 물속에 뛰어드는 사람처럼 잰걸음으로 돌진하듯이 강단에 들어섰을 때, 푸코는 자기 의자에 당도하기까지 몇 사람을 타고 넘어야 했다. 그러고는 원고지를 놓기 위해 녹음기를 한쪽 옆으로 밀고, 웃옷을 벗고, 램프에 불을 켠 뒤 시작하는 것이었다. 이 모든 것이 마치 시속 1백km처럼 신속했다. 이어서 우렁우렁하고 설득력 있는 목소리가 확성기를 통해 나왔다. 이 확성기는 석고 수반에서 올라오는 희미한 불빛으로 밝혀진 강의실에 유일하게 허락된 현대 문물이었다.

---

4) 콜레주드프랑스 안에서만 그랬다.

5) 1976년 푸코는 수강생의 숫자를 줄여보려고 강의시간을 오후 5시 45분에서 아침 9시로 옮겨봤지만 허사였다[푸코는 '9시 30분'이라 말했다]. Michel Foucault, *"Il faut défendre la société": Cours au Collège de France, 1975-1976*, éd. s. dir. François Ewald et Alessandro Fontana, par Mauro Bertani et Alessandro Fontana, Paris: Gallimard/Seuil, 1997, pp.4~5. [김상운 옮김, 『"사회를 보호해야 한다": 콜레주드프랑스 강의, 1975~76년』, 도서출판 난장, 2015, 16~18쪽.]

좌석은 3백 개였지만 5백 명이 입추의 여지없이 부대끼며 자리를 메웠다. …… 푸코의 말은 전혀 웅변조가 아니었다. 투명하고 무섭도록 설득력이 있었다. 즉흥성에는 한 치의 틈도 허락하지 않았다. 푸코는 바로 전해 자신이 수행한 연구의 의미를 설명하기 위해 1년에 12시간 공개강좌를 가졌다. 그래서 푸코는 최대한 압축했고, 마치 기사를 다 쓰고 난 뒤에도 아직 쓸 말이 너무 많이 남아 있는 기자처럼 여백을 가득 메웠다. 오후 7시 15분 푸코는 강의를 끝냈다. 학생들이 푸코의 책상으로 모여들었다. 푸코에게 말을 하기 위해서가 아니라 녹음기를 끄기 위해서였다. 질문은 없었다. 혼잡한 청강생들 틈에서 푸코는 혼자였다." 푸코는 자기 강의에 대해 이렇게 말했다. "제 가설을 토론에 부쳐야 하는데 그렇게 하질 못했습니다. 가끔, 예컨대, 강의가 좋지 않을 때면 별것 아닌 것, 질문 하나만 있어도 상황[강의]을 바로 잡을 수 있을 텐데 말이죠. 그러나 그런 질문은 한 번도 나오지 않았어요. 프랑스에서는 집단 효과 탓에 토론이 불가능합니다. 되돌아오는 수로水路가 없으니 강의는 연극처럼 되어버리죠. 저로서는 청중 앞에서 배우, 아니면 곡예사가 될 수밖에요. 그리고 강의가 끝나면 말할 수 없는 고독에 휩싸입니다."6)

푸코는 연구자의 자세로 강의에 임했다. 도래할 책을 위한 탐사요 문제화 영역의 개간이기도 했던 푸코의 강의는 미래의 연구자에게 부치는 초대장처럼 정식화됐다. 그래서 콜레주드프랑스에서의 강의는 이미 출간된 푸코의 어느 책과도 겹치는 부분이 없다. 비록 책과 강의가 공통의 주제를 다루고 있더라도 강의는 그 어떤 책의 밑그림도 아니다. 강의는 고유의 지위를 지니고 있다. 강의는 푸코가 행한 '철학적 행동'의 전체 속에서 특별한 담론적 체제에 속한다. 특히 푸코는 강의에서 지식과 권력의 관계를 다루는 계보학 프로그램을 전개했다. 푸코는 1970년대 초

6) Gérard Petitjean, "Les Grands Prêtres de l'université française," *Le Nouvel Observateur*, 7 avril 1975.

부터 그때까지 자신을 지배했던 담론 형성의 고고학 작업과는 반대로, 이 계보학 프로그램에 따라 자신의 작업을 성찰하기 시작했다.[7)]

　매 강의는 시사적인 기능도 있었다. 강의를 들으러 오는 청강생들은 매주 짜임새 있게 전개되는 이야기에만 매료된 것은 아니었다. 그 내용의 탄탄한 논리에만 사로잡힌 것도 아니었다. 청강생들은 강의에서 시사 문제에 대한 명쾌한 설명을 발견할 수 있었다. 푸코에게는 시사 문제를 역사와 대각선으로 잇는 탁월한 재주가 있었다. 푸코가 프리드리히 니체나 아리스토텔레스를 말하고, 19세기의 정신감정서나 그리스도교의 전원시를 평가할 때면 청강생들은 항상 거기에서 현재를 비추는 조명, 또는 당대의 사건에 대한 설명을 이끌어낼 수 있었다. 그러므로 푸코가 강의에서 보여준 강점은 학자적인 박학과 개인적인 현실 참여, 그리고 시사적인 사건에 대한 연구를 절묘하게 교차시킨 점에 있다.

⚜

1970년대에는 카세트 녹음기가 크게 발달하고 완성된 탓에 푸코의 책상도 예외 없이 녹음기의 침입을 받았다. 푸코의 강의(그리고 몇몇 세미나)가 그렇게 해서 보존됐다.

　우리의 책은 푸코가 공적으로 행한 말만을 그 전거로 삼는다. 가능한 한 글자 그대로 옮기려고 애썼다.[8)] 우리는 푸코의 말을 있는 그대로 독자들에게 전달하고 싶었다. 그러나 말을 글로 옮기는 작업은 편집자의 개입을 불가피하게 만든다. 적어도 구두점을 찍고, 문단을 나누는 일

---

7) Michel Foucault, "Nietzsche, la généalogie, l'histoire," *Dits et Écrits*, t.2: 1970-1975, éd. Daniel Defert et François Ewald, avec collab. Jacques Lagrange, Paris: Gallimard, 1994, p.137. [이광래 옮김, 「니체, 계보학, 역사」, 『미셸 푸코: 광기의 역사에서 성의 역사까지』, 민음사, 1989, 330쪽.]

8) 특히 우리는 질베르 뷔를레와 자크 라그랑주가 콜레주드프랑스와 솔슈아르도서관(Bibliothèque du Saulchoir)에 맡긴 녹음테이프를 사용했다.

은 해야 한다. 그러나 실제로 행해진 강의에 가능한 한 근접해 있으려는 것이 우리의 원칙이었다.

불가피한 경우에는 중복과 반복 부분을 삭제했다. 중간에서 중단된 문장들은 복원했고, 부정확한 구문은 교정했다.

말줄임 부호(……)는 해당 부분의 녹음 내용이 들리지 않는다는 것을 뜻한다. 문장이 불분명할 경우에는 괄호([ ]) 안에 그 내용을 추측해 넣어 완성하거나 첨언을 넣었다.

푸코가 사용한 강의원고[노트]와 실제로 말한 내용[단어들]이 현저히 차이 날 때에는 해당 부분에 별표(*)를 치고 그 차이를 해당 쪽수의 아래에서 밝혀 놓았다.

인용문들은 확인하고 나서 실었고, 푸코가 참조한 텍스트 역시 그 서지사항을 밝혀 놓았다. 비판 장치는 불명료한 점을 해명하거나 어떤 암시를 분명하게 밝힐 때, 또는 비판적 논점을 정확히 하기 위해서만 제한적으로 사용했다.

독서를 돕기 위해 각 강의 앞에 해당 강의의 주요 논점을 알려주는 간단한 개요를 붙여뒀다.

매 권의 말미에는 『콜레주드프랑스 연감』에 수록된 해당 강의의 요지를 덧붙여 놓았다. 푸코는 대개 강의가 끝난 직후인 6월에 이 강의요지를 작성했다. 푸코에게 있어서 이 강의요지는 자기 강의의 의도와 목적을 돌이켜보는 기회였다. 그러니까 이 강의요지야말로 푸코의 강의에 대한 최상의 소개인 셈이다.[9]

매 권의 말미에는 해당 강의의 편집자가 책임을 지고 집필한 「강의 정황」이 붙어 있다. 이 글은 해당 강의를 푸코의 출판된 저서들 속에 자

---

[9] 1976년 강의의 요약은 이전에 출판된 바 있다. *Annuaire du Collège de France, 76ᵉ année: Histoire des systèmes de pensée, année 1975-1976*, 1976, pp.361~366; Michel Foucault, *Dits et Écrits*, t.3: 1976-1979, éd. Daniel Defert et François Ewald, avec collab. Jacques Lagrange, Paris: Gallimard, 1994, pp.124~130.

리매김하고, 해당 강의가 푸코에 의해 사용된 여러 자료들 가운데서 차지하는 지위를 밝혀주는 전기적·이데올로기적·정치적 맥락에 대한 정보를 독자들에게 제공해준다. 이렇게 함으로써 우리는 독자들의 이해를 돕고, 각 강의가 준비되고 행해졌던 상황이 망각되어 불러일으킬지도 모를 오해를 미리 피하려고 했다.

1976년 행해진 강의를 모은 『"사회를 보호해야 한다"』는 알레산드로 폰타나와 마우로 베르타니가 편집을 맡았다.

❖

콜레주드프랑스 강의록의 출간으로 푸코의 '작품'이 지닌 새로운 측면이 빛을 보게 됐다.

본래의 의미에서 콜레주드프랑스 강의록은 미공개 원고라고 볼 수 없다. 왜냐하면 푸코가 공적으로 행한 말을 전재한 것이기 때문이다. 그러나 푸코가 매우 공들여 작성해 강의에서 활용한 노트 자료는 예외이다. 푸코의 강의원고를 가지고 있는 다니엘 드페르는 우리 편집자들에게 그 강의원고를 볼 수 있도록 해줬다. 심심한 감사를 드린다.

콜레주드프랑스 강의록의 출판은 푸코의 상속인들의 동의를 얻어 이뤄졌다. 상속인들은 프랑스와 외국에서 푸코의 강의록을 원하는 많은 사람들의 열망에 부응하기 위해 이런 결정을 내렸다. 물론 신뢰할 수 있는 조건 속에서 작업이 이뤄져야 한다는 전제가 붙었다. 우리 편집자들은 상속인들의 신뢰에 답할 수 있도록 최대한의 노력을 기울였다.

프랑수아 에발드
알레산드로 폰타나

강 의
1975~76년

1강. 1976년 1월 7일

강의란 무엇인가? | 예속된 앎들 | 투쟁의 역사적 앎, 계보학과 학문적 담론들 | 계보학의 관건인 권력 | 권력에 대한 법적·경제적 개념 파악 | 억압으로서의 권력과 전쟁으로서의 권력 | 칼 폰 클라우제비츠의 아포리즘을 뒤집기

여기서, 이 강의에서 무엇이 진행되는지에 관해 조금은 분명히 밝혀두고 싶습니다. 여러분이 지금 계시고 저 또한 있는 이 기관[콜레주드프랑스]은 정확히 말하면 교육 기관이 아니라는 것을 잘 아실 테죠. 오래 전에 창립됐을 때의 취지가 무엇이었건 간에, 현재의 콜레주드프랑스는 일종의 연구 기관으로 기능하고 있습니다. 우리 교수들은 연구를 위한 급여를 지급받고 있죠. 그리고 저는 여기서의 교육활동에 관해 다음과 같은 취지가 부여되지 않는다면, 극단적으로 말해, 아무 의미가 없다고 생각합니다. 즉, 연구를 위해 급료를 받고 있기 때문에, 현재 행하고 있는 연구를 무엇에 의해 점검할 수 있는가라는 문제가 있습니다. 이런 연구에 관심을 가질 수 있는 사람들이나 이것에 접근하려는 상당한 동기를 지닌 사람들에게 이런 연구의 현황을 어떤 방식으로 접하게 해줄 수 있을까요? 자신이 지금 행하고 있는 작업에 관해, 최종적으로는 교육이라는 공적인 발표 외에 비교적 정기적으로 공적인 설명의 기회를 어떻게 만들 수 있을까라는 문제가 있는 것입니다. 그러니까 저로서는 매주 수요일에 열리는 이 모임을 교육활동이라기보다는 차라리 제가 원해서 하는 작업에 관한 일종의 공적인 설명 기회 같은 것이라고 생각합니다. 그런 한에 있어서, 사실상, 제가 절대적으로 해야만 하는 것은 제가 지금 무엇

을 하고 있는가, 연구의 어느 부근에 있는가, 이 작업은 […⋯] 어떤 방향으로 향하려 하는가에 관해 대략이나마 모두에게 말하는 것이라고 생각합니다. 이와 똑같이, 제가 말한 것으로 여러분이 하고 싶은 것을 하는 것도 완전히 여러분의 자유입니다. 제가 말하는 것은 연구의 있을 법한 방향의 암시, 몇몇 생각이나 도식, 몇몇 소묘나 도구에 지나지 않기 때문에, 이것을 어떻게 사용할 것인지는 여러분 마음대로 하십시오. 극단적으로 말하면, [제 말이] 어떻게 사용되는가는 제게 흥미롭지만 제 소관은 아닙니다. 여러분이 어떻게 사용해야 한다는 식으로 제가 규칙을 세워서는 안 되기 때문에 제 소관이 아니라는 말입니다. 제가 흥미롭다고 말한 것은, 여러분이 제가 말한 것으로 하는 일이 어떤 식으로든 제가 하고 있는 일과 연결되고 관련을 맺기 때문입니다.

그런데 이렇게 말씀드리긴 했는데, 최근 몇 년간 어떤 일이 일어났는지를 여기서 떠올려봅시다. 이유를 잘 알 수 없는 일종의 폭주현상 덕분에 제 강의는 거의 옴짝달싹할 수 없는 지경까지 이르렀습니다. 여러분은 [강의시간인 오후 5시 45분에 맞추기 위해] 오후 4시 반에 나오지 않으면 앉을 수도 없었고 […⋯] 저는 전혀 접촉할 수 없는 사람들로 이뤄진 청중을 앞에 두고 강의를 하는 처지에 빠져버렸습니다. 말 그대로 접촉이 전혀 없었습니다. 왜냐하면 청강자들의 절반은 아니더라도, 그 일부는 다른 교실에서 스피커를 통해 흘러나오는 제 이야기를 듣는 것만으로 만족해야만 했기 때문입니다. 서로 볼 수도 없었기 때문에 그것은 더 이상 스펙터클도 아니었습니다. 하지만 제가 궁지에 내몰렸다고 한 것은 이와는 다른 이유 때문입니다. 그 이유는, 있는 그대로 말해서, 매주 수요일 저녁에 서커스 비슷한 것을 보여줘야만 한다는 것인데, 제게 이것은 정말이지 뭐랄까 ⋯⋯ 고문이라고 하면 너무 심한 말이고 불편이라면 너무 약한 말인, 즉 그 중간과 같은 것이 되어버렸습니다. 그 결과 저는 실제로 꽤 빈틈없고 주도면밀하게 강의를 준비하게 됐습니다. 그렇지만 그것은 진정한 의미에서의 연구라고 해야 할 것에, 즉 흥미롭지만 정리가 조금 부족한 것에 충분한 시간을 할애하는 것이라기보다는, 오히려 1시간이나 1시간 반 동안 사람들을 너무 지루하지 않게 하려면 이런저런 화제를 잘 처리해야 하는데 어떻게 하는 것이 좋을까, 특히 많은 사람들이 일찍부터 이곳에 와서 제 짧은 강의를 귀기울여 듣는 그런 열의에 조금이나마 보답하려면 어떻게 하는 것이 좋을까 등을 자문하는 데 많은 시간을 쏟는 처지에 놓여버린 것입니다. 이 때문에 저는 이런 것에 몇 개월을 허비했습니다. 그리고 저는 제가 지금 여기에 있는 동시에 여러분도 여기에 계신 이유가 있다고 생각합니다. 다시 말해 연구를 하고 몇 가지를 염두에 둔 채 조사하고 먼지를 털어내는 것인데, 이 모든 것은 실제로는 [성취된] 작업의 보답이 아니었습니다. 그런 것들은 중단되어버렸습니다. 그래서 이렇게 생각했습니다. 교실에 30명이나 40명 정도가 모일 수 있다면, 제가 무엇을 하고 있는지를 말하고, 동시에 그 분들도 논평을 하고, 여러분과 이야기하고 질문에 대답할 수 있을 것이고, 연구나 교육의 그럴 듯한 실천에 걸맞는 의견 교환이나 접촉의 가능성도 가질 수 있지 않을까 하고 말입니다. 그렇게 하려면 어떻게 하는 것이 좋을까요? 규칙의 편에서 보면 우리는 이 교실에 출입하는 데에 명확한 조건을 붙일 수 없습니다. 그래서 저는 꼴사나운 방식을 취하긴 했지만, 강의를 아침 9시 30분부터 시작하게 됐던 것입니다. 사실 어제 그런 편지를 받았는데, 요즘 학생들은 아침 9시 30분에 일어날 수 없으리라고 생각했던 것입니다. 아침에 일찍 일어나는 사람과 일어나지 못하는 사람을 구별한다는 것은 부당한 선별 기준 아니냐고 말씀하실 수 있겠지만 이 기준도 아니라면 다른 기준으로 할 수밖에 없습니다. 어찌됐든, 지금 그렇듯이 마이크가 몇 개나 놓여 있으며, 녹음기도 몇 대가 있으며, 그 후에 그것은 이리저리 나돌 것입니다. 어떤 때에는 테이프 상태로, 그렇지 않으면 타자기로 친 것을 인쇄한 상태로, 때로는 서점에서 판매되기도 할 것이기 때문에, 어찌됐든, 여기서의 것은 늘 여러분께 전해지리라고 저는 생각했던 것입니다. 그래서 [……] 시도해보자고 한 것입니다. 그러니까 여러분을 일찍 일어나게 해서 미안하게 생각합니다. 여기에 올 수 없었던 분들에게도 미안하다고 전해주세요. 사실 이렇게 한 것은 수요일의 이 만남과 모임을 조금씩 연구의 그럴싸한 흐름으로 되돌리기 위해, 즉 행해지고 있는 작업을 따라 그 작업에 관해 제도적이고 정기적인 간격으로 보고하는 형태로 되돌리기 위해서입니다.

그렇다면 올해 제가 여러분께 이야기할 것은 무엇일까요? 솔직히 말하면 저는 조금 지겹습니다. 그래서 저는 4~5년 동안, 즉 실질적으로는 제가 여기에 부임한 뒤부터 줄곧 해왔던 일련의 연구를, 제가 알기로 여러분이나 제게 많은 불편함을 안겨다준 연구를 일정 정도 마무리하고 싶습니다. 그런데 흔히 사용되는 이 연구라는 말은 정확히 무엇을 의미할까요? [아무튼 제가 이곳에서 해왔던] 연구들은 서로 극히 인접한 것이지만 통합적인 전체를 이루는 것도, 하나의 연속을 형성하는 것도 아닙니다. 제 연구들은 복수의 단편적 연구, 그래서 어떤 하나로 완결되지 않았고, 또한 후속 연구도 이뤄지지 않은 것들입니다. 매우 분산되어 있지만 이와 동시에 되풀이된 많은 연구에서 끊임없이 동일한 궤도, 동일한 주제, 동일한 개념에 다시 빠지게 되는 연구였죠. 형사소송절차의 역사와 관련된 대수롭지 않은 이야기, 19세기 정신의학의 진보와 제도화에 관한 몇몇 장, 궤변술이나 그리스의 화폐나 중세의 이단심문에 관한 고찰, 17세기의 고백의 실천이나 18~19세기에 아동의 섹슈얼리티에 관한 통제를 통해 이뤄진 성의 역사 혹은 오히려 성의 앎의 역사에 관한 서술, 비정상에 대한 이론과 앎의 발생을 그것과 연결된 모든 기술을 갖고 탐지하는 것 등. 이 모든 것은 답보상태에 머무른 채 앞으로 나아가지 못했습니다. 모든 것은 반복됐을 뿐, 연결되지 않았죠. 결국 이 모든 것은 계속 똑같은 것을 말했는데도, 어쩌면 아무것도 말하지 않은 것이었습니다. 서로 구별되지 않은 채로, 풀기 어려울 정도로 꼬여 있었으며, 도무지 잘 조직될 수 없었죠. 즉, 흔히 하는 말을 쓴다면, 그 모든 것은 종합된 결말을 만들어내지 못했다는 것입니다.

저는 여러분께 이렇게 말할 수도 있을 것입니다. 이것들은 어디까지나 연구의 실마리이지 이것들이 어디로 나아갈 것인지는 전혀 중요하지 않다고, 혹은 어디로 가는지 모르지만 아무튼 미리 정해진 방향으로 가지 않는다는 점이야말로 중요하다고, 혹은 그것들은 연구의 점묘화 같은 것이라고 말입니다. 이런 선을 연장해 굴절시키는 것은 여러분이며, 저는 이것들을 계속 뒤쫓거나 혹은 다르게 배열configuration하는 것이라고도 말할 수 있을 것입니다. 아무튼 이런 단편들이 여러분이나 제게 어떤 도움이 될 수 있는지는 앞으로 알게 되겠죠. 말하자면 저는 한 마리의 향유고래 같은 역할을 하고 있는 셈입니다. 잠정적이고 소규모의 물보라의 흔적을 남기면서 수면 위로 떠오르고, 사람들이 더 이상 잘 보지 않고 누구도 목격할 수도 없고 확실하다고도 할 수 없는 수면 아래에서 마치 깊고 논리 정연하고 잘 숙고된 일련의 수맥을 그리면서 헤엄치고 있다고 사람들더러 생각하게 만들고 믿게 만들며, 자기 자신도 믿고 싶은, 혹은 어쩌면 실제로 자신도 믿고 있는 것 같은, 그런 향유고래에 견줘볼 수도 있다는 것입니다.

제가 보는 상황이 이런 것일 뿐, 이것이 여러분 눈에는 어떻게 비칠지는 모르겠습니다. 제가 여러분께 소개했던 작업이 그렇게 단편적인 동시에 반복적이고 불연속적인 진보를 이뤄왔다는 사실은, 결국 도서관에 죽치고 앉아서 숱한 자료나 참고도서, 먼지 낀 텍스트들, 한 번도 읽히지 않은 문서들, 인쇄되자마자 서가의 책꽂이에 사장되어 잠을 자다가 수세기 뒤에나 선반에서 끌어내진 책들을 열렬히 좋아하는 사람들이 걸리는 '열병환자의 무기력증'이라고도 불릴 수 있는 게으른 버릇을 보여준다고도 말할 수 있을 것입니다. 이 모든 것은 아무것에도 도움이 되지 않는 앎, 일종의 낭비적 앎, 여러분도 잘 아시다시피 페이지의 구석에 여기보란 듯이 주를 붙이는 벼락부자의 앎을 부르짖는 사람들에게 고유한 성급한 타성惰性에 걸맞다고 말할 수 있을 것입니다. 이런 태도는 서양에서 가장 오래되고 또한 가장 특유한 것이기도 하며, 그러나 기묘하게도 결코 근절된 적이 없는 비밀결사의 하나, 제가 보기에 고대에는 그 존재가 알려지지 않았고 그리스도교의 초기에, 어쩌면 빨라도 초창기 수도원의 시대에, 적의 침입과 화재를 피해 숲이 접한 경계에서 형성됐던 초기 수도원 시대에 형성됐던 비밀결사의 하나로 통하는 사람들에게 고유한 것이라고 말할 수 있을 것입니다. 제가 말하는 것은 위대하고 뛰어나며 따뜻한, 쓸데없는 박학을 지녔던 프리메이슨 결사입니다.

오로지, 제가 그저 이런 프리메이슨적인 취미 때문에 이렇게 해왔던 것은 아닙니다. 저는 우리가 해왔던 작업, 여러분에게서 저로, 그리고 제게서 여러분에게로 약간은 경험적이고 우연적이라고 말할 수 있는 방식으로 전달됐던 이 작업을 다르게 정당화할 수 있다고 생각합니다. 즉, 이 작업은 우리가 살아왔던 시대, 10년이나 15년, 많아야 고작 20년이라는 아주 한정된 기간에 우리에게 적합한 것이 아니었냐고 정당화할 수 있다는 것입니다. 이 기간은 실제로 중요한 것이었다고는 말할 수 없을지언정, 다분히 흥미로웠던 두 현상을 거론할 수 있는 연대기적 시기였습니다. 한편으로 이 기간은 산발적이고 불연속적인 공격이 지닌 실효성이라고 부를 수 있는 것으로 특징지어진 시기였습니다. 저는 여러 사례들을 생각하고 있는데, 가령 정신의학적 제도의 기능을 중지시켰을 때 반정신의학의 담론이, 결국 극히 국지적이었던 반정신의학의 담론들이 지녔던 기이한 실효성이 그 예입니다. 아시다시피 반정신의학의 담론들은 이것들이 어떤 참조점에 의거했고 또 의거하고 있든, 어떤 전체적인 체계화에 의해 뒷받침된 적이 없으며 지금도 뒷받침되지 않고 있습니다. 저는 [반정신의학이] 애초에는 실존적 분석[1])을 참조했고, 지금은

---

1) 여기서 푸코는 에드문트 후설과 마르틴 하이데거의 철학에서 새로운 개념적 도구를 찾았던 정신의학 운동('인간학적 현상학'[anthro-phénoménologie] 또는 '현존재 분석'[Daseinanalyse]이라 정의됐던 운동)을 지칭하고 있다. 푸코는 초기 작업에서부터 이 운동에 관심을 보였다. Michel Foucault, "La Maladie et l'existence"(chap.IV), *Maladie mentale et Personnalité*, Paris: PUF, 1954. [박혜영 옮김, 「질환과 실존」, 『정

대략적으로 말해 맑스주의나 빌헬름 라이히의 이론을 참조하고 있다고 생각합니다.[2] 또한 저는 말하자면 도덕이나 전통적인 성적 위계질서에 맞서 일어났던 공격들, 라이히나 헤르베르트 마르쿠제[3]에 의거하고 있

신병과 심리학』, 문학동네, 2002, 79~102쪽]; "Introduction," in Ludwig Binswanger, *Le Rêve et l'Existence*, trad. Jacqueline Verdeaux, Paris: Desclée de Brouwer, 1954, p.104; "La psychologie de 1850 à 1950," in Alfred Weber et Denis Huisman, *Tableau de la philosophie contemporaine*, Paris: Fischbacher, 1957; "La recherche en psychologie," *Des chercheurs français s'interrogent*, éd. Jean-Édouard Morère, Paris: PUF, 1957. 위의 마지막 세 텍스트는 다음에 재수록됐다. *Dits et Écrits*, t.1: 1954-1969, éd. Daniel Defert et François Ewald, avec collab. Jacques Lagrange, Paris: Gallimard, 1994, pp.65~119, 120~137, 137~158. 푸코는 말년에 이 운동에 대해 재언급했다. *Colloqui con Foucault*, Salerno: 10/17 Cooperativa Editrice, 1981; "Entretien avec Michel Foucault"(avec Duccio Trombadori), *Dits et Écrits*, t.4: 1980-1988, ibid., pp.41~95. [이승철 옮김, 『푸코의 맑스』, 갈무리, 2004.]

2) 빌헬름 라이히에 대해서는 다음의 저작들을 참조하라. Wilhelm Reich, *Die Funktion des Orgasmus: Zur Psychopathologie und zur Soziologie des Geschlechtslebens*, Wien: Internationaler psychoanalytischer Verlag, 1927; *La Fonction de l'orgasme*, Paris: L'Arche, 1971. [윤수종 옮김, 『오르가즘의 기능』, 그린비, 2005]; *Der Einbruch der Sexualmoral*, Berlin: Verlag für Sexualpolitik, 1932; *L'Irruption de la morale sexuelle*, trad. Pierre Kamnitzer, Paris: Payot, 1972. [윤수종 옮김, 「성도덕의 파탄」(제1부), 『성혁명』(개정판), 중원문화, 2011]; *Characteranalyse*, Wien: Selbstverlag des Verfassers, 1933; *L'Analyse caractérielle*, trad. Pierre Kamnitzer, Paris: Payot, 1971; *Massenpsychologie des Fascismus: Zur Sexualökonomie der politichen Reaktion und zur proleraischen Sexual politik*, Copenhagen/Prag/Zürich: Verlag für Sexualpolitik, 1933; *La Psychologie de masse du fascisme*, trad. Pierre Kamnitzer, Paris: Payot, 1974. [황선길 옮김, 『파시즘의 대중심리』, 그린비, 2006]; *Die Suxualität im Kulturkampf*, Copenhagen: Sexpol Verlag, 1936.

3) 여기서 푸코는 명백히 다음의 책들을 가리키고 있다. Herbert Marcuse, *Eros and Civilisation: A Philosophical Inquiry into Freud*, Boston: Beacon Press, 1955; *Éros et Civilisation*, trad. Boris Fraenkel et Jean-Guy Nény, Paris: Seuil, 1971. [김인환 옮김, 『에로스와 문명』, 나남, 2004]; *One-Dimensional Man: Studies in the Ideology of Advanced Industrial Society*, Boston: Beacon Press, 1964; *L'Homme unidimensionnel*, trad. Monique Wittig, Paris: Minuit, 1968. [박병진 옮김, 『일차원적 인간: 선진산업사회의 이데올로기 연구』(제2판), 한마음사, 2009.]

지만 막연하고 상당히 멀리서만 이들에 의거할 뿐인 공격들의 기이한 실효성도 염두에 두고 있습니다. 또 저는 재판 기관과 형사 기관에 대한 공격들의 실효성도 염두에 두고 있습니다. 이런 공격들 중에서 어떤 것은 "계급의 정의" 같은 극히 의심스러운 일반 개념과는 아주 먼 관계밖에 갖고 있지 않으며, 다른 것도 본래적으로는 아나키스트적 테마와 거의 연결된 적이 없었던 것입니다. 이와 마찬가지로, 그렇지만 더 분명하게 제가 떠올리고 있는 것은 『안티-오이디푸스』4) 같은 것의 실효성입니다. 저로서는 감히 이것을 책이라 말할 수 없네요. 그 자체가 지닌 놀라운 이론적 창조력 외에는 아무것에도 거의 의거하지 않는 이 책, 아니 이 사물, 이 사건은 가장 일상적인 실천 속에서, 그토록 오랫동안 방해받지 않고 피분석자가 누운 침대에서 분석가의 의자로 흘러들었던 중얼거림에까지 [그 자체의] 쉰 목소리가 들리게 하는 데 성공했습니다.

따라서 저는 이렇게 말하고 싶습니다. 최근 10년 혹은 15년 전부터 사물들, 제도들, 실천들, 담론들에 대한 막대하고 계속 증식하는 비판가능성이 나타났습니다. 우리 자신의, 우리 신체의, 우리의 일상적 몸짓의 가장 친숙하고 가장 견고하며 가장 가까운 [가장 인접한] 토양조차도, 그리고 바로 그런 토양이야말로 일반적으로 쉽게 바스라질 수 있다는 것을 드러냈습니다. 그러나 그런 연약함과 불연속적이고 개별적이며 국지적인 비판들의 놀라운 실효성과 동시에, 바로 그것에 의해, 사실에 있어서, 처음에는 예견하지 못했던 것도 발견됐습니다. 그것은 총체적인 이

---

4) Gilles Deleuze et Félix Guattari, *L'Anti-Œdipe: Capitalisme et schizophrénie*, Paris: Minuit, 1972. 푸코가 『안티-오이디푸스』의 영어판에 붙인 서문에서 이 책을 '사건-책'(livre-événement)이라고 해설했음을 상기해라. Michel Foucault, "Preface," in *Anti-Oedipus: Capitalism and Schizophrenia*, trans. Robert Hurley, Mark Seem, and Helen R. Lane, New York: Viking, 1977; "Préface," *Dits et Écrits*, t.3: 1976-1979, éd. Daniel Defert et François Ewald, avec collab. Jacques Lagrange, Paris: Gallimard, 1994, pp.133~136. [김재인 옮김, 「서문: 비-파시스트적 삶의 입문서」, 『안티-오이디푸스: 자본주의와 분열증』, 민음사, 2014, 5~10쪽.]

론, 즉 좌우간 포괄적이고 전반적인 이론들에 고유한 억제 효과라고 부를 수 있는 것이었습니다. 이 포괄적이고 전반적인 이론들이 국지적으로 사용가능한 도구들을 한결 같은 방식으로 제공하지 못했거나 아직 제공하지 못하고 있다는 것이 아닙니다. 맑스주의, 정신분석은 바로 이것을 증명하고 있습니다. [그러나] 저는 이 이론들이 국지적으로 사용가능한 도구들을 일정한 조건 아래에서만 제공했다고 생각합니다. 즉, 담론의 이론적 통일성이 중지되는 조건, [요컨대] 하여튼 잘라지고 잡아당겨지고 잘게 토막나고 뒤집혀지고 자리가 바뀌어지며 희화화되고 놀림감이 되고 연극화된다는 등의 조건 아래에서만 제공했던 것입니다. 여하튼 이론이 총체성의 용어로 재파악됐을 때에는 반드시 억제 효과로 귀착됐습니다. 따라서 지난 15년 동안 일어났던 일의 첫 번째 요점, 첫 번째 특징이라고 할 수 있는 것은 비판의 국지적 성격입니다. 제 생각으로 이런 비판의 국지적 성격은 아둔하고 소박하거나 어리석은 경험주의를 의미하지 않으며, 무른 절충주의도, 기회주의도, 이론적 기획이라면 무엇이든 받아들이는 것도 아니며, 스스로를 터무니없을 정도의 이론적 빈약함으로 귀착시키는 자발적 금욕주의도 아닙니다. 저는 이 비판이 지닌 근본적으로 국지적인 성격은 비판의 유효성을 정립하기 위해 이른바 그 어떤 공통 체계의 허락도 필요로 하지 않는, 중심화되지 않은, 일종의 자율적인 이론적 생산 같은 것을 가리킨다고 생각합니다.

바로 여기서 우리는 얼마 전부터 일어났던 것의 두 번째 특징을 건드릴 수 있습니다. 왜냐하면 이 국지적 비판은 '앎의 회귀'라고 부를 수 있는 것에 의해, 이것을 통해 이뤄졌기 때문입니다. '앎의 회귀'라는 말로 제가 말하고 싶은 것은 이렇습니다. 즉 우리가 지난 몇 년간 적어도 피상적인 수준에서는 "아냐! 앎이 아니라, 삶을"이라든가, "지식이 아니라 현실을"이라든가, "책이 아니라 돈*을" 같은 테마들과 자주 마주치게

---

* 강의원고에는 '돈'(fric) 대신에 '여행'(voyage)이라고 적혀 있다.

됐다는 것은 사실이지만, 제게 이 모든 테마들 아래에, 이것들을 관통해, 또한 이것들 속에서 산출되고 있는 것처럼 보이는 것은 '예속된 앎들'의 봉기라고 부를 수 있는 것입니다. '예속된 앎'이라는 말을 저는 두 가지 의미로 이해합니다. 한편으로 그것은 기능적 일관성이나 형식적 체계화 속에 파묻히거나 은폐된 역사적 내용들을 가리킵니다. 구체적으로 말하면 정신요양원이나 감옥에 대한 실효적 비판을 가능케 했던 것은 바로 그런 역사적 내용들의 등장이지, 정신요양원에서의 삶의 기호학이나 범죄의 사회학이 결코 아닙니다. 아주 단순하게도, 역사적 내용들만이 기능적 정돈이나 체계적 조직화가 은폐하는 것을 목표로 삼고 있는 바로 그것, 즉 대결과 투쟁의 균열점을 재발견할 수 있게 해주기 때문입니다. 그러므로 '예속된 앎'이란 기능적이고 체계적인 전체 속에 현존해 있으나 은폐되어 있는 역사적 앎의 덩어리들이며, 비판은 박식의 수단을 통해 이것이 아주 충분하게 재등장하게 해줄 수 있었습니다.

둘째로, '예속된 앎'이라는 말로 다른 것, 어떤 의미에서는 아주 다른 것을 이해해야 한다고 저는 생각합니다. 저는 또한 '예속된 앎'이라는 말로 비개념적인 앎들, 충분히 세공되지 못한 앎들, 자격을 박탈당한 채 있는 일련의 앎들을 가리킵니다. 소박한 앎, 서열상 하위의 앎, 필요했던 인식이나 과학성의 수준보다 낮은 수준의 앎입니다. 이런 낮은 수준의 앎, 자격을 갖추지 못한 앎, 나아가 자격을 박탈당한 앎, 이런 앎이 재출현함으로써 비판이 이뤄졌습니다. 즉, 정신치료를 받는 사람들의 앎, 환자의 앎, 간호사의 앎, 의학의 앎에 평행적이면서도 주변적인 것으로서의 의사의 앎, 범죄자의 앎 등, 바라건대 '서민들의 앎'이라고 부르고 싶은 그런 앎은 공통의 앎이라든가 양식 같은 것이 전혀 아니고, 그와 정반대로 개별적인 앎, 국지적이고 지역적인 앎, 미분적微分的인 앎, 만장일치란 있을 수 없는 앎, 그 주변의 모든 것에 대립된다는 예리한 차별에 의해서만 그 힘을 얻는 그런 앎입니다. 서민들의 국지적인 이런 앎, 자격을 박탈당한 이런 앎이 재등장함으로써 비판이 이뤄진 것입니다.

여러분은 이렇게 말할지도 모르겠습니다. 한편으로는 세세하고 정밀하고 전문적인 역사적 지식의 내용들과 다른 한편으로는 국지적이고 개별적인 앎들, 공통감각도 없이, 실제로 그리고 명백하게 서로 보호받지 못하고 휴경(休耕)상태로 방치된 서민들의 앎들을 '예속된 앎'이라는 동일한 범주로 모으고 짝짓기하는 것에는 어떤 기묘한 역설이 있지 않은가 하고 말입니다. 그래요, 제 생각으로는 박식에 파묻혀 있는 앎들과, 지식 및 과학의 위계질서에 의해 자격이 박탈된 앎들 사이의 이런 짝짓기 속에야말로 지난 15년간 담론들에 대한 비판에 중요한 힘을 실어줬던 것이 있습니다. 실제로 이 두 경우 모두에 있어서, 즉 이런 박식의 앎과 자격이 박탈된 앎들에 있어서, 예속되거나 파묻혀진 앎의 두 형식에 있어서 무엇이 문제였을까요? 투쟁에 관한 역사적 앎이 문제였습니다. 박식의 전문영역에서도, 서민들의 자격이 박탈된 앎에서도 싸움의 기억이, 더 정확하게 말하면 그때까지는 서로 견제됐던 싸움의 기억이 바닥에 깔려 있습니다. 이렇게 해서 계보학이라고 부를 수 있는 것이, 아니 다양한 형태를 취한 계보학적 연구들이라고 할 수 있는 것이 등장했습니다. 그것은 투쟁들의 정확한 재발견인 동시에 싸움의 생생한 기억이기도 합니다. 박식한 앎과 서민적 앎의 짝짓기로서의 이런 계보학은 단 하나의 조건에서만 가능하며, 이 조건 없이는 시도조차 할 수 없습니다. 위계질서와 이론적 전위의 특권을 지닌 총괄적인 담론의 전제(專制)가 제거된다는 조건이 바로 그것입니다. 만일 괜찮다면 그런 박식한 지식과 국지적 기억들의 결합을 '계보학'이라고 부릅시다. 이 짝짓기는 투쟁에 관한 역사적 앎을 형성하고, 그런 앎을 현재의 전술에서 활용하는 것을 허용합니다. 그러니까 지난 몇 년간에 걸쳐 제가 여러분과 함께 했던 것은 이런 계보학들에 대한 잠정적인 정의일 것입니다.

계보학적이라 부를 수 있는 이런 활동에서는 이론의 추상적 통일성에 사실의 구체적 다양성을 대립시키려는 것이 결코 문제가 아닙니다. 어떤 과학주의의 형태 안에서처럼 사변적인 것의 자격을 박탈하고 이를 잘 정립된 지식의 엄격성과 대립시키는 것도 결코 문제가 아닙니다. 그러므로 계보학적 기획을 관통하는 것은 경험주의가 결코 아닙니다. 혹은 이 말의 흔한 의미에서의 실증주의로 이어지는 것도 아닙니다. 사실상 국지적이고 불연속적이며 자격이 박탈되고 정당성을 인정받지 못한 이런 앎들을, 이런 앎들을 여과하고 위계질서화하며 질서를 부여하려는 통일적인 이론적 심급에 맞서 작동시키는 것, 소수의 몇몇이 간직하고 있다고 여겨지는 참된 지식, 즉 과학의 권리라는 이름으로 질서를 부여하려는 통일적인 이론적 심급에 맞서게 하는 것이 문제입니다. 그러므로 계보학은 더 주의 깊고 더 정확한 과학의 형식으로 돌아가려는 실증주의적인 회귀가 아닙니다. 계보학은 아주 정확히 말하면 반x과학입니다. 계보학은 무지와 비#앎에 대한 서정적 권리를 요구하는 것도 아니고 앎을 거부하는 것과도 관계없으며, 앎에 의해 아직 포획되지 않은 직접적 경험을 금과옥조처럼 여기거나 이용하려는 것과도 관계없습니다. 이런 것과는 전혀 관련없죠. 계보학은 앎들의 봉기와 관련됩니다. 더욱이 과학의 내용, 방법이나 개념들에 맞서는 봉기라기보다는, 우선 무엇보다도 우리 사회 같은 사회 내부에서 조직된 과학적 담론의 제도와 기능에 관련되어 있는 것인 중심화하려는 권력의 효과에 맞서는 봉기인 것입니다. 그리고 과학적 담론의 이런 제도화가 대학, 혹은 더 일반적으로 교육기구 안에서 구현되는가, 아니면 과학적 담론의 이런 제도화가 정신분석처럼 이론적·상업적 그물망 속에서 구현되는가, 혹은 맑스주의의 경우에서처럼 정치조직과 이에 부수하는 모든 것 속에서 구현되는가는 근본적으로 거의 중요하지 않습니다. 계보학은 바로 과학적이라고 간주된 담론에 고유한 권력 효과들에 맞서 싸워야만 합니다.

좀 더 정확히 말하면, 아니 여하튼 여러분이 알기 쉽게 말씀드린다면 이렇게 말할 수 있습니다. 아주 예전부터, 어쩌면 1백 년도 훨씬 전부터 얼마나 많은 사람들이 맑스주의가 과학인가 아닌가를 물었는지 아실 것입니다. 똑같은 질문이 정신분석에 관해서도, 혹은 더 나쁘게는 문학

텍스트의 기호학에 관해서도 제기됐다고 할 수 있습니다. 그러나 "그것은 과학인가 아닌가"라는 이런 질문에 대해 계보학이나 계보학자는 이렇게 대답할 것입니다. "정확하게 말하면, 우리가 당신을 비판하는 것은 바로 그것이 맑스주의나 정신분석, 그밖의 이러저러한 것을 하나의 과학으로 만들기 때문이다. 만일 우리가 맑스주의에 대해 제기할 반박이 있다고 한다면, 그것은 바로 맑스주의가 실제로 과학일 수 있다는 점이다." 더 세련된 건 아니지만 [좀 더] 정중한 용어로, 저는 이렇게 말할 것입니다. 즉, 어떤 점에서 맑스주의나 정신분석이 그 일상적인 실행에 있어서, 그 구성 규칙에 있어서, 사용된 개념에 있어서 과학적 실천과 유사한 것인가를 묻기 전에, 맑스주의적 담론이나 정신분석적 담론이 과학적 담론과 맺는 형식적이고 구조적인 유사성이라는 물음을 제기하기 전에, 무엇보다 우선 '과학이다'라는 주장이 수반하는 권력의 야심에 관해 물음을 제기해야 하지 않을까요? 물음, 제기해야 할 물음은 다음과 같은 것이어야 하지 않을까요? "당신이 '과학이다'라고 말한 바로 그 순간에, 당신은 어떤 유형의 앎을 자격 박탈하려 하는가? 당신이 '이 담론을 말하는 나는 과학적 담론을 말하는 것이며, 따라서 나는 학자이다'라고 말하는 바로 그 순간에, 당신은 어떤 말하는 주체, 어떤 담론의 주체, 경험과 앎의 어떤 주체를 소수자화하고 싶은가? 따라서 당신은 어떤 이론적·정치적 전위를 왕좌에 앉혀 이것을 앎의 대규모적이며 유통적이며 불연속적인 모든 형태로부터 분리시키려고 하는가?" 그리고 저는 이렇게 대답할 것입니다. "당신이 맑스주의가 과학이라는 점을 수립하려고 애쓸 때, 솔직하게 말해서, 저는 당신이 맑스주의가 합리적 구조를 지녔고 그 명제는 결국 검증 절차의 소관임을 증명하는 중이라고는 보지 않습니다. 저는 무엇보다 우선 당신이 다른 것을 하고 있는 중이라고 봅니다. 저는 당신이 '서구'가 중세 이후 과학에 부여했고 과학적 담론을 말했던 사람들을 위해 마련해뒀던 권력 효과를 맑스주의적 담론과 그 담론을 말하는 사람들에게 부여하고 있음을 보고 있습니다."

따라서 앎들을 과학에 고유한 권력의 위계질서 속에 기입하는 기획에 비하면, 계보학은 역사적인 앎들을 탈예속화하고 자유롭게 하는 기획이라고, 달리 말하면 통일적이고 형식적이며 과학적인 이론적 담론의 강제에 대립하고 투쟁할 수 있도록 하는 기획의 일종이라고 할 수 있습니다. 지식의 과학적 위계질서화와 이것에 내재한 권력 효과들에 맞서, 질 들뢰즈라면 분명 '소수자적'이라고 말했을,5) 국지적인 앎들을 활성화하는 것, 바로 이것이야말로 무질서하고 잘게 토막 난 이런 계보학들의 기획인 것입니다. 두 마디로 말하면 이렇습니다. 즉, 고고학은 국지적인 담론태discursivités의 분석에 고유한 방법이며, 계보학은 이렇게 서술된 국지적 담론태에서 출발해 이로부터 풀려난 탈예속화된 앎들을 작동시키는 전술입니다. 이런 식으로 전체 기획을 되살려낼 수 있습니다.

그러므로 최근 4~5년 전부터 제가 끈질기게 반복해온 모든 단편적 연구, 서로 복잡하게 뒤얽혀 있는 동시에 중단된 채 있는 이 모든 주제가 이런 계보학들의 요소로 간주될 수 있다는 점을, 그리고 지난 15년간 저 혼자만 이런 일을 한 것은 아님을 여러분은 알 수 있을 것입니다. 그러면 이런 의문이 제기됩니다. 그렇다면 왜 이토록 멋진, 그리고 필경 별로 검증되지 않은 불연속성의 이론6)을 계속하지 않을까요? 왜 저는

---

5) '소수자'(mineur)와 '소수자성'(minorité) 개념(개별적 본질이 아니라 특이한 사건, 실체성이 아니라 '이것임'[eccéité]에 의한 개체화)은 질 들뢰즈와 펠릭스 가타리가 정교화했다. Gilles Deleuze et Félix Guattari, *Kafka: Pour une littérature mineure*, Paris: Minuit, 1975. [이진경 옮김, 『카프카: 소수적인 문학을 위하여』, 동문선, 2001.] 들뢰즈는 다음 논문에서 이 개념들을 다시 취했다. Gilles Deleuze, "Philosophie et minorité," *Critique*, no.369, février 1978. 특히 이 개념들은 다음의 책에서 더 발전됐다. Gilles Deleuze et Félix Guattari, *Mille plateaux: Capitalisme et schizophrénie 2*, Paris: Minuit, 1980. [김재인 옮김, 『천 개의 고원: 자본주의와 분열증 2』, 새물결, 2001.] '소수자성' 개념은 가타리가 정교화한 '분자적'(moléculaire)이라는 개념과도 연결된다. Félix Guattari, *Psychanalyse et Transversalité: Essai d'analyse institutionnelle*, Paris: Maspero, 1972. [윤수종 옮김, 『정신분석과 횡단성』, 울력, 2004.] 이 개념의 논리는 '되기'(devenir)와 '강렬도'(intensités)의 논리이다.

계속하지 않을까요? 그리고 왜 정신의학의 측면에서, 섹슈얼리티 이론 등의 측면에서 어떤 소소한 것들을 택하지 않을까요?

　계속해 나갈 수 있다는 것, 이것은 확실합니다. 그리고 어쩌면 몇 가지 변화와 정세의 변화가 없다면, 저는 어느 정도까지는 계속할 작정입니다. 제가 말하고 싶은 것은 우리가 5년 전, 10년 전, 또는 더 나아가 15년 전에 경험했던 상황에 비춰보면 사정이 변했을 수도 있다는 것입니다. 어쩌면 싸움은 완전히 똑같은 모습을 하고 있진 않습니다. 어쨌든, 우리가 모래에서 파낸 이 앎을 모든 예속에서 벗어난 생생한 상태에서 활용하려고 할 때, 우리는 예전과 똑같은 힘관계에 놓여 있는 것일까요? 이 앎들은 그 자체로 어느 정도의 힘을 갖고 있는 것일까요? 그리고 어쨌든, 그런 계보학의 단편을 이렇게 끌어내자마자, 모래로부터 이끌어 낸 앎의 일련의 요소를 활용하고 유통시키려고 하자마자, 이 요소들이 통합적 담론들에 의해 재코드화되고 재식민화되어버릴 위험은 없을까요? 이런 앎의 요소들을 자격 박탈하고 이런 요소들이 재등장하자 무시했던 이 통일적 담론은, 이번에는 이 요소들을 자신들의 담론 속에, 그리고 자신들의 앎과 권력의 작용 속에 병합하고 다시 거둬들이려는 것이 아닐까요? 우리도 우리가 되살려낸 이 단편들을 보호하길 원한다면, "아주 좋군. 그래 정말 멋져. 그런데 그것은 어디로 가는가? 어떤 방향

---

6) 여기서 푸코가 염두에 두는 것은 『말과 사물』의 출판 직후 일었던 '에피스테메' 개념과 불연속성의 지위를 둘러싼 논쟁이다. Michel Foucault, *Les Mots et les Choses*, Paris: Gallimard, 1966. [이규현 옮김, 『말과 사물』, 민음사, 2012.] 모든 비판에 대해 푸코는 일련의 이론적·방법론적 논점을 정리해 대답했다. "Réponse à une question," *Esprit*, no.371, mai 1968, pp.850~874; "Réponse au Cercle d'épistémologie," *Cahiers pour l'analyse*, no.9, été 1968, pp.9~40; *Dits et Écrits*, t.1: 1954-1969, op. cit., pp.673~695, 697~732. [앞의 논문은 국역되어 있다. 이승철 외 옮김, 「정치와 담론 연구」, 『푸코 효과: 통치성에 관한 연구』, 도서출판 난장, 2014, 85~112쪽.] 또한 푸코의 반론은 다음의 책으로도 계속 이어졌다. *L'Archéologie du savoir*, Paris: Gallimard, 1969. [이정우 옮김, 『지식의 고고학』, 민음사, 2000.]

으로? 어떤 통일로?"라고 말하는 사람들이 어쩌면 우리를 위해 마련해 둔 덫처럼, 어떤 통일적인 담론을 우리 자신의 손으로 세워버릴 위험은 없을까요? 어느 정도는 아 그래, 계속하자고, 연구를 쌓아가자고 대답하고픈 유혹이 듭니다. 어쨌든, 우리가 식민지화될 위험이 있는 순간은 아직 오지 않았습니다. 방금 저는 이 계보학적 단편들이 재코드화될 위험이 있을 수 있다고 말했습니다. 하지만 "여하튼 해보라니까!"라고 도전적으로 말할 수 있습니다. 예컨대 이렇게 말할 수도 있습니다. 지금은 그로부터 벌써 15년이 지났지만, 반정신의학이나 정신의학 기관의 계보학이 기획된 이래 이 계보학이 잘못된 것이고 제대로 정립되지도 않았으며 제대로 분절되지도 않았고 근거도 확실치 않다는 점을 자신들의 용어로 재시도하고 이를 보여줬던 맑스주의자, 정신분석가 또는 정신의학자가 단 한 명이라도 있었던가? 사실상 사태는 이런 것인데, 실행됐던 계보학의 단편들은 조심스런 침묵에 둘러싸여 있습니다. 우리가 최근에 들은 이것에 반대하는 유일한 반론은, 제 생각에는 피에르 쥐캥[7]이 말한 것 같은데, "모두 다 아주 좋다. 하지만 여전히 소련의 정신의학이 세계 제일이다" 같은 견해입니다. 저는 이 말에 다음과 같이 대답하겠습니다. "그래요, 물론 말씀하신 대로 소련의 정신의학이 세계 제일입니다. 그리고 바로 이것이야말로 비난받아야만 합니다." 앎의 계보학을 회피하려고 하는 통일적 이론의 침묵, 아니 오히려 신중함이야말로, 그래서 어쩌면 우리가 탐구를 계속하게 되는 한 가지 이유일지도 모릅니다. 여하튼 우리는 계보학적 연구의 단편들을 그토록 수많은 덫, 질문, 도전처럼 점점 더 늘려나갈 수 있을 것입니다. 그러나 일단 그것이 하나의 싸움, 즉 과학적 담론의 권력 효과에 맞선 앎의 싸움이라고 한다면, 우리의 상대가 우리에게 겁을 먹었기 때문에 침묵하는 것이라고 여기는 건

---

7) Pierre Juquin(1930~). 당시 프랑스공산당의 대변인. [후일(1987년 10월) 당 개혁을 부르짖어 제명된 뒤, 이듬해 독자적으로 대통령선거에 출마했다.]

너무도 낙관적인 태도일 것입니다. [그리고] 이것이야말로 우리가 늘 염두에 두어야 할 방법론적 원칙이거나 전술적 원칙일 것인데, 상대방의 침묵은 그가 전혀 겁을 먹지 않았음의 징표일 수도 있습니다. 그러므로 제 생각으로는, 상대가 전혀 우리에게 겁을 먹지 않았다는 식으로 [생각하면서] 처신해야 합니다. 그러므로 이렇게 분산된 모든 계보학에 연속적이고 견고한 이론적 지반을 제공하려는 것을 목표로 삼아서는 안 됩니다. 저는 그 어떤 경우에도 이런 계보학들을 통일시키는 일종의 이론적 왕관을 이것들에 주거나 씌워주고 싶지 않습니다. 앞으로의 강의에서는, 필경 올해 강의부터는 과학적 담론의 앎·권력의 효과, 과학적 담론의 제도에 맞서는 앎들의 대립·투쟁·반란에서 무엇이 관건인가를 자세히 밝히거나 규명하려고 노력할 것입니다.

여러분도 아시다시피 이 모든 계보학에서 관건은 두말할 것도 없이 이런 물음입니다. 즉, 그 문제로서의 돌발, 힘, 예리함, 부조리함이 과거 40년 동안 나치즘의 붕괴라는 선과 스탈린주의의 후퇴라는 선 위에서 구체적으로 나타났던 이 권력이란 무엇인가? 권력이란 무엇인가? 아니, '권력이란 무엇인가'라는 질문은 모든 것을 아우를 수 있는 이론적 질문인데 바로 이것이야말로 제가 원치 않는 것이니, 오히려 관건은 사회의 상이한 수준에서, 그토록 다양한 영역에서, 그토록 상이한 외연을 갖고 작동하고 있는 이 상이한 권력장치들이란 무엇인가를 그 메커니즘, 효과, 관계에 있어서 결정하는 것입니다. **대략적으로 말한다면**, 이 모든 것에서 관건은 다음과 같은 것이라고 생각합니다. 권력의 분석 또는 권력들의 분석이 어떤 방식으로든 경제로부터 연역될 수 있는 것인가?

바로 여기에 제가 이런 질문을 제기하는 이유, 이 질문을 통해 말하고 싶은 것이 있습니다. 헤아릴 수 없을 만큼 커다란 차이를 지워버릴 마음은 전혀 없습니다만, 그런 차이에도 불구하고, 또 이런 차이 때문에, 제게는 정치권력에 관한 법적 개념 규정, 이를테면 18세기의 철학자들에서 발견되는 자유주의적 개념 규정과 맑스주의적 개념규정, 또는 하다못해 맑스주의의 개념규정이라고 통상 간주되어온 개념규정 사이에는 어떤 공통점이 있는 것처럼 보입니다. 저는 그 공통점을 권력 이론에서의 '경제주의'라 부르려 합니다. 이 말로 제가 말하고 싶은 것은 이것입니다. 즉 고전적인 사법적 권력 이론에서 권력은 사람들이 재산처럼 소유할 수 있고, 따라서 여기서는 둘 중 어떤 것인가는 중요하지 않습니다만 양도나 계약에 속하는 사법적 행위 혹은 권리설정 행위에 의해 전면적으로나 부분적으로 이전 혹은 양도할 수 있는 권리로 간주됐습니다. 권력이란 모든 개인이 쥘 수 있는 구체적 권력이며, 개인은 [정치]권력·정치적 주권을 구성하기 위해 전면적으로나 부분적으로 이를 양도하기에 이른다는 것이죠. 따라서 제가 지금 말하는 이론 전체에서는 정치권력의 구성이 이런 일련의 계약적 교환으로 분류되는 사법적 작동 모델위에서 이뤄집니다. 결국 권력과 재산, 권력과 부 사이에는 명백한 유비관계가 존재하며, 이것이 이 이론들 전체에 관통하고 있습니다.

또 다른 경우에, 저는 분명히 권력에 관한 맑스주의의 일반적 개념규정에 관해 생각하고 있습니다만, 이것이 모두 그런 것은 아니라는 점은 분명합니다. 그러나 이런 맑스주의적 개념규정에도 권력의 '경제적 기능성'이라고 부를 수 있는 어떤 것이 있습니다. 본질적으로 생산관계를 유지시키고, 생산력의 발달과 이에 고유한 전유 양상을 통해 가능해진 계급지배를 연장시키는 것이 권력의 역할이라 간주하는 한에서의 '경제적 기능성' 말입니다. 이 경우 정치권력은 자신의 역사적 존재이유를 경제 속에서 발견하게 됩니다. 크게 말해서 한편으로 정치권력은 그 형식적 모델을 교환의 절차나 재화 유통의 경제 속에서 발견하게 될 것입니다. 또 다른 한편으로 정치권력은 경제 속에서 자신의 역사적 존재 이유, 자신의 구체적 형식과 현실적 기능의 원리를 발견하게 됩니다.

제가 말하고 있는 연구에서 쟁점이 되는 문제는 이렇게 나뉠 수 있다고 생각됩니다. 첫째, 권력은 늘 경제보다 부차적인가? 권력은 늘 경제에 의해 목적이 정해지고 기능하는가? 권력의 존재 이유와 목적은 본질적으로 경제에 봉사하는가? 권력은 경제를 원활하게 돌아가게 하고, 이 경제의 특징이자 경제의 기능에 있어서 본질적인 관계들을 공고히 하고 유지시키며 갱신하도록 고안된 것인가? 두 번째 질문으로, 권력은 상품을 모델로 삼고 있는가? 권력은 소유되고 획득되며 계약이나 힘에 의해 양도되며 이양되거나 회수되기도 하며 유통되며 어떤 영역을 윤택하게 하고 다른 영역을 피하기도 하는 그런 것인가? 아니면 그와 반대로, 비록 권력관계들이 경제적 관계와 깊이 연루되어 있다고 하더라도, 실제로 권력관계들이 경제적 관계들과 한 다발이나 하나의 고리를 이루고 있다고 하더라도, 권력을 분석하기 위해서는 완전히 상이한 도구를 작동시키기 위해 노력해만 하는가? 그리고 이 경우, 경제와 정치의 분리불가능성은 기능적 종속의 문제도, 형식적 동형성의 문제도 아니며, 바로 우리가 그 점을 해명해야 할 어떤 다른 차원의 것입니다.

권력을 비경제적으로 분석하기 위한 도구로 현재 우리는 무엇을 갖고 있을까요? 참으로 볼품없는 것밖에는 갖고 있지 못하다고 저는 생각합니다. 우리는 우선 권력은 주어지거나 교환되거나 되찾아지는 것이 아니라 행사되는 것이며, 행위 속에서만 존재한다고 확언할 수 있습니다. 마찬가지로 권력은 일차적으로 경제적 관계들의 유지와 갱신이 아니라 그 자체에 있어서, 일차적으로, 힘관계일 뿐이라고 확언할 수 있습니다. 이로부터 몇 가지 물음, 아니 오히려 두 가지 물음이 제기됩니다. 만일 권력이 행사되는 것이라면, 그 행사란 무엇인가? [즉] 그 행사란 무엇으로 이뤄져 있는가? 그 행사의 기제란 무엇인가? 이에 관해서, 사람들은 제가 즉흥적인 대답이라 부를 직접적인 응답, 제가 보기에는 현재의 많은 분석들의 구체적 사실에서 나오는 답변을 갖고 있습니다. 권력이란 본질적으로 억압하는 것이라는 대답 말입니다. 권력은 본성, 본능, 계급, 개인을 억압한다는 것입니다. 권력이란 억압하는 것이라고 하는, 되풀이되고 있는 이 정의를 보노라면, 현대의 담론은 결국 아무것도 새롭게 고안해내지 못했음을 알 수 있습니다. 이렇게 처음 말한 것은 G. W. F.

헤겔이었으며, 이어서 지그문트 프로이트, 그 다음에는 라이히가 이렇게 말했습니다.[8] 아무튼 [권력이란] 억압의 기관이라는 것, 이것은 오늘날의 어휘로는 권력의 거의 호메로스적인[웅장한] 별칭인 것입니다. 그렇다면 권력에 관한 분석은 무엇보다 우선, 그리고 본질적으로 억압의 메커니즘에 관한 분석이어야 하지 않을까요?

둘째로, 두 번째의 즉흥적인 대답이라고도 할 수 있겠는데, 만일 권력이 그 자체로 힘관계의 작동이자 전개라면, 권력은 양도·계약·이양의 용어로 분석되기보다는, 또는 더 나아가 생산관계의 재생산이라는 기능적 용어로 분석되기보다는 우선 무엇보다도 투쟁, 대결, 또는 전쟁 같은 용어로 분석되어야 하지 않느냐라는 대답입니다. 따라서 권력메커니즘은 근본적이고 본질적으로 억압이라고 보는 첫 번째 가설에 맞서, 이것은 두 번째 가설이 됩니다. 즉, 권력이란 전쟁이다, 다른 수단에 의해 계속되는 전쟁이라는 가설 말입니다. 바로 이 순간에 우리는 칼 폰 클라우제비츠의 명제[9]를 뒤집어 정치란 다른 수단에 의해 계속되는 전쟁이라

---

8) G. W. F. Hegel, *Grundlinien der Philosophie des Rechts*, Berlin: In der Nicolaischen Buchhandlung, 1821, §182-340; *Principes de la philosophie du droit*, trad. Robert Derathe, Paris: Vrin, 1975. [임석진 옮김, 『법철학』, 한길사, 2008]; Sigmund Freud, "Das Unbewußte," *Internationale Zeitschrift für ärztliche Psychoanalyse*, Bd.3, Heft. 4-5, 1915. [윤희기 옮김, 「무의식에 관하여」, 『정신분석학의 근본 개념』, 열린책들, 2003]; *Die Zukunft einer Illusion*, Leipzig/Wien/Zurich: Internationaler Psychoanaly -tischer Verlag, 1927; *L'Avenir d'une illusion*, trad. Marie Bonaparte, Paris: Denoël, 1932; rééd., Paris: PUF, 1995. [김석희 옮김, 「환상의 미래」, 『문명 속의 불만』, 열린책들, 2003.] 라이히에 관해서는 앞의 각주 2번을 참조하라.

9) 칼 폰 클라우제비츠(1780~1831)가 정식화한 유명한 원칙을 암시한다. "전쟁은 다른 수단에 의한 정치의 연속에 지나지 않는다. 따라서 전쟁은 단순히 정치적 행위일 뿐만 아니라 진정한 정치적 수단이고 정치적 접촉을 다른 수단으로 실행하는 것이다." Carl von Clausewitz, "Vom Kriege," *Hinterlassene Werke*, Bd.1, Berlin: Ferdinand Dümmler, 1832, Kap.1, Abs.XXIV; *De la guerre*, trad. Denise Naville, Paris: Minuit, 1955, p.28. [김만수 옮김, 『전쟁론』(제1권), 갈무리, 2006, 77쪽.] 또한 제2권의 3장 3절, 제3권의 6장도 참조.

고 말할 수 있을 것입니다. 이것은 세 가지를 의미할 것입니다. 우선 우리 사회와 같은 사회에서 기능하듯이, 권력관계는 원래 역사적으로 확정할 수 있는 어떤 한 시기에 전쟁 속에서, 또한 전쟁에 의해 확립된 일정한 힘관계에 정박되어 있다는 것입니다. 그리고 정치권력이 전쟁을 종식시키고 시민사회에 평화를 수립하거나 수립하기 위해 노력하더라도, 그것은 전쟁의 효과를 중단시키거나 전쟁의 마지막 전투에서 드러난 불균형을 중성화시키기 위해서가 전혀 아니라는 것입니다. 이 가설에 따르면, 정치권력의 역할은 이 힘관계를 일종의 조용한 전쟁에 의해 제도들, 경제적 불평등들, 언어, 심지어 각자의 신체에 계속 기입해넣으려고 하는 것입니다. 바로 이것이 클라우제비츠의 경구를 뒤집은 것, 즉 "정치란 다른 수단에 의해 계속되는 전쟁이다"에 부여되어야 할 첫 번째 의미입니다. 달리 말하면, 정치란 전쟁에서 드러난 힘의 불균형을 승인하는 것이자 갱신하는 것입니다. 이런 명제 뒤집기는 다른 것도 뜻할 수 있습니다. 즉, 이 [시민전쟁 혹은 내전과 반대되는] '시민평화'la prix civile의 내부에서 정치투쟁이나 권력에 관련된, 권력에 대한, 권력을 위한 항쟁이나 한쪽의 증대·정복 등 힘관계의 변경 같은 모든 것은 하나의 정치체제에 있어서 전쟁의 계속으로 해석되어야만 할 것입니다. 그리고 이 모든 것은 전쟁 자체의 에피소드, 전쟁의 단편화 및 전쟁의 자리옮김으로 해석되어야 할 것입니다. 평화와 그 제도들의 역사를 쓸 때조차 사람들은 결국 이 전쟁의 역사를 쓰고 있는 것입니다.

클라우제비츠의 경구를 뒤집는 것은 세 번째 의미도 갖고 있습니다. 최종 결정은 전쟁에서, 즉 무기가 최후의 판관이 되는 힘겨루기에서 나올 수밖에 없다는 것입니다. 이것이 뜻하는 바는 최후의 전투가 정치를 종식시킨다는 것, 혹은 달리 말하면 최후의 전투가 지속된 전쟁으로서의 권력의 행사를 최후에, 최후에서만 정지시킬 수 있다는 것입니다.

이처럼 권력을 분석하려고 경제주의적 도식에서 벗어나려 하자마자 우리는 두 개의 커다란 가설과 맞닥뜨리게 됩니다. 하나는 권력메커니즘이 억압이라는 것인데, 저는 이것을 편의상 '라이히의 가설'이라 부를 것입니다. 두 번째는 권력관계의 토대가 힘들 사이의 전쟁 같은 싸움이라는 것인데, 저는 이것도 편의상 '니체의 가설'로 부를 것입니다. 두 가지 가설은 양립하기 힘들지 않으며, 오히려 거꾸로 서로 결합되어 있는 것 같습니다. 결국 고전적인 정치권리 이론에서 압제가 사법적 차원에서 주권의 남용이었듯이, 억압은 전쟁의 정치적 결과가 아닐까요?

따라서 권력분석의 이 두 가지 커다란 체계를 대립시킬 수 있습니다. 하나는 18세기의 철학자들에게서 볼 수 있는 오래된 체계인데, 사람들이 원초적 권리를 양도함으로써 주권을 구성하는 것이 권력이라 파악하고, 계약이 정치권력의 모태라는 입장입니다. 그리고 이렇게 구성된 권력이 스스로를 벗어날 때, 즉 계약의 조항 자체를 벗어날 때는 압제가 될 위험이 있다고 간주됩니다. 한계 안에 있으면 계약-권력이지만, 그 한계를 넘어서면 압제라는 것이죠. 반면 또 다른 체계는 정치권력을 계약-압제가 아니라 거꾸로 전쟁-억압이라는 도식에 입각해 분석하려고 합니다. 바로 이 지점에서, 억압은 계약과 관련된 압제, 즉 남용이 아니라 지배관계의 단순한 효과이자 연속입니다. 억압은 지속적인 전쟁이 계속 작용하고 있는, 이 사이비 평화의 내부에서 끊임없이 계속 작동하는 힘 관계의 작동 이외에 아무것도 아닙니다. 요컨대 권력 분석에는 두 개의 도식이 있습니다. 이를테면, 계약-압제의 도식은 사법적 도식인 반면에, 전쟁-억압 또는 지배-억압의 도식에서 문제가 되는 것은 앞의 도식처럼 합법과 비합법의 대립이 아니라 투쟁과 복종의 대립입니다.

제가 최근 몇 년에 걸쳐 여러분께 말씀드렸던 모든 것은 투쟁-억압의 도식 안에 새겨져 있습니다. 제가 실행하려고 했던 것은 사실상 이 도식입니다. 그런데 그것을 실행하자마자 저도 이 도식을 재고하지 않을 수 없었습니다. 물론 제가 이 도식이 여러모로 아직 불충분하게 가다듬어졌다고 생각했기 때문입니다. 아니, 전혀 가다듬어지지 않았다고 말하는 편이 낫겠네요. 또한 제가 '억압'과 '전쟁'이라는 두 개념이 어찌면 궁극적으로 폐기되어야 한다고는 말할 수 없어도, 대폭 변경되어야만 한다고 생각했기 때문입니다. 여하튼 '억압'과 '전쟁'이라는 두 개념을 자세히 검토해야만 합니다. 또는 권력메커니즘은 본질적으로 억압메커니즘이라는 가설, 더 나아가 정치권력 아래에서 우르릉거리며 작동하고 있는 것은 본질적으로, 그리고 무엇보다도 우선 전쟁 같은 관계라고 하는 또 다른 가설을 상세히 검토해야만 합니다.

뽐내려는 건 아니지만, 저는 아주 오래 전부터 이 '억압' 가설에 의심의 눈초리를 보냈습니다. 그리고 앞서 말한 계보학들, 즉 형법의 역사라든가 정신의학적 권력의 역사라든가, 소아성욕에 관한 통제의 역사 등과 관련해, 이런 권력형성체에서 작동하는 메커니즘은 억압과는 전혀 다른 것임을, 또는 적어도 그 이상의 것임을 보여주고자 했습니다. 저는 억압에 관한 이런 분석을 약간이나마 반복하지 않고서는, 제가 분명히 두서없이 억압에 관해 말했던 모든 것을 취합하지 않고서는 앞으로 나아갈 수 없었습니다. 그래서 다음 강의는, 어쩌면 두 번에 걸친 강의가 될 수도 있는데, '억압' 개념에 관한 비판적 재검토에 바쳐질 것입니다.[10] 즉, 권력메커니즘과 권력 효과를 규정하는 것으로 오늘날 널리 퍼진 이 억압 개념이 어째서, 왜 권력메커니즘과 권력 효과를 명확하게 정의하는 데 부적합한 것인지를 보여주기 위해 전력을 다할 것입니다.

그러나 강의의 원래 제목은 또 다른 측면, 즉 전쟁의 문제로 채워질 것입니다. 저는 전쟁, 투쟁, 힘의 충돌 등의 이항 도식이 어떤 점에서 시민사회의 토대인 정치권력의 행사의 원리이자 그 동력으로 실제로 간주될 수 있는지 살펴보고 싶습니다. 우리는 권력의 기능을 분석할 때 실제

---

10) 약속은 지켜지지 않았다. 그러나 아마도 외국의 대학에서 했던 것 같은 '억압'에 관한 강의가 강의원고에 끼워져 있었다. 푸코는 다음에서 자신의 이 질문을 다시 다룬다. Michel Foucault, *Histoire de la sexualité, t.1: La Volonté de savoir*, Paris: Gallimard, 1976. [이규현 옮김,『성의 역사 1: 지식의 의지』(제3판), 나남, 2010.]

로 전쟁에 관해 말하고 있는 것일까요? '전술,' '전략,' '힘관계' 같은 개념은 유효할까요? 그렇다면 어느 정도나 유효할까요? 권력은 그저 무기나 전투와는 다른 수단에 의해 지속되는 전쟁에 지나지 않을까요? 오늘날에도 쌔고 쌘, 그러나 비교적 최근에 출현한 것이라고 할 수 있는 "권력은 사회를 보호해야 할 책임을 지고 있다"라는 테마가 내포하는 것은, 사회는 그 정치구조에 있어서 어떤 이들이 다른 이들에 맞서 자신들을 방어할 수 있게, 또는 다른 이들의 반항에 맞서 자신들의 지배를 방어할 수 있게, 또는 단순히 자신들의 승리를 방어하고 다른 이들을 예속시킴으로써 승리를 영속화할 수 있도록 조직되어 있다는 주장일까요?

그러므로 올해 강의의 개요는 다음과 같을 것입니다. 우선 한두 번의 수업에서 억압 개념을 재검토할 것입니다. 이어서 지금 말한 시민사회에서의 전쟁이라는 문제를 [살피기] 시작할 것입니다. 경우에 따라서는 내년 이후에도 계속할 수도 있지만, 지금은 정해진 바가 없습니다. 저는 바로 시민사회에서의 전쟁에 대한 이론가로 간주되는 사상가들, [그렇지만] 제가 보기에는 전혀 그렇지 않은 사상가들인 니콜로 마키아벨리와 토머스 홉스를 제외하는 것에서 시작할 것입니다. 그 다음에 전쟁을 권력 작용의 역사적 원리로 간주하는 전쟁 이론을 인종 문제라는 맥락에서 다시 살펴볼 것입니다. 왜냐하면 서구에서 정치권력을 전쟁으로서 분석할 가능성이 처음으로 보여졌던 것은 인종의 이항 대립에서였기 때문입니다. 그리고 인종의 투쟁과 계급의 투쟁이 정치사회 내부에서의 전쟁 현상과 힘관계를 가늠하는 데 곧잘 사용되는 두 개의 거대한 도식이 됐던 19세기 말까지로 거슬러 갈 것입니다.

2강. 1976년 1월 14일

전쟁과 권력 | 철학, 그리고 권력의 한계 | 법과 왕권 | 법률, 지배, 예속화 | 권력 분석: 방법의 문제 | 주권 이론 | 규율권력 | 규칙과 규범

올해에 제가 시작하고 싶은 것, 고작 시작할 뿐인 것은 권력관계들에 관한 있을 수 있는 분석 원칙으로서의 전쟁에 관한 일련의 연구입니다. 즉 이렇게 물어보는 것이죠. 호전적 관계, 전쟁 모델, 투쟁의 도식, 투쟁들의 도식 등의 면에서 접근함으로써 정치권력을 이해하고 분석하는 원리를 발견할 수 있는가? 정치권력을 전쟁·투쟁·대결의 관계에 입각해 판독할 수 있는가? 또한 불가피하게 이와 대응되는 것으로, 저는 17세기부터 지금까지 우리 사회에서 행해왔던 그 실제적·효과적·역사적 기능속에서 군사제도, 군사제도들에 관한 분석을 시작하고 싶습니다.

5년 전부터 지금까지는 대체로 규율을 연구했습니다. 앞으로 5년간은 전쟁, 투쟁, 군대를 연구하고 싶습니다. 그러나 지난 몇 년간의 강의에서 제가 말하려 했던 것에 관해 요점을 정리하고 싶습니다. 그렇게 하면 아직 충분히 진척되지 않은 전쟁에 관한 제 연구를 위한 시간을 벌수 있을 테고, 결국에는 지난 몇 년간 제 강의를 들어본 적 없는 분들도 갈피를 잡을 수 있을 테니까요. 하여튼 제 자신을 위해서도 제가 두루 살펴려고 했던 것들에 대해 요점을 정리하고 싶습니다.

1970~71년 이후 제가 두루 살펴려고 했던 것은 권력의 '어떻게'였습니다. '권력의 어떻게'를 연구한다는 것은, 요컨대 두 개의 좌표나 두개의 극한 사이에서 권력의 메커니즘을 알기 위해 노력한다는 것입니

다. 한편에는 권력의 범위를 명시적으로 규정한 법의 규칙이 있습니다. 다른 한편, 다른 극단, 다른 극한에는 이 권력이 산출하고 이끄는 진실의 효과들이 있는데, 이런 진실의 효과들은 자기 차례가 되면 이 권력을 연장시키기도 합니다. 그러므로 권력, 법, 진실로 이뤄진 삼각형이 있습니다. 도식적으로 말해보죠. 하나의 전통적인 물음, 제가 정치철학의 물음이라고 생각하고 또 다음과 같이 정식화할 수 있는 물음이 있습니다. 즉, 진실담론은 어떻게, 혹은 아주 단순하게 말해 진실의 **대표적** 담론이라고 이해된 철학은 어떻게 권력의 법적 한계를 정할 수 있는가? 이것은 전통적인 물음입니다. 그런데 제가 제기하고 싶었던 물음은 이 물음보다 아래에 있는 물음입니다. 이 물음은 이 전통적인 물음, 고귀하고 철학적인 물음과의 관계에서 보면 매우 사실적인 물음입니다. 제 물음은 어쩌면 다음과 같은 종류가 될 것입니다. 즉, 권력관계들이 진실담론들을 산출하기 위해 작동시키는 법의 규칙들은 무엇인가? 달리 말하자면, 우리 사회와 같은 사회에서 이토록 강력한 효과를 띤 진실담론을 생산할 수 있는 이런 권력 유형은 도대체 어떤 것인가?

저는 다음과 같이 말하고 싶습니다. 요컨대 우리 사회와 같은 사회에서는, 그렇지만 결국 어떤 사회에서든, 복수의 권력관계들이 사회체를 가로지르고 특징짓고 구성한다고 말입니다. 이 권력관계들은 진실담론의 생산·축적·유통·기능 없이는 분리될 수도 없고, 수립될 수도 없으며, 기능할 수도 없습니다. 이 권력 속에서, 이 권력으로부터, 이 권력을 가로질러 기능하는 진실담론들이 지닌 일정한 경제 없이는 권력의 행사란 존재하지 않습니다. 우리는 권력에 의해 진실의 생산에 복종하며, 진실의 생산에 의해서만 권력을 행사할 수 있습니다. 이것은 모든 사회에서 참이지만, 우리 사회에서 권력·법·진실 사이의 이 관계는 아주 특별한 방식으로 조직되어 있다고 저는 생각합니다.

단순히 권력·법·진실 사이의 관계의 메커니즘 자체가 아니라 이 관계의 강렬도와 그 항구성을 표시하기 위해 이렇게 말해보죠. 우리는 진실을 생산하라고 권력에 의해 강요받고 있는데 권력은 자신이 기능하기 위해 이 진실을 요구하고 필요로 한다고, 우리는 진실을 말해야 하며 진실을 고백하고 진실을 발견하라고 강제되며 그렇게 하도록 처해진다고 말입니다. 권력은 질문하기를, 우리에게 질문하기를 그치지 않습니다. 권력은 조사하고 기록하기를 그치지 않습니다. 권력은 진실의 연구를 제도화하고, 진실의 연구를 직업화하며, 이것에 보수를 지불합니다. 우리가 부를 생산해야 하듯이, 결국 우리는 진실을 생산해야 합니다. 그리고 우리는 부를 생산하기 위해 진실을 생산해야 합니다. 그리고 다른 한편으로, 진실이 법률을 만든다는 의미에서, 우리는 마찬가지로 진실에 종속되어 있습니다. 적어도 부분적으로는, 결정하는 것은 진실담론입니다. 진실담론은 권력의 효과들을 전파하고, 권력의 효과들 자체를 추진시키기도 합니다. 결국 우리는 권력의 특정한 효과들을 실어나르는 진실담론들에 따라서 재판받고, 선고받으며, 분류되고, 임무들을 강요받으며, 일정한 삶의 방식이나 일정한 죽음의 방식까지도 [그렇게] 정해집니다. 그러니까 법의 규칙들, 권력의 메커니즘들, 진실의 효과들. 또는 권력의 규칙들, 그리고 진실담론들의 권력. 어림잡아서 바로 이것이 제가 하고 싶어 했던 편력, 제 자신도 알고 있습니다만 부분적이고 우여곡절을 거듭하며 걸어왔던 편력의 대체적인 영역입니다.

이 편력에 관해 지금 몇 마디 말하고 싶습니다. 어떤 일반적 원칙이 저를 이끌었고, 제가 취하고 싶었던 정언명령적 수칙이나 방법상의 주의점은 무엇이었는가? 법과 권력 사이의 관계와 관련해서는 하나의 일반적 원칙이 있습니다. 즉, 제게는 결코 잊어서는 안 되는 하나의 사실이 있는 것처럼 보입니다. 서구 사회에서, 그리고 중세 이후에 법 사상의 수립은 본질적으로 왕의 권력 주변에서 이뤄졌다는 사실이 그것입니다. 우리 사회의 사법적 구조물이 수립됐던 것은 왕권[왕의 권력]의 요청으로, 마찬가지로 왕권의 이익을 위해, 왕권의 도구로서, 혹은 왕권의 정당화를 위해서입니다. 서양에서 법은 왕의 명령의 법입니다. 물론 왕권의 조직화에서 법학자들이 행한 유명하고 찬양되고 반복됐고 지겹게 되풀이됐던 역할을 온 세상이 잘 알고 있습니다. 중세 중반경의 로마법 복원, 로마 제국의 몰락 이후 붕괴된 사법적 구조물을 그 주변에서 그로부터 재구성했던 거대한 현상은 군주제적 권력, 권위주의적 권력, 행정권력, 최종적으로는 절대주의적 권력을 구성하는 기술적 도구 중 하나였다는 점을 결코 잊어서는 안 됩니다. 그러니까 사법적 구조물은 왕이라는 인물 주변에서, 왕권의 요청으로, 왕권의 이익을 위해 형성됐습니다. 이후 몇 세기 동안에 이 사법적 구조물이 왕의 통제를 벗어나 왕권에 반기를 들었을 때 문제가 된 것은 늘 이 [왕의] 권력의 한계이며, 그 [왕의] 특권의 문제입니다. 달리 말하면, 서양의 모든 사법적 구조물에서 중심 인물은 왕이라고 저는 생각합니다. 문제가 된 것은 왕이며, 서양의 사법적 구조물의 일반적 체계, 전반적 조직 속에서 근본적으로 문제였던 것은 왕, 왕의 권리들, 왕의 권력, 그리고 왕권의 있을 수 있는 한계인 것입니다. 법학자들이 왕의 심복이었건 왕의 반대자였건, 법 사상과 앎의 이런 거대한 구조물에서 문제가 된 것은 여하튼 늘 왕권이었습니다.

그리고 왕권에 관해 다음 두 가지 방식으로 문제가 제기됩니다. [첫 번째는] 왕권이 어떤 사법적 기반에 매달렸는가, 군주가 어떻게 실제로 주권의 살아 있는 신체였는가, 어떻게 군주의 권력은 절대적일 때조차도 기본법에 완전히 적합했는가를 보여주기 위해. [두 번째는] 아니면 그와 반대로, 군주의 권력을 어떻게 제한할 것인가, 이 권력은 어떤 법의 규칙들에 종속되어야 하는가, 자기 권력의 정당성을 보존하려면 군주는 이 권력을 어떤 한계에 따라, 그리고 어떤 한계 안에서 행사해야만 하는가를 보여주기 위해. 중세 이래로 법 이론은 본질적으로 권력의 정당성을 확립하는 역할을 맡았습니다. 즉, 주요 문제이자 중심 문제는 주권의 문제로, 이것을 둘러싸고 법 이론 전체가 조직됐습니다. 서구 사회에서 주권 문제가 법의 중심 문제라고 말하는 것은 법담론과 법의 기술이 본질적으로 권력 내부에서 지배라는 사실을 해체하는 기능을 갖고 있었음을 뜻합니다. 축소하거나 감추고 싶어하는 것으로서의 이런 지배를 대신해 두 가지 사항, 즉 한편으로는 주권의 정당한 법권리들과 다른 한편으로는 복종의 법적 의무를 부각시키기 위해 말입니다. 법체제는 전적으로 왕에게 집중되어 있었으며, 말하자면 최종적으로는 지배의 사실과 그 귀결들을 배척합니다.

지난 몇 년간, 다양하고 소소한 것들에 관해 언급했을 때, 전체 기획은 분석의 일반적 방향을, 중세 이래로 법담론의 전부였던 그 분석의 방향을 근본적으로 역전시키는 것이었습니다. 저는 정반대로 하려고 노력했던 것이죠. 즉, 은밀하게 있든 돌연히 나타나든, 지배를 하나의 사실로 드러내보이려고 노력했습니다. 이로부터 출발해 어떻게 법이 일반적으로 지배의 도구인지를 보여주려고 했던 것만은 아닙니다. 그것은 너무 뻔한 일이죠. 오히려 저는 더 나아가 어떻게 그리고 어디까지, 또 어떤 형태 아래에서 법이 주권의 관계들이 아니라 지배의 관계들을 전달하고 작동시키는지를 보여주려고 했습니다. 법이라고 말할 때, 저는 단순히 법률만이 아니라 법을 적용하는 기구들, 제도들, 법규들 전체를 생각합니다. 그리고 제게 지배란 다른 사람들에 대한 한 명의, 다른 집단에 대한 한 집단의 '하나의' 전면적인 지배라는 대대적인 사실을 의미하는 것이 아니라 사회의 내부에서 행사될 수 있는 다양한 지배의 형태들을 뜻합니다. 그러니까 중심적 위치에 있는 왕이 아니라 상호관계에 있는 신민들, 단일한 구조물 속에 있는 주권이 아니라 사회체 내부에 자리잡고 기능하는 다양한 예속화인 것입니다.

법체계와 사법적 장은 지배관계들의 항구적인 운반수단이며, 다양한 형태를 띤 예속화 기술의 항구적인 운반수단입니다. 법은 정당성의 확립이라는 측면에서가 아니라 법이 작동되는 예속화 절차라는 측면에서 봐야만 한다고 저는 생각합니다. 그러므로 제게 중요한 것은 주권 및 이 주권에 종속된 개인의 복종이라는, 법에 중심적인 이 문제를 단락시키거나 피하는 것이며, 주권과 복종 대신에 지배와 예속화의 문제를 드러내

보이는 것입니다. 사법적 분석의 일반적 노선을 단락시키거나 우회하려는 듯한 이 노선을 따르려면 방법상 몇 가지를 조심해야 합니다.

방법상 조심해야 할 첫 번째는 다음과 같습니다. 문제는 권력의 규칙적이고 정당한 형태들을 그것들의 중심 속에서, 즉 권력의 일반적 메커니즘이나 권력의 전체적 효과라고 할 수 있는 것 속에서 분석하는 게 아닙니다. 이와는 정반대로, 문제는 권력을 그 극단에서, 마치 모세혈관처럼 가늘어진 그 끄트머리의 윤곽 속에서 파악하는 것입니다. 다시 말하면, 권력의 가장 지역적이고 가장 국지적인 형태들과 제도 속에서, 특히 이 권력을 조직하고 그 범위를 정하는 법의 규칙들로부터 [권력이 스스로] 비어져 나오고, 따라서 이 규칙들을 넘어서 연장되고, 제도들 속으로 투여되고, 기술들로 실체화되며, 때로는 폭력적이기까지 한 물질적 개입의 도구가 주어지는 그런 곳에서 권력을 파악하는 것입니다. 한 가지 예를 들어보죠. 철학이 제시했듯이 형벌권이 주권 속에서, 그것이 군주제적 법의 주권이든 민주제적 법의 주권이든, 어디에서 그리고 어떻게 정초되는가를 탐구하려고 하기보다는, 저는 실제로 처벌·형벌권이 어떻게 고문이나 투옥 같은 몇몇 국지적·지역적·물질적 제도들 속에서, 그리고 효과적인 형벌기구들의 제도적이면서 물리적이고 법규적이며 폭력적인 세계 속에서 실체화됐는지를 알려고 노력했습니다. 달리 말하면, 권력의 행사가 점점 사법적이지 않게 되는 끄트머리에서 권력을 파악하기. 이것이 저의 첫 번째 수칙이었습니다.

두 번째 수칙은 권력을 의도나 결정의 수준에서 분석하지 않기, 권력을 내부에서부터 파악하려고 하지 않기, 마치 미로처럼 탈출이 불가능하다고 제가 생각하는 질문, 즉 누가 권력을 갖고 있는가, 그는 무슨 생각을 하고 있는가, 권력을 갖고 있는 이 사람은 무엇을 하려고 하는가 따위의 질문을 제기하지 않기입니다. 이와는 정반대로, 만일 의도란 것이 있다면, 그 의도가 실제적이고 효과적인 실천의 내부로 모조리 투입되는 곳에서 권력을 연구하는 것, 어떻게 보면 권력을 그 외부 접면의 편에서, 즉 매우 잠정적으로 권력의 대상·표적·적용의 장이라고 부를 수 있는 것과 권력이 직접적·즉각적으로 관계맺는 곳에서, 요컨대 권력이 뿌리내리고 그 실제적 효과를 생산하는 곳에서 연구하는 것이 중요합니다. 그러니까 왜 어떤 사람들은 지배하기를 원하는가, 그들은 무엇을 추구하는가, 그들의 전체적 전략은 무엇인가 등을 묻지 말고, 예속화 절차의 바로 그 순간에, 그 수준에서, 그 표면 언저리에서, 혹은 신체들을 예속화하고 몸짓을 통솔하고 행동을 조절하는 연속적이고 부단한 과정 속에서 어떤 일이 일어나는가를 물어야 합니다. 바꿔 말하면 어떻게 군주는 높은 곳에 나타나는가라고 자문하기보다는 오히려 신체·힘·에너지·물질·욕망·사유의 다양체에서 출발해 조금씩, 점진적으로, 실제로, 물질적으로 주체들이, 주체가 어떻게 구성됐는가를 알려고 하는 것입니다. 주체들의 구성으로서의 예속화의 물질적 심급을 포착하는 것은 토머스 홉스가 『리바이어던』[1)]에서 하려고 했던 것, 그리고 결국 모든 법학자들이 하려고 했던 것과 정확히 반대되는 것일 수 있습니다. 법학자들에게 문제는 개인들과 의지들의 다양체에서 출발해 단 하나의 의지, 또는 심지어 단 하나의 신체, 더욱이 주권일 수도 있는 하나의 영혼에 의해 생기가 불어넣어진 단 하나의 의지나 신체가 어떻게 형성될 수 있는가를 아는 것이었다고 저는 생각합니다. 『리바이어던』의 도식을 떠올려봅시다.[2)] 이 도식에서 인공적 인간으로서의 리바이어던은 일정한 수의 분리

---

1) Thomas Hobbes, *Leviathan, or the Matter, Forme and Power of a Common-Wealth, Ecclesiasticall and Civill*, London: Andrew Crooke, 1651; *Léviathan: Traité de la matière, de la forme et du pouvoir de la république ecclésiastique et civile*, trad. Fran -çois Tricaud, Paris: Sirey, 1971. 사실상 완전히 새로운 판본이 된 이 텍스트의 라틴어 번역판은 1668년에 암스테르담에서 나왔다. [*Leviathan, sive, De materia, forma, et potestate civitatis ecclesiasticae et civilis*, Amsterdam: Joan Blaeu, 1668.]

2) 푸코는 여기서 앤드류 크룩크가 출판한 『리바이어던』 '초판본'(앞의 각주 1번)의 유명한 권두 삽화를 암시하고 있다. 이 권두 삽화는 신민들로 구성된 국가의 신체를 묘사하고 있다. 머리는 군주를 나타내고 있는데 한쪽 손에는 칼을, 다른 쪽 손에는

『리바이어던』의 표지 프랑스의 삽화가 아브라함 보스(Abraham Bosse, 1602~1676)가 홉스와 상의해 그렸다.

된 개별성의 응고, 일정한 수의 국가의 구성요소에 의해 통일되어 있는 자신들을 발견하는 개별성의 응고에 지나지 않습니다. 하지만 국가의 중심에는, 아니 오히려 국가의 머리에는 국가를 국가로서 구성하는 어떤 것이 존재하며, 그리고 바로 이 어떤 것이 주권이며, 그래서 홉스는 주권이야말로 리바이어던의 혼이라고 말했던 것입니다. 아니, 중심의 혼이라는 이 문제를 제기하기보다는 오히려 주변부에 있고 다양한 신체들을, 권력의 효과들에 의해 주체로서 구성된 이 신체들을 탐구하려고 노력해야 한다고 생각하며, 바로 이게 제가 하려고 노력했던 것입니다.

방법상 조심해야 할 세 번째는 권력을 대규모적이고 동질적인 지배의 현상으로 파악하지 않는 것입니다. 다시 말하면, 권력을 다른 사람들에 대한 한 개인의 지배, 다른 집단들에 대한 한 집단의 지배, 다른 계급들에 대한 한 계급의 지배라고 생각하지 않는 것입니다. 아주 높고 아주 먼 곳에서 권력을 고찰하는 경우를 뺀다면, 권력은 이것을 갖고 있고 배타적으로 쥐고 있는 사람들과 갖고 있지 못하고 권력을 참아내는 사람들 사이에서 나눠지는 어떤 게 아닙니다. 저는 권력이란 유통하는 어떤 것, 아니 오히려 연쇄 속에서만 기능하는 어떤 것으로서 분석되어야 한다고 생각합니다. 권력은 결코 여기나 저기로 장소화되지 않으며, 어떤 사람들의 손 안에 있는 것도 결코 아닙니다. 권력은 부나 재산처럼 결코 전유되지 않습니다. 권력은 기능합니다. 권력은 그물망을 통해 행사되며, 이 그물망 위에서 개인들은 단순히 유통하는 게 아니라 늘 권력에 복종하고 또한 이 권력을 행사할 수 있는 입장에 늘 놓여 있습니다. 개인들은 결코 권력의 관성적이거나 합의적인 표적이 아닙니다. 개인들은 늘 권력의 중계항입니다. 바꿔 말하면, 권력은 개인들을 경유합니다만 권력은 개인들에게 들러붙는 것이 아닙니다.

홀장(笏杖)을 쥐고 있다. 그 아래에는 두 권력, 즉 [각각] 세속의 권력과 교회의 권력을 나타내는 주요 상징들이 그려져 있다.

그러니까 저는 개인을 일종의 기초적인 핵, 기본 원자, 다양하고 관성적인 재료로 여겨서는 안 된다고 생각합니다. 즉, [개인이란] 개인적인 것들을 복종시키거나 파괴하기도 하는 권력이 들러붙기도 하고, 타격하기도 하는 그런 재료 같은 것이 아니라는 말입니다. 실제로는 어떤 신체들, 몸짓들, 담론들, 욕망들이 식별되고 개인으로서 구성되는 것, 바로 이것이 권력의 일차적인 효과 중의 하나입니다. 달리 말하면 개인은 권력과 마주보고 있는 것이 아닙니다. 제 생각에, 개인이란 권력의 일차적인 효과 중의 하나입니다. 개인은 권력의 효과이며, 이와 동시에 바로 하나의 효과라는 의미에서 권력의 중계항이기도 합니다. 요컨대 권력은 자신이 구성해 놓은 개인을 경유하는 것입니다.

방법론상 유의해야 할 수준에 있어서 네 번째 귀결은 이렇습니다. 제가 "권력은 행사되고 유통하고 그물망을 형성한다"라고 말할 때, 그것은 어떤 지점까지는 참일 수 있습니다. 또 이렇게 말할 수도 있습니다. 즉, "우리 모두의 머릿속에는 파시즘이 있다"라고, 혹은 더 근본적으로는 "우리 모두는 신체 속에 권력을 갖고 있다"라고 말이죠. 그리고 권력은 적어도 어느 정도까지는 우리의 신체를 경유해 이동하는 것입니다. 그건 확실히 그렇습니다. 하지만 그렇다고 해서 이로부터 권력이 세상에서 가장 잘 분유되어 있다고, 가장 널리 분유되어 있다고 결론내려야만 한다고는 생각하지 않습니다. 설령 어느 정도까지는 그렇더라도 말입니다. 권력은 신체를 통해 일종의 민주적이거나 아나키적인 방식으로 분배되는 것이 아닙니다. 제가 말하고 싶은 것은 이런 것입니다. 즉, 제가 보기에 중요한 것은, 그리고 이것이야말로 방법론상의 네 번째 유의사항이 될 텐데, 중심에서 출발해 권력이 아래로 어디까지 내려가는지, 어떤 한도에서 재생산되고 사회의 가장 작은 요소들로까지 파급되는지 보려고 애쓰는, 권력에 관한 일종의 연역[연적적 추론]을 해서는 안 된다는 것입니다. 이와 반대로, 저는 권력에 대한 상향적 분석을 해야 하고, [반드시] 해내야 한다고 생각합니다. 이것이야말로 우리가 따라야 할 방법상의 유의사항입니다. 달리 말해 고유한 역사, 고유한 궤적, 고유한 기술과 전술을 지닌 무한소의[미세한] 메커니즘에서 출발해, 나름의 견고성을 지니고 어떤 의미에서는 고유한 테크놀로지를 지닌 이 메커니즘이 어떻게 더욱 더 일반적인 메커니즘과 전반적 지배의 형태에 의해 투여[포위]되고, 식민화되고 사용되고 굴절되고 전위轉位되고 확장됐는가를, 또 여전히 그렇게 되고 있는가를 살펴봐야만 한다는 것이 제 생각입니다. 전반적인 지배는 복수화되고, 저 밑바닥에까지 반향되는 것이 아닙니다. 저는 우리가 사회의 가장 낮은 수준에서 권력의 현상, 기술, 절차가 어떻게 작동하는가를 분석해야만 한다고 생각합니다. 물론 이 절차들이 어떻게 전위되고 확장되며 변경되는지를 보여줘야만 합니다만, 더욱 더 중요하게는 이 절차들이 전반적 현상에 의해 어떻게 투여[포위]되고 병합되는지, 또 상대적으로 자율적인 동시에 무한소이기도 한 권력테크놀로지들의 작동 속에서 좀 더 일반적인 권력들이나 경제적 이익들이 어떻게 미끄러져 들어갈 수 있는지 보여줘야만 한다는 것입니다.

더 분명히 하기 위해, 광기에 관한 예를 하나 들어보죠. 하향적 분석이라고 말할 수 있는 이것을 경계해야만 합니다. 부르주아지는 16세기 말이나 17세기 전후에 지배계급이 됐습니다. 이렇게 말해진 것으로부터 어떻게 광인의 감금을 연역할 수 있을까요? 연역, 여러분은 항상 연역을 하고 있죠. 연역은 언제나 쉬우며, 바로 그렇기에 제가 연역을 비판하는 것입니다. 실제로 광인은 산업생산에 아무런 쓸모가 없었기에 쫓아버리지 않을 수 없었음을 보여주는 것은 쉽습니다. 여러분이 원한다면, 광인에 대해서만이 아니라 소아성욕에 관해서도 똑같이 할 수 있습니다. 바로 이것이 아주 많은 사람들이 했던 것으로, 빌헬름 라이히는 어느 지점까지는 그렇게 했으며,3) 라이무트 라이헤는 확실히 그렇게 했습니다.4)

---

3) Wilhelm Reich, *Der Einbruch der Sexualmoral*, Berlin: Verlag für Sexualpolitik, 1932. [또한 본서 1강(1976년 1월 7일)의 각주 1번을 참조하라.]

즉, 부르주아 계급의 지배로부터 출발해 어떻게 하면 소아성욕을 이해할 수 있는가라는 물음입니다. 대답은 아주 간단합니다. 인간의 신체가 17~18세기부터 본질적으로 생산력이 됐고, 이런 [생산]관계나 생산력의 구성으로 환원될 수 없는 모든 지출형태, 무용하다고 여겨진 모든 지출형태는 추방되고 배제되고 억압당했다는 것입니다. 이런 식의 연역은 언제나 가능합니다. 이것은 참인 동시에 거짓입니다. 이런 연역은 본질적으로 너무 쉽습니다. 왜냐하면 이것과는 정반대의 것을 할 수도 있기 때문입니다. 바로 부르주아지가 지배계급이 됐다는 원리에서 출발해 성욕을, 그리고 소아성욕을 통제하는 것이 전혀 바람직하지 않게 됐다고 연역할 수도 있습니다. 아니 정반대로, 성욕에 의해 노동력을 재구성하는 것이 목표인 한에서는 성행위[성적 관계]의 실습, 성행위의 훈련, 성행위의 조숙성이 오히려 필요했다고도 할 수 있습니다. 이것에 관해서는 잘 알려져 있습니다만, 적어도 19세기 초반에는 노동력의 최적화 조건이 무한하다고 생각됐기에 노동력이 많으면 많을수록 자본주의적 생산체제는 극히 정당하고 완벽하게 기능할 수 있었을 것입니다.

부르주아지의 지배라는 일반적 현상으로부터는 그 어떤 것이든 연역할 수 있다고 저는 생각합니다. 그러니까 정반대의 것을 해야만 하는 것 같습니다. 즉, 밑에서부터 출발해 통제메커니즘들이 광기의 배제, 성욕의 억압과 금지에 관해 역사적으로 어떻게 작동했는지를 봐야만 합니다. 가족, 인접 집단, 감방이라는 실효적 수준에서, 또는 사회의 가장 낮은 수준에서 억압이나 배제 같은 이런 현상이 어떻게 자신의 도구, 자신의 논리를 갖게 됐고 일정한 필요에 답했는가를 봐야만 한다는 것입

---

4) Reimut Reiche, *Sexualität und Klassenkampf: Zur Abwehr repressiver Entsublimierung*, Frankfurt am Main: Verlag Neue Kritik, 1968; *Sexualité et Lutte de classes: Défense contre la désublimation répressive*, trad. Catherine Parrenin et Franz Josef Rutten, Paris: Maspero, 1969.

니다. 그런 억압이나 배제의 담지자들이 어떤 사람들이었는가를 보여주되, 그들을 부르주아지 일반에서 찾는 것이 아니라 인접 집단, 가족, 부모, 의사, 경찰의 말단 조직 등일 수도 있었던 실제적 담지자들에게서 찾아야만 합니다. 그리고 어떻게 이 권력메커니즘이 어떤 주어진 순간에, 어떤 특정 정세에서, 어떤 몇몇 변형에 의해 경제적으로 이익이 되고 정치적으로도 유용하게 되기 시작했는지를 보여줘야만 합니다. 그렇게 하면, 제 생각입니다만, 진정으로 부르주아지가 필요로 했던 것, 또한 마침내 체제가 거기서 자신의 이익을 발견했던 것은, 광인을 배제한다거나 아이들의 자위행위를 감시하고 금지하는 것이 아니라는 점을 손쉽게 보여줄 수 있을 것이라고 생각합니다. 실제로 바로 이것이 제가 예전에, 여하튼 몇 번이나 하려고 했던 것입니다. 거듭 말하건대, 부르주아 체제는 정반대[의 주장]를 완벽하게 뒷받침할 수 있습니다. 요컨대 부르주아 체제는 광인들이 배제된다는 사실에서가 아니라 오히려 그런 배제의 기술과 절차 자체 안에서 자신의 이익을 발견하고, 실제로 전력을 다했습니다. 즉, 배제의 메커니즘, 감시의 기구들, 성욕의, 광기의, 비행非行의 의료화, 이 모든 것, 다시 말해 권력의 미시적인 기제가 어떤 순간부터 부르주아지의 이해관계를 대변했고 구성했던 것입니다. 그리고 바로 이것에 부르주아지는 관심을 품었던 것입니다.

이렇게 말할 수도 있죠. '부르주아지,' '부르주아지의 이해관계'라는 통념이 정말로 아무런 실제적 내용도 갖고 있지 않는 한, 적어도 우리가 지금 제기한 문제들에서 유념해야 할 것은 광기가 배제되어야 한다든가 소아성욕이 억압되어야 한다고 생각한 부르주아지는 전혀 존재하지 않았다는 점입니다. 그러나 광기의 배제메커니즘, 소아성욕의 감시메커니즘이 어떤 시기 이래, 그리고 [우리가] 연구해야 할 몇 가지 이유 때문에 어떤 경제적 이윤, 어떤 정치적 유용성을 낳게 됐으며, 그 결과 이런 메커니즘은 아주 당연하게도 전반적 메커니즘에 의해, 최종적으로는 국가체계 전체에 의해 식민화되고 떠받쳐지게 됐습니다. 따라서 이런 권력의 기술들에 주목하고 여기서 출발함으로써, 어떤 맥락에서 그리고 어떤 이유들 때문에 이런 권력의 기술들에서 파생된 경제적 이윤이나 정치적 유용성을 제시함으로써, 이런 메커니즘이 어떻게 효과적으로 마침내 전체의 일부가 되기에 이르렀는지를 이해할 수 있습니다. 달리 말하면, 부르주아지는 광인에게 전혀 관심을 갖지 않았습니다만, 광인이 배제되는 과정이 19세기 이래, 그리고 거듭 말합니다만, 몇 가지 변화를 따라서, 정치적 이윤을, 경우에 따라서는 경제적 효용도 갖거나 내뿜게 됐습니다. 그리고 이런 정치적 이윤, 경제적 효용이 체제를 견고하게 만들었고, 이 체제를 전체적으로 기능시키게 됐던 것입니다. 부르주아지는 광인에게가 아니라 광인에게 가해진 권력에 관심을 가졌습니다. 부르주아지는 아이들의 성욕이 아니라, 아이들의 성욕을 통제하는 권력의 체계에 관심을 가졌습니다. 부르주아지는 경제적으로는 그다지 이익이 없었기 때문에 범죄자, 이들의 처벌 또는 이들의 갱생에는 전혀 관심이 없었습니다. 반면에, 부르주아지는 범죄자를 통제하고 추적하고 처벌하며 교정시키는 메커니즘 전체로부터 일반적인 경제적·정치적 체계 내부에서 기능하는 이익을 끌어낼 수 있었습니다. 이상이 네 번째로 유의해야 할 점, 제가 따르고 싶은 방법론상의 네 번째 방침입니다.

다섯 번째로 유의해야 할 것을 말씀드리겠습니다. 권력의 거대한 기계가 이데올로기적 생산을 수반한다는 것은 충분히 있을 수 있습니다. 예컨대 교육 이데올로기, 군주권력의 이데올로기, 의회민주주의의 이데올로기 등은 확실히 존재하죠. 하지만 저는 [사회의] 밑바닥에서, 권력 그물망의 끝 지점에서 형성되는 것이 이데올로기라고는 생각하지 않습니다. 그것은 이데올로기에는 훨씬 미치지 못하는 것인 동시에, 이데올로기를 훨씬 넘어서는 것이라고 저는 생각합니다. 즉, [오히려] 그것은 앎의 형성과 축적의 실효적 도구, 관찰의 방법, 기록의 기술, 조사와 연구의 과정, 검사의 장치입니다. 말하자면 하나의 앎을, 아니 오히려 앎의 기구들을 형성하고 조직하고 유통시키지 않고서는 권력이 그 정밀한 메커니즘 속에서 행사될 수 없으며, 이런 앎의 기구들은 이데올로기적인 부속물이나 구조물일 수 없다는 것입니다.

이런 다섯 가지의 방법적 유의사항을 요약하면 다음과 같습니다. 권력에 관한 연구를 주권의 사법적 구조물 쪽으로, 국가의 기구 쪽으로, 또는 권력에 수반되는 이데올로기 쪽으로 향하게 해서는 안 됩니다. 저는 권력의 분석을 주권이 아니라 지배 쪽으로, [권력의] 물질적 작동자 쪽으로, 예속의 형태 쪽으로, 이 예속의 국지적 체계가 어떻게 접속되고 이용되는가 하는 쪽으로, 그리고 마지막으로 앎의 장치들 쪽으로 향하게 해야만 한다고 생각합니다.

요컨대 리바이어던 모델을 쫓아버려야만 합니다. 즉, 실제의 모든 개인들을 포괄하고, 시민은 그의 신체이고 그의 혼은 주권이라고 하는, 인공적이고 자동적이며 제조되고 통일적인 인간의 모델을 제거해야만 합니다. 권력을 리바이어던 모델의 바깥에서, 법적 주권과 국가제도에 의해 획정되는 장의 바깥에서 연구해야만 합니다. 권력을 지배의 기술과 지배의 전술에서 출발해 분석하는 것이 중요합니다. 따라야 할 방법론적 노선이라고 제가 생각하는 것은 이런 것인데, 실제로 이것은 수년 전부터 정신의학의 권력, 아이들의 성욕, 처벌체계 등과 관련해서 제가 했던 다양한 연구들 속에서 따르고자 노력했던 노선입니다.

그런데 이런 [연구]영역을 편력함으로써, 그리고 방법적 유의를 지킴으로써 하나의 거대한 역사적 사실이 나타난다고 생각합니다. 바로 이것이 제가 오늘부터 말하고 싶은 문제로 우리를 조금이나마 인도해줄 것입니다. 이 거대한 역사적 사실이란 바로 주권에 관한 법적-정치적 이론, 우리가 권력을 분석하고 싶다면 그로부터 벗어나야만 하는 이론이 중세에서 시작됐다는 것입니다. 이 이론은 로마법의 부활로부터 시작됐고, 군주제와 군주의 문제를 둘러싸고 구성됐습니다. 그리고 역사적으로 보면, 권력을 분석하고 싶을 때 사람들이 빠지기 쉬운 커다란 함정입니다만, 이 주권 이론은 네 가지 역할을 했다고 생각합니다.

첫째로, 주권 이론은 봉건 군주제의 권력메커니즘이라는 실제의 권력메커니즘을 참조했습니다. 둘째로 주권 이론은 대규모 행정 군주제의 구성[성립]을 위한 도구인 동시에 그것의 정당화에도 도움이 됐습니다. 더 나아가 16세기부터, 특히 17세기부터, 즉 이미 종교전쟁의 시대에 주권 이론은 두 진영에 유포된 무기였으며, 한 방향으로도 또 반대 방향으로도 이용됐습니다. 다시 말하면 왕권을 제한하기 위해서도 이용됐고, 또 반대로 왕권을 강화하기 위해서도 이용됐던 것입니다. 여러분은 주권 이론을 왕당파 가톨릭교도 편에서도, 반왕당파 프로테스탄트 편에서도 발견합니다. 또 여러분은 왕당파이자 다소간 자유주의적인 프로테스탄트 편에서도, 더 나아가 왕의 살해나 왕조의 교체를 주장한 가톨릭교도 진영 편에서도 주권 이론을 발견합니다. 귀족정론자들의 손아귀에서도, 또는 의회파의 손아귀에서도, 왕권의 대표자들 편에서도, 또는 최후의 봉건 영주 편에서도 주권 이론은 어떤[특정한] 역할을 했습니다. 요컨대 16세기와 17세기의 권력체계들 주변에서 주권 이론은 정치적·이론적 투쟁의 중대한 도구였습니다. 마침내 여러분은 18세기에서도, 로마법에서 부활한 이 똑같은 주권 이론을 장-자크 루소와 그의 동시대인들에게서도 발견하게 될 것입니다만, 이 경우 주권 이론은 또 다른 역할, 네 번째 역할을 하게 됩니다. 즉, 이때에는 행정 군주제, 권위주의적 군주제, 또는 절대 군주제에 대항해 또 다른 유형의 모델, 즉 의회민주주의의 모델을 구축하기 위해 주권 이론이 중요해집니다. 그리고 프랑스 혁명 당시에도 주권 이론은 바로 이런 역할을 맡았습니다.

이 네 가지 역할을 따라가다 보면, 봉건적 유형의 사회가 지속되는 한에는, 주권 이론이 다룬 문제들, 주권 이론이 참조한 문제들이 권력의 일반적 기제, 가장 높은 수준에서부터 가장 낮은 수준에 이르기까지 권력이 행사되는 방식을 실질적으로 포괄했음을 알 수 있습니다. 달리 말하면 주권관계는, 넓은 의미로 이해하건 좁은 의미로 이해하건, 결국에는 사회체 전체를 포괄하고 있습니다. 그리고 실질적으로 권력이 행사되는 방식은, 적어도 본질적 부분에 관해서는 군주/신하 관계의 용어로 옮겨 적을 수 있었습니다.

그런데 17세기와 18세기에 중요한 현상이 산출됐습니다. 권력의 새로운 기제가 등장한 것입니다. 아니, 발명됐다고 말해야만 하겠네요. 이 권력의 새로운 기제는 아주 특수한 과정, 완전히 새로운 도구, 매우 상이한 기구들을 지녔는데, 제 생각으로 이것은 주권관계와는 결코 양립할 수 없습니다. 이 새로운 권력의 기제는 토지와 그 생산물보다는 우선 신체와 신체가 행하는 것을 건드렸습니다. 이것은 신체로부터 재화와 부보다는 시간과 노동을 추출하는 것을 가능케 한 권력메커니즘입니다. 이것은 조세 부과와 만성적 의무의 체계에 의해 불연속적으로 행사된 것이 아니라, 감시에 의해 부단히 행사되는 권력의 유형입니다. 이것은 한 군주의 육체적 실존보다는 오히려 물질적 강제의 엄정한 구획 분할을 전제로 한 권력의 유형이었으며, 예속된 세력들을 증대시켜야만 하는 동시에 이 세력들을 예속시키는 쪽의 힘과 효율도 증대시켜야만 하는 것을 원칙으로 삼은 새로운 권력의 경제를 정의하는 것입니다.

권력의 이런 유형은 주권 이론이 묘사했던, 또는 옮겨 적었던 권력의 기제와 정확히 대립되는 것처럼 보입니다. 주권 이론은 신체와 신체가 행하는 것에 대해 행사되기보다는, 토지와 토지의 생산물에 대해 행사되는 권력의 형태에 연결되어 있습니다. [주권 이론은] 권력에 의한 재화와 부의 이동과 전유에 관한 것이지, 시간과 노동의 이동과 전유에 관한 것이 아니었습니다. 조세 부과의 불연속적이고 주기적인 의무를 법률 용어로 옮겨 적는 것을 가능케 했던 이론이었지, 연속적인 감시를 법규화한 것은 아니었습니다. 주권 이론은 군주의 육체적 실존에서 출발하고 또 그것의 주변에서 권력를 정초할 수 있게 한 이론이었지, 연속적이고 항상적인 감시체계를 정초한 이론이 아닙니다. 주권 이론은 절대 권력을 이른바 권력의 절대적 지출 속에서 정초하는 것을 가능케 한 것이었지, 최소한의 지출과 최대한의 효과라는 방식으로 권력을 계산하는 것을 가능케 한 것이 아니었습니다. 따라서 더 이상 주권이라는 용어로 옮겨 적을 수 없는 이 새로운 유형의 권력은 부르주아 사회의 위대한 발명품 중 하나라고 저는 생각합니다. 이 권력은 산업자본주의와 이것과 상관적인 사회의 유형이 성립되기 위한 근본적 도구들 중 하나였습니다. 주권적이지 않은 이 권력, 즉 주권의 형태에는 낯선 이 권력, 바로 이것이 '규율적' 권력입니다. 이 권력은 주권 이론의 용어로는 묘사할 수도 정당화할 수도 없으며, 근본적으로 이질적이고, 정상적이라면 주권 이론이라는 이 거대한 사법적 구조물의 소멸 자체를 초래하는 것이었습니다. 그러나 실제로는 어땠냐 하면, 주권 이론은 이른바 법의 이데올로기로서 계속 존재했을 뿐만 아니라, 19세기 유럽이 나폴레옹 법전들[5] 이래 갖추게 됐던 법전들을 계속 조직했습니다. 왜 주권 이론은 이처럼 이데올로기로서, 그리고 대규모 법전들의 조직 원리로서 존속했을까요?

제가 생각하기로 여기에는 두 가지 이유가 있습니다. 한편으로, 주권 이론은 18세기에, 더 나아가 19세기에도, 군주제에 맞서고 규율사회의 진전을 저해하는 모든 장애물에 맞서는 항구적인 비판 도구였습니다. 그렇지만 다른 한편으로, 이 이론, 그리고 이 이론을 중심으로 한 법전의 편찬은 규율메커니즘에 법체계[법권리의 시스템]를 덧씌우는 것을 가능케 했습니다. 이 법체계는 규율메커니즘의 [작동]방식을 은폐하고, 규율에 포함된 지배와 지배의 기술을 지워버리고, 마지막으로는 국가의 주권을 통해 만인이 자신의 고유한 주권적 권리를 행사한다는 것[행사할 수 있음]을 만인에게 보증했습니다. 달리 말하면, 법 이론이든 법규이든 사법체계는 주권의 민주화를 허용했고, 집단적 주권 위에서 분절된 공법의 성립을 허용했습니다. 주권의 민주화가 규율적 강제의 메커니즘에 의해 깊숙이 채워졌음을 발견하게 됐던 바로 그때에, 그렇게 된 한에서,

---

5) 1804년의 민법, 1808년의 범죄예심법, 1810년의 형법 등과 같은 '나폴레옹'[나폴레옹 1세 시기의] 법전들을 가리킨다.

그렇게 됐기 때문에 말입니다. 더 간결하게는 이렇게 말할 수도 있을 것입니다. 규율적 구속이 지배의 메커니즘으로서 행사되는 동시에 권력의 효과적인 행사로서는 감춰져야만 했던 때부터, 주권 이론은 사법적 기구 속에서 주어지고, 법전들에 의해 부활·보완될 필요가 있었습니다.

그러니까 19세기부터 오늘날에 이르기까지 근대 사회에는, 한편으로 사회체의 주권 원리의 주위에서, 그리고 각자가 자신의 주권을 국가에 위임한다는 원리의 주위에서 분절된 입법·담론·공법의 편찬이 있습니다. 그리고 [다른 한편으로는] 이런 사회체의 결속을 사실상 확보해주는 규율적 강제의 엄정한 구획 분할이 있습니다. 그런데 이 엄정한 구획 분할은 법에 있어서 필수적인 동반자임에도 불구하고, 어떤 경우에도 법에 옮겨 적을 수는 없습니다. 주권의 법과 규율의 기제, 바로 이 두 가지 한계 사이에서 권력의 행사가 이뤄진다고 저는 생각합니다. 하지만 이 두 가지 한계는 이런 종류의 것이고 너무도 이질적이어서 어떤 때든 하나를 다른 하나로 축소할 수가 없습니다. 근대 사회에서 권력은 주권의 공법[공적인 법권리]과 규율의 다형적 기제 사이의 이런 이질성의 놀이 자체를 통해, 이 놀이에서 출발해, 이 놀이 속에서 행사되는 것입니다. 한쪽에는 주권의 법체계일 수다스럽고 명시적인 법체계가 있고, 다른 쪽에는 심층부에서, 그늘에서 작동하는 모호한 무언의 규율이 있어 [이 무언의 규율이] 권력의 거대한 기제로 이뤄진 침묵의 지하실을 만든다는 말은 아닙니다. 사실 규율은 그 고유한 담론을 갖고 있습니다. 규율은 그 자체로, 그리고 제가 방금 말했던 이유 때문에 앎의 기구, 앎, 지식의 다양한 장을 창출합니다. 규율은 이 기구의 질서 안에서 앎과 지식을 형성한다는 점에서 지극히 창의적입니다. 그리고 규율은 담론의 운반자입니다만, 이 담론은 법담론, 사법적 담론일 수 없습니다. 규율의 담론은 법률의 담론에는 낯선 것이며, 주권적 의지의 효과로서의 규칙의 담론에도 낯섭니다. 따라서 규율은 [나중에] 규칙의 담론이 될 담론을 운반할 수 있지만, 이것은 주권에서 파생된 법적 규칙의 담론이 아니라 자연적 규칙의 담론, 즉 규범의 담론입니다. 규율은 법률의 코드가 아니라 규범화의 코드를 정의합니다. 그리고 사법체계가 아니라 인간과학의 장이 될 이론적 지평을 필연적으로 참조합니다. 그리고 이런 규율의 판례[법해석]는 임상적 앎의 판례일 것입니다.

결국 제가 최근 몇 년간의 강의에서 보여주고 싶었던 것은 정밀과학의 최전선에서 인간 행동이라는 불확실하고 까다롭고 흐리멍덩한 영역이 어떻게 조금씩 과학으로 병합됐는가가 아닙니다. 인간과학은 정밀과학의 합리성이 진전됨에 따라 조금씩 구성된 것이 아닙니다. 인간과학의 담론을 근본적으로 가능케 했던 과정은 완전히 이질적인 두 개의 메커니즘, 두 유형의 담론이 병치되고 대결하는 과정이었다고 저는 생각합니다. 한편에는 주권의 주위에 법의 조직이 있으며, 다른 한편에는 규율이 행사하는 강제의 기제가 있습니다. 오늘날, 권력이 이런 법과 기술을 통해 동시에 행사되고, 규율의 이런 기술과 규율에서 생겨난 이런 담론이 법을 휩쓸고 있으며, 규범화의 과정이 점점 법률의 과정을 식민화하고 있다는 것, 바로 이것이 제가 '규범화 사회'라고 부를 사회의 전반적인 기능을 설명할 수 있다고 저는 생각합니다.

더 정확하게 말하면, 저는 규범화, 규율에 의한 규범화가 주권의 사법체계와 점점 더 부딪친다고 생각합니다. 둘의 양립불가능성이 점점 더 명확하게 드러나고 있다는 것이죠. 그리고 일종의 중재적 담론이, 그 과학적 신성화가 중립적이게 만든 일종의 권력과 앎이 점점 더 필요해지게 된다는 것입니다. 규율의 기제와 법의 원리가 서로 결합된다고는 말하고 싶진 않지만, 끊임없이 서로를 받아들이고 상호교환되며 대결한다는 점을 우리는 바로 의학의 팽창이라는 측면에서 볼 수 있습니다. 의학의 발전, 행동·행태·담론·욕망 등의 일반적 의료화는 규율과 주권이라는 두 개의 이질적인 층들이 마주치는 전선에서 일어납니다.

바로 이 때문에 우리는 규율적 기제의 월권행위에 맞서, 과학적 앎과 연결된 이 권력의 부상浮上에 맞서 우리가 기댈 만한 유일하고도 일견 견고해 보이는 방책이라고는 바로 주권의 주위에서 조직된, 저 낡은 원리 위에서 분절된 법에 의지하는 것밖에 없거나 그 법으로 돌아가는 것밖에 없는 상황에 처하게 된 것입니다. 그러니까 규율에 맞서, 그리고 규율과 연결된 앎의 효과들과 권력의 효과들에 맞서 몇 가지 반대를 제기하고 싶을 때, 우리는 구체적으로 무엇을 하는 것일까요? 우리는 삶에서 무엇을 하는 것일까요? 법관 조합은 무엇을 하고 있으며, 그와 비슷한 다른 제도들은 무엇을 하고 있을까요? 이 법, 저 유명한 형식적이고 부르주아적인 법, 실제로는 주권의 법인 이 법에 애원하는 것이 아니라면 우리는 도대체 무엇을 하고 있는 것일까? 우리는 바로 이 지점에서 일종의 병목현상 속에 있으며, 그래서 이런 방식으로는 무한정 계속해서 기능할 수 없다고 저는 생각합니다. 규율에 맞서 주권에 호소하는 것으로는 규율권력의 효과 자체를 제한할 수 없습니다.

사실상 주권과 규율, 입법[법제], 주권의 법과 규율의 기제는 우리 사회에서 권력의 일반적 메커니즘을 절대적으로 구성하는 두 개의 조각입니다. 진실을 말하자면, 규율에 대항해, 아니 오히려 규율권력에 대항해, 규율적이지 않은 권력을 추구하며 싸우기 위해 우리가 향해야 할 방향은 옛날의 주권의 법이 아닙니다. 반규율적이지만 동시에 주권의 원리로부터 해방된 새로운 법의 방향으로 향해야만 합니다.

그리고 바로 이 지점에서 저는 다음번 강의에서 이야기하게 될 '억압' 개념으로 돌아갈 것입니다. 제가 이미 말한 것을 다시 너무도 지겹게 되풀이하지 않는다면, 전쟁에 관한 다른 것들로 옮겨가지 않는다면 말입니다. 제가 그렇게 할 욕망과 의지가 있다면, 저는 '억압' 개념에 관해 말할 것입니다. 저는 이 개념이 이중적으로 부적합하게 사용되고 있다고 생각합니다. 개인의 주권적 권리의 이론 같은 어떤 주권 이론을 모호하게 참조하고 있다는 점에서 부적합하며, 이 개념이 사용될 때 인간과학으로부터, 즉 규율적 영역에 속한 담론과 실천으로부터 빌려온 일련의 모든 심리학적 참조를 작동시킨다는 점에서 부적합합니다. 저는 우리가 '억압' 개념을 아무리 비판적으로 사용하고 싶다 하더라도, 이 개념은 여전히 법적-규율적 개념이라고 생각합니다. 그리고 바로 그런 한에서 '억압' 개념의 비판적 사용은 이 개념이 내포하는 주권에 대한 사법적 참조와 규범화에 대한 규율적 참조라는 이중의 참조에 의해 출발부터 오염되고 망가지고 썩은 것이었습니다. 다음번에는 억압에 관해 말할 것입니다. 전쟁의 문제로 넘어가지만 않는다면 말이죠.

3강. 1976년 1월 21일

주권 이론과 지배의 조작자 | 권력관계의 분석틀로서의 전쟁 | 사회의 이항 구조 | 역사적-정치적 담론, 영구적 전쟁의 담론 | 변증법과 그 코드화 | 인종투쟁의 담론과 그 기록

지난번 강의는 주권 이론이 권력관계를 분석하기 위한 방법으로 제시될 수 있고, 제시됐던 한에서, 주권 이론에 대한 일종의 작별인사였습니다. 저는 주권의 법적 모델이 권력관계들의 다양체에 관한 구체적 분석에는 들어맞지 않는다고 제가 믿고 있음을 보여드리고 싶었습니다. 제가 보기에 실제로 이 모든 것을 몇 마디 말로, 정확히 세 마디 말로 요약한다면 [첫째로] 주권 이론은 제가 하나의 순환, 주체에서 주체로의 순환이라 부르는 것을 필연적으로 구성하며, 자연적으로 또는 자연에 의해 권리와 능력 등이 부여된 개인으로서의 주체가 어떻게 하나의 주체로 될 수 있고 주체로 되어야만 하는가를, 그러나 이번에는 권력관계 속에 예속된 요소로서 그렇게 될 수 있고 되어야만 하는가를 보여줍니다. 주권은 주체에서 주체에 이르는 이론, 주체와 주체 사이의 정치적 관계를 수립하는 이론입니다. 둘째로, 제가 보기에 주권 이론은 그 출발부터, 정치적 의미에서의 권력이 아니라 능력·가능성·잠재력 등인[등으로서의] 권력의 다양체를 자처하는 듯합니다. 그리고 주권 이론은 기존의 항들 사이의, 가능성들과 권력들 사이의 근본적이고 창설적인 통일, 즉 권력의 통일이라는 계기를 가져야 한다는 조건에서만 정치적 의미에서의 권력을 구성할 수 있는 듯합니다. 이 권력의 통일이 군주의 얼굴을 띠느냐, 국가의 형태를 띠느냐는 전혀 중요하지 않습니다. 권력의 상이한 형식,

양상, 메커니즘, 제도는 바로 이런 권력의 통일로부터 파생됩니다. 정치 권력으로서 이해되는 권력의 다양체는 주권 이론이 정초했던 이 권력의 통일에서 출발해야만 수립되고 기능할 수 있다는 것입니다. 마지막이자 세 번째로, 제가 보기에 주권 이론은 권력이 어떻게 정확히 법률에 따라서가 아니라, 모든 법률보다 더 근본적이며 다른 모든 법률이 법률로서 기능할 수 있도록 해주는, 모든 법률에 대한 일종의 일반법인 어떤 근본적 정당성에 따라서 구성될 수 있는가를 보여주거나 보여주려고 노력합니다. 달리 말하면, 주권 이론이란 주체에서 주체로의 순환, 권력과 권력들의 순환, 정당성과 법률의 순환입니다. 그러므로 한 가지 방식으로 또는 다른 방식으로, 그리고 분명히 주권 이론이 그 안에서 전개되는 상이한 도식들을 따라서, 주권 이론은 주체를 전제합니다. 즉, 주권 이론은 권력의 본질적 통일의 정초를 목표로 삼으며, 늘 법률의 선결요소 속에서 전개됩니다. 따라서 세 개의 '원초성'이 있는 것입니다. 예속화되어야 할 주체라는 원초성, 정초되어야 할 권력의 통일이라는 원초성, 존중되어야 할 정당성이라는 원초성이 그것입니다. 주체, 권력의 통일, 법률. 제 생각에는 이 세 요소들을 자신에게 부과하는 동시에 정초하려고 노력하는 주권 이론은 이 세 요소들 사이에서 작동하고 있습니다. 금방 포기했습니다만, [원래] 제 기획은 정치적-심리학적 분석이 이미 3~4세기 이래 자신에게 부과했던 이 도구, 겉보기에는 프로이트주의나 프로이트-맑스주의에서 빌려온 것 같은 이른바 억압 개념이 주권이라는 용어로 이뤄지는 권력의 판독 속에 어떻게 사실상 새겨져 있는가를 보여주려는 것이었습니다. 하지만 그렇게 하는 것은 이미 말해졌던 것으로 우리를 되돌아가게 하는 것이므로, 지금은 넘어가겠습니다. 만일 시간이 남아 있다면 올해 말에 이것으로 다시 되돌아갈지도 모릅니다.

지난해와 올해의 전체 계획은 [위에서 말한] 주체, 통일, 법률이라는 3대 전제로부터 권력의 분석을 자유롭게 하거나 해방시키려는 시도이며, 주권의 이런 근본적 요소보다는 제가 지배의 관계나 지배의 작동자라고 부를 것을 부각시키려는 시도입니다. 권력을 주권으로부터 도출하는 것이 아니라 역사적이고 경험적인 방식으로 권력의 관계, 지배의 작동자를 추출하려는 것입니다. 주권 이론보다는 오히려 지배의 이론, 지배들의 이론을 추출하려는 것이죠. 즉 주체, 혹은 심지어 주체들에서, 그리고 [권력]관계에 선행하고 국지화할 수 있는 요소들로부터 출발하기보다는 권력관계 자체로부터, 사실적이고 효과적인 지배관계로부터 출발하는 것이 중요합니다. 그리고 이 관계 자체가 이것이 적용되는 요소들을 어떻게 결정하는지 보는 것이 중요합니다. 그러니까 주체들에게 어떻게, 왜, 어떤 권리의 이름으로 스스로 예속화되도록 내버려뒀는가를 묻는 것이 아니라, 효과적인 예속화의 관계가 어떻게 주체들을 제조하는가를 보여줘야만 합니다. 둘째로, 지배의 관계들을 부각시키고 이 관계들을 그 다양체에 있어서, 그 차이에 있어서, 그 종별성에 있어서, 혹은 그 역전가능성에 있어서 부각시키는 것이 문제입니다. 그러므로 권력의 원천인 일종의 주권을 탐구하는 것이 아니라, 그와 반대로 지배의 상이한 작동자들이 어떻게 서로에게 의존하고, 서로를 참조하고, 어떤 경우에는 서로를 보강하고 서로에게 수렴되며 또 다른 경우에는 서로를 부정하거나 서로를 말살하려고 하는 것인지를 보여줘야 합니다. 물론 거대한 권력기구 등은 존재하지 않는다거나 그것들에 도달할 수도, 그것들을 서술할 수도 없다고 말하고 싶은 것은 아닙니다. 그러나 거대한 권력기구는 앞서 말한 지배장치의 토대 위에서 늘 기능해왔다고 저는 생각합니다. 구체적으로 말하면, 물론 주어진 사회에서 학교기구나 교육기구의 집합을 서술할 수는 있습니다만, 이것들을 전반적인 통일성으로서 파악하지 않을 때에만, 이것들을 주권의 국가적 통일성 같은 어떤 것으로부터 직접 도출하려고 노력하지 않을 때에만 이것들을 효과적으로 분석할 수 있습니다. 이것들이 어떻게 작용하는가, 어떻게 서로에게 의존하는가, 어떻게 이 기구가 예속화의 다양체, [즉] 어른에 대한 아이의 예속화, 부모에 대한 자식들의 예속화, 유식한 자에 대한 무지한 자의 예속화, 선생에 대한 견습생의 예속화, 행정에 대한 가정의 예속화 등에서 출발해 상당수의 포괄적 전략들을 정의하는가를 보려고 노력할 때에만 이것들을 효과적으로 분석할 수 있습니다. 바로 이 모든 지배의 메커니즘, 지배의 작동자들이 학교기구가 구성하는 이 전반적 기구의 실효적 기반인 것입니다. 그러니까 지배의 국지적 전술들을 가로지르고 이용하는 포괄적 전략으로서 권력의 구조를 고찰해야 합니다.

나아가 세 번째로, 주권의 원천보다 오히려 지배관계를 부각시킨다는 것은 지배관계[의 근거]를 그 근본적인 정당성을 구성하는 것 속에서 추적하려고 노력하는 것이 아니라, 그와는 반대로 지배관계를 확고하게 해줄 수 있는 기술적 도구를 찾으려고 노력한다는 의미입니다. 이 문제를 적어도 잠정적으로 종결시키는 것이 아니라 어느 정도 명확히 하려면 이렇게 요약하는 것이 좋지 않을까 합니다. 요컨대 법률, 통일, 주체라는 세 가지 전제, 주권을 권력의 원천이자 제도의 기반으로 만드는 이 세 가지 전제보다는 오히려 기술, 기술의 이질성, 기술의 예속화 효과라는 세 가지 관점을 취해야만 한다는 것이 제 생각입니다. 이것들이 지배의 기법을 권력관계들과 거대한 권력기구들의 유효한 씨실로 만듭니다. 주권자의 발생보다는 주체들의 제조, 여기에 우리의 일반적인 테마가 있습니다. 하지만 지배관계가 권력 분석에 이르는 지름길이어야만 한다는 것이 분명하다면, 지배관계에 관한 이 분석을 어떻게 끌고 갈 수 있을까요? 주권이 아니라 지배, 아니 오히려 지배들, 지배의 작동자들이 연구되어야 한다는 것이 참이라면, 어떻게 지배관계들에 관한 [연구의] 길을 진척시킬 수 있을까요? 어떤 한도에서 지배관계는 힘관계라는 통념으로 귀착되거나 이 개념으로 급선회할 수 있을까요? 어떤 한도에서 그리고 어떻게 힘관계는 전쟁의 관계로 귀착될 수 있을까요?

올해에 제가 약간 고찰하고픈 예비적 물음은 대체로 이와 같은 것입니다. 전쟁은 실제로 권력관계 분석으로서의, 그리고 또한 지배기술의 모체로서의 가치를 가질 수 있을까요? 처음부터 여러분은 힘관계와 전쟁의 관계를 같이 다룰 수는 없다고 제게 말했을 수도 있습니다. 분명 그렇기는 합니다. 하지만 전쟁이 최고의 긴장 지점으로, 힘관계들 자체의 벌거벗음으로 간주될 수 있는 한에서, 저는 전쟁의 관계를 단순히 하나의 극단적인 예로 다루고 싶습니다. 권력관계는 그 근본에 있어서 대결, 사투, 전쟁의 관계일까? 평화·질서·부·권위 아래에서, 종속의 평온한 질서 아래에서, 국가 아래에서, 국가의 기구들 아래에서, 법률들 등의 아래에서 우리는 일종의 원초적이고 영구적인 전쟁에 귀 기울이고 그런 전쟁을 재발견해야만 할까? 바로 이 질문이 제가 맨 처음 제기하고 싶은 것입니다. 물론 제기되어야 할 일련의 다른 질문들도 간과할 생각은 없고 내년 이후에 그런 질문들을 다뤄볼 것입니다만, 예비적인 사전탐지 작업으로서 그 중 몇 가지를 다음처럼 간단하게 언급할 수 있습니다. 실제로 전쟁의 사실은 다른 관계들, 즉 불평등의 관계, 비대칭성, 노동분업, 착취의 관계 등과 관련해 일차적인 것으로 간주될 수 있고 간주되어야만 하는가? 개인들 사이나 집단들 사이나 계급들 사이의 적대, 경쟁상태, 대결, 투쟁이라는 현상은 전쟁이라는 일반적 메커니즘, 일반적 형식 안에서 재편될 수 있고 결집되어야만 하는가? 더 나아가 18세기에, 그리고 19세기에서도 전략, 전술 등 전쟁술이라고 불린 것에서 파생된 통념들이 그 자체로서 권력관계를 분석하기 위한 유효하고 충분한 도구를 구성할 수 있는가? 또한 우리는 이렇게 물을 수 있으며 물어야 합니다. 군사제도들과 이것을 둘러싼 실천들, 그리고 좀 더 일반적으로는 전쟁을 수행하기 위해 활용되는 모든 기법은 가까이서건 멀리서건, 직접적이거나 간접적으로, 정치제도들의 핵심인가? 그러므로 올해 제가 연구하고픈 첫 번째 문제는 이런 물음입니다. 사람들은 어떻게, 언제부터, 왜 권력관계 아래에서 또 권력관계 속에서 작용하고 있는 것이 전쟁이라고 지각하거나 상상하기 시작했는가? 언제부터, 어떻게, 왜 사람들은 일종의 부단한 싸움[전투]이 평화를 가동시키고, 시민질서란 결국 그 근본에 있어서, 그 본질에 있어서, 그 본질적 메커니즘에 있어서 하나의 전투질서라고 상상하게 됐는가? 시민질서란 전투질서라고 상상했던 것은 누구인가? [……] 평화의 행간^{filigrane}에서 전쟁을 간파했던 것은 누구인가? 전쟁의 굉음·혼란 속에서, 전투의 진흙탕 속에서 질서, 국가, 국가의 제도와 역사를 이해할 수 있는 원리를 찾아낸 사람은 누구인가?

그러므로 다음번 강의에서부터 당분간, 어쩌면 올해 말까지 따라다니고 싶은 문제는 바로 이것입니다. 기본적으로는 아주 단순하게 질문을 제기할 수 있을 텐데, 제가 제 자신에게 제기한 질문 역시 그렇습니다. "도대체 누가 칼 폰 클라우제비츠의 원칙을 뒤집는다는 생각을 했을까? 도대체 누가 전쟁은 다른 수단에 의해 행해지는 정치일 수도 있지만 정치 자체가 다른 수단에 의해 행사되는 전쟁이지 않을까라고 말할 생각을 했을까?" 그런데 제 생각에 문제는 클라우제비츠의 원칙을 뒤집은 것이 누구인가가 아니라, 클라우제비츠가 뒤집은 원칙이 무엇인가입니다. 달리 말한다면, "그러나 결국 전쟁이란 지속된 정치에 불과하다"고 말했을 때 클라우제비츠가 뒤집었던 이 원칙을 정식화한 것이 도대체 누구인가에 있습니다. 사실 저는 정치란 다른 수단에 의해 계속되는 전쟁이라는 원칙이 클라우제비츠보다 훨씬 전에 있었던 원칙이었다고 생각하고, 또한 이 점을 증명하려고 노력할 것입니다. 클라우제비츠는 17세기와 18세기 이후 유통됐던 막연하면서도 동시에 정확하게 존재했던 일종의 테제를 그저 뒤집었을 뿐이라고 말이죠.

그러니까 정치란 다른 수단에 의해 계속되는 전쟁입니다. 이 테제에는, 클라우제비츠에 선행한 이 테제의 존재 자체 속에는 일종의 역사적 역설이 있습니다. 실제로 도식적으로, 약간 거칠게 말한다면 중세 내내, 그리고 근대적 시기의 문턱에서 국가의 성장·발전과 더불어 전쟁의 실천과 제도가 매우 뚜렷하고 눈에 띄게 변했음을 볼 수 있습니다. 그 변화의 특징은 다음과 같습니다. 우선 전쟁의 실천과 제도는 점점 더 중심 권력의 손아귀에 집중됐습니다. 조금씩, 사실에 있어서든 권리에 있어서든, 국가권력만이 전쟁에 착수할 수 있으며, 전쟁 도구를 조작할 수 있었습니다. 즉, 전쟁의 국가화가 일어났죠. 이와 동시에 이 국가화라는 사실에 의해 사회체로부터, 인간과 인간의 관계로부터, 집단과 집단의 관계로부터 우리가 일상적 전쟁이라고 부를 수 있는 것, 실제로 '사적인 전쟁'이라고 불렸던 것이 자취를 감추게 됐습니다. 점점 더 전쟁, 전쟁의 실천, 전쟁의 제도는 거대한 국가 단위의 외적 한계인 국경선에서만 존재하게 됐으며, 국가들 사이의 실제적이거나 위협적인 폭력관계로서만 존재하게 됐습니다. 하지만 중세 시대 동안 사회체 전체를 완전히 가로질렀던 이 호전적 관계는 사회체 전체로부터 일소됐습니다.

결국 이 국가화에 의해, 어떻게 보면 전쟁이 국가의 외적 한계에서만 기능하는 실천이었다는 점에서 전쟁은 세밀하게 정의되고 통제된 군사기구의 전문적이고 기술적인 독점물로 되는 경향이 있었습니다. 간단히 말해서 바로 이것이 중세 시대에는 그런 식으로 존재하지는 않았던 제도로서의 군대의 출현이었습니다. 중세 시대를 벗어나면서부터 비로소 군사제도를 갖춘 국가의 출현을 볼 수 있게 됐는데, 이것은 전쟁의 일상적이고 전반적인 실천을, 전쟁관계가 부단히 가로지르던 사회를 대체했습니다. 이 변화로 다시 돌아가야만 합니다만, 적어도 첫 번째 역사적 가설로 받아들일 수 있다고 저는 생각합니다.

그런데 도대체 어디에 역설이 있을까요? 역설은 이 변형의 순간 자체에, 혹은 어쩌면 그 직후에 생겨납니다. 전쟁이 국가의 경계로 추방되고 실천에 있어서 중앙집권화되는 동시에 국경으로 밀려나게 됐던 때, 어떤 담론이 [홀연히] 등장했습니다. 하나의 기묘한 담론, 새로운 담론이 말입니다. 우선 제가 새롭다고 생각한 것은, 그것이 사회에 관한 첫 번째 역사적-정치적 담론이었으며, 그때까지 사람들이 익숙해져 있었던 법학적-철학적 담론과는 아주 상이한 것이었기 때문입니다. 더욱이 바로 그 순간에 등장했던 이 역사적-정치적 담론은 전쟁을 항구적인 사회적 관계로 이해한 동시에 모든 권력관계와 권력제도의 지울 수 없는 근간으로 이해한 전쟁에 관한 담론이었습니다. 그렇다면 전쟁을 사회관계의 근간으로 여긴 전쟁에 관한 이 역사적-정치적 담론의 생일은 언제일까요? 징후적이게도 이 역사적-정치적 담론은 16세기의 내전과 종교전쟁이 종결된 뒤에 등장했다고 생각하는데, 저는 이 점을 입증해보려고 합니다. 그러므로 이 담론은 16세기의 내전에 관한 기록이나 분석으로서 등장했던 것이 결코 아닙니다. 거꾸로, 이 담론은 17세기 잉글랜드의 거대한 정치투쟁이 시작됐을 무렵에, 즉 잉글랜드 부르주아 혁명의 순간에, 설령 성립됐다고는 할 수 없을지언정 적어도 이미 명확하게 정식화됐습니다. 그리고 우리는 이 담론이 곧이어 프랑스에서 17세기 말에, 루이 14세의 치세 말기에 다른 정치투쟁 속에서, 이른바 거대한 절대행정 군주제의 수립에 맞서는 프랑스 귀족의 시대에 뒤떨어진 전쟁 속에서 등장하는 것을 봅니다. 그렇기에 여러분도 알고 있듯이, 이 담론은 즉각적으로 양의적입니다. 왜냐하면 잉글랜드에서 이 담론은 절대 군주제에 반대하는 부르주아, 프티부르주아, 그리고 어쩌면 민중†까지도 포함한 정치 집단의 투쟁, 논쟁, 정치적 조직화를 위한 도구 중 하나였기 때문입니다. 또한 이 담론은 이 똑같은 군주제에 반대하는 귀족적 담론이기도 했습니다. 이 담론의 수호자들은 대개 이름이 잘 알려져 있지 않은 사람들인 동시에 서로 이질적인 이름을 지닌 사람들이었습니다. 왜냐하면 잉글랜드에서는 민중 운동을 대표하는 에드워드 쿡[1]이나 존 릴번[2]

---

† 푸코는 'people'을 '인민'이라는 의미만이 아니라 '민족'(nation/ethnic)이나 '민중'이라는 의미로 사용하는 경우도 있는데, 여기서는 일관되게 '인민'이라 옮겼다. 이와 관련된 단어인 'populaires'는 '민중'으로 옮겼는데, 이 단어가 맥락상 왕·귀족·부르주아지 등과 구별되는 '피지배층'을 나타내는 용어로 사용되고 있음에 주의해야 한다. 다른 한편, 'race'도 푸코가 '인종'이라는 의미만이 아니라 '인민'이나 '민족'이라는 의미로 사용하는 경우가 있다는 점을 감안해 맥락에 따라 '인종,' 혹은 '인종[민족]' 등으로 표기했다. 더 나아가 'ethnic'은 '종족'이라는 번역어가 여러 가지 문제를 안고 있음에도 불구하고 편의상 '종족(적)'으로 옮겼다.

1) 에드워드 쿡(1552~1634)의 주요 저작은 다음과 같다. Sir Edward Coke, *A Book of Entries*, London: Adam Islip, 1614; *Commentary on Littleton*, London: Societie of Stationers, 1628; *A Little Treatise of Bail and Mainprize*, London: [s.n.,] 1635; *Insti*

같은 사람들이 있었기 때문입니다. 프랑스에서도 앙리 드 불랭빌리에,[3] 니콜라 프레레,[4] 에스텡 백작[5]이라 불린 중앙 산악지대 출신의 귀족 이름을 볼 수 있습니다. 이 담론은 에마뉘엘-조제프 시에예스[6]로 이어지며, 또한 필리포 뷔오나로티,[7] 오귀스탱 티에리,[8] 또는 빅토르 쿠르테[9]

-tutes of the Lawes of England, London: Adam Islip, et. als., 1628~1644(1권은 1628년, 2권은 1642년, 3~4권은 1644년에 출간됐다); Reports, London: Adam Islip, et. als., 1600~1659(1~11권은 1600~15년, 12권은 1656년, 13권은 1659년에 출간됐다). 쿡에 대해서는 본서 5강(1976년 2월 4일)을 참조할 것.

2) 존 릴번(John Lilburne, 1614~1657)에 대해서는 본서 5강(1976년 2월 4일)을 참조할 것.

3) 앙리 드 불랭빌리에(Henri de Boulainvilliers, 1658~1722)에 대해서는 본서 6~8강 (1976년 2월 11일, 18일, 25일)을 참조할 것.

4) 니콜라 프레레(1688~1749)의 저작들 대부분은 문학아카데미의 논문집을 통해 처음 출간됐고, 훗날 『전집』에 재수록됐다. Nicolas Fréret, Œuvres complètes, 20 vol., Paris: Dandré, 1796~99. 특히 다음을 보라. De l'origine des Français et de leur éta-blissement dans la Gaule (t.V); Recherches historiques sur les mœurs et le gouverne-ment des Français, dans les divers temps de la monarchie (t.VI); Réflexions sur l'étude des anciennes histoires et sur le degré de certitude de leurs preuves (t.VII); Vues gé-nérales sur l'origine et sur le mélange des anciennes nations et sur la manière d'en étudier l'histoire (t.XVIII); Observations sur les Mérovingiens (t.XX). 프레레에 대해서는 본서 7강(1976년 2월 18일)을 참조할 것.

5) Joachim comte d'Estaing, Dissertations sur la noblesse d'extraction et sur l'origine des fiefs, Paris: Gabriel Martin, 1690.

6) 푸코는 본서의 10강(1976년 3월 10일)에서 다음에 근거해 논의를 펼친다. Emmanuel-Joseph Sieyès, Qu'est-ce que le Tiers-État?, [s.l.: s.n.,] 1789; Paris: PUF, 1982; Flammarion, 1988. [박인수 옮김, 『제3신분이란 무엇인가』, 책세상, 2003.]

7) Filippo[Philippe] (Giuseppe Maria Ludovico) Buonarroti, Conspiration pour l'Égalité, dite de Babeuf: Suivie du procès auquel elle donna lieu et des pièces justificatives, 2 vol., Bruxelles: Libraire romantique, 1828.

8) 푸코가 본서의 10강(1976년 3월 10일)에서 주로 참조하는 오귀스탱 티에리(1795~1856)의 역사서는 다음과 같다. Augustin Thierry, Vue des révolutions d'Angleterre, Paris: Renaudière, 1817; Histoire de la conquête de l'Angleterre par les Normands, de ses causes et de ses suites jusqu'à nos jours, Paris: Firmin Didot, 1825; Lettres sur l'histoire de France pour servir d'introduction à l'étude de cette histoire, Paris: Ponth-

로 계승됩니다. 그리고 마지막으로 여러분은 이 담론을 19세기 말의 인종주의적 생물학자들과 우생학자들에서 다시 볼 수 있죠. 이 담론은 먼지 낀 눈과 손가락을 지닌 사람들이 말하는 세련된 담론, 학자의 담론, 박식한 담론인 동시에, 그러나 이제 보겠지만 분명히 막대한 규모의 민중적이자 익명의 발화자들을 지닌 담론이기도 했습니다. 이 담론은 무엇을 말했을까요? 음, 이렇게 말했다고 생각합니다. 철학적-법학적 이론이 말하는 것과는 반대로, 정치권력은 전쟁이 그쳤을 때 시작하는 것이 아니라고 말이죠. 권력의, 국가의, 군주제의, 사회의 조직과 법적 구조는 무기의 굉음이 그치는 곳에서 비롯되는 게 아니라는 것입니다. 전쟁은 푸닥거리되지 않았습니다. 우선, 분명히 전쟁은 국가의 탄생을 주재했습니다. 법, 평화, 그리고 법률은 전장의 피와 진흙창 속에서 태어났습니다. 그렇지만 이 말을 철학자나 법학자가 상상했던 관념적 전투나 경쟁상태로 이해해서는 안 됩니다. 이것은 일종의 이론적 야만상태와는 관계가 없습니다. 법률은 최초의 목동들이 자주 다녔던 샘 가까운 곳에서, 자연에서 태어난 것이 아닙니다. 법률은 실제의 날짜와 무시무시한 영웅을 지닌 실제의 전투, 승리, 학살, 정복에서 태어났습니다. 법률은 전화戰火에 휩싸인 도시에서, 초토화된 땅에서 생겨납니다. 법률은 동이 트자마자 죽어가는 순진무구한 사람들과 더불어 생겨난 것입니다.

하지만 이것은 사회, 법률, 국가가 이런 전쟁 속에서의 휴전임을, 또는 승리의 최종적인 비준임을 뜻하는 것이 아닙니다. 법률은 평화 회복이 아닙니다. 왜냐하면 법률 아래에서 전쟁은 가장 정규적인 것까지도

-ieu et compagnie, 1827; *Dix ans d'études historiques*, Paris: Garnier Frères, 1834; *Récits des temps mérovingiens, précédés de Considérations sur l'histoire de France*, nouv. éd. rev. et corr., Paris: Librairie Furne, 1840; *Essai sur l'histoire de la formation et des progrès du Tiers-État*, Paris: Librairie Furne, 1853.

9) [A.] Victor Courtet de l'Isle, *La Science politique fondée sur la science de l'homme*, Paris: Arthur Bertrand, 1837.

포함해 모든 권력메커니즘의 내부에서 계속 맹위를 떨치기 때문입니다. 전쟁이야말로 제도와 질서의 원동력인 것입니다. 평화는 그 가장 사소한 단위에서조차 암암리에 전쟁을 하고 있습니다. 달리 말하면 평화 아래에서 전쟁을 판독해야만 합니다. 전쟁, 이것은 평화의 암호 자체입니다. 따라서 우리는 서로서로 전쟁상태에 있고, 전선이 사회 전체를 연속적이고 영구적으로 가로지르고 있으며, 바로 이 전선이 우리들 각자를 한 진영이나 다른 진영에 위치시키는 것입니다. 중립적인 주체 따위는 존재하지 않습니다. 우리는 불가피하게 누군가의 적인 것입니다.

　하나의 이항 구조가 사회를 가로지릅니다. 그리고 제가 다시 돌아가려고 노력할 아주 중요한 어떤 것이 거기서 등장한다는 것을 여러분은 보게 될 것입니다. 완전히 처음은 아니나 정확한 역사적 분절화를 수반했다는 점에서는 처음인 사회에 관한 이항적 개념 규정은 중세 또는 철학적-정치적 이론이 사회체를 거대한 피라미드로 서술한 것과 대립되고, 토머스 홉스가 사회체를 유기체나 인간 신체라는 이 거대한 이미지로 서술한 것과 대립됩니다. 또는 프랑스, 그리고 어느 정도까지는 많은 유럽 나라들에도 적용되며 일정한 수의 담론, 또한 여하튼 대부분의 제도를 계속 분절하는 3항 조직, 즉 세 개의 신분으로 이뤄진 조직과 대립됩니다. [이런 이항 구조에서는] 두 개의 집단, 두 범주의 개인들, 혹은 두 개의 군대가 있다고 간주됩니다. 그리고 3항적 질서가, 종속의 피라미드가, 또는 하나의 유기체가 존재한다고 우리더러 믿게 만들려고 애쓰는 망각과 환상과 거짓말 아래에서, [즉] 사회체는 자연의 필요에 의해서든 기능적 요구에 의해서든 지배된다고 우리더러 믿게 만들려고 하는 이 거짓말 아래에서 계속되고 있는 전쟁을, 그 우연과 대단원과 더불어 전쟁을 다시 발견해야만 합니다. 전쟁을 재발견해야 한다고요? 왜요? 음, 그건 오래 전부터의 전쟁이 하나의 영구적 [……] 전쟁이기 때문입니다. 우리는 실제로 전투의 전문가여야만 합니다. 왜냐하면 전쟁은 끝나지 않았고, 결정적인 전투는 여전히 준비되고 있으며, 우리는 이 결정적인 전투에서 승리해야만 하기 때문입니다. 다시 말해 우리의 눈앞에 있는 적들이 우리를 계속해서 위협 중이고, 우리는 화해나 평화 회복 같은 것에 의해서는 전쟁의 종식에 이를 수 없으며, 우리가 실제로 승리자가 되는 한에서만 전쟁을 종식시킬 수 있기 때문입니다.

분명히 아주 모호하기는 합니다만, 이것이 이런 종류의 담론의 첫 번째 특징입니다. 이것만으로도 이 담론이 왜 중요한지 이해할 수 있다고 생각합니다. 왜냐하면 이것이 중세 이래의 서구 사회에서 엄격한 의미에서 최초의 역사적-정치적 담론이라고 생각하기 때문입니다. 무엇보다 다음의 이유 때문에 그렇습니다. 즉, 이 담론에서 말하는 주체, '나' 또는 '우리'라고 말하는 주체는 법학자나 철학자의 지위, 바꿔 말하면 보편적, 총체적 또는 중립적 주체의 지위를 차지할 수 없으며, 그렇게 하려고 하지도 않습니다. 말하는 주체, 진실을 말하는 주체, 역사를 이야기하는 주체, 기억을 재발견하고 망각을 떨쳐버리는 주체, 이 주체는 자신이 말하는 그 전면적 투쟁에서, 음, 불가피하게 어느 한편이나 다른 편에 섭니다. 이 주체는 전투에 가담해 있으며, 적수를 갖고 있고, 개별적 승리를 위해 열심히 싸웁니다. 분명히, 의심할 여지없이, 이 주체는 권리의 담론을 말하고, 권리를 내세우며 권리를 요구합니다. 그러나 이 주체가 요구하고 주장하는 것, 그것은 [어디까지나] '그 자신의' 권리입니다. "그것은 우리의 권리이다"라고 이 주체는 말합니다. 이 권리는 소유관계, 정복관계, 승리의 관계, 자연의 관계에 의해 강하게 특징지어지는 특이한 권리입니다. 이 권리는 자기네 일족이나 인종[민족]의 권리, 자기네의 우월성의 권리, 자기네의 우선성의 권리, 승리한 침략에 기초한 권리, 최근의 혹은 수천년 전의 점령에 기초한 권리입니다. 어쨌든 역사에 뿌리를 둔 권리인 동시에 법적인 보편성과의 관련에서는 편향된[중심을 벗어난] 권리입니다. 그리고 법을 말하는, 또는 오히려 자신의 권리들을 말하는 이 주체가 진실을 말하더라도, 이 진실은 더 이상 철학자의 보편적 진리가 아닙니다. 사실 전면적 전쟁에 관한 이 담론, 평화 아래에서 전쟁을 판독하려고 노력하는 이 담론은 전투 전체를 있는 그대로 말하려 하고 전쟁의 전반적 경위를 복원하려고 하는 기획입니다. 하지만 그렇다고 해서 이것이 총체성의 담론, 혹은 중립성의 담론인 것은 아닙니다. 이 담론은 늘 관점을 담고 있는 담론입니다. 이 담론은 자신의 고유한 관점에서 총체성을 언뜻 보거나 가로지르거나 꿰뚫는 한에서만 총체성을 겨냥할 뿐입니다. 즉, [여기서의] 진실은 전투에서의 자신의 지위에서 출발해서만, 자신이 추구한 승리에서 출발해서만, 어떻게 보면 말하는 주체 자체의 생존의 극한에서만 전개될 수 있을 뿐인 진실입니다.

이 담론은 힘관계와 진실의 관계 사이에서 근본적인 연결을 수립합니다. 요컨대 진실의 평화로의 귀속, 진실의 중립성으로의 귀속, 그리스 철학을 구성했다고 장-피에르 베르낭[10]이 분명하게 증명했던 이 중간적 위치로의 귀속[귀속의 매듭]이, 적어도 어떤 순간부터 풀려버렸습니다. 이런 담론에서는, 한편으로 어느 한 진영에 속함으로써 진실을 더 잘 말할 수 있습니다. 한 진영으로의 귀속이야말로, 즉 편향된 위치야말로 진실에 대한 판독을 가능케 하며, 질서정연하고 평화로운 세계 속에 있다고 사람들로 하여금 믿게 만드는, [즉] 적이 그렇게 믿도록 만드는 환상과 오류를 고발할 수 있게 해줍니다. "편향되면 될수록, 나는 진실을 더 잘 본다. 내가 힘관계를 강조하면 할수록, 내가 싸우면 싸울수록, 이 전투의, 생존의, 혹은 승리의 이런 전망 속에서, 진실이 내 앞에서 더 잘 펼쳐진다." 그리고 거꾸로 힘관계가 진실을 자유롭게 한다면, 진실이 힘관계 안에서 실제로 무기가 되는 한에서만 진실은 자기 차례에서 작

---

10) Jean-Pierre Vernant, *Les Origines de la pensée grecque*, Paris: PUF, 1965(특히 7~8장)[김재홍 옮김, 『그리스 사유의 기원』, 길, 2006]; *Mythe et Pensée chez les Grecs: Études de psychologie historique*, Paris: La Découverte, 1965(특히 3, 4, 7장)[박희영 옮김, 『그리스인들의 신화와 사유』, 아카넷, 2005]; *Mythe et Société en Grèce ancienne*, Paris: Seuil, 1974; Jean-Pierre Vernant et Pierre Vidal-Naquet, *Mythe et Tragédie en Grèce ancienne*, Paris: La Découverte, 1972(특히 3장).

동할 것이며, 또한 궁극적으로 이런 한에서만 진실이 추구될 것입니다. 아니, 진실은 힘을 부여합니다. 아니, 진실은 균형을 무너뜨리고 비대칭을 강화하며, 궁극적으로 어느 한쪽보다는 다른 쪽으로 승리를 기울게 하는 것입니다. 즉, 진실은 힘의 추가이며, 힘관계에서 출발해서만 펼쳐지는 것입니다. 진실이 본질적으로 힘관계에, 비대칭에, 편향에, 전투에, 전쟁에 귀속된다는 것이 이런 유형의 담론 속에는 기입되어 있습니다. 평화로서의 보편성은 그리스 철학 이래로 늘 철학적-법학적 담론을 전제했습니다만, 이제 이런 보편성은 근본적으로 의문에 부쳐지거나 아니면 그저 단순히 냉소적으로 무시되고 있습니다.

우리는 역사에 뿌리를 두고 정치적으로 편향됐다는 의미에서 역사적이고 정치적인 담론을 가진 셈입니다. 힘관계에서 출발해, 이 힘관계의 발전 자체를 위해, 결국 말하는 주체, 즉 법을 말하고 진실을 추구하는 주체를 법학적-철학적 보편성에서 배제함으로써 진실과 정당한 권리를 주장하는 담론을 말입니다. 그러므로 [이 담론에서] 말하는 사람의 역할은 입법자나 철학자의 역할, 두 진영 사이에서 평화와 휴전을 가져다주는 인물, 솔론과 임마누엘 칸트[11]가 일찍이 꿈꿨던 지위인 그런 역할이

---

11) 솔론(특히 딜[Ernst Diehl]의 판본, 16절)에 대해서는 '지식의 의지'에 대한 1970~71년 콜레주드프랑스 강의에서 푸코가 '척도'를 분석한 부분을 참조할 것. 임마누엘 칸트에 대해서는 다음을 참조하라. Michel Foucault, "What Is Enlightenment?" (1984); "Qu'est-ce que les Lumières?"(1984), *Dits et Écrits*, t.4: 1980-1988, éd. Daniel Defert et François Ewald, avec collab. Jacques Lagrange, Paris: Gallimard, 1994; "Qu'est-ce que la critique?," *Bulletin de la Société française de Philosophie*, avril-juin 1990, pp.35~63. [정일준 옮김, 「비판이란 무엇인가?」, 『자유를 향한 참을 수 없는 열망: 푸코-하버마스 논쟁 재론』, 새물결, 1999, 128~129쪽. 이 글은 1978년 5월 27일 프랑스철학회에서 행한 강연이다.] 또한 칸트를 참조하라. Immanuel Kant, *Zum ewigen Frieden: Ein philosophischer Enwurf*, Königsberg: Friedrich Nicolovius, 1795; Neue verm. Aufl., 1796; [백종현 옮김, 『영원한 평화』, 아카넷, 2013]; *Der Streit der Fakultäten in drei Abschnitten*, Königsberg: Friedrich Nicolo vius, 1798. [오진석 옮김, 『학부들의 논쟁』, 도서출판b, 2012.] 다음의 책에 재수록. *Werke*

아닙니다. 적수들 사이에, 그 한 가운데에, 그 위에 자리잡은 채 각자에게 일반적인 법률을 부과하고 서로 화해하는 질서를 정초하는 것, 이런 것은 결코 말하는 주체의 관심사가 아닙니다. 오히려 비대칭이 박혀 있는 법을 세우고, 힘관계와 연결된 진실을 정초하고, 무기로서의 진실, 특이한 법을 정초하는 것이 말하는 주체의 관심사입니다. 말하는 주체는 전쟁을 하는 주체입니다. 저는 결코 논쟁적[논쟁을 하는 주체]이라고 말하지 않습니다. 이것이 이런 유형의 담론을 중요하게 만드는 첫 번째 지점인데, 의심할 바 없이 이 지점은 수천 년 동안, 천년 이상 동안 말해졌던 진실과 법률의 담론 속에 균열을 도입했습니다.

둘째로, 이 담론은 가치, 균형, 이해가능성의 전통적인 양극성을 뒤집는 담론이며, 또한 아래로부터의 설명을 공리로 내세우고 요구하는 담론입니다. 하지만 그렇다고, 이 설명에서 '아래'가 꼭 가장 명료하고 가장 간단한 것은 아닙니다. 아래로부터의 설명은 가장 혼란스럽고, 가장 모호하며, 가장 무질서하고, 가장 우연에 맡겨진 설명이기도 합니다. 왜냐하면 사회와 사회의 가시적인 질서를 판독하는 원리로서 유효해야 하는 것은 폭력·정념·증오·분노·원한·쓰라림이 뒤범벅된 혼란이기 때문이고, 또한 우연·우발성의 모호함, 패배를 초래하기도 하고 승리를 확보해주기도 하는 모든 소소한 상황의 모호함이기도 하기 때문입니다. 이 담론이 간헐적으로만 나타나는 전투의 신에게 요구하는 것은 질서, 노동, 평화, 정의의 기나긴 나날들을 비춰주라는 것입니다. 이것은 곧 분노에서 평온과 질서의 설명을 찾는 것입니다.

in zwölf Bänden, vol.XI, Frankfurt am Main: Insel Verlag, 1968, pp.191~251, 261 ~393; "Projet de paix perpétuelle," "Le Conflit des facultés," Œuvres philosophiques, vol.III: Les derniers écrits, éd. s. dir. Ferdinand Alquié, Paris: Gallimard, 1986. 푸코는 에른스트 카시러가 편집한 칸트 전집[전12권](Berlin: Bruno Cassirer, 1912~22)과 카시러의 칸트 연구서를 갖고 있었다. Ernst Cassirer, Kants Leben und Lehre, Berlin: Bruno Cassirer, 1921.

이 담론은 무엇을 역사의 원리에 두는 것일까요?* 우선 일련의 본디 있는 대로의 사실, 이미 물리적-생물학적이라고 말할 수 있는 사실이 있습니다. 가령 육체적 활력, 힘, 에너지, 한 인종[일족]의 증가, 상대의 약함 등입니다. 패배, 승리, 반란의 실패나 성공, 음모 혹은 동맹의 성공이나 실패 같은 일련의 우연이나 우발도 있죠. 마지막으로 일련의 심리적이고 정신적인 요소들, 즉 용기, 두려움, 경멸, 증오, 망각 등이 있습니다. 신체·정념·우연의 교차, 바로 이것이 이 담론에서 역사와 사회의 영구적인 씨실을 구성합니다. 신체·우연·정념으로 이뤄진 이런 씨실 위에서, 즉 어둡고 때로는 유혈 낭자한 이 들끓고 있는 퇴적물 위에서 연약하고 피상적인 어떤 것이, 점점 증대하는 합리성이, 계산과 전략과 계략을 지닌 합리성이 세워질 것입니다. 즉, 승리를 유지하고, 겉보기에는 전쟁을 침묵하게 만들며, 힘관계를 보존하거나 뒤집기 위한 기술적 과정으로 이뤄진 합리성 말입니다. 이것은 올라가면 올라갈수록, 발전되면 발전될수록 더욱 더 추상적이 되고 연약함과 환상에 점점 더 결합되는 합리성입니다. 또한 이것은 지금 승리를 누리고 지배관계에서 이득을 보지만 게임을 재개하는 것에는 더 이상 별 관심이 없는 사람들의 계략과 악의에 점점 더 결합되는 합리성인 것입니다.

따라서 이 설명 도식 속에는 이 도식이 배포하는 가치들에 있어서 전통적이라고 불릴 수 있는 것과는 아주 상이한 상승축이 있다고 저는 생각합니다. 밑바닥에는 근본적이고 영구적인 비합리성, 즉 생생하고 벌거벗은 비합리성, 그러나 바로 거기서 진실이 터져나오는 비합리성이 있습니다. 이어서 위쪽에는 연약하고 일시적이며 항상 위태롭고 환상과 악의에 묶여 있는 합리성이 있습니다. 이성은 망상, 간계, 악당 편에 있죠. 다른 편에는, 축의 다른 극단에는 기초적인 흉폭성이 있습니다. 즉, 냉소적이고 노골적인 몸짓, 행위, 정념, 분노의 총체가 있는 것입니다. 확

---

* 강의원고에는 '역사의'(de l'histoire) 다음에 '와 법의'(et du droit)가 이어져 있다.

실히 흉폭성이 있습니다만, 이것은 진실의 편에 있는 흉폭성입니다. 따라서 진실은 비이성과 흉폭성 쪽에 있죠. 반대로, 이성은 망상과 악의의 편에 있습니다. 따라서 지금까지 역사와 법을 설명하던 담론과는 정반대입니다. 지금까지의 설명 담론은 오류와 연결된 피상적이고 폭력적인 모든 우연성으로부터, 선과 정의에 본질적으로 연결되어 있는 근본적이고 항구적인 합리성을 구출하려고 노력해왔습니다. [이제] 이런 법률과 역사의 설명축이 뒤집어졌다고 저는 생각합니다.

올해 제가 조금 분석하고 싶은 이런 유형의 담론이 지닌 세 번째의 중요한 점은, 여러분도 알고 있듯이, 이것이 전면적으로 역사적 차원 속에서 전개되는 담론이라는 것입니다. 이 담론은 가장자리도, 끝도, 한계도 없는 역사 속에서 펼쳐집니다. 이런 식의 담론에서는 역사의 단조로움을 몇 가지 안정적이고 근본적인 원리로 재정리해야 할 피상적 여건으로 파악하는 것이 중요하지 않습니다. 부당한 정부, 권력 남용, 폭력을 자연법, 신의 의지, 근본 원리 같은 어떤 이상적 도식에 비춰보면서 판단하는 것은 중요하지 않죠. 반대로 중요한 것은 창설된 것으로서의 정의나 부과된 것으로서의 질서, 인정된 것으로서의 제도 등의 형태들 아래에서 은폐되어 있으나 여전히 깊이 새겨진 채 남아 있는 현실의 투쟁, 실제의 승리와 패배의 잊혀진 과거를 발견하고 정의하는 것입니다. 문제는 법전 속에 말라붙어 있는 피를 재발견하는 것이지, 역사의 덧없음 아래에서 사법의 절대성을 재발견하는 것이 아닙니다. 역사의 상대성을 법률이나 진실의 절대성에 회부하는 것이 아니라 사법의 안정성 아래에서 역사의 무한을, 법률의 정식 아래에서 전쟁의 외침을, 정의의 균형 아래에서 힘의 비대칭성을 재발견하는 것이 중요한 것입니다. 그 어떤 절대와도 관계가 없기 때문에 상대적인 장이라고도 말할 수 없는 역사의 장에서, 역사의 무한은 어떤 의미에서는 '비非상대화'됩니다. 역사의 모든 것을 힘, 권력, 전쟁이라는 메커니즘과 사건으로 영원히 해소하는 역사의 무한한 비상대화가 일어나는 것입니다.

여러분은 다음과 같이 말할 수도 있을 것입니다. 그처럼 침울하고 어두운 담론은 분명히 [과거에] 향수를 느끼는 귀족들이나 서재에 틀어박힌 학자를 위한 담론이 아닌가라고 말이죠. 저는 이것이 이 담론이 중요한 이유 중 하나라고 생각합니다. 실제로 그 시초 이래로, 그리고 19세기와 20세기라는 상당히 최근까지도 여전히 이 담론은 극히 전통적인 신화의 형태에 기대고 있으며, 이런 신화의 형태에 종종 매달리는 담론입니다. 이 담론에서는 섬세한 앎이 신화, 조잡하다고는 말할 수 없어도 근본적이고 무거우며 지나치게 비중이 실린 신화와 굳게 결합되어 있습니다. 왜냐하면 우리는 결국 이런 담론이 [어떻게] 거대한 신화와 접합될 수 있는지 쉽게 이해할 수 있고, 또 실제로 어떻게 접합됐는지 곧 보게 될 것이기 때문입니다. [위대한 조상들의 상실된 시대, 새로운 시대의 임박과 천 년의 복수, 옛 패배를 지워버릴 새로운 왕국의 도래 — Fr.].[12] 이 거대한 신화에서는 거인들의 위대한 승리가 점점 잊히고 묻혀버렸다고, 신들의 황혼이 있었다고, 영웅들이 상처를 입거나 죽어갔다고, 왕들은 접근불가능한 동굴에서 잠을 자고 있다고 말해집니다. 그것은 또한 교활한 침략자가 밟아 뭉갠, 초대 인종[일족]의 권리와 재산이라는 테마이기도 합니다. 즉, 여전히 비밀리에 계속되는 전쟁의 테마, 이 전쟁을 되살리고 침략자나 적을 물리치기 위해서는 부활시켜야만 하는 음모의 테마, 그리고 마침내 힘관계를 역전시켜 몇 백 년된 패자는 마침내 승자가, 그렇지만 용서할 줄도 모르고 용서하지도 않는 승자가 된다는 내일의 저 유명한 전투의 테마 말입니다. 이리하여 중세 시대 내내, 심지어 훨씬 나중에까지도 계속된 이런 영구적 전쟁의 테마와 연결되어, 복수의 날에 대

---

12) 본서(1975~76년 콜레주드프랑스 강의)의 강의요지를 참조하라. Michel Foucault, "Il faut défendre la société"(1976), *Dits et Écrits*, t.3: 1976~1979, éd. Daniel Defert et François Ewald, avec collab. Jacques Lagrange, Paris: Gallimard, 1994, pp. 124~130; 본서 315~321쪽에 수록된 「강의요지」도 참조하라.

한 커다란 희망, 최후의 날들에 나타난다고 간주된 황제, **새로운 지도자**^{dux} ^{novus}, 새로운 우두머리, 새로운 인도자, 새로운 **총통**에 대한 기대가 부단히 되풀이됐던 것입니다. [다니엘서가 예언한] 제5왕국, 혹은 [프랑스의] 제3제정, 혹은 [독일의] 제3제국이라는 관념, 묵시록의 짐승이거나 동시에 가난한 사람들의 구세주라는 테마가 되풀이됐습니다. 이것은 인도에서 죽은 알렉산드로스 대왕의 귀환, 잉글랜드에서 그토록 오랫동안 기다렸던 참회왕 에드워드의 귀환이기도 합니다. 또는 정의로운 전쟁을 되살리기 위해 무덤에 잠들어 있던 카롤루스 대제가 깨어날 것이라는 것, 붉은 수염왕 프리드리히와 프리드리히 2세라는 두 명의 프리드리히 황제가 동굴에서 그들의 백성과 제국의 각성을 기다리고 있다거나, 아프리카의 사막으로 사라졌던 포르투갈 왕이 새로운 전투, 새로운 전쟁을 위해, 이번에는 명확한 승리를 위해 돌아온다는 테마입니다.

이 영구적 전쟁의 담론은 그러니까 실제로 오랫동안 주변부에 있었던 몇몇 지식인들의 슬픈 발명품에 불과한 것이 아닙니다. 제가 보기에 이 담론은 이 담론이 단락시키는 철학적-법학적 설명의 거대한 체계를 넘어서, 때로는 우왕좌왕하던 귀족들이 지녔던 것과 같은 앎에 거대한 신화적 충동이나 민중적 보복의 열망을 연결시키는 것 같습니다. 결국 이 담론은 철학적-법학적 담론에 대립하는, 어쩌면 서구에서 최초의 오롯이 역사적-정치적인 담론입니다. 이 담론에서는 진실이 오롯이 당파적 승리를 위한 무기로서 명시적으로 기능하고 있습니다. 이것은 침울하게 비판적인 담론입니다만, 강렬하게 신화적인 담론이기도 합니다. 이것은 쓰라린 담론입니다만 [……] 극히 광신적인 희망의 담론이기도 하죠. 그러니까 그 근본적인 구성요소에 의해 이것은 철학적-법학적 담론의 거대한 전통에는 낯선 담론입니다. 철학자들과 법학자들에게 이것은 불가피하게 외부적이고 낯선 담론입니다. 이것은 적수의 담론이지도 않습니다. 왜냐하면 철학자들과 법학자들은 이 담론과 논의하지도 않기 때문입니다. 이것은 불가피하게 자격을 갖지 못한 담론이며, 멀리할 수 있고 멀리해야만 하는 담론입니다. 왜냐하면 정의롭고 진실된 담론이 적수들의 중간에서, 적수들 사이에서, 적수들 위에서 마침내 법률로서 시작하려면 그 선결조건으로서 이 담론을 무효화해야만 하기 때문입니다. 따라서 제가 지금 이야기하고 있는 이 담론, 이 당파적 담론, 전쟁과 역사의 이 담론은 그리스 시대라면 어쩌면 교활한 소피스트의 담론이라고 취급받았을 것입니다. 어쨌든 편파적이고 순박한 역사가의 담론이라며, 가차없는 정치가의 담론이라며, 재산을 몰수당한 귀족의 담론이라며, 혹은 어처구니없는 요구를 내건 거친 담론이라며 매도당했을 테죠.

그런데 제 생각에, 철학자나 법학자의 담론에 의해 근본적으로, 구조적으로 주변부로 쫓겨났던 이 담론은 16세기 말~17세기 중반의 매우 구체적인 상황에서 왕권에 대한 민중과 귀족의 이중의 도전과 관련해 그 행로를, 혹은 어쩌면 서구에서 새로운 행로를 시작했습니다. 이때부터 이 담론은 엄청나게 증식했고, 19세기 말과 20세기까지 그 범위가 급속도로 확장됐다고 생각합니다. 그러나 변증법이 이 담론의 거대한 재전환으로서 기능할 수 있었다고, 마침내 이 담론을 철학으로 재전환할 수 있었다고 생각해서는 안 됩니다. 변증법은 얼핏 보기에 모순과 전쟁의 보편적이고 역사적인 운동의 담론인 듯하지만, 저는 사실상 변증법이 이 담론의 유효성을 철학적으로 주장하는 것이 전혀 아니라고 생각합니다. 반대로 변증법은 오히려 이 담론을 철학적-법학적 담론의 낡은 형식 속으로 회수하고 그 자리를 옮겨 작동케 했다고 저는 생각합니다. 근본적으로 변증법은 투쟁, 전쟁, 대결을 모순의 논리, 혹은 이른바 논리 같은 것으로 코드화했습니다. 변증법은 투쟁, 전쟁, 대결을 최종적인 동시에 근본적이고 아무튼 비가역적인 합리성의 총체화와 갱신이라는 이중의 과정 속으로 회수한 것입니다. 마침내 변증법은 역사를 통해 보편적 주체의 구성, 화해된 진실의 구성, 모든 특수성이 마침내 그 질서정연한 자리를 갖게 될 법의 구성을 보증합니다. G. W. F. 헤겔의 변증법과 이것에 뒤따른 모든 변증법은 사회적 전쟁의 확인서인 동시에 선언이자 실천이기도 했던 이 역사적-정치적 담론에 대한, 철학과 법학에 의한 식민지화와 권위주의적 평정이었다고 이해해야 하며, 저는 여러분께 이것을 보여주고 싶습니다. 수세기 동안 유럽에서 때로는 떠들썩하게, 그러나 종종 어슴푸레하게, 때로는 [학자들의] 박식함에서 때로는 피 속에서 자신의 길을 열어갔던 이 역사적-정치적 담론을 변증법은 식민화했던 것입니다. 변증법은 이 근본적 전쟁의 뼈저리고 당파적인 담론을 철학적 질서에 의해, 어쩌면 정치적 질서에 의해서도 평정하는 것이었습니다. 바로 이것이 제가 올해 이 담론의 역사를 다시 살펴보기 위해 대략 제 자신을 그 안에 자리매김하고 싶어 하는 일반적인 참조틀입니다.

이제 이 연구를 어떻게 해낼 것인지, 어떤 지점에서 출발할 것인지 말하고 싶습니다. 우선 첫째로, 이 역사적-정치적 담론에 습관적으로 돌려지곤 했던 몇몇 잘못된 아버지들을 멀리해야 합니다. 왜냐하면 사람들은 권력/전쟁의 관계, 권력/힘관계의 관계를 생각할 때면 곧장 두 명의 이름을 떠올리기 때문입니다. 니콜로 마키아벨리를 생각하고, 홉스를 생각하죠. 저는 여러분께 전혀 그렇지 않다는 것, 사실상 이 역사적-정치적 담론은 군주 정치의 담론13)이나 확실히 절대 주권의 담론이 아니며 그럴 수도 없다는 것을 보여주고 싶습니다. 사실 이것은 군주를 하나의

---

13) 마키아벨리에 대해서는 다음을 참조하라. Michel Foucault, "La 'gouvernementalité'"(1978), *Dits et Écrits*, t.3: 1976-1979, éd. Daniel Defert et François Ewald, avec collab. Jacques Lagrange, Paris: Gallimard, 1994, pp.635~657. [이승철 외 옮김, 「통치성」, 『푸코 효과: 통치성에 관한 연구』, 도서출판 난장, 2014, 133~156쪽. 익히 알려져 있다시피 이 글은 『안전, 영토, 인구: 콜레주드프랑스 강의, 1977~78년』의 4강 (1978년 2월 1일)에 해당한다.] 또한 다음의 글을 참조하라. "'Omnes et singulatim': Vers une critique de la raison politique"(1981); "La technologie politique des individus"(1982), *Dits et Écrits*, t.4: 1980-1988, ibid., pp.134~161, 813~828. [이 두 글은 각각 다음의 책에 국역되어 있다. 이종인 옮김, 「옴네스 에트 싱굴라팀: 정치적 이성 비판을 향하여」, 『촘스키와 푸코, 인간의 본성을 말하다』, 시대의창, 2010, 217~258쪽; 이희원 옮김, 「개인에 관한 정치의 테크놀로지」, 『자기의 테크놀로지』(1982년 미국 버몬트대학교에서 행한 세미나의 기록물), 동문선, 1997, 243~272쪽.]

환영으로만, 도구로만, 아니면 기껏해야 적으로만 간주할 수 있는 담론입니다. 이것은 근본적으로 왕의 머리를 베는 담론, 어쨌든 군주가 없더라도 군주를 고발하는 담론입니다. 이 잘못된 아버지의 이름을 멀리한 뒤에, 그 다음으로 저는 이 담론의 출현 지점이 어디인가를 보여드리고 싶습니다. 제게는 그 현저한 특징들과 더불어, 이것을 17세기에 해당되는 것으로 자리매김하려고 노력해야 한다고 생각됩니다. 우선 이 담론의 이중의 탄생을 간파할 수 있습니다. 한편으로, 대략 1630년대 무렵, 혁명 전야와 혁명기의 잉글랜드에서 민중 또는 프티부르주아 계급의 요구로부터 이 담론이 출현하는 것을 볼 수 있습니다. 이것은 청교도파의 담론이었으며, 수평파의 담론이었습니다. 이로부터 50년 뒤에는, 이번에는 반대편 쪽에서, 그러나 항상 왕에 맞선 투쟁 담론으로서, 귀족들의 쓰라린 느낌으로부터, 프랑스에서 루이 14세의 치세 말기에 이 담론을 재발견할 수 있습니다. 그리고 이것이 중요한 점인데, 곧바로 이 시대부터, 즉 17세기부터 전쟁이 역사의 중단되지 않는 씨실을 구성한다는 이 관념이 아주 정확한 형태로 등장하는 것을 보게 됩니다. 즉, 질서와 평화 아래에서 전개되는 이 전쟁, 우리 사회를 동요시켜 이항의 양태로 쪼갠 이 전쟁은 근본적으로 인종전쟁입니다. 곧바로 우리는 전쟁의 가능성을 구성하고 또한 전쟁을 유지하고 지속시키며 발전시키는 기본 요소들을 발견하게 됩니다. 종족적 차이, 언어의 차이, 힘의 차이, 활력의 차이, 에너지의 차이, 폭력의 차이, 미개상태의 차이, 야만상태의 차이, 한 인종[민족]에 의한 다른 인종[민족]의 정복과 예속화가 그런 요소들입니다. 사회체는 근본적으로 두 인종 위에서 접합됩니다. 사회는 끝에서 끝까지 이런 인종간 대결에 의해 관통된다는 관념이 17세기부터 정식화됐음을 볼 수 있으며, 이때부터 이 관념은 사람들이 모든 형식 아래에서 사회적 전쟁의 얼굴과 메커니즘을 탐구할 때의 모체가 됐습니다.

이런 인종[민족] 이론, 아니 오히려 인종전쟁 이론에서 출발해 저는 프랑스 혁명 동안에, 그리고 특히 19세기 초반에 이 이론이 거쳐온 역사를 오귀스탱과 아메디 티에리[14]와 더불어 추적하면서, 어떻게 이 이론이 두 개의 전사轉寫를 겪었는지 보고 싶습니다. 한편으로 순전히 생물학적인 전사, 찰스 다윈보다 훨씬 전에 이뤄지고 그 모든 요소들, 개념들, 어휘들과 더불어 그 담론을 유물론적인 해부-생리학에서 차용한 전사가 있습니다. 이 이론은 문헌학에도 근거하며, 이로써 그 용어의 역사적-생물학적 의미에서 인종 이론이 탄생합니다. 또한 17세기에서처럼 이 이론은 아주 애매한 것이기도 합니다. 한편으로 이 이론은 유럽의 민족 운동, 주로 오스트리아와 러시아의 거대한 국가기구들에 맞선 민족들의 투쟁과 접합됩니다. 그리고 [다른 한편으로] 여러분은 이 이론이 유럽의 식민지 정책과도 접합되는 것을 보게 됩니다. 바로 여기에 이 영구적 투쟁과 인종투쟁 이론의 생물학적인 첫 번째 전사가 있습니다. 그리고 우리는 두 번째 전사를 발견하는데, 이것은 사회적 전쟁이라는 거대한 테마와 이론에서 출발해 작동되어 19세기 초반부터 확장되며, 스스로를 계급투쟁으로 정의하기 위해 모든 인종 갈등의 흔적들을 지워버리는 경향이 있습니다. 그러므로 여기에는 일종의 본질적인 분기가 있습니다. 저는 이 분기를 복원하려고 노력할 텐데, 이 분기는 이 투쟁들의 분석을 변증법이라는 형태로 되찾으려는 것에 상응하며, 인종 간 대결이라는 이 테마를 진화론과 생존투쟁 이론 속에서 되찾으려는 것에 상응합니다. 여기서 출발해 생물학에서의 전사[의] 그 두 번째 갈래를 특히 강조해 따라감으로써, 저는 생물학적-사회적 인종주의의 발달 전체를 보여주려고 노력할 것입니다. 다른 인종이란 근본적으로 다른 곳에서 온 인종이거나 일시적으로 승리를 거두고 지배했던 인종이 아니라

---

14) 오귀스탱 티에리에 대해서는 앞의 각주 8번을 참조하라. 아메데 티에리[오귀스탱의 동생](1797~1873)에 대해서는 다음을 참조할 것. Amédée Thierry, *Histoire des Gaulois, depuis les temps les plus reculés jusqu'à l'entière soumission de la Gaule à la domination romaine*, 3 vol., Paris: A. Sautelet et Cie, 1828; *Histoire de la Gaule sous l'administration romaine*, 3 vol., Paris: Just Tessier, 1840~47.

영구적이고 끊임없이 사회체에 스며들거나 아니면 오히려 영구적으로 사회의 세포조직 속에서, 그리고 이로부터 출발해 재창출되는 인종이라는 관념, 극히 새로우며 담론을 완전히 다르게 기능하도록 만드는 이런 관념을 갖고서 말입니다. 달리 말하면, 우리가 사회 속에서 양극성으로, 이항 균열로 간주하는 것은 서로 외적인 두 인종의 대결이 아니라, 하나의 동일한 인종이 상위 인종과 하위 인종으로 둘로 쪼개진 것입니다. 아니 오히려, 하나의 인종으로부터 그 고유한 과거의 재등장입니다. 요컨대 인종 속에서 인종의 이면과 아래가 등장하는 것입니다.

이로부터 다음과 같은 근본적인 결론을 얻을 수 있습니다. 그것이 등장해 기능하기 시작했던 순간인 17세기에는 본질적으로 편향된[탈중심화된] 진영을 위한 투쟁의 도구였던 이 인종투쟁의 담론은 재중심화되며 바로 권력의 담론으로, 중심을 지니고 중심화되고 중심화하는 어떤 권력의 담론으로 된다는 것입니다. 두 인종 사이에서 이뤄지고 있는 전투의 담론이 아니라 진실하고 유일한 것으로서 주어진 한 인종이, 권력을 장악하고 규범[정상]을 정할 수 있는 자격을 지닌 인종이 이 규범과의 관계에서 일탈한 인종, 생물학적 [유전]형질에 있어서 위험하다고 간주된 인종에 대해 행하는 전투의 담론인 것입니다. 바로 이 순간에 우리는 퇴화에 관한 생물학적-인종주의적인 모든 담론을 갖게 되며, 또한 사회체 내부에서 인종투쟁의 담론을 제거, 격리, 그리고 최종적으로는 사회의 규범화[정상화] 원리로서 기능하도록 만드는 모든 제도를 갖게 됩니다. 이때부터 제가 그 역사를 서술하려고 하는 담론은 출발점에 있어서 다음과 같은 근본적인 정식을 폐기하게 됩니다. 즉, "우리는 우리의 적에 맞서 스스로를 지켜야만 한다. 왜냐하면 사실상 국가기구들, 법률, 권력의 구조는 우리를 적으로부터 지키기는커녕 우리의 적이 우리를 추적하고 예속화하기 위한 도구이기 때문이다"라는 정식을 폐기하는 것입니다. 이 담론은 지금 사라지고 있습니다. [이 담론의 의미는 이제] "우리는 사회에 맞서 우리 자신을 보호해야만 한다"가 아니라, "우리 자신의

뜻에 반해 우리 자신이 구성하고 있는 중인 이 다른 인종, 이 하위-인종, 이 대항-인종의 모든 생물학적인 위협으로부터 사회를 보호해야 한다" 입니다. 바로 이 순간에, 인종주의적 테마군은 한 사회 집단이 다른 사회 집단에 맞서는 투쟁의 도구로서 등장하는 것이 아니라, 사회적 보수주의의 전반적 전략에 봉사하게 될 것입니다. 제가 말씀드렸던 이 담론의 목적과 관련해서도, 그리고 이 담론의 최초의 형태와 관련해서도 역설입니다만, 바로 이 순간에 국가인종주의가 등장하는 것입니다. 한 사회가 자기 자신에 대해, 사회의 고유한 구성요소에 대해, 그 고유한 산물에 대해 행사하는 인종주의, 영구적인 정화라는 내적 인종주의, 이것이 사회적 규범화의 근본 차원 중 하나입니다. 그러니까 저는 올해에 인종투쟁과 인종전쟁 담론의 역사를, 17세기에서 시작해 20세기 초반의 국가인종주의의 등장에 이르기까지 편력하고 싶습니다.

4강. 1976년 1월 28일

역사적 담론과 그 옹호자들 | 인종투쟁의 대항역사 | 로마적 역사와 성서적 역사 | 혁명적 담론 | 인종주의의 탄생과 변형 | 인종의 순수성과 국가인종주의: 나치적 변형과 소비에트적 변형

여러분은 지난번에 제가 인종주의 담론의 역사를 다루고 찬양했다고 생각할지도 모르겠습니다. 그렇게 생각하시더라도 아주 틀렸다고는 할 수 없습니다. 단, 다음의 사실을 배제한다면 말입니다. 즉, 제가 찬양하고 그 역사를 다루고 싶었던 것은 인종주의 담론이 아니라 전쟁의 담론 또는 인종투쟁의 담론이었습니다. 저는 '인종주의'라든가 '인종주의 담론'이라는 표현을 전쟁이나 인종투쟁에 관한 이 거대한 담론 속의 특수하고 국지적인 에피소드에 불과했던 것에 대해서만 사용해야 한다고 생각합니다. 사실을 말하면, 인종주의 담론은 인종전쟁 담론에서 19세기 말에 일어난 하나의 에피소드, 하나의 국면, 그 뒤집기[급선회], 또는 어쨌든 재개에 불과합니다. 즉, 당시에 이미 몇 세기 전부터 행해져온 인종전쟁의 옛 담론을 주로 사회적 보수주의의 목적을 위해, 그리고 적어도 몇몇 경우에는 식민지 지배의 목적을 위해 사회-생물학적 용어로 재개했던 것에 불과하죠. 인종주의 담론과 인종전쟁 담론의 연결·차이를 함께 자리매김해야 한다고 말하며, 제가 하고 싶었던 것은 바로 인종전쟁 담론의 찬양이었습니다. 적어도 어떤 기간 동안, 즉 19세기 말까지, 그것이 인종주의적 담론으로 급선회될 때까지, 이 인종전쟁 담론이 어떻게 하나의 대항역사로서 기능했는지를 여러분께 보여주고 싶었다는 의

미에서 찬양했다는 말입니다. 그리고 오늘 여러분께 약간이나마 이야기하고 싶은 것은 이 대항역사의 기능에 관해서입니다.

제 생각에, 약간 성급하고 도식적일 수도 있지만 결국 본질적으로 올바르게 다음과 같이 말할 수 있지 않을까 합니다. 역사적 담론, 역사가들의 담론, 역사를 말한다는 이 실천은, 어쩌면 고대에서 틀림없이 그랬던 것대로, 그리고 중세에서도 여전히 그랬던 것대로 오랫동안 남아 있었다고 말입니다. 이 실천은 오랫동안 권력의 의례와 굳게 결합되어 있었습니다. 제게 역사가의 담론은 말해진 또는 쓰여진 일종의 기념식으로, 권력의 정당화와 동시에 이 권력의 강화를 현실 속에서 산출해야만 했던 기념식으로 이해할 수 있는 것처럼 보입니다. 제가 보기에, 역사의 전통적 기능은 로마 초기의 연대기[1]부터 중세 후기에 이르기까지, 그리고 어쩌면 17세기와 심지어 그 뒤에까지도, 권력의 권리를 말하는 것, 그리고 권력의 광채를 강화시키는 것이었습니다. 거기에는 이중의 역할이 있습니다. 한편으로 역사, [그러니까] 왕들의 역사, 권력자들의 역사, 군주들과 그들의 승리 또는 경우에 따라서는 일시적 패배의 역사를 말함으로써 법률의 연속성에 의해 사람들과 권력을 사법적으로 연결하는 것이 중요한 역할입니다. 권력의 내부와 권력의 기능에서 법률의 연속성을 나타나게 하는 것이죠. 즉, 사람들을 권력의 연속성에 연결시키고 권력의 연속성에 의해 사람들을 연결시키는 것입니다. 다른 한편으로 권력의 영광, 예[본보기], 위업의 거의 감당할 수 없을 강렬함을 통해 사람들을 매혹시킨다는 것도 역사의 역할입니다. 법률의 멍에와 영광의 광

---

1) 티투스 리비우스[Titus Livius Patavinus, 59? BC~AD 17)] 이전의 로마 작가들에게 '연대기'(annales)라는 단어는 그들이 전거로 삼았던 옛날의 역사를 지칭한다. 연대기는 역사의 원시적 형태이고, 거기서 사건들은 연도순으로 기록된다. [대대로 고대 로마의] 대신관(Pontifex Maximus)이 작성하던 『대신관 연대기』(Annales maximi)는 [이 연대기를 작성했던 최후의 대신관 푸블리우스 무키우스 스카이볼라(Publius Mucius Scaevola, ?~ 115 BC)에 의해] 기원전 2세기 초에 총 80권으로 편찬됐다.

채, 이 두 가지 면에 의해 역사의 담론은 권력의 강화의 일정한 효과를 겨냥하는 것입니다. 의례, 성별식聖別式, 장례식, 기념식, 전설적인 서사로서의 역사는 권력의 조작자이자 강화자인 셈입니다.

　제 생각에, 중세 시대에는 역사적 담론의 이런 이중적 기능을 이 담론의 전통적인 세 가지 축에서 찾아볼 수 있습니다. 계보학적 축은 왕국의 유구함을 말하고, 위대한 선조를 되살리며, 제국이나 왕조를 창설한 영웅들의 위업을 재발견합니다. 이 일종의 계보학적 임무에서는 과거의 사건이나 인물의 위대함이 현재의 가치를 보증하며, 현재의 왜소함과 일상성을 영웅적이고 정의로운 것으로 변형시키는 것이 목표가 됩니다. 주로 고대 왕국이나 위대한 선조에 관한 역사적 서사의 형태들에서 발견됩니다만, 역사의 이 계보학적 축은 권리의 유구성을 말해야만 합니다. 이 축은 군주가 지닌 권리의 부단한 성격을 보여줘야만 하며, 따라서 군주가 현재에도 여전히 소유하고 있는 뿌리 깊은 힘을 보여줘야만 합니다. 마지막으로, 이 계보학은 왕과 왕족의 이름을 그들 이전의 모든 명성을 갖고 드높여야만 합니다. 위대한 왕들은 그 뒤를 이은 군주들의 권리를 정초하며, 그들의 영광을 후계자들의 왜소함에도 전파합니다. 바로 이것이 역사적 서사의 계보학적 기능이라 할 수 있습니다.

　또한 기억화의 기능도 있습니다. 이 기능은 고전기의 서사와 [이것에 의한] 고대 왕들과 영웅들의 부활이 아니라 반대로 매일마다, 매해마다 역사의 과정 자체 속에 간직된 연표와 연대기에서 볼 수 있는 기능입니다. 연대기 편찬자들이 실천하는 역사의 이 항구적인 기록도 권력을 강화하는 데 봉사합니다. 이것 역시 권력의 의례의 일종입니다. 이런 기록은 군주들이나 왕들이 행한 것이 결코 헛되지도, 쓸모없거나 왜소하지도, 결코 서사의 품위를 떨어뜨리지도 않는다는 점을 보여줍니다. 그들이 행하는 모든 것이 말해질 수 있고 말해질 값어치가 있으며 영속적으로 기억되어야만 한다는 것, 이것은 왕의 가장 사소한 사실과 몸짓조차도 빛나는 행위와 위업으로 만들 수 있고, 또한 만들어야만 한다는 것을 뜻합니다. 그리고 동시에, 사람들은 왕의 결정 하나하나를 신민을 위해서는 일종의 법률로서, 왕의 후계자를 위해서는 일종의 의무로서 기입합니다. 따라서 역사는 기억을 가능케 하며, 기억을 가능케 함으로써 몸짓을 담론에 기입합니다. 담론은 아무리 사소한 사실조차도 화석처럼 만들고 이른바 무한정한 현재로 만드는 기념비 속에 이런 사실을 가둬버리고 고정해버립니다. 권력 강화로서의 이 역사의 세 번째 기능이란 예를 유통시키는 것입니다. 예(例), 이것은 살아 있는 법률, 또는 되살아난 법률입니다. 즉, 예는 현재를 판단하는 것, 현재를 더 강한 법률에 종속시키는 것을 가능케 합니다. 예는 이른바 법률이 된 영광이며, 한 이름의 광채 속에서 기능하는 법률입니다. 법률과 광채를 하나의 이름에 일치시킴으로써, 예는 권력이 이것에 의해 강화될 수 있게 되는 일종의 구두점이나 요소로서 힘을 발휘하고 기능합니다.

속박하고 눈부시게 하는 것, 의무를 강조하고 힘의 광채를 강화함으로써 굴복시키는 것. 도식적으로 말하면, 이 두 기능은 로마 문명뿐만 아니라 중세 시대의 사회에서 실천됐던 역사의 상이한 형태 아래에서 발견될 수 있는 것 같습니다. 그런데 이 두 기능은 종교, 의례, 신화, 로마의 전설, 그리고 더 일반적으로는 인도-유럽적 전설 속에서 표상됐던 권력의 두 측면과 아주 정확하게 대응합니다. 인도-유럽적 권력 표상의 체계[2] 안에는 영속적으로 서로 결합되어 있는 이 두 측면, 두 면이

---

[2] 여기서 푸코는 당연히 조르주 뒤메질의 저작들을 참조하고 있다. 특히 다음의 저작들을 참조하라. Georges Dumézil, *Mitra-Varuna: Essai sur deux représentations indo-européennes de la souveraineté*, Paris: Gallimard, 1940; *Mythe et Épopée*, 3 vol., Paris: Gallimard, 1968~73. (t.1. *L'Idéologie des trois fonctions dans les épopées des peuples indo-européens*, 1968; t.2. *Types épiques indoeuropéens: Un héros, un sorcier, un roi*, 1971; t.3. *Histoires romaines*, 1973.) [뒤메질은 이 저작들에서 (로마 신화의 경우 각각 주피터, 마르스, 퀴리누스로 상징화되는) '주권,' '전쟁,' '생산'이라는 세 가지 기능, 혹은 삼분할(tripartition)이 인도-유럽 문명권에서 공통적으로 발견된다는 전제 아래 다양한 신화들과 서사시들을 비교 분석한다.]

늘 있습니다. 한편으로 사법적 측면이 있습니다. [여기서] 권력은 의무에 의해, 서약에 의해, 약속에 의해, 법률에 의해 속박합니다. 다른 한편으로, 권력은 마술적 기능, 역할, 효능을 갖습니다. [여기서] 권력은 눈부시게 하며, 망연자실하게 만듭니다. 권력을 매우 잘 대표[표상]하는 신, 인도-유럽적 삼분할에서 제1기능과 제1순위를 맡은 신인 주피터는 속박의 신인 동시에 벼락의 신이기도 합니다. 그러니까 고대의 탐구, 매일매일의 연대기, 유포된 예들의 모음집과 더불어 중세에서도 기능한 역사는 여전히, 그리고 늘 이런 권력의 표상이며, 그것은 단순히 권력의 이미지일 뿐만 아니라 권력을 재활성화하는 과정이기도 했다고 저는 생각합니다. 역사란 권력의 담론이며, 권력이 [사람들을] 복종시키기 위해 사용하는 의무의 담론입니다. 역사는 또한 광채의 담론이기도 한데, 이것에 의해 권력은 매혹하고 공포에 떨게 하고 꼼짝 못하게 만듭니다. 요컨대 속박하고 꼼짝 못하게 만들면서 권력은 질서를 창설하고 보증하는 것입니다. 그리고 역사는 바로 질서를 확보하는 이 두 기능이 담론에 의해 강화되고 더 효과적으로 되는 그런 담론입니다. 더 일반적으로는 다음과 같이 말할 수 있죠. 우리 사회에 이르기까지도 여전히 역사는 주권의 역사, 주권의 차원과 기능 속에서 전개되는 역사였다고 말입니다. '주피터'적인 역사였던 것이죠. 이런 의미에서 중세에 실천됐던 역사는 로마인들의 역사, 로마인들이 말했던 것과 같은 역사, [즉] 티투스 리비우스의 역사,3) 초기 연대기 편찬자들의 역사와 여전히 직접적인 연속성을 맺고 있었습니다. 단순히 서사의 형태에서만 그랬던 것도 아니며, 중세의 역사가들이 로마사와 자신들이 말하고 있는 역사 사이에서 결코 아무런 차이나 불연속성이나 단절을 보지 못했다는 사실 때문에만 그랬던 것도 아닙니다. 로마인의 역사적 서사가 중세 시대의 역사적 서사와

---

3) 리비우스의 『로마 건국사』(*Ab Urbe condita libri*)를 말한다. [총 142권 중] 1~10권, 21~45권이 남아 있는데, 41~45권은 [원래 분량의] 절반만 남아 있다.

마찬가지로 어떤 정치적 기능을 갖고 있는 한에서, 즉 바로 주권을 강화하는 하나의 의례인 한에서, 중세에서 실천된 역사와 로마 사회에서 실천된 역사 사이의 연속성은 매우 깊습니다.

거칠게 초벌을 그렸을 뿐입니다만, 저는 이것이 정확히 중세의 가장 말기에, 더 정확하게는 16~17세기 초에 등장한 이 새로운 담론형식을 그것에 특유한 것이라고 할 수 있는 것 속에 다시 위치시키고 특징지으려는 시도의 출발점이라고 생각합니다. 역사적 담론은 더 이상 주권의 담론이 아니고, 인종의 담론조차 아니며, 인종들에 관한 담론, 인종들 간의 대결 담론, 민족들과 법률들을 통한 인종투쟁의 담론일 것입니다. 이런 한에서 저는 이것이 그때까지 구성됐던 주권의 역사에 절대적으로 안티테제인 역사라고 생각합니다. 이것은 서구가 알았던 최초의 비-로마적, 반-로마적 역사입니다. 제가 방금 전에 말씀드린 주권의 의례와 관련지어볼 때, 이것은 왜 반로마적이고 왜 대항역사일까요? 저는 몇 가지 이유 때문에 이 점이 쉽게 드러난다고 생각합니다. 우선 첫 번째 이유는 법률 아래에서, 법률을 통해 이 인종들의 역사, 인종들 간의 영속적인 대결의 역사 속에서 주권의 역사, 주권들의 역사가 보여준 인민과 그 군주 사이의, 민족과 주권자 사이의 암묵적인 동일화가 나타났기 때문입니다. 아니, 오히려 사라졌기 때문입니다. 이제부터 이 새로운 유형의 담론과 역사적 실천에서 주권은 바로 도시국가, 민족, 국가의 통일성일 그런 하나의 통일성으로 전체를 결속시키지 못할 것입니다. 주권은 하나의 특별한 기능을 갖게 됩니다. 주권은 결속하는 것이 아니라 예속시키는 것이 됩니다. 그리고 위대한 자들의 역사가 하물며 왜소한 자들의 역사를 포함한다는 공준을, 강자의 역사가 약자의 역사를 휩쓸어간다[수반한다]는 공준을 이질성의 원리가 대체할 것입니다. 즉, 한쪽의 역사는 다른 쪽의 역사가 아니라는 것입니다. 헤이스팅스 전투에서 패배한 뒤 색슨족의 역사는 이 똑같은 전투에서 승리한 노르만족의 역사가 아니라는 점을 우리는 발견할 것이고, 아니면 적어도 그렇게 확언할 것입니다.

한쪽에게는 승리인 것이 다른 쪽에게는 패배임을 사람들은 알게 될 것입니다. 프랑크족과 클로도비크†의 승리는 거꾸로 갈리아-로마족‡의 패배, 예속화, 노예화로 읽혀야만 합니다. 권력의 편에서 보면 권리, 법률, 또는 의무인 것이 반대편에서 보면 남용, 폭력, 수탈임을 이 새로운 담론은 보여줄 것입니다. 결국 거대 봉건영주에 의한 토지 소유와 그들이 요구한 부과세는 폭력행위, 몰수, 강탈, 종속된 주민들에게 강압적으로 징수한 전쟁 부과세로 보였을 것이고, 또 그렇게 고발됐을 것입니다. 결국, 역사가 군주의 영광을 찬양함으로써 그 힘을 강화시켰던 일반적 의무의 거대한 형식은 파탄나고, 그와 반대로 법률은 한쪽의 승리와 다른 쪽의 복종이라는 두 얼굴을 지닌 현실로 나타나게 됐습니다.

이런 점에서 이때 등장하는 역사, 인종투쟁의 역사는 하나의 대항역사입니다. 하지만 다른 의미에서, 여전히 더 중요한 의미에서 이것은 하나의 대항역사라고 저는 생각합니다. 실제로 이 대항역사는 의무를 부과하는 주권자의 법률의 통일성을 해체할 뿐만 아니라 무엇보다도 영광의 연속성을 산산조각 냅니다. 이 대항역사는 이 빛, 권력의 저 찬란한 눈부심이 사회체 전체를 망연자실케 하고 응고시키고 꼼짝 못하게 만들며 결국에는 사회체를 질서 속에서 유지시키는 어떤 것이 아니라 사실상 분할하고, 사회체의 한쪽은 밝게 비추지만 다른 쪽은 그늘 속에 내버려두거나 밤 속으로 내던지는 빛임을 보여줍니다. 그리고 바로 이 역사, 인종들의 투쟁 서사와 더불어 생겨난 이 대항역사는 이 그늘의 편에서, 이 그늘에서 출발해 말할 것입니다. 이 역사는 영광을 갖지 못한 사람들

---

† Chlodowig[Clovis] I(466~511). 3세기경부터 라인 강을 중심으로 서유럽 곳곳에 거주하던 프랑크족을 통합해 486년 최초의 프랑크 왕국을 건설했다. 프랑크족은 메로빙거 왕조, 카롤링거 왕조를 거쳐 프랑스의 기틀을 마련했다.

‡ Gallo-Romains. 현재의 프랑스, 벨기에, 스위스 서부, 라인 강 서쪽에 해당하는 갈리아[골] 지역에 살던 켈트족. 기원전 58년 율리우스 카이사르에 의해 정복되어 '로마화'된 뒤부터 갈리아-로마족이라 불렸다.

의 담론, 혹은 영광을 잃어버린 사람들, 어쩌면 잠깐 동안, 그러나 의심할 바 없이 오랫동안 어둠과 침묵 속에서 이제야 자신들을 발견하는 사람들의 담론일 것입니다. 그렇기에 이 담론은 권력이 그것에 의해 자신의 유구성과 계보를 보여줌으로써 자신을 영속화하고 강화했던 그 멈추지 않은 노래와는 달리, 이렇게 돌발적인 발언과 호소를 하고 싶어 합니다. "우리 뒤에는 연속성이 없다. 우리 뒤에는 법과 권력이 자신의 힘과 광채 속에서 스스로를 보여주는 곳인 위대하고 영광스러운 계보가 없다. 우리는 그늘에서 나왔다. 우리는 권리를 갖지 못했으며, 영광도 갖지 못했다. 그리고 바로 이 때문에 우리는 입을 열고 우리의 역사를 말하기 시작했다." 이 발언은 이런 유형의 담론을, 오래 전부터 정초됐던 하나의 권력이라는 위대하고 멈추지 않는 법해석[판례]의 탐구가 아니라 일종의 예언적 단절에 연결시킵니다. 또한 이로써 이 새로운 담론은 흠잡을 데 없고 일시적인 쇠퇴도 없는 군주의 영광을 이야기하는 대신에, 그와 반대로 조상들의 불행, 추방, 예속상태를 말하고 정식화하는 데 집착하는 일종의 서사시나 신화나 종교의 형식들에 가까워지게 됩니다. 이 담론은 승리보다는 패배를 열거할 것입니다. 이 패배 아래에서 사람들은 바로 조상들의 권리와 잃어버린 영광을 회복시켜줄 옛 약속의 실현과 약속된 땅을 오랫동안 기다리면서 머리를 조아립니다.

이 인종전쟁의 새로운 담론과 함께, 우리는 로마인의 정치적-전설적 역사보다는 유대인들의 신화적-종교적 역사에 훨씬 더 가까운 어떤 것이 점점 뚜렷해짐을 보게 됩니다. 우리는 리비우스보다는 성서 쪽에 훨씬 더 가까이 있으며, 권력의 부단한 역사와 영광을 매일매일 이야기하는 연대기 편찬자의 형식보다는 훨씬 더 히브리적 성서의 형식 속에 있다고 할 수 있습니다. 일반적으로, 적어도 중세 후반 이후 성서는 왕의 권력과 교회의 전횡에 대한 종교적·도덕적·정치적 반대를 분절했을 때의 거대한 형식이었음을 결코 잊어서는 안 됩니다. 이 형식은 그것에 자주 성서의 텍스트를 참조하는 것 자체가 그랬듯이, 대부분의 경우 반대,

비판, 대립 담론으로 기능했습니다. 중세 시대에 예루살렘[을 말하는 것]은 늘 모든 소생된 바빌론에 반대하는 것이었습니다. 예루살렘은 늘 영원한 로마, 황제들의 로마, 원형경기장에서 정의로운 자들[신도]을 피 흘리게 했던 로마에 반대하는 것이었습니다. 예루살렘이란 중세 시대에 종교적이고 정치적인 반대였습니다. 성서는 비참과 봉기의 무기였습니다. 성서는 법률과 영광에 맞서 봉기하게 만드는, 즉 왕들의 부당한 법률과 교회의 화려한 영광에 맞서 봉기하게 만드는 말이었습니다. 이런 점에서 중세 말기에, 16세기에, 종교개혁의 시대이자 잉글랜드 혁명의 시대에 주권과 왕들의 역사, 즉 로마사에 엄격하게 대립된 역사의 형식이 나타나고, 이 새로운 역사가 예언과 약속이라는 성서의 거대한 형식 위에서 분절됐던 것은, 그러므로 결코 놀랍지 않다고 저는 생각합니다.

따라서 이 시기에 나타난 역사적 담론은 로마사에 대립된 대항역사로 간주될 수 있습니다. 그 이유는 다음과 같습니다. 이 새로운 역사적 담론에서는 기억의 기능이 완전히 의미를 바꾸기 때문입니다. 로마 유형의 역사에서 기억은 본질적으로 비非망각, 즉 법률의 유지, 그리고 권력이 지속하는 한에서 권력의 광채를 영속적으로 과대포장하기를 확보하는 것이었습니다. 이와 반대로, 새롭게 나타난 역사는 감춰졌던 어떤 것, 단순히 등한시됐기 때문만이 아니라 꼼꼼하게 고의로 악의적으로 왜곡되고 은폐됐기 때문에 감춰졌던 어떤 것을 발굴하게 될 것입니다. 사실상 새로운 역사가 보여주고 싶은 것은 권력, 권력자들, 왕들, 법률들이 우연 속에서, 전투의 불의 속에서 자신들이 탄생했음을 감췄다는 사실입니다. 요컨대 정복왕 기욤†은 바로 정복왕이라고 불리기를 원하지 않았는데, 왜냐하면 잉글랜드에 행사했던 권리나 폭력이 정복된 권리라는 것을

---

† Guillaume le Conquérant(1028~1087). 1035년 노르망디(갈리아족과 바이킹족이 혼합된 노르만족의 본거지) 공작이 된 뒤, 1066년 헤이스팅스 전투에서 잉글랜드에게 승리함으로써 잉글랜드의 '윌리엄 1세'(노르만 왕조)로 등극했다.

은폐하고 싶었기 때문입니다. 기욤은 정당성 있는 왕조의 후계자로 보이기를 바랐기 때문에 정복왕의 이름을 감추고 싶었던 것이죠. 요컨대 이것은 클로도비크가 자신의 왕위가 기대도 안 했던 로마 황제의 승인에 의한 것이라고 믿게 만들려고 양피지[증서]를 지니고 다녔던 것과 똑같습니다. 이 정의롭지 못하고 불완전한 왕들은 모든 사람에게, 모든 사람의 이름으로 자신들을 부각시키려고 노력했습니다. 이 왕들은 사람들이 자신들의 승리를 말하기를 원했지만, 자신들의 승리가 타인들의 패배였다는 것, 그것이 "우리의 패배"였다는 것을 알게 하고 싶지 않았습니다. 그러므로 역사의 역할은 법률이 기만한다는 것, 왕들이 가면을 쓴다는 것, 권력은 환상을 씌우고 역사가는 거짓말을 한다는 것을 보여주는 데 있습니다. 따라서 그것은 연속성의 역사가 아니라 판독의 역사, 비밀을 탐지하고 계략을 뒤집는 역사, 곡해되거나 파묻혀진 앎을 재전유하려는 역사일 것입니다. 그것은 봉인된 진실의 판독일 것입니다.

결국 저는 16~17세기에 나타난 이 인종투쟁의 역사가 또 다른 의미에서, 더 단순하고 더 기본적인 동시에 더 강한 의미에서 대항역사라고 생각합니다. 왜냐하면 이 역사는 권력의 행사·전개·강화에 고유한 의례이기는커녕, 권력에 대한 비판일 뿐만 아니라 공격이자 요구이기도 합니다. 권력은 정의롭지 않습니다. 그 높은 예로부터 실추됐기 때문이 아니라, 그저 우리의 것이 아니기 때문입니다. 어떤 의미에서 이 새로운 역사는 옛날의 역사처럼, 시간의 대단원을 통해 법/권리를 말하려는 것이라고 말할 수도 있습니다. 하지만 그것은 항상 자신의 권리들을 보존했던 한 권력의 위대하고 오랜 법해석을 확립하기 위해서가 아니며, 권력이 언제나 거기에 있었고 여전히 거기에 있다는 것을 보여주기 위해서도 아닙니다. 오인됐던 권리들을 요구하는 것, 즉 권리들을 선언함으로써 전쟁을 선포하는 것이 목표인 것입니다. 로마 유형의 역사적 담론은 사회를 평정하고 권력을 정당화하고 사회체를 구성하는 질서, 또는 오히려 세 개의 질서들로 이뤄진 질서를 정초합니다. 이와 반대로 제가 말씀드리는 담론, 16세기 말에 전개되고 성서적 유형의 역사적 담론이라고 부를 수도 있는 담론은 사회를 분열시키며, 법률들에 전쟁을 선포하기 위해서만 정의로운 권리를 말하는 담론입니다.

　그래서 저는 다음과 같은 일종의 명제를 제시함으로써 이 모든 것을 요약하고 싶습니다. 중세 말까지, 어쩌면 그 뒤에도 여전히 하나의 역사, [즉] 역사적 담론과 실천이 존재했다고 말할 수 없을까? 주권이 그것을 통해 스스로를 통일적이고 정당하며 부단하고 눈부신 주권으로서 드러내고 구성했던 거대한 담론적 의례들 중 하나인 역사가? 이런 역사에 또 다른 역사가 대립하기 시작했습니다. 암담한 예속상태와 실추의 대항역사, 예언과 약속의 대항역사, 또한 재발견하고 판독해야 할 비밀스런 앎의 대항역사이자, 더 나아가 권리와 전쟁을 한데 짝지어 동시에 선언하는 대항역사가 바로 그것입니다. 로마 유형의 역사는 근본적으로 인도-유럽적 권력의 표상과 기능의 체계 속에 깊이 새겨져 있습니다. 이 역사는 틀림없이 세 질서의 조직화와 연결됐습니다. 그 정점에는 주권의 질서가 있습니다. 그리고 결국 이 역사는 어떤 대상의 영역과 어떤 유형의 인물, [요컨대] 영웅과 왕에 대한 전설과 불가피하게 연결된 채 있었습니다. 왜냐하면 이 역사는 마술적이자 사법적이라는 이중적 측면을 지닌 주권의 담론이었기 때문입니다. 로마적 모델에서 인도-유럽적 기능에 이르기까지 이 역사는 중세 시대 말기 이후 반란과 예언의 담론이자 사물들의 질서에 대한 앎의 담론이며, 그 질서의 폭력적 전복에 대한 호소의 담론이었던 성서적이고 거의 히브리적인 유형의 역사에 의해 구속됐습니다. 이 새로운 담론은 더 이상 인도-유럽적인 사회의 역사적 담론처럼 삼항적 조직에 연결되지 않고, 사회와 인간들에 관한 이항적 지각, 이항적 분할에 연결됐습니다. 한쪽에는 어떤 이들이 있고 다른 쪽에는 다른 이들이 있으며, 정의롭지 못한 자들과 정의로운 자들, 주인과 주인에게 복종하는 자들, 부자와 빈자, 권력자와 자신의 팔뚝 말고는 갖고 있는 것이 없는 자들, 땅의 침략자와 이들 앞에서 벌벌 떠는 사람들,

전제군주와 분노로 들끓는 인민, 현재의 법률의 사람들과 미래의 조국의 사람들이라는 식의 이항적인 지각과 분할 말입니다.

제가 보기에 매우 놀랍고, 여하튼 근본적인 질문을 프란체스코 페트라르카가 제기했던 것은 중세 시대의 중반기였습니다. 페트라르카는 이렇게 말했죠. "역사에 로마의 찬미가 아닌 것이 있는가 Quid est enim aliud omnis historia quam romana laus?"4) 페트라르카는 이 하나의 질문으로 로마 사회뿐만 아니라 그 자신이 속해 있던 중세 사회에서 실제로 언제나 실천됐던 것으로서의 역사를 한마디로 특징지었다고 저는 생각합니다. 페트라르카로부터 몇 세기 뒤에, 서구에서는 로마의 찬미와는 아주 다른 것을 포함한 역사, 이것과는 정반대로 로마가 새로운 바빌론이라며 [로마의] 가면을 벗겨내는 것이 중요하고 로마에 맞서 예루살렘의 잃어버린 권리들을 요구하는 것이 중요한 역사가 등장하고 탄생했습니다. 완전히 다른 형식의 역사, 완전히 다른 기능을 지닌 역사적 담론이 탄생한 것입니다. 이 역사는 인도-유럽적인 역사성의 종언, 즉 역사를 말하고 역사를 지각하는 인도-유럽적인 어떤 양식의 종언을 알리는 시작이라고 할 수 있습니다. 극단적으로는, 인종투쟁의 역사에 관한 거대 담론이 탄생했을 때 '고전기'는 끝났다고 말할 수 있습니다. 그리고 '고전기'라는 말로 제가 말하고 싶은 것은 중세 시대 말까지도 여전히 사람들이 갖고 있었던 고전기와의 연속성이라는 의식입니다. 물론 중세 시대는 자신이 중세 시대라는 것을 몰랐습니다. 그러나 중세 시대는 또한, 자신이 더 이상 '고전기'가 아니라는 것도 몰랐습니다. 로마는 여전히 현존하고 있었으며, 중세 시대 내부에서 일종의 영속적이고 현행적인 역사적 현전으로서 기능하고 있었습니다. 로마는 유럽을 가로지르는 수천 개로 갈라진

---

4) Pétrarque, *Invectiva contra eum qui maledixit Italiae*, 1373. 페트라르카의 이 구절은 다음에 [재]인용되어 있다. Erwin Panofsky, *Renaissance and Renascenses in Western Art*, Stockholm: Almqvist & Wiksell, 1960; *La Renaissance et ses avant-courriers dans l'art d'Occident*, trad. Laure Meyer, Paris: Flammarion, 1976, p.26.

운하와도 같은 것으로 지각됐지만, 이 모든 운하는 로마로 거슬러 올라 갈 수 있다고 추정됐던 것입니다. 이 당시에 쓰여진 모든 정치사, 민족 사 혹은 전前-민족사가 얼마간 트로이 신화를 언제나 그 출발점으로 삼 고 있었음을 잊어서는 안 됩니다. 유럽의 모든 민족은 각자가 트로이 함 락에서 생겨났다고 주장했습니다. 트로이의 함락에서 생겨났다는 것은 모든 민족이, 모든 국가가, 유럽의 모든 군주제가 로마의 자매라고 주장 한다는 것을 뜻했습니다. 프랑스 군주제는 프랑쿠스에서 유래됐고, 잉글 랜드 군주제는 브루투스라는 인물에서 유래됐다고 여겨졌습니다. 거대 한 왕조들은 제각각 프리아모스의 아들들이 자신들의 조상들이라고 말 했는데, 이로써 자신들이 고대 로마와 친족 계보를 맺고 있음 보증했던 것이죠.† 그리고 15세기에도 여전히 콘스탄티노플의 술탄[황제]은 베네 치아의 총독에게 이렇게 써 보냈습니다. "하지만 우리는 형제인데, 우리 가 무엇 때문에 전쟁을 해야 하지? 투르크족은, 누구나 알고 있듯이, 트 로이의 불길 속에서 생겨났고 거기서 솟아났으며, 또한 프리아모스의 후 예들이다." 황제는 이어서 이렇게 말합니다. "투르크족은 누구나 알다시 피 아이네이아스와 프랑쿠스와 마찬가지로, 프리아모스의 자손인 투르 쿠스의 후예들이다."‡ 이렇듯 로마는 중세 시대의 이런 역사의식 내부

---

† '프리아모스'는 트로이 최후의 왕이다. 트로이의 영웅이자 로마의 시조인 아이네이 아스는 프리아모스의 딸인 크레우사와 결혼하는데, 9세기경의 신화-역사서 『브리 튼의 역사』(Historia Britonum)에 따르면 이들의 아들인 '브루투스'가 브리튼(잉글랜 드)의 시조이다. 한편 '프랑쿠스'는 프리아모스의 아들인 헥토르와 안드로마케 사이 에서 태어난 아스티아낙스의 별명으로서, 프랑크 왕국의 시조로 여겨졌다. 이에 대 한 더 자세한 내용으로는 본서의 6강(1976년 2월 11일)을 참조하라.

‡ 투르크족의 '트로이 기원설'은 투르크족의 시조라 여겨진(상상된) '투르쿠스'가 프 리아모스의 가계에 속한다는 데 근거를 두고 있다. 혹자는 투르쿠스가 프리아모스 의 아들인 트로일로스의 아들이라고 주장했고, 또 혹자는 프리아모스의 조카인 테 우크로스의 아들이라고 주장했다. 투르크족의 트로이 기원설에 대한 최근의 연구로 는 다음을 참조하라. Margaret Meserve, *Empires of Islam in Renaissance Historical Thought*, Cambridge: Harvard University Press, 2008.

그 자체에 현전해 있었습니다. 그리고 로마와 5~6세기부터 등장한 수많은 왕국들 사이에는 아무런 단절도 없습니다.

그런데 이제 인종투쟁 담론이 보여줄 것은, 바로 고전기로 간주되게 될 어떤 것을 다른 세계로 밀쳐내버릴 종류의 단절입니다. 즉, 그때까지는 인식되지 못한 단절의 의식이 출현한 것입니다. 그때까지는 하찮은 이변에 불과했던, 실제로 로마의 위대한 통일성도, 위대한 정당성도, 눈부신 힘도 전혀 실추시키지 못한 사건들이 유럽의 의식 속에 홀연히 생겨난 것이죠. [그래서 — Fr.] 프랑크족의 침입, 노르만족의 침입 등 유럽의 참된 시작, 피의 시작이자 정복의 시작을 구성할 사건들이 나타나기 시작했습니다. 바로 '중세 시대'로서 개별화될 어떤 것이 나타난 것입니다. 그리고 봉건제라고 불릴 이 현상은 18세기 초에야 비로소 역사의식 속에서 따로 떼어져 다뤄지게 됩니다. 프랑크족, 갈리아족, 켈트족 같은 새로운 인물들이 등장했습니다. 또한 북방인과 남방인이라는 훨씬 일반적인 [호칭의] 다른 인물들도 나타났습니다. 지배자와 피지배자, 승자와 패자가 나타났습니다. 이들이 이제 역사적 담론이라는 극장에 진입하며, 이제부터 주요 참조자를 이루게 됩니다. 유럽은 그때까지 계보를 만들지 않았던 추억과 조상들로 가득 차게 됐습니다. 특히 유럽은 그때까지 몰랐던 이항적 분할로 갈라졌습니다. 완전히 다른 역사의식이 인종전쟁에 관한 담론과 [패자]부활에 대한 호소를 통해 구성된 동시에 정식화됐습니다. 이런 한에서, 인종전쟁 담론의 출현을 유럽의 의식, 실천, 정치 그 자체에 있어서 시간의 완전히 다른 조직화라고 규정할 수 있습니다. 바로 여기서 출발해 저는 몇 가지를 주목하고 싶습니다.

첫 번째로, 저는 이 인종투쟁 담론이 당연히 전면적이고 총체적으로 피억압자에게만 속해 있으며, 적어도 그 기원에 있어서는 본질적으로 예속된 자들의 담론, 인민의 담론, 인민이 요구하고 말한 역사라고 생각하는 것은 잘못이라고 강조하고 싶습니다. 사실상 이 담론은 거대한 확산력, 거대한 변신 능력, 일종의 전략적 다면성을 갖춘 담론이었음을 곧바로 봐야만 합니다. 이 담론이 중세 후반에, 민중 운동들에 수반된 신화나 종말론적 테마 속에서 어쩌면 처음으로 윤곽이 잡힌 것은 사실입니다. 하지만 이 담론이 역사적 박식, 민중소설, 혹은 우주적-생물학적 사변의 형태를 띠었다는 점에도 곧바로, 지체 없이 주목해야만 합니다. 이 담론은 오랫동안 반대파들의 담론, 상이한 반대 집단들의 담론이었습니다. 한쪽에서 다른 쪽으로 아주 빨리 파급된 이 담론은 상이한 적들 사이에서, 혹은 권력에 대한 대립의 상이한 형태들 사이에서 완전히 분유된, 권력의 형태에 맞선 비판과 투쟁의 도구였습니다. 확실히 이 담론은 그 상이한 형태 아래에서, 17세기의 혁명기에 잉글랜드의 급진 사상에 봉사했습니다. 그러나 몇 년 뒤에는 거의 변형되지 않은 채 루이 14세의 권력에 맞선 프랑스 귀족의 반동에도 봉사했습니다. 19세기 초반에 이 담론은 마침내 그 참된 주체[주제]가 민중인 역사를 쓰게 되는 혁명 이후의 기획과도 연결됩니다.5) 하지만 몇 년 뒤에는 식민화된 하등-인종의 자격을 박탈하자는 주장에도 봉사했습니다. 그러니까 이 담론은 극히 유동적이고 다면적입니다. 중세 시대 말에 기원을 두고 있다고 해서 이 담론이 정치적으로 한 가지 의미로만 기능한 것은 아닙니다.

두 번째로 주목할 것은, 인종전쟁이 문제시되고 '인종'이라는 말이 꽤 일찍 등장하는 이 담론에서 이 '인종'이라는 말 자체는 하나의 안정된 생물학적 의미로 고정되지 않았다는 점입니다. 그렇지만 이 말이 완전히 헐거웠다는 것은 아닙니다. 이 말은 궁극적으로 의심할 바 없이 넓지만 상대적으로 고착된 어떤 역사적-정치적 균열을 가리킵니다. 우리는 이렇게, 이 담론에서는 이렇게 말할 수 있을 것입니다. 동일한 지역적 기원을 갖지 않는 두 집단의 역사를 다룰 경우에는 두 개의 '인종'이 존재한다고 말입니다. 이 두 집단은 적어도 기원에 있어서는 동일한 언

---

5) 푸코는 이후 강의들에서 프랑수아-오귀스트 미네[François-Auguste Mignet, 1796~1884]부터 쥘 미슐레[Jules Michelet, 1798~1874]에 이르는 저자들을 언급한다.

어도, 대체로 동일한 종교도 갖고 있지 않습니다. 이 두 집단은 전쟁, 침략, 정복, 전투, 승리와 패배, 요컨대 폭력을 대가로 해서만 정치적 통일과 정치적 전체[통합]를 형성했죠. 전쟁의 폭력을 통해서만 연결관계가 수립된 것입니다. 결국 두 집단이 있을 때 두 인종이 있는 것입니다만, 서로 동거함에도 불구하고 특권, 관습, 권리들, 부의 분배와 권력의 행사방식에서 기인하는 차이, 비대칭, 장벽 때문에 서로 뒤섞이지 못한 두 집단이 있을 때, 두 인종이 존재한다고 말해지는 것입니다.

세 번째로 주목할 것은, 역사적 담론의 두 가지 커다란 형태론, 두 가지 주요 온상, 두 가지 정치적 기능을 식별할 수 있다는 점입니다. 한편으로 주권의 로마적 역사가 있고, 다른 한편으로 예속상태와 추방의 성서적 역사가 있습니다. 저는 이 두 역사의 차이가 적어도 공식적 담론과 이른바 재야의 담론,* 즉 정치적 정언명령에 의해 너무도 조건지어졌기에 앎을 산출할 수 없었던 담론 사이의 차이는 아니라고 생각합니다. 사실, 비밀의 판독과 권력의 탈신비화를 임무로 삼은 이 역사는, 권력의 부단하고 거대한 법해석을 재구성하려던 역사와 적어도 비슷한 정도만큼의 앎을 산출했습니다. 유럽에서 역사적 앎의 성립을 가로막은 장애물이 대거 제거되고 풍요로웠던 때는, 대략 주권의 역사와 인종전쟁의 역사 사이에 일종의 간섭·충돌이 일어났던 때라고 말할 수도 있겠습니다. 가령 17세기 초의 잉글랜드에서 노르만족의 침략과 이들이 색슨족에게 행한 크나큰 불의를 말했던 담론이, 잉글랜드 왕들의 권력의 부단한 역사를 말하려고 한창 기획 중이던 왕당파 법률가들의 역사적 작업 전체에 간섭하게 됐을 때가 그랬죠. 앎의 모든 장을 폭발케 했던 것은 바로 이 두 역사적 실천들의 교차입니다. 마찬가지로 17세기 말~18세기 초에 프랑스의 귀족이 연속성의 형태 속에서가 아니라, 그와 반대로 자신

---

* 강의원고에는 '공식적'(officiel)과 '재야의'(rustique) 대신에 '박식한'(savant)과 '순진한'(naïf)이라고 적혀 있다.

들이 옛날에 갖고 있었으나 잃어버렸기 때문에 다시 회복해야 하는 특권의 형태 속에서 자신들의 계보를 만들어내기 시작했을 때, 이 축 위에서 행해진 모든 역사 탐구는 루이 14세가 구성했고 구성하게 만들었던 프랑스 왕정의 역사서술에 간섭하게 됐습니다. 그래서 이로부터 또 다시 역사적 앎의 가공할 만한 확장이 일어났습니다. 마찬가지로, 19세기 초에도 또 다른 풍요로운 때가 있었습니다. 민중과 민중의 예속상태와 예속화의 역사, 갈리아족과 프랑크족의 역사, 농민과 제3신분의 역사에 관한 담론이 체제의 법제사에 간섭했던 때가 바로 그것입니다. 그러니까 주권의 역사와 인종투쟁의 역사 사이의 이런 충돌에서 출발해 앎의 장과 내용의 영속적인 간섭과 생산이 일어났던 것입니다.

마지막으로 주목할 것은, 이런 간섭을 통해, 또는 이런 간섭에도 불구하고 17세기 잉글랜드의 담론, 19세기 프랑스의 담론, 19세기 유럽의 담론 같은 혁명적 담론이 제가 성서적이라고 부를 역사의 편에, 여하튼 요구로서의 역사, 봉기로서의 역사의 편에 분명히 자리잡았다는 것입니다. 두 세기 이상에 걸쳐 서구의 정치적 기능과 서구의 역사 전체를 가로지른 이 혁명이라는 이념은, 그 기원에서나 내용에서나 결국 강력한 수수께끼 같은 것입니다만, 이런 대항역사의 실천의 출현과 존재로부터 분리될 수 없다고 저는 생각합니다. 무엇보다 결국 법률의 질서에도 불구하고, 법률의 질서 아래에서, 법률의 질서를 통해, 법률의 질서 덕분에 기능하는 비대칭·불균형·불의·폭력에 대한 이런 판독이 없다면, 혁명의 이념과 기획은 무엇을 의미할 수 있으며, 무엇일 수 있을까요? 전개됐고 계속 전개되고 있는, 그러나 권력의 은밀한 질서가 그것을 질식시키고 은폐하기 위해 기능하고 그렇게 하는 것이 이익인 실제의 전쟁을 백일하에 드러내려는 의지가 없다면, 혁명의 이념·실천·기획이란 도대체 무엇일까요? 정확한 역사적 앎을 통해 이 전쟁을 부활시키려는 의지가 없다면, 이 앎을 이 전쟁에서의 도구로서, 그리고 지금 처러지고 있는 전쟁 내부에서의 전술적 요소로서 활용하지 않는다면, 혁명적 실천·

기획·담론은 무엇일까요? 힘관계의 최종적인 어떤 역전을 겨냥하지 않는다면, 그리고 권력 행사에 결정적인 [어떤] 변환을 일으키지 않는다면, 혁명적 기획과 담론은 도대체 무슨 의미가 있을까요?

비대칭성의 판독, 전쟁을 백일하에 드러냄, 전쟁의 재활성화. 이것들은 적어도 18세기 말 이후 유럽을 끊임없이 움직여온 혁명적 담론의 전부는 아니더라도 그 중요한 씨실임에는 틀림없으며, 중세 말 이후 인종투쟁을 이야기했던 이 거대한 대항역사 속에서 형성·정의·수립·조직됐습니다. 그러니 1882년 말년의 칼 맑스가 프리드리히 엥겔스에게 이런 편지를 보냈다는 것을 잊어서는 안 됩니다. "하지만 우리가 우리의 계급투쟁을 어디서 발견했는지 자네도 잘 알 걸세. 우리는 프랑스 역사가들이 인종투쟁에 관해 떠들어댈 때 계급투쟁을 발견했지."6) 제 생각에, 혁명적 기획과 실천의 역사는 주권의 행사와 연결된 역사적 실천의 인도-유럽적 형태와 단절했던 이 대항역사로부터 분리될 수 없습니다. 즉, 인

---

6) 사실 이것은 1852년 3월 5일 칼 맑스가 요제프 바이데마이어[Joseph Weydemeyer, 1818~1866]에게 보낸 편지일 것이다. 여기에 맑스는 이렇게 썼다. "만약 내가 자네라면 그 민주주의자 선생들에게 이렇게 말해주겠네. 부르주아 문헌에 대립하는 문헌에 대해 감히 짖어대기 전에, 먼저 부르주아 문헌 자체에 정통해지는 편이 좋을 것이라고 말일세. 그 민주주의자 선생들은 예를 들어 티에리, 기조, 존 웨이드 등의 역사 저작들을 연구해야만 과거의 '계급들의 역사'를 이해할 수 있을 것이네." Karl Marx und Friedrich Engels, *Gesamtausgabe*, Abt.3: Briefwechsel, Bd.5, Dietz: Berlin, 1987, p.75; *Correspondance*, t.III, trad. Gilbert Badia, et. al., Paris: Éditions Sociales, 1959, p.79. [박기순 옮김, 『칼 맑스/프리드리히 엥겔스 저작 선집 2』, 박종철 출판사, 1991, 496쪽.] 또한 1854년 7월 27일 맑스가 엥겔스에게 보낸 편지도 참조하라. 여기서 오귀스탱 티에리는 "프랑스의 역사 서술에 있어서 '계급투쟁'의 아버지"로 정의됐다. *Gesamtausgabe*, Abt.3, Bd.7, Dietz: Berlin, 1989, pp.129~132; *Correspondance*, t.IV, Paris: Éditions Sociales, 1975, pp.148~152. [『칼 맑스/프리드리히 엥겔스 저작 선집 2』, 506쪽.] 푸코는 강의원고에 이렇게 썼다. "1882년에 맑스는 엥겔스에게 다시 이렇게 말했다. 혁명적 실천과 기획의 역사는 인종들의 대항역사로부터 분리될 수 없으며, 이 대항역사가 서구의 정치투쟁에서 수행한 역할과 분리될 수 없다"(푸코는 아마도 기억에 의존해 인용한 듯하다).

종들의 역사이자 인종대결이 서구에서 맡았던 역할의 역사이기도 한 이 대항역사의 출현과 분리할 수 없다는 것입니다. 한마디로 사람들은 중세 말기에, 16~17세기에, 역사의식이 여전히 로마 유형이었던 사회, 즉 여전히 주권의 의례와 주권의 신화를 중심으로 했던 사회에서 벗어났다고, 또는 벗어나기 시작했다고 말할 수 있습니다. 그러고 나서 우리는 사회, 달리 표현할 단어도 없고 그 단어의 의미가 완전히 텅 비어 있으니까 쓰는 것인데, 이를테면 '근대적' 유형의 사회 속으로 진입했던 것입니다. 주권과 그 창설의 문제가 아니라 혁명, 미래의 해방에 대한 혁명의 약속과 예언을 중심에 둔 역사의식을 가진 사회 속으로 말입니다.

그러므로, 거기서 출발해, 19세기 중반에 [이] 담론이 어떻게 그리고 왜 새로운 관건이 됐는지를 파악할 수 있다고 저는 생각합니다. 실제로, 이 담론이 [……] 자리를 바꾸거나 혁명적 담론으로 번역 혹은 전환되던 바로 그 순간에, 인종투쟁이라는 통념이 계급투쟁이라는 통념으로 대체되던 바로 그 순간에……. 음, 제가 '19세기 중반'이라 했습니다만, 그것은 너무 늦네요. 19세기 전반이라 해야겠습니다. 왜냐하면 인종투쟁이 이처럼 계급투쟁으로 변형된 것은 [(아돌프) 티에르 — Fr.][7]에 의해서이기 때문입니다. 아무튼 이런 전환이 이뤄지던 바로 그 순간에, 다른 한편으로 계급투쟁이 아니라 인종투쟁, 즉 생물학적·의학적 의미에서의 인종들 간의 투쟁이라는 용어로 이 오래된 대항역사를 재코드화하려던 시도가 벌어진 것은 당연했습니다. 그리고 이렇게 혁명적 유형의 대항역사가 형성되던 바로 그 순간에 또 다른 대항역사가 형성되고 있었습니다. 그러나 이때의 대항역사는 이 담론 속에 늘 현존했던 역사적 차원을 생물학적-의학적 관점 속에서 말살하는 한에서의 대항역사였죠. 이로

---

7) 특히 다음을 참조하라. Adolphe Thiers, *Histoire de la Révolution française*, 10 vol., Paris: Lecointre et Durey, 1823~27; *Histoire du Consulat et de l'Empire*, 20 vol., Paris: Paulin, Lheureux et Cie, 1845~62.

써 바로 인종주의가 될 어떤 것이 등장합니다. 인종투쟁에 관한 담론의 형식·표적·기능 자체를 재개하고 재전환하지만 그 방향을 바꿈으로써, 이 인종주의는 역사적 전쟁의 테마를 전투·침략·약탈·승리·패배 등과 더불어 생존을 위한 투쟁이라는 생물학적이고 포스트–진화론적인 테마로 대체한다는 특징을 띠게 됩니다. 전쟁의 의미에서의 전투가 더 이상 아니라, 생물학적 의미에서의 투쟁[생존경쟁] 말입니다. 즉, 종의 분화, 최강자의 선택, 최적 인종들의 유지 등. 마찬가지로, 언어나 법 등에 의해 두 인종, 두 이질적 집단으로 분할된 이항적 사회라는 테마는 정반대로 생물학적으로 일원적인 사회라는 테마로 대체될 것입니다. 이런 사회는 그저 다음과 같은 사회일 것입니다. 이질적이지만 본질적인 것은 아니고, 사회체 [혹은] 사회라는 생명체를 두 부분으로 분할하지도 않으며, 일종의 우연적인 것인 일정한 수의 요소들에 의해 위협받는 사회. 이것은 낯선 것이 [사회 속으로] 침입해 들어온다는 관념, 일탈자는 이 사회의 부산물이라는 테마입니다. 국가는 필연적으로 정의롭지 않다는 인종들의 대항역사에서 테마는 결국 정반대의 테마로 변형될 것이었습니다. 즉, 이제 국가는 한 인종이 다른 인종에 맞서 사용하는 도구가 아니라 인종의 완전성·우월성·순수성의 보호자이며, 또한 그래야만 합니다. 인종의 순수성이라는 관념은 그것이 수반하는 일원적·국가적·생물학적 성격과 더불어, 인종투쟁의 관념을 대체할 것이었습니다.

저는 인종의 순수성이라는 테마가 인종투쟁이라는 테마를 대체할 때 인종주의가 탄생한다고, 또는 대항역사가 생물학적 인종주의로 전환된다고 생각합니다. 따라서 인종주의는 서구의 반혁명적 담론과 정치에 우연히 연결된 것이 아닙니다. 인종주의는 단순히 어떤 주어진 순간에, 일종의 거대한 반혁명적 계획 속에서 나타나게 될 부가적인 이데올로기적 구축물이 아닙니다. 인종투쟁의 담론이 혁명의 담론으로 변형됐던 그 순간에, 인종주의는 인종투쟁의 담론이라는 동일한 뿌리에서 출발해 다른 방향으로 역전된 혁명적 사상·기획·예언이었습니다. 인종주의는 말 그대로 혁명적 담론입니다만, 뒤집힌 형태로 그러합니다. 또는 이렇게 다시 말할 수도 있습니다. 즉, 만일 인종들의 담론, 투쟁하고 있는 인종들의 담론이 로마적 주권의 역사적-정치적 담론에 맞서 사용된 무기였다면, 단수형인 '인종'의 담론은 이 무기를 다른 방향으로 돌려 그 칼날을 국가의 보존된 주권을 위해 사용하는 방식이었다고, 그러니까 더 이상 마술적-법적 의례가 아니라 이제는 의학적-규범화적 기술에 의해 그 광채와 활력이 확보되는 주권을 위해 사용하는 방식이었다고 말입니다. 법률에서 규범으로, 법적인 것에서 생물학적인 것으로의 전이轉移를 대가로 해, 인종들이라는 복수형에서 인종이라는 단수형으로의 이행을 대가로 해, 해방의 기획에서 순수성에 대한 관심으로의 변형을 대가로 해, 국가의 주권은 인종투쟁의 담론을 자신의 고유한 전략 속에 투여해 인수하고 재활용했던 것입니다. 투쟁, 판독, 요구, 약속의 오래된 담론에서 파생된 혁명적 호소에 대한 대안과 장벽으로서, 국가의 주권은 이 담론을 인종 보호의 정언명령으로 삼았던 것입니다.

마지막으로, 한마디 더 덧붙이고 싶습니다. 이렇게 혁명적 담론에 대한 대안으로서, 오래된 인종투쟁 담론의 변형으로서 구성됐던 이 인종주의는 20세기에 또 다시 두 차례 변형됐습니다. 그러니까 19세기 말에 국가인종주의라고 부를 수 있는 것이 출현합니다. 즉, 생물학적이고 중앙집권화된 인종주의 말입니다. 근본적으로 변경되지는 않았을지언정, 적어도 20세기에 특유한 전략들 속에서 변형되고 활용됐던 것이 바로 이 테마입니다. 우리는 주요하게 두 개의 변형을 포착할 수 있습니다. 한편으로 나치식 변형이 있습니다. 이것은 국가가 인종을 생물학적으로 보호할 책임이 있다는, 19세기 말에 수립된 테마인 국가인종주의를 다시 취했습니다. 하지만 이 테마는 일종의 퇴행적 방식으로, 즉 옛날에 인종투쟁이라는 테마가 출현했던 바로 그 예언적 담론의 내부로 재이식되고 그 내부에서 기능하는 방식으로 채택되고 전환됐습니다. 그래서 나치즘은 인종투쟁이라는 테마의 정식화를 어떤 주어진 순간에 뒷받침하고 가능케 했던 민중투쟁들의 광경과 유사한 이데올로기적-신화적 풍경 속에서 국가인종주의를 기능시키기 위해 민중적이고 거의 중세적인 모든 신화를 재활용했습니다. 이렇게 해서 나치 시대에 국가인종주의는 아주 많은 요소와 함축을 수반하게 됐습니다. 가령 게르만 인종의 투쟁이 그런 것인데, 독일이 보기에 게르만 인종은 늘 일시적 승자였던 유럽의 열강들, 슬라브족, 베르사이유 조약 등에 의해 한동안만 예속됐을 뿐입니다. 또한 국가인종주의는 다음과 같은 테마를 수반했습니다. 프리드리히의 각성, 민족의 지도자들·총통들이었던 모든 사람의 각성 같은 영웅의 회귀, 영웅들의 회귀라는 테마. 조상들이 치른 전쟁의 재개라는 테마. 새로운 **제국**의 도래, [즉] 인종의 천년 승리를 보장해주지만 필연적으로 닥쳐올 묵시록, 최후의 날의 임박이기도 한 최후의 날들의 제국의 도래라는 테마. 이렇게 나치는 국가인종주의를 전쟁 중인 인종들이라는 전설로 재전환하거나 이식시키며 재기입했습니다.

이런 나치식 변형의 맞은 편에는 소비에트 유형의 변형이 있는데, 이것은 어떻게 보면 나치와는 정반대의 방식으로 이뤄졌습니다. 즉, 이것은 극적이고 연극적인 변형이 아닌 암암리의 변형, 전설적인 극화 없는 변형, 그러나 장황하게 '과학주의적인' 변형입니다. 소비에트적 변형은 사회투쟁의 혁명적 담론, 그 많은 요소들로 보아 인종투쟁이라는 오래된 담론에서 나온 바로 그 담론을 다시 취해, 질서정연한 사회의 조용한 위생을 보장하는 경찰의 관리에 이첩시켰습니다. 혁명적 담론이 계급의 적으로 지칭했던 것이, 소비에트 국가인종주의에서는 일종의 생물학적 위험이 될 것이었습니다. 계급의 적, 이제 그것은 무엇일까요? 음, 그것은 병자, 일탈자, 광인입니다. 그 결과, 옛날에는 계급의 적에 맞서 투쟁하던 무기, 즉 전쟁의 무기 혹은 경우에 따라서는 변증법과 확신이라는 무기는 이제 계급의 적을 인종의 적처럼 제거하는 의학적 경찰이 될 수밖에 없습니다. 그러므로 한편에는 전쟁 중인 인종들이라는 오래된 전설 속에 국가인종주의를 재기입하는 나치가 있고, 다른 한편에는 국가인종주의의 무언의 메커니즘 속에 계급투쟁을 재기입하는 소비에 트가 있습니다. 그리고 이렇게 해서 법률과 왕들의 거짓말을 매개로 대 결하는 인종들의 목쉰 노래, 결국 혁명적 담론의 최초 형태를 가져왔던 이 노래는 순수하게 지켜져야 할 사회적 자산이라는 미명 아래 스스로 를 보호하는 국가의 행정적 산문이 됐던 것입니다.

즉, 투쟁하는 인종들이라는 담론의 영광과 치욕. 제가 보여드리고 싶 었던 것은, 주권을 중심으로 한 역사적-법적 의식으로부터 우리를 틀림 없이 떼어낸 담론, 꿈꿨던 동시에 알게 되고 꿈꿨던 동시에 인식됐던 때 의 형태 속으로, 역사의 형태 속으로 우리를 진입시켰던 담론입니다. 여 기서는 권력의 문제가 예속상태, 해방, [예속상태로부터의] 구출의 문제 와 더 이상 분리될 수 없습니다. 페트라르카는 이렇게 물었습니다. "역 사에 로마의 찬미가 아닌 것이 있는가?" 그런데 우리는, 그리고 의심할 바 없이 이것이 우리의 역사의식을 특징짓고 있으며 이 대항역사의 출 현과 연결되어 있는데, 우리는 이렇게 자문합니다. "역사에 혁명의 호소 나 공포가 아닌 것이 있는가?" 그리고 그저 다음의 질문을 덧붙입시다. "그리고 만일 로마가, 새롭게, 혁명을 정복했다면?"

그러면 이 여담을 마치고, 다음번부터는 이 인종 담론의 역사를 17세 기, 19세기 초, 20세기의 몇몇 시점에서 다뤄보도록 하겠습니다.

5강. 1976년 2월 4일

반유대주의에 관한 대답 | 토머스 홉스에게서의 전쟁과 주권 | 잉글랜드의 왕당파, 의회파,
수평파에게서의 정복 담론 | 이항 도식과 정치적 역사주의 | 홉스가 제거하고 싶었던 것

약 1~2주 전부터 제게 몇 개의 질문과 반박이 구두나 서면으로 전달됐
습니다. 여러분과 토론하고 싶습니다만, 이 자리와 이 분위기에서는 어
렵다고 생각합니다. 어쨌든 질문이 있으면 강의가 끝난 뒤에 제 연구실
로 오시기 바랍니다. 하지만 여기서 조금 답변드리고 싶은 질문이 하나
있습니다. 왜냐하면 이 질문이 여러 번 나온 데다가, 미리 답변할 수 있
다고 생각한 것이기 때문이며, 또한 강의에서는 설명이 충분히 명료하
지 않았을 것이라 생각하기 때문입니다. 그 질문은 이런 것이었습니다.
"종교적 인종주의, 특히 반유대인적 인종주의가 중세 시대부터 있었다
는 것은 잘 알려져 있는데도, 인종주의가 16세기 또는 17세기에 가동되
기 시작했다고 보고 인종주의를 주권과 국가의 문제에만 결부시킨 것은
무엇을 뜻하는가?" 그러니까 충분하고 명료하게 설명하지 못했던 이 점
으로 다시 한 번 돌아가고 싶습니다.

　　제가 여기서 지금까지 행한 것은 일반적이고 전통적인 의미에서의
인종주의의 역사가 아닙니다. 저는 서구에서 한 인종으로의 귀속의식이
란 무엇일 수 있었는가에 관한 역사를, 한 인종을 배제하고 그 자격을
박탈하고 물리적인 파괴를 꾀했던 의례와 메커니즘의 역사를 추적하려
는 것이 아닙니다. 제가 제기하려고 했던 문제는 다른 것으로, 일차적으
로는 인종주의 자체와 관련된 것도, 인종의 문제와 관련된 것도 아닙니

다. 저는 국가에 대한 어떤 비판적·역사적·정치적 분석, 국가의 제도와 권력메커니즘에 대한 어떤 분석이 서구에서 어떻게 등장했는지 보려 해 왔고, 제 생각에 저는 늘 그렇게 하려고 했습니다. 이 분석은 이항적인 용어로 행해집니다. 사회체는 신분의 피라미드나 위계질서에 의해 짜여지는 것이 아니며, 정합적이고 통일적인 유기체를 구성하는 것도 아닙니다. 그것이 아니라 사회체는 완벽하게 구별될 뿐만 아니라 서로 대립하는 두 개의 전체로 구성되어 있습니다. 사회체를 구성하고 국가를 가동시키는 이 두 개의 전체 사이에 존재하는 이 대립의 관계는 사실상 전쟁의 관계, 영구적 전쟁의 관계입니다. 국가는 외견상 평화로운 형태 아래에서 문제가 되는 이 두 개의 전체가 서로 전쟁을 계속하는 방식에 지나지 않습니다. 여기서 출발해 저는 이런 유형의 분석이 어떻게 동시에 반란이나 혁명의 희망, 정언명령, 정치와 절합되는지를 보여주고 싶습니다. 제 문제의 근본은 바로 이것이지, 인종주의가 아닌 것입니다.

한 사회 안에 존재하는 두 인종들 간의 전쟁관계로서의 권력관계에 관한 이런 정치적 분석이 적어도 일차적으로는 종교 문제와 무관하다는 것은, 제가 보기에 역사적으로 충분히 근거가 있습니다. 곧 알게 되시겠지만, 이런 분석은 16세기 말과 17세기 초에 실제로 정식화됐고 정식화되고 있었죠. 달리 말하면 인종들의 분할, 인종전쟁의 지각은 사회투쟁이나 계급투쟁의 통념을 선취한 것이었지만, 이것은 이른바 종교적이라 할 수 있는 유형의 인종주의와 동일시될 수 있는 것이 전혀 아닙니다. 제가 반유대주의에 관해 말하지 않은 것은 사실입니다. 지난번에 인종투쟁이라는 테마를 개괄할 때 반유대주의에 관해 조금 건드릴 생각이었습니다만, 그렇게 할 시간이 없었습니다. 곧 다시 살펴볼 것입니다만, 반유대주의에 관해서는 이렇게 말할 수 있지 않을까 합니다. 사실, 종교적이고 인종적인 태도로서의 반유대주의는 19세기 이전까지는, 제가 말씀드리려는 역사에서 고려해야 할 만큼 [역사에] 직접적인 방식으로 개입하지 않았다고 말입니다. 종교적 유형의 오래된 반유대주의는 19세기에서야,

국가인종주의가 구성됐던 바로 이 시기부터, 국가인종주의 속에서 재활용됐습니다. 이 시기에 국가는 국가에 침투해 자신의 몸에 유해한 요소를 도입하는 인종 또는 인종들에 맞서, 그리고 정치적인 동시에 생물학적인 이유에서 결국 내몰아야만 하는 인종 또는 인종들에 맞서, 인종의 완전성과 순수성을 확보하는 것으로서 나타나고 기능하고 [그렇게] 자처했습니다. 바로 이때부터 반유대주의는 그때까지 내부적 전쟁이나 사회적 전쟁에 관한 정치적 분석에서 사용되지 않았던 모든 에너지와 모든 신화를 반유대주의의 오래된 힘 속에서 다시 취하고 이용하고 꺼내면서 전개됐습니다. 바로 이때부터 유대인들은 모든 인종의 한가운데서 제시된 인종인 동시에 생물학적으로 위험한 그들의 성격이 국가의 편에서 일정한 수의 거부·배제메커니즘을 필요로 하게 만드는 인종으로서 나타났고, 또 그렇게 서술됐습니다. 따라서 제가 생각하기에는 다른 이유로 [성립됐던] 반유대주의가 국가인종주의 속에서 재활용된 것이야말로 19세기의 현상을 야기했고, 마침내 반유대주의의 낡은 메커니즘을 사회 내부에서의 인종투쟁에 대한 비판적·정치적 분석에 중첩시켰습니다. 제가 종교적 반유대주의의 문제도, 중세의 반유대주의의 문제도 제기하지 않았던 이유가 바로 이 때문입니다. 이와 달리, 19세기를 다룰 때에는 이 문제를 말하려고 노력할 것입니다. 다시 말씀드리지만, 저는 더 정확한 질문들에도 대답할 자세가 되어 있습니다.

그러므로 오늘은 어떻게 전쟁이 16세기 말~17세기 초에 권력관계에 관한 분석틀로 나타나기 시작했는가를 검토하고 싶습니다. 물론 이렇게 하면 우리가 곧장 만나게 되는 하나의 이름이 있습니다. 토머스 홉스라는 이름이죠. 홉스는 얼핏 보기에 전쟁관계를 권력관계의 기초와 원리로 파악했던 인물처럼 보입니다. 홉스가 보기에 질서의 근간에는, 평화 뒤에는, 법률 아래에는, 국가를 구성하는 거대한 자동인형인 주권자이자 리바이어던의 탄생에는 단순히 전쟁이 아니라 모든 전쟁 중에서도 가장 일반적인 전쟁, 모든 순간과 모든 차원에서 전개되는 전쟁이 있었습니다. "만인에 대한 만인의 전쟁"1)이 그것입니다. 홉스는 이 만인에 대한 만인의 전쟁을 국가의 탄생 순간, 즉 리바이어던의 실제적이자 허구적인 아침에 위치시킬 뿐만 아니라, 이 전쟁이 국가의 구성 자체 이후에도 계속되며 국가의 틈새·한계·국경선에서 솟아나 위협을 가한다고 간주합니다. 홉스가 인용한 영구적 전쟁의 세 가지 예를 떠올려보세요. 첫째로, 홉스는 이렇게 말합니다. 문명화된 국가에서도 여행자는 자기네 집을 떠날 때 문을 자물쇠로 잠그는 것을 결코 잊지 않는데, 그 이유는 도둑과 도둑질을 당한 자 사이에는 영구적 전쟁이 수행되고 있음을 잘 알고 있었기 때문이라고 말입니다.2) 홉스가 든 다른 예는, 아메리카 대륙의 숲 속에서 발견되는 미개 부족의 체제는 아직도 만인에 대한 만인의 전쟁이라는 것입니다.3) 그리고 어쨌든 우리 유럽 국가들에서도 한 국가와 다른 국가의 관계가, 두 사람이 서로 맞선 채 검을 빼들고 상대를 노려보는 관계가 아니라면 도대체 무엇일까요?4) 좌우간 그래서 국가의 구성 이후에도 전쟁이 [우리를] 위협하며, 전쟁은 거기에 존재합니

---

1) "문명상태 밖에서는 만인에 대한 만인의 전쟁상태가 상존한다[홉스의 난외주석]. 이로써 다음과 같은 사실이 분명해진다. 즉, 인간은 그들 모두에게 경외심을 갖게 만드는 공통의 권력이 없이 살아가는 동안에는 전쟁이라 불리는 상태에 놓이게 된다. 이 전쟁은 만인에 대한 만인의 전쟁이다." Thomas Hobbes, *Leviathan, or the Matter, Forme and Power of a Common-Wealth, Ecclesiasticall and Civill*, London: Andrew Crooke, 1651, p.62(1re partie, chap.13); *Léviathan: Traité de la matière, de la forme et du pouvoir de la république ecclésiastique et civile*, trad. François Tricaud, Paris: Sirey, 1971, p.124. [진석용 옮김, 『리바이어던: 교회국가 및 시민국가의 재료와 형태 및 권력』(1권), 나남, 2008, 171쪽.] '만인에 대한 만인의 전쟁'(bellum omnium contra omnes)에 대해서는 홉스의 다음 책도 참조하라. *Elementorum philosophiae sectio tertia de cive*, Paris: [s.n.,] 1642, t.I("Libertas"), cap.I, xiii; *Le Citoyen, ou les Fonde-ments de la politique*, trad. Samuel Sorbière, Paris: Flammarion, 1982. [이준호 옮김, 『시민론: 정부와 사회에 관한 철학적 기초』, 서광사, 2013, 46~47쪽.]

2) Hobbes, *Leviathan*, p.62; *Léviathan*, p.124. [『리바이어던』(1권), 172쪽.]

3) Hobbes, *Leviathan*, p.63; *Léviathan*, p.124. [『리바이어던』(1권), 173쪽.]

4) Hobbes, *Leviathan*, p.63; *Léviathan*, p.124. [『리바이어던』(1권), 173쪽.]

다. 이로부터 다음의 문제가 생깁니다. 우선 첫째로, 국가에 선행하고 원리적으로는 국가가 종식시키도록 정해져 있는 이 전쟁은 무엇일까요? 국가가 자신의 전사前史로, 야만상태로, 자신의 신비스런 국경선으로 쫓아내려 하지만 그러나 거기에 존재하는 이 전쟁이란 도대체 무엇일까요? 둘째로, 이 전쟁이 어떻게 국가를 낳는 것일까요? 전쟁이 국가를 낳았다는 사실이 국가의 구성에 끼친 효과는 무엇일까요? 일단 국가가 구성된 뒤 국가의 신체에 [새겨진] 전쟁의 낙인은 무엇일까요? 제가 간단히 [검토하고 — Fr.] 싶은 것은 바로 이 두 가지 질문입니다.

그러니까 홉스가 국가의 구성 이전에 있었던 것으로, 국가 구성의 원칙[근원]으로 서술한 이 전쟁은 무엇일까요? 그것은 약자에 대한 강자의, 소심한 자에 대한 난폭한 자의, 비겁한 자에 대한 용맹한 자의, 유소년들에 대한 연장자의, 소심한 목동들에 대한 오만한 미개인들의 전쟁일까요? 직접적인 자연적 차이 위에서 절합된 전쟁일까요? 여러분도 아시다시피 홉스의 경우에는 그런 것이 전혀 아닙니다. 최초의 전쟁, 만인에 대한 만인의 전쟁은 평등에서 태어나 이 평등이라는 요소 속에서 펼쳐지는 평등의 전쟁입니다. 전쟁은 차이-없음 또는 아무튼 불충분한 차이의 직접적인 결과입니다. 실제로 홉스는 이렇게 말합니다. 만일 커다란 차이가 있었다면, 만일 실제로 인간들 사이에 눈에 띄고 잘 드러나며 분명히 매우 비가역적인 간극이 있다면, 전쟁은 분명히 즉각적으로 저지될 것이라고 말입니다. 만일 현저하고 가시적이며 대대적인 자연적 차이가 있다면, [그 결과는] 둘 중 하나이겠죠. 강자와 약자 사이에 실제로 대결이 벌어질 경우, 이 대결과 실제 전쟁은 곧장 약자에 대한 강자의 승리로 귀결될 테고, 그 승리는 강자의 힘 때문에 결정적이게 될 것입니다. 혹은 아예 실제 대결이 벌어지지 않을 것입니다. 즉, 아주 단순하게도, 약자가 자신의 약함을 알고 지각하고 인정해 대결도 하기 전에 단념해버리겠죠. 그래서 홉스는 만일 현저한 자연적 차이가 있다면 전쟁은 일어나지 않는다고 말한 것입니다. 왜냐하면 전쟁을 계속하지 못하게 가로막는 처음의 전쟁에 의해 힘관계가 애초부터 고착되거나, 아니면 그와 반대로 힘관계가 약자의 소심함에 의해 잠재적인 채로 남아 있을 것이기 때문입니다. 따라서 만일 차이가 있다면 전쟁은 없을 것입니다. 차이가 평화를 가져오는 것이죠.[5] 이에 반해 차이가 없는 상태, 또는 차이가 불충분한 상태, 즉 차이가 있긴 하지만 미미하고 사라질 듯하고 사소하고 불안정하며 질서도 없고 구별도 없는 상태에서는, 요컨대 자연상태를 특징짓는 사소한 차이만 있는 아나키한 상태에서는 무슨 일이 일어날까요? 남들보다, 남보다 약간 허약한 사람조차도 자신은 나름대로 강하니 양보해서는 안 된다고 생각하기 때문에 가장 강한 자와 충분히 비슷해집니다. 그러니까 약자는 결코 체념하지 않습니다. 강자는 어떤가 하면, 남들과 비교해서 약간 강할 뿐이며, 근심 없이 살아갈 만큼, 따라서 경계하지 않고 살아갈 만큼 충분히 강하지는 않습니다. 그러니까 이런 자연적 미분화未分化[차이-없음]는 불확실성, 위험, 우연을, 따라서 양쪽으로부터 대결의 의지를 창출합니다. 원초적인 힘관계에서의 우발성이 이런 전쟁상태를 창출하는 것입니다.

하지만 이 전쟁상태란 도대체 무엇일까요? 약자조차도 자신의 이웃만큼 강한 상태로부터 멀리 떨어져 있지 않다고 알고 있습니다. 아니, 그렇게 믿고 있습니다. 따라서 전쟁을 체념하지 않죠. 하지만 가장 강한 자는, 뭐 남들보다 약간 강한 사람일 뿐입니다만, 어쨌든 남이 계략·기습·동맹 등을 사용하면 언제든 자신이 남보다 약해질 수도 있음을 알고 있습니다. 그렇다면 어느 한쪽은 전쟁을 포기하려 들지 않지만, 다른 쪽, 즉 가장 강한 자는 무슨 일이 있어도 전쟁을 피하려고 합니다. 그렇지만 전쟁을 피하려고 드는 사람은 단 한 가지 조건에서만 전쟁을 피할 수 있습니다. 자신이 전쟁을 할 준비가 되어 있으며 전쟁을 포기할 태세가 없음을 보여주는 것입니다. 그렇다면 무엇을 함으로써 자신이 전쟁을 포

---

5) Hobbes, *Leviathan*, pp.60~62; *Léviathan*, pp.123~124. [『리바이어던』(1권), 168~170쪽.]

기할 태세가 없음을 보여줄까요? 전쟁할 준비가 된 상대가 자기 자신의 힘을 의심하게 만들고, 따라서 전쟁을 체념하게끔 행동함으로써입니다. 상대방은 가장 강한 자가 전쟁을 포기하지 않을 것임을 아는 한에서만 전쟁을 체념할 것입니다. 요컨대 결말이 정해져 있지 않은 이 미미한 차이와 우발적인 대결에서 시작된 이런 유형의 관계에서 힘관계는 무엇으로 이뤄져 있을까요? 그것은 세 계열의 요소들 사이의 작용으로 이뤄져 있습니다. 첫째, 계산된 표상이 있습니다. 상대방의 힘을 내 자신에게 표상하며, 상대가 내 힘을 그 자신에게 표상하는 것을 내 자신에게 표상하는 것입니다. 둘째, 의지의 과장되고 현저한 현시가 있습니다. 자신이 전쟁을 원하고 있다는 식으로 보여주는 것이며, 전쟁을 포기하지 않는다고 내보이는 것입니다. 셋째, 서로 물고 물리는 위협의 전술을 사용하는 것입니다. 즉, 나는 전쟁하는 것이 너무도 두렵기에 만일 네가 적어도 나만큼이나, 그리고 가능하다면 나보다 약간 더 전쟁을 두려워할 때에만 안심할 것이라는 식입니다. 총체적으로 말하면, 홉스가 서술한 이 상태는 힘들이 직접적으로 대결하는 자연적이고 본디 그대로의 상태가 전혀 아닙니다. 사람들은 실제적 힘들이 직접적인 관계를 맺고 있는 차원 속에 있는 것이 아닙니다. 홉스의 원초적인 자연상태 속에서 마주치고 대결하며 교착하는 것은 무기도, 주먹도, 야생적이고 광포하게 날뛰는 힘들도 아닙니다. 홉스의 원초적 전쟁에는 전투도, 피도, 사체도 없습니다. 있는 것은 표상, 의지표명, 기호, 과장되고 간계로 가득 찬 기만적 표현입니다. 속임수, 정반대로 변장된 의지, 확신으로 위장된 불안감이 있는 것이죠. 이것은 표상들이 교환되는 극장이며, 사람들은 시간적으로 무한정한 관계인 두려움의 관계 속에 있습니다. 사람들은 실제로 전쟁 속에 있는 것이 아닙니다. 결국 이것이 의미하는 바는, 살아 있는 개인들이 서로를 게걸스레 잡아먹는 짐승 같은 야만상태는 그 어떤 경우에서든 홉스에 따른 전쟁상태의 첫 번째 성격으로서 나타날 수 없다는 것입니다. 그 전쟁상태를 특징짓는 것은 자연적으로 평등한 경쟁상태가 펼쳐지는 일종의 무한한 외교입니다. 사람들은 '전쟁' 속에 있는 것이 아닙니다. 정확히 말하면, 홉스가 '전쟁상태'라고 부른 것 속에 있습니다. 홉스가 이렇게 말한 대목이 있죠. "전쟁은 다툼 혹은 싸움행위 속에만 있는 것이 아니다. 전쟁은 전투를 통해 겨루려는 의지가 그 안에서 충분히 인식되는, 일정한 기간의 시간 속에도 있다."[6] 그러니까 이 시간의 간격은 전투가 아니라 상태를 가리키는 것인데, 여기서 관건은 힘 자체가 아니라 의지, 충분히 인식된 의지, 다시 말해 이런 원초적 외교의 장에서 작동되는 표상과 표명의 체계[를 갖춘 — Fr.] 의지입니다.

따라서 우리는 이 [전쟁]상태, 즉 전투나 힘의 직접적 대결이 아니라 서로 대립하는 표상 게임으로 이뤄진 특정한 상태가 왜, 어떻게 국가가 탄생한 날에 인간이 영원히 포기해버린 어떤 단계가 아님을 알 수 있습니다. 실제로 이 상태는 안전을 제공하지 못하고, 차이를 고정하지 못하며, 결국 어느 한쪽에 힘이 쏠리게 하지 못하는 바로 그 즉시, 정교한 간계와 뒤얽힌 계산으로 기능하지 않을 수 없는 일종의 항구적 토대입니다. 그러므로 홉스에게서는, 출발점에 전쟁이 있는 것이 아닙니다.

하지만 전쟁이 아니라 바로 전쟁을 하지 않기 위한 표상 게임인 이 상태가 도대체 어떻게 국가, 즉 대문자 국가를, 리바이어던을, 주권을 낳게 됐을까요? 이 두 번째 물음에 대해 홉스는 주권의 두 범주를 구별함으로써 대답합니다. 창설에 의한 주권, 그리고 획득에 의한 주권이 그것입니다.[7] 창설에 의한 주권에 관해서는 많이 언급됐는데, 흔히 홉스의 분석은 이것이라 환원되고, 귀착됩니다. [그러나] 사실, 사태는 훨씬 복잡합니다. 창설에 의한 공화국과 획득에 의한 공화국이 있는데, 후자 내부에는 두 형태의 주권이 존재합니다. 따라서 전체적으로는 창설에 의

---

6) Hobbes, *Leviathan*, p.62; *Léviathan*, p.124. [『리바이어던』(1권), 171쪽.]

7) 이제부터 나오는 모든 논의에서 푸코는 『리바이어던』의 제2부(「커먼웰스에 대하여」 ["Of Common-Wealth"/"De la république"]) 중 17~20장을 참조한다.

한 국가, 획득에 의한 국가가 있고, 이런 권력형태에서는 이른바 주권의 세 종류, 세 유형이 가동됩니다. 우선 가장 많이 알려져 있는 창설에 의한 공화국을 다뤄보죠. 빨리 살펴보겠습니다. 다시 한 번 확인합니다만, 전쟁이 아니라 전쟁의 표상과 위협이 작동하고 있는 전쟁상태를 멎게 하기 위해 이 전쟁상태 안에서는 무엇이 일어날까요? 우선 사람들이 결정할 것입니다. 그러나 무엇을 결정할까요? 어떤 하나에게, 혹은 여럿에게 자신들의 권리나 권력 일부를 이전한다는 결정이 아닙니다. 사실상 사람들은 각자의 모든 권리를 이양한다고 결정하지 않습니다. 이와는 반대로 사람들은 각자를 총체적·전적으로 대표[표상]할 권리를 어떤 하나에게, 혹은 더 여럿이거나 하나의 회합체일 수도 있는 존재에게 부여한다고 결정합니다. 문제가 되는 것은 개인들에게 귀속되는 어떤 것을 양도하거나 위임하는 관계가 아니라 개인들 자체의 대표입니다. 다시 말하면, 이렇게 구성된 주권자는 개인들과 전적으로 동등한 가치를 지닙니다. 주권자는 아주 단순하게도, 개인들의 권리 일부를 갖는 것이 아닙니다. 주권자는 개인들의 권력 전체를 갖고서 진정으로 개인들을 대신합니다. "이렇게 구성된 주권은 만인의 인격을 갖는다"[8]고 홉스가 말한 대로 말이죠. 이런 자리바꿈의 조건 아래에서, 이렇게 대표된 개인들은 그 대표자 속에서 현전하게 됩니다. 따라서 대표자, 즉 주권자가 행하는 것은 각자가 행하는 것이 됩니다. 개인들의 대표자로서의 주권자는 정확히 말하면 개인들에 기초해 빚어집니다. 따라서 이 주권자는 인공적인 개인성이지만 실제적인 개인성입니다. 이 주권자가 자연스런 개인적 군주이더라도, 군주가 주권자로서 인공적으로 제조됐다는 데는 변함이 없습니다. 그리고 이 주권자가 어떤 회합체, 즉 개인들로 이뤄진 집단과

---

8) Hobbes, *Leviathan*, p.88; *Léviathan*, p.180. ["이 권력(공통의 권력)을 확립하는 유일한 길은 …… (모든 사람이) 자신들 모두의 인격을 지니는 한 사람 혹은 합의체를 임명하는 것이다"(제17장),『리바이어던』(1권), 232쪽.]

관련됐더라도, 개인성이라는 데는 변함이 없습니다. 자, 설립에 의한 공화국은 이와 같습니다. 여러분도 아시듯이, 이 메커니즘 안에는 의지·협정·대표의 게임만이 있습니다.

이제 공화국의 또 다른 구성형태, 한 공화국이나 다른 공화국에서 일어날 수 있는 다른 것을 살펴보죠. 획득의 메커니즘 말입니다.[9] 겉보기에는 아주 다른 것, 정반대인 것처럼 보입니다. 획득에 의한 공화국의 경우, 주권은 실제적·역사적·직접적 힘관계에 기초해 있는 듯이 보입니다. 이 메커니즘을 이해하려면 원초적인 전쟁상태가 아니라 정말로 하나의 전투를 상정해야만 합니다. 지금까지 말했던 창설 모델에 의해 이미 성립된 국가가 있다고 칩시다. 이제 이 국가가 전쟁에서 실제 전투와 무장 결정으로 다른 국가에게 공격받았다고 상정해봅시다. 이렇게 구성된 두 국가 중 한 쪽이 다른 쪽에게 패배했다고, 그 군대가 패배해 사분오열됐고 주권은 붕괴됐으며 적이 영토를 점령했다고 칩시다. 자, 마침내 우리는 우리가 처음부터 탐구했던 것, 즉 진짜 전쟁, 진짜 전투, 진짜 힘관계에 이르게 됐습니다. 승자와 패자가 존재하고, 패자는 승자의 마음먹기에 달렸으며, 승자의 처분에 맡겨져 있습니다. 이제 무슨 일이 일어나는지 살펴봅시다. 패자는 승자의 처분에 맡겨져 있습니다. 다시 말해 승자는 패자를 죽여버릴 수도 있습니다. 패자를 죽여버리면 더 이상 아무런 문제도 없습니다. 국가의 주권은 아주 단순히 소멸합니다. 이 국가의 개인들이 사라졌기 때문이죠. 그러나 승자가 패자를 살려둔다면, 어찌될까요? 패자를 살려두면, 아니 차라리 패자가 일시적으로 목숨을 부지하게 되면, 결과는 둘 중 하나일 것입니다. 우선 패자가 승자에게 반란을 일으킬 것입니다. 요컨대 실제로 전쟁을 재개해 힘관계를 역전시키려고 시도할 것입니다. 그러면 패배가 적어도 잠정적으로 중단시켰던 실제적 전쟁 속에 다시 놓이게 됩니다. 혹은 패자는 실제로 죽음을 감수하거나

---

9) Hobbes, *Leviathan*, chap.XX; *Léviathan*, ch.20. [『리바이어던』(1권), 264~278쪽.]

전쟁을 재개하지 않고 복종할 것을, 승자를 위해 일하고 승자에게 영토를 양도하고 전쟁보상비를 지불할 것을 받아들이게 됩니다. 이 경우에는 분명히, 전적으로 전쟁에 기초한, 그리고 평화 속에서, 즉 전쟁 효과의 연장에 전적으로 기초한 지배관계 속에 있게 됩니다. 지배인 것이지 주권이 아니라고 말할 수도 있겠네요. 그렇지만 홉스는 그렇지 않다고, 이 경우에도 사람들은 여전히 늘 주권관계 속에 있다고 말합니다. 왜일까요? 왜냐하면 패자가 생명과 복종을 더 좋아한다는 것은 그들이 그것에 의해 주권을 재구성했기 때문입니다. 패자는 승자를 그들의 대표자로 삼고, 전쟁이 쓰러뜨린 주권자를 대신해 다른 주권자를 새로 내세웠기 때문입니다. 따라서 패배가 지배·노예상태·예속상태의 사회를 난폭한 방식으로 법의 바깥에서 정초하는 것은 아닙니다. 이런 일은 패배 속에서, 전투 뒤에, 패배 뒤에, 어떤 의미로는 패배와 무관하게 일어났습니다. 즉, 그런 사회를 만들었던 것은 두려움, 그리고 두려움을 떨쳐내려는 것, 생명을 위태롭게 하는 것을 떨쳐내려는 것입니다. 바로 그런 것들이 우리를 주권의 질서, 절대 권력이라는 사법체제 안에 진입시키는 것입니다. 죽음보다 자신의 생명을 더 좋아하는 의지, 바로 이것이 주권을 정초한 것입니다. 창설과 상호합의의 양식 위에서 구성됐던 주권처럼 사법적이고 정당성 있는 것으로 간주된 그런 주권을 말입니다.

아주 기묘하게도 홉스는 획득에 의한 주권과 창설에 의한 주권이라는 주권의 이 두 형태에, 세 번째 형태를 덧붙입니다. 홉스는 그것이 획득에 의한 주권, 즉 전쟁이 끝날 무렵에, 패배 이후에 나타나는 주권과 닮았다고 말하죠. 홉스의 말에 따르면, 이 다른 유형의 주권은 아이를 부모와, 더 엄밀히 말하면 어머니와 이어주는 주권[10]입니다. 한 아이가 태어났다고 칩시다. 부모, 그러니까 시민사회에서라면 아버지, 자연상태

---

10) Hobbes, *Leviathan*, chap.XX; *Léviathan*, ch.20. [『리바이어던』(1권), 264~278쪽]; *De cive*, t.II("Imperii"), cap.IX, ii~vi. [『시민론』, 162~165쪽.]

에서라면 어머니인 부모는 그 아이를 죽게 내버려두거나, 순수하고 완전하게 죽게 만들 수도 있습니다. 어떤 경우든 아이는 부모 없이, 특히 어머니 없이 살 수는 없습니다. 그리고 몇 년 동안 아이는 욕구, 울음소리, 공포 등의 표명 말고는 자신의 의지를 표시할 수 없으며, 자발적으로 부모에게, 어머니에게 복종하며, 어머니가 시키는 대로 합니다. 왜냐하면 아이의 생명은 어머니에게, 오로지 어머니에게만 달려 있기 때문이죠. 따라서 어머니는 아이에게 자신의 주권을 행사합니다. 그런데 홉스에 따르면, 자신의 생명을 보존하기 위해 아이가 어머니의 주권에 행하는 동의, 즉 의지의 표현이나 계약에 의해 이뤄지지 않는 동의는 패배의 끝 무렵에 패자들이 행하는 동의와 그 성질에서 다를 바가 없습니다. 사실 홉스가 내보이고 싶었던 것은, 주권의 구성에서 결정적인 것이 의지의 질도 아니고, 그 표현형식이나 그 수준도 아니라는 것입니다. 결국 목에 칼이 들이대어졌느냐, 혹은 자신의 의지를 명확하게 정식화할 수 있느냐 아니냐는 별로 중요한 문제가 아닙니다. 주권이 존재하려면 타자의 의지가 없으면 살 수 없을 때조차도 살고 싶어 하는 어떤 근본적인 의지가 실제로 존재할 필요가 있으며, 이것으로 충분합니다.

따라서 주권은 근본적인 의지의 형태에서 출발해 구성됩니다. 그 형태는 별로 중요하지 않습니다. 이 의지는 공포와 연결되어 있습니다. 그리고 주권은 위로부터 형성된 것이 아닙니다. 다시 말해 최강자나 승자나 부모의 결정에 의해 형성된 것이 아닙니다. 주권은 언제나 아래로부터, 공포를 지닌 사람들의 의지에 의해 형성됩니다. 그래서 공화국의 커다란 두 형태, 즉 상호관계에 의해 생겨난 창설에 의한 공화국과 전투에서 생겨난 획득에 의한 공화국 사이에서 나타날 수 있는 절단에도 불구하고, 둘 사이에는 메커니즘의 심대한 동일성이 나타납니다. 동의이건 전투이건 부모-자식의 관계이건, 우리는 동일한 계열을, 즉 의지·공포·주권이라는 계열[조합]을 발견합니다. 그리고 이 계열이 가동되기 시작하는 것이 암묵적인 계산에 의해서인지, 폭력관계에 의해서인지, 또는 자연적인 사실에 의해서인지는 별로 중요하지 않습니다. 무한한 외교를 낳는 공포인지, 목에 들이대어진 칼의 공포인지, 아니면 아이의 울음소리인지는 별로 중요하지 않는 것입니다. 아무튼 주권은 정초됩니다. 결국 홉스는 전쟁과 정치권력의 관계를 다룬 이론가이기는커녕, 역사적 현실로서의 전쟁을 배제하고 싶어 했으며, 주권의 발생으로부터 전쟁을 배제하고 싶어 했던 것입니다. 『리바이어던』에는 이렇게 말하는 담론의 전선이 있다고 할 수 있습니다. 사람들이 싸웠느냐 아니냐는 중요하지 않다, 당신이 패배했느냐 아니냐도 중요하지 않다. 어쨌든 당신네 패자에게 작용하는 것은 동일한 메커니즘이다. 국가가 구성되는 동안에 자연상태에서 볼 수 있는 메커니즘, 혹은 가장 다정다감하고 자연적인 관계인 부모-자식의 관계에서 아주 자연스럽게 볼 수 있는 메커니즘과 동일한 것이다. 홉스는 전쟁, 전쟁의 사실, 전투에서 실제로 현시된 힘관계가 주권의 구성과는 무관하다고 합니다. 주권의 구성은 전쟁을 모릅니다. 전쟁이 있건 없건, 주권의 구성은 똑같이 이뤄집니다. 요컨대 홉스의 담론은 전쟁에 대한 일종의 '부정'입니다. 진정 국가를 낳는 것은 전쟁이 아닙니다. 주권관계 속에 옮겨 적어진 것은 전쟁이 아니며, 전투라는 사실 자체에 있어서 표명됐을 힘관계에서의 옛 비대칭성을 시민권력 안에, 그리고 그 불평등 안에 다시 들여오는 것도 아니라는 것입니다.

　여기서 문제가 생깁니다. 홉스 이전에 정식화됐던 사법적 권력 이론에서 전쟁은 홉스가 고집스럽게도 거부했던 이런 역할을 결코 맡은 적이 없었는데, 그렇다면 이 전쟁의 제거는 도대체 누구를, 무엇을 겨냥한 것일까요? 정말이지 아무튼 전쟁이 있느냐 없느냐는 중요하지 않다고, 주권의 구성에서 문제가 되는 것은 전쟁이 아니라고, 홉스가 자기 담론의 하나의 지층, 하나의 선, 하나의 전선에서 집요할 만큼 거듭 주장할 때 도대체 그는 어떤 적수에게 말하는 걸까요? 제 생각에 홉스의 담론이 상대로 삼았던 것은 명백히 특정한 어떤 이론, 자신의 적수나 논쟁 상대 같은 어떤 것이 아닙니다. 홉스의 담론에서 말해지지 않은 것, 우회할 수 없는 것, 그래도 홉스가 기어이 피해가려고 애썼던 어떤 것도 아닙니다. 사실, 홉스가 집필 활동을 하던 시대에는 그의 논적이라기보다는 전략적 맞수라고 불러야 할 것이 있었습니다. 요컨대 반박해야 할 담론의 어떤 내용이라기보다는 어떤 담론 게임, 어떤 이론적·정치적 전략이 있는데, 홉스는 바로 이것을 제거하고 불가능하게 만들고 싶었던 것입니다. 홉스가 논박이 아니라 제거하고 불가능하게 만들고 싶었던 이 전략적 맞수는 정치투쟁 안에서 역사적 앎을 기능하게 만드는 어떤 방식이었습니다. 더 정확히 말하면, 리바이어던의 전략적 맞수는 동시대의 투쟁에서 이뤄지던, 어떤 역사적 앎의 정치적 이용이라고 저는 생각합니다. 그 앎은 전쟁, 침략, 약탈, 박탈, 몰수, 노략질, 수탈에 관련되어 있으며, 또한 이 모든 전쟁행위, 전투의 사실, 실재의 투쟁이 겉보기에 권력을 조절하는 듯한 법률과 제도에 끼쳤던 모든 효과에 관련되어 있습니다.

한마디로 말하면, 홉스가 제거하고 싶었던 것은 정복, 또는 역사적 담론과 정치적 실천에서 이뤄지던 이 정복이라는 문제의 활용이었습니다. 리바이어던의 보이지 않는 적수는 바로 정복입니다. 법과 철학의 모든 선량한 사상가들[순응주의자들]bien-pensant을 벌벌 떨게 만든 저 거대한 인공적 인물, 국가의 식인귀, 『리바이어던』의 표지 삽화에서 손에 칼을 빼들고 홀장을 쥐고 있는 왕으로 제시된 저 거대한 실루엣은 본질적으로 선한 생각을 지닌 왕입니다. 바로 이렇기에 홉스를 극렬히 비난했던 철학자들조차도 사실은 진실로 그를 사랑했으며, 그의 냉소주의는 가장 소심한 자들도 매료시켰던 것입니다. 시작부터 끝까지 도처에서 전쟁을 선포하는 척하지만, 홉스의 담론은 실제로는 정반대를 말했습니다. 전쟁이든 아니든, 패배이든 아니든, 정복이든 동의이든 똑같다고 말했던 것입니다. "당신이 그것을 원했다. 당신을 대표하는 주권을 구성한 것은 당신네들, 신민들이다. 그러므로 역사적 재평가를 통해 우리를 곤란하게 만들지 마라. 당신이 정말로 정복이라는 것이 있었다고 생각하고 싶다면, 정복의 *끄트머리*에서 당신은 여전히 계약을, 신민들의 겁먹은 의지를 발견할 것이다." 정복의 문제는 이렇게 해소됩니다. 상류에서는 만인에 대한 만인의 전쟁이라는 통념에 의해, 하류에서는 전투가 끝날 무렵에 겁먹은 패자의 법적으로 유효한 의지에 의해 정복의 문제가 해소됐던 것입니다. 그러니까 홉스는 사람들의 빈축을 사는 것처럼 보입니다만, 사실상 사람들을 안심시키고 있다고 저는 생각합니다. 홉스는 항상 계약과 주권의 담론, 즉 국가의 담론을 견지했습니다. 물론 사람들은 이 국가에 너무 많은 것을 주었다고 홉스를 비난했으며, 오늘날에도 격렬하게 비난할 것입니다. 하지만 뭐니 뭐니 해도, 철학과 법학에서는, 철학적-법학적 담론에서는 국가에 너무 많은 것을 주는 것이 충분히 주지 않는 것보다 낫습니다. 그러니까 사람들은 국가에 너무 많은 것을 주었다고 홉스를 비난하면서도, 음흉하고 야만적인 어떤 적을 푸닥거리했다고 그에게 은밀히 고마워했던 것입니다.

적, 아니 차라리 홉스가 대결한 적의 담론은 당시의 잉글랜드에서 국가를 분열시킨 시민적 투쟁 속에서 들려오던 담론입니다. 그 담론은 두 개의 목소리를 지녔죠. 한 목소리가 이렇게 말합니다. "우리는 정복자이고 너희는 패배자이다. 우리는 이방인일 수도 있지만, 너희는 하인이다." 이에 다른 목소리가 이렇게 응수합니다. "우리는 정복당했겠지만, 정복당한 채로 있을 생각은 없다. 우리는 우리의 나라에 있으며, 너희가 떠나게 될 것이다." 홉스가 쫓아버렸던 것은 이런 영구적인 내전과 시민적 투쟁의 담론이었습니다. 모든 전쟁과 정복의 뒤에 계약을 다시 놓고, 그렇게 함으로써 국가의 이론을 구해냈던 것입니다. 물론 바로 그렇기에 법철학은 이에 대한 보상인 양 홉스에게 정치철학의 아버지라는 원로원적 칭호를 부여했던 것입니다. 국가의 심장부가 위협받았을 때, 한 마리 거위가 잠자던 철학자들을 깨웠습니다. 그게 바로 홉스였습니다.

홉스가 『리바이어던』이라는 장벽을 세워 맞섰던 이 담론, 아니 오히려 그 실천이 비록 완전히 처음인 것은 아닐지언정 적어도 그 본질적 차원과 그 정치적 유독성을 갖고서 잉글랜드에서 나타났던 것은 두 가지 현상이 결합된 결과였다고 생각합니다. 첫째로, 당연히, 한편으로는 절대 군주제에, 다른 한편으로는 귀족에 맞서는 부르주아지의 정치투쟁이 일찌감치 있었습니다. 그리고 [둘째로] 이것과 연결된 또 다른 현상으로, 정복에 의한 오래된 분열이라는 역사적 사실에 대한 의식이 몇 세기 전부터 아주 생생하게 대다수 민중에까지 파고들었습니다.

기욤의 노르망디 정복, 1066년 헤이스팅스에서의 정복이 실제로 있었다는 것은 잉글랜드의 제도 속에서, 정치적 주체의 역사적 경험 속에서 다양한 방식으로 현시됐고, 현시되고 있습니다. 그것은 우선 아주 명시적으로 권력의 의례 속에서 현시됐습니다. 왜냐하면 헨리 7세[재위 1485~1509년]까지, 즉 16세기 초까지 왕의 기록물들은 잉글랜드의 왕이 정복의 권리 덕분에 그 주권을 행사한다고 명확하게 밝히고 있기 때문입니다. 왕은 자신을 노르만족에 의한 정복의 권리에 대한 후계자로 자처했던 것입니다. 이 정식은 헨리 7세와 더불어 사라졌습니다. 정복의 이런 현존은 사법의 실천에서도 현시됐습니다. 사법 문서나 공소절차는 프랑스어로 진행됐고, 하급재판소와 왕립재판소 사이의 갈등은 완전히 항상적이었습니다. 위로부터, 외국어로 정식화되어 있었기 때문에 잉글랜드에서 법은 외국인이 현존했다는 낙인이었고, 그것은 다른 민족[타국]의 표식이었습니다. 이런 사법의 실천에 있어서, 그리고 다른 언어로 정식화된 이 법에 있어서, 한편으로는 자기 고유의 언어로 자신들을 법적으로 방어할 수 없는 사람들의 "언어적 고통"이라고도 불러야 할 것과 다른 한편으로는 법률의 이국적 형상이라고도 불러야 할 것이 서로 묶이게 됐던 것입니다. 이런 이중의 의미에서 사법의 실천은 접근할 수 없는 것이었습니다. 이 때문에 중세의 잉글랜드에서는 일찌감치 다음과 같은 요구가 생겨났던 것입니다. "우리는 우리의 것인 사법을 원한다. 우리의 언어로 정식화된 사법을, 왕의 법령에 대립되는 이 공통의 법률에서 출발해 아래에서부터 통일된 사법을 말이다." 얼핏 생각나서 말씀드리는데, 정복은 두 가지 이질적인 전설의 집합이 중첩되고 대결하는 와

중에도 현시됐습니다. 한편으로는 색슨족의 서사들 전체가 있었습니다. 이것들은 민중 설화, 해럴드 왕의 귀환 같은 신화적 신앙, 에드워드 왕 숭배 같은 성스러운 왕들에 대한 숭배,† 로빈 후드 같은 유형의 민중 설화였습니다. 아시겠지만, 칼 맑스에게 큰 영감을 준 인물 중 한 명인 월터 스콧[11]은 바로 이런 신화로부터 19세기의 역사의식에서 역사적으로 중요했던『아이반호』나 몇몇 소설을 구상했죠.[12] 이런 신화적이고 민중적인 집합에 마주해, 이와는 반대로 노르만족 왕들의 궁전에서 발달하고 튜더 왕조의 절대주의 왕정이 전개되던 순간인 16세기에 재활성화됐던 귀족적이고 거의 군주제적인 전설의 집합이 있습니다. 이것은 기본적으로 일련의 아서 왕 전설[13]과 관련되어 있습니다. 물론 정확히 말하면,

---

† 여기서 '해럴드 왕'은 잉글랜드의 앵글로-색슨 왕조의 마지막 왕으로서 1066년 헤이스팅스 전투에서 전사한 '해럴드 2세'(Harold II, 1022~1066)를 말하며, '에드워드 왕'은 '브리튼 통일 왕국'을 주장해 노르만족의 정복 이래 잉글랜드 최초의 국민적 왕이라 불렸던 '에드워드 1세'(Edward I, 1239~1307)를 말한다.

11) 스콧의 독자로서의 맑스에 대해서는 다음의 글을 참조하라. Eleanor Marx-Aveling, "Karl Marx: Lose Blätter," *Österreichischer Arbeiter-Kalender für das Jahr 1895*, Brünn: Volksfreund, 1894, pp.51~54. [김영기 옮김,『마르크스・엥겔스의 문학예술론』, 논장, 1989, 504~505쪽]; Franz Mehring, *Karl Marx: Geschichte seines Lebens*, Lei -pzig: Leipziger Buchdruckerei Actiengesellschaft, 1918, kap.XV, 1; *Karl Marx: Histoire de sa vie*, Paris: Éditions Sociales, 1983; Isaiah Berlin, *Karl Marx: His Life and Environment*, London: Thornton Butterworth, 1939, chap.XI. [안규남 옮김, 『칼 마르크스: 그의 생애와 시대』, 미다스북스, 2012, 381~407쪽.]

12)『아이반호』(*Ivanhoe*, 1819)의 줄거리는 사자왕 리처드[Richard I, 1157~1199]의 잉글랜드에서 진행되고,『퀜틴 두워드』(*Quentin Durward*)(1823)의 배경은 루이 11세[Louis XI, 1423~1483] 치하의 프랑스이다.『아이반호』가 오귀스탱 티에리와 그의 정복자-피정복자 이론에 끼친 영향은 잘 알려져 있다.

13) 브리튼의 군주로서 5세기 전반기에 색슨족의 침입에 맞서 저항을 이끈 아서 왕의 신화적 형상이 중심이 된 전설적 전승과 설화 작품군을 지칭한다. 몬머스의 제프리(Geoffrey of Monmouth, 1100~1155)가 12세기에 이 전승과 설화를 처음 수집했고(*De origine et gestis regum Britanniae libri XII*, Heidelberg: Apud Renatum Pote -lerium, 1587), 그 뒤로 로베르 와스(Robert Wace, 1110?~1174?)가『브륏 이야기』

이것은 노르만족의 전설이 아니지만 색슨족의 전설도 아닙니다. 이것은 색슨족의 민중 문화 표층 아래에서 노르만족이 발견했던 켈트족의 옛 전설이 부활된 것입니다. 이런 켈트족의 전설은 노르만족에 의해 아주 자연스럽게, 노르만족의 귀족과 군주제를 위해 부활됐습니다. 왜냐하면 자신들의 고장에서 살고 있는 노르만족과 [대]브리튼 지방에서 살고 있는 브리튼족 사이에는 다양한 관계가 있었기 때문입니다. 따라서 두 개의 강력한 신화적 집합이 있으며, 이것의 주변에서 잉글랜드는 완전히 상이한 방식으로 자신들의 과거와 역사를 꿈꿨던 것입니다.

이 모든 것보다 더 중요한 것, 잉글랜드에서 정복의 현존과 효과를 특징지은 것은 반란들의 역사적 기억입니다. 이 반란들 각각은 아주 명확한 정치적 효과를 갖고 있었죠. 이 반란들 중 몇몇, 가령 몬머스가 말한 반란[14] 등은 특히 일차적으로, 의심할 바 없이 인종적 성격을 떠었습니다. 다른 반란, 예컨대 '대헌장' 승인의 빌미가 됐던 반란 같은 것은 왕권의 제한만이 아니라 외국인 추방이라는 구체적 조치와 연결됐습니다. 이 경우에는 노르만족보다 푸아티에인들이나 앙주인들 등이 더 많이 추방됐죠.† 하지만 중요한 것은 외국인을 추방해야 한다는 필요성이

(*Roman de Brut*, 1155)와 『루의 이야기』(*Roman de Rou*, 1160~1174)로 정리했다. 12세기 후반기에 크레티앵 드 트루아(Chrétien de Troyes, 1135~1181/91)가 『랑슬로, 차상(車上)의 기사』(*Lancelot, le Chevalier de la Charrette*, 1177?)와 『페르스발, 성배의 백작』(*Perceval, le Conte du Graal*, 1135/1190?)에서 개작한 이른바 '브리튼의 소재'(matière bretonne)가 바로 이것이다.

14) 몬머스의 제프리는 브리튼 민족의 역사를 최초의 정복자인 트로이의 브루투스에서부터 시작해 로마의 정복, 그 뒤를 이은 색슨족 침략자에 맞선 브리튼족의 저항, 브리튼 왕국의 몰락 순으로 들려준다. 제프리의 작품은 유럽 문학에 아서 왕 전설을 소개한 중세의 가장 대중적인 작품들 중 하나였다.

† 1215년 6월 15일 '대헌장'에 서명한 존 왕(John, 1166~1216)은 노르만 왕조를 뒤이은 앙주 왕조의 마지막 왕이었다. 앙주 왕조의 정치적 기반은 (노르망디가 아니라) 프랑스의 앙주와 푸아티에였는데, 애초부터 당시 잉글랜드 귀족층의 주류였던 노르만인들이 새 국왕과 함께 잉글랜드에 정착한 앙주·푸아티에 출신 귀족들

잉글랜드 인민의 권리와 연계되어 있었다는 것입니다. 그러니까 거대한 사회적 대립을 한 인종[민족]의 다른 인종[민족]에 대한 정복과 지배의 역사적 형태로 코드화하는 것을 허용하는 일련의 요소가 있었던 것이죠. 이 코드화는, 혹은 아무튼 이 코드화를 허용하는 요소는 옛날부터 있었습니다. 이미 중세의 연대기에서 이런 문구를 찾아볼 수 있습니다. "이 나라의 주요 인사들은 노르만족의 후예이다. 신분이 낮은 자들은 색슨족의 자손이다."[15] 즉, 정치적·경제적·법적 갈등은 제가 방금 열거한 요소 때문에 아주 쉽게 분절화되고 코드화됐으며, 하나의 담론으로, 즉 인종 간의 대립 담론으로 쉽게 변형됐습니다. 그리고 매우 논리적인 방식으로, 16세기 말과 17세기 초에, 한편으로는 부르주아지와 다른 한편으로는 귀족·군주 사이에서 투쟁의 새로운 정치적 형태가 나타났을 때에도, [이 갈등은 — Fr.] 여전히 인종투쟁의 어휘로 표현됐습니다. 이런 종류의 코드화, 혹은 적어도 코드화를 준비했던 요소들이 아주 자연스럽게 작동하고 있었던 것입니다. 그리고 제가 코드화라고 말했는데, 그 이유는 한 집단이 다른 집단에 맞서는 특수한 테제로서 인종 이론이 기능한 것이 아니기 때문입니다. 사실 인종 이론은 이런 인종 간의 균열 속에서, 또 인종 대립의 체계 속에서 담론적인 동시에 정치적인 일종의 도구, 인종들 각각에게 자신들의 고유한 테제를 정식화하는 것을 가능케 했던 도구였습니다. 17세기의 잉글랜드에서 주권자[군주]의 권리와 인민의 권리에 관한 법적-정치적 논의는 정복이라는 사건, 한 인종의 다른 인종

을 적대시한데다가, 존 왕이 선대로부터 물려받은 프랑스의 영지를 대부분 잃은 뒤부터 프랑스의 내정 간섭이 심해진 탓에 이 두 귀족층 사이의 갈등은 더욱더 고조됐다. 이 갈등은 좋든 싫든 예전의 대륙적 기반을 잊고 잉글랜드에서 왕권의 강화를 모색할 수밖에 없었던 에드워드 1세에 와서야 봉합됐다.

15) 푸코는 강의원고에서 '글로스터 연대기'를 언급하고 있다. [잉글랜드의 역사가인 글로스터의 로버트(Robert of Gloucester, 1260~1300)가 쓴 연대기를 말한다. 몬머스의 제프리가 쓴 『브리튼 왕들의 역사』(Historia Regum Britanniae, 1136)를 비롯해 기존의 역사서들로부터 많은 내용을 발췌·번역한 것으로 알려져 있다.]

에 대한 지배관계, 승자에 맞선 패자의 반란 혹은 반란의 항구적인 위협 [에 의해 산출된 — Fr.] 종류의 어휘에서 출발해 이뤄졌습니다. 그러니까 여러분은 인종 이론, 혹은 인종의 테마를 절대주의 왕정의 입장들 속에서는 물론이고 의회파 혹은 의회주의자들 속에서도, 수평파나 개척파의 훨씬 극단적인 입장들 속에서도 찾아볼 수 있을 것입니다.†

여러분은 제가 한마디로 '왕의 담론'이라 부르려는 것에서 정복과 지배의 우위가 실제로 정식화됨을 알게 되실 것입니다. 왕은 신의 옥좌에 앉는다[16]고 성실청星室廳에서 선언했을 때, 제임스 1세는 당연히 신학적-정치적 왕권신수설을 지칭했을 것입니다. 그런데 제임스 1세에게 자신을 실제로 잉글랜드의 소유자로 만들어준 이 신의 선택은 노르만족의 승리에 의해 역사적으로 예견되고 보증된 것이었습니다. 아직 스코틀랜드 왕일 뿐이었을 때, 제임스 1세는 노르만족이 잉글랜드를 소유하기 때문에 왕국의 법률은 노르만족에 의해 수립된다고 말했습니다.[17]

---

† 잉글랜드 내전(1642~51년)에서 국왕 찰스 2세(Chalres II, 1630~1685)를 지지한 '왕당파'를 무찌른 '의회파'는 곧 장로제를 전국적으로 실시하려는 '장로파'와 개별 교회들의 자유와 독립을 주장한 '독립파'로 양분됐다. 이 대결에서는 군대에 근거를 둔 '독립파'가 승리하는데, 독립파 내부에서도 기존 사회질서의 유지를 지지하는 고급 장교들과 새로운 사회를 요구하는 사병들(즉, '수평파') 사이에서 다시 분열이 일어난다. 한편, 수평파에서도 '개척파'가 떨어져나오는데, 개척파는 수평파가 사유재산을 부정하지 않는다고 비판하는 동시에 장원제·지주제의 전면 폐지, 토지의 공동 경작을 요구하며 스스로를 '진정한 수평파'라고 불렀다.

16) "실로 왕이 재판관이며, 실로 재판은 신으로부터 왕에게 속한다. 왜냐하면 왕은 신의 옥좌에 앉으니, 모든 재판은 그로부터 나오기 때문이다." James I[1566~1625], "Oratio habita in camera stellata"[1616], *Opera edita a Jacobo Montacuto*……, Francofurti ad Moenum et Lipsiæ, 1689, p.253; "군주국은 이 세상 최고의 것이다. 왜냐하면 왕은 신의 지상 대리인으로서 신의 옥좌에 앉을 뿐만 아니라 신 자신에 의해 신이라 불리기 때문이다." "Oratio habita in comitiis regni ad omnes ordines in palatio albaulæ"[1609], *Opera edita a Jacobo Montacuto*……, p.245. 또한 '왕의 신권'에 관해서는 다음을 참조하라. "Basilikon doron, sive De institutione principis" [1619], *Opera edita a Jacobo Montacuto*……, pp.63~85.

이 말이 초래한 결과는 두 가지였죠. 첫째로, 잉글랜드는 소유되어버렸다는 것, 따라서 잉글랜드의 모든 땅은 노르만족과 노르만족의 우두머리, 즉 왕에게 속한다는 것입니다. 왕이 잉글랜드 땅의 실효적 소유자가 된 것은 노르만족의 우두머리로서이죠. 둘째로, 주권[왕권]이 행사되는 상이한 주민들에게 권리는 공통의 권리여서는 안 된다는 것입니다. 권리는 노르만족[만]의 주권의 표시 그 자체입니다. 권리[사법]는 노르만족에 의해 수립됐으며, 당연히 그들을 위해 수립됐다는 것입니다. 그리고 적수를 꽤나 갑갑하게 만들 능란함을 통해, 왕 또는 왕의 담론을 지지한 자들은 아주 기묘한, 그러나 아주 중요한 유비를 부각시켰습니다. 저는 이 유비를 1581년에 『왕을 위한 변명』이라는 문서 속에서 처음으로 정식화했던 것이 애덤 블랙우드라고 생각합니다. 여기서 블랙우드는 아주 흥미롭게도 이렇게 말했습니다. "요컨대 노르만족 침략 당시의 잉글랜드 상황을, 아직 식민지 열강이라고는 불리지 않았던 열강을 앞에 둔 아메리카의 지금 상황과 마찬가지라고 이해해야만 한다. 유럽인들이 현재 아메리카에서 누리고 있는 지위를 노르만족은 [당시의] 잉글랜드에서

---

17) "비록 다른 나라에서 왕족과 왕가가 무수히 변해왔고, 우리나라는 결코 그런 적이 없지만 우리의 이웃 나라인 잉글랜드에서처럼 정복에 의해 왕조가 차례로 탈취될지언정, 모든 땅과 그곳의 모든 신민에 대해 왕이 지니는 권리의 공통 기반은 이곳[스코틀랜드]뿐만 아니라 다른 모든 자유 군주국들에서 동일하다. 노르망디의 서자(庶子)[정복왕 윌리엄]가 잉글랜드에 들어와 스스로 왕이 된 것은, 힘과 강력한 군대에 의해서이지 않겠는가? 그는 그곳에 법을 선사했고[했지만] 아무것도 취하지 않았으며, 법을 바꿨고, 통치질서를 뒤집었다. 또한 오늘날 잉글랜드에서 상당수 귀족들이 노르만족 혈통에서 나오는 데서 보이듯이, 그는 이방인들, 즉 자신의 추종자들을 수많은 옛 소유자들의 자리에 앉혔다. 오늘날까지 그들[잉글랜드인들]을 지배하는 그들의 오래된 법은 그들의 언어가 아니라 그의 언어로 씌어졌다. 그럼에도 이전에 그들을 정복했던 모든 자들 역시 그러했듯이, 그의 후계자들은 지금까지 대단히 행복하게 왕위를 누리고 있다." James I, "Jus liberae Monarchiae, sive De mutuis Regis liberi et populi nascendi conditione illi subditi officiis"[1598], *Opera edita a Jacobo Montacuto*……, p.91.

누렸던 것이다." 블랙우드는 정복왕 기욤과 카를 5세[재위 1519~56년] 사이에서 평행관계를 본 것입니다. 카를 5세에 관해 블랙우드는 이렇게 말합니다. "카를 5세는 무력으로 서인도 일부를 복속시켰으며, 패자에게 그들의 재산을 허유권虛有權으로서가 아니라 용익권用益權으로서, 그리고 급부給付의 형태로 주었다.† 그런데 카를 5세가 아메리카에서 행했던 것, 그리고 우리도 이와 똑같은 것을 하고 있기 때문에 극히 정당하다고 간주하는 것을 노르만족은 잉글랜드에서 행했다. 우리는 여기서 잘못 생각해서는 안 된다. 노르만족은 잉글랜드에서, 우리가 아메리카에서 의존했던 것과 똑같은 권리, 즉 식민화의 권리에 의존하고 있다."[18]

이 16세기 말에, 처음은 아니라도 거의 최초로, 식민지에서의 실천이 서구의 법적-정치적 구조에 일종의 반사 효과[부메랑 효과]를 끼치게 된다고 저는 생각합니다. 식민지화가 그 정치적·법적 기술 및 무기와 더불어 유럽의 모델을 다른 대륙에 분명히 이식시켰음을, 그러나 식민지화가 [거꾸로] 서구의 권력메커니즘에, 권력의 장치·제도·기술에 다수의 반사 효과를 끼쳤음도 잊어서는 안 됩니다. 일련의 식민지 모델이 서구에 되돌아왔고, 이것에 의해 서구는 자기 자신에 대해서도 식민지화, 내부의 식민주의 같은 것을 실행할 수 있었던 것입니다.

왕의 담론에서 인종 간의 대립이라는 테마가 어떻게 기능했는지는 이상과 같습니다. 이런 왕의 담론에 맞서 의회파가 내놓은 응수 역시 노

---

† '용익권'(usufruit)은 타인의 소유물을 용도 이외의 목적을 위해 변경하거나 처분하지는 못하고 순수하게 그 용도만을 즐길 수 있는 권리, 즉 타인의 소유물을 사용해 그로부터 얻어지는 이득이나 만족만을 향유하는 권리를 뜻한다. 이처럼 누군가의 소유물에 지상권(地上權)·영소작권(永小作權) 등의 용익[물]권이 설정되면, 그 소유권자는 사실상 자신의 소유물로부터 어떤 이득이나 만족을 얻을 수 없게 되는데, 이렇게 그 내용이 공허하게 된 소유권이 '허유권'(nue-propriété)이다.

18) Adam Blackwood[1539~1613], *Adversus Georgii Buchanani dialogum, de jure regni apud Scotos, pro regibus apologia*, Pictavis, apud Pagaeum, 1581, p.69.

르만족에 의한 정복이라는 똑같은 테마와 연결되어 있었습니다. 의회파가 절대주의 왕정의 주장을 반박한 방식도 인종의 이원론과 정복의 사실 위에서 분절됐죠. 의회파·의회주의자들의 분석은 역설적이게도 정복을 부정하는 데서, 아니 오히려 정복왕 기욤과 그의 정통성을 찬양해 정복을 포장하는 데서 시작됐습니다. 그들의 분석 방법은 이랬습니다. 그들은 이렇게 말했는데, 이 말이 홉스의 말과 얼마나 비슷한지 곧 보시게 될 것입니다. 잘못 생각해서는 안 된다. 헤이스팅스, 전투, 전쟁 자체가 중요한 것이 아니다. 결국 기욤은 정통성 있는 왕이었다. 자, 여기서 그들은 참인 것도 있고 거짓인 것도 있는 수많은 역사적 사실들을 발굴합니다. 기욤이 정통성 있는 왕인 이유는, 기욤을 실제로 자신의 후계자로 지명한 참회왕 에드워드[재위 1042~66년]가 죽기도 전에 이미, 해럴드가 자신은 잉글랜드의 왕이 되지 않을 것이며 옥좌를 양보하거나 기욤이 잉글랜드의 옥좌에 오르는 것을 받아들일 것이라고 맹세했기 때문이다. 그런데 이런 일은 일어날 수 없었죠. 해럴드가 헤이스팅스 전투에서 죽고, 만약 해럴드의 정통성을 인정한다면, 더 이상 정통성을 지닌 후계자가 존재하지 않았기 때문에, 왕관이 자연스럽게 기욤에게 돌아간 것입니다. 아무튼 [그들의 설명에 따르면] 알고 보니 기욤은 잉글랜드의 정복자가 아니라 권리의 계승자, 정복의 권리가 아니라 있는 그대로의 잉글랜드라는 왕국의 권리의 계승자였던 것입니다. 알고 보니 기욤은 일정 수의 법률에 의해 속박된 왕국의 계승자, 색슨족의 법률체제 자체에 의해 제한된 주권의 계승자였다는 것이죠. 이렇게 분석하면, 기욤의 군주제에 정통성을 부여하는 바로 그것이 기욤의 권력을 제한하기도 합니다. 게다가 의회주의자들은 이렇게 덧붙였습니다. 만일 정복이 있었다면, 정말로 헤이스팅스 전투가 색슨족에 대한 노르만족의 순수한 지배관계를 초래했다면, 정복은 오래 지탱될 수 없었으리라고. 그들은 이렇게 말했습니다. 잉글랜드 땅에서 갈팡질팡하던 수만 명의 애처로운 노르만족이 어떻게 거기서 머무르고 실질적으로 영구적인 권력을 확보할 수 있었겠는가? 어쨌든 전투가 끝난 그날 밤에 침대에서 암살당하지 않았을까. 그런데 적어도 초기에는 큰 반란이 없었다. 이것은 사실상 패자가 스스로를 그 정도로 패자로 여기지도 않았고, 승자에게 점령당했다고도 생각하지 않았으며, 노르만족들이 실효적으로 권력을 행사할 수 있는 사람들이라고 인정했음을 증명해준다. 이리하여 이 수락에 의해, 즉 노르만족들을 학살하지 않음으로써, 반란을 일으키지 않음으로써, 색슨족들은 기욤의 군주제를 유효한 것으로 인정했다. 더욱이 기욤은 서약을 했고, 요크의 주교에 의해 대관식이 거행됐다. 기욤에게는 왕관이 쓰여졌으며, 연대기 편찬자들이 올바르고 오래됐고 받아들여졌고 승인된 것이라고 말한 법률을 존중하겠노라고 이 대관식에서 맹세했다. 그 때문에 기욤은 선행한 색슨족의 군주체계에 [스스로를] 속박했던 것이다.

이런 테제를 대표하는 『반反노르만 논증』[19]이라는 저작이 있는데, 우리는 『리바이어던』의 표지 삽화와 견줘볼 만한 일종의 권두 삽화를 여기서 볼 수 있습니다. 이 삽화의 구성은 이렇습니다. 맨 위에는 하나의 전투, 두 개의 군단이 [그려져] 있는데, 이것은 분명히 헤이스팅스에서의 노르만족과 색슨족입니다. 그리고 이 두 개의 군단 한가운데에는 해럴드 왕의 주검이 놓여 있죠. 그러니까 색슨족의 정통성을 지닌 군주제가 실제로 소멸한 것입니다. 그 아래에는 한창 거행 중인 기욤의 대관식 장면이 더 크게 그려져 있습니다. 하지만 이 대관식은 이렇게 연출되어 있습니다. 브리타니아라는 이름이 적힌 여신상이 "잉글랜드의 법률"[20]이라

---

19) *Argumentum Anti-Normannicum, or an Argument Proving, from Ancient Histories and Records, That William, Duke of Normandy, Made No Absolute Conquest of England by the Sword, in the Sense of Our Modern Writers*, London: John Darby, 1682. [작자 미상의] 이 책은 에드워드 쿡의 저서라고 잘못 알려졌다.

20) 원래는 이렇게 적혀 있다. "성 에드워드의 탁월하고 가장 유명한 법률"(The Excell -ent and Most Famous Laws of St. Edward). [프랑스어판 편집자가 착각한 듯하다. 삽화에는 그냥 "성 에드워드 법률"(St. Edward Laws)이라고 적혀 있다.]

『반노르만 논증』의 권두 삽화(작자 미상) 그 정체가 정확히 밝혀지지 않은 이 책의 저자에 따르면, 이 권두 삽화는 기욤(윌리엄 1세)이 잉글랜드 성직자들과 인민의 선출과 동의에 의해 왕위에 올랐으며, 잉글랜드 '왕국의 옛법'(antiquae leges regni)을 보존하겠다고 맹세했음을 보여주고 있다.

쓰여 있는 종이를 기욤에게 건네고 있습니다. 기욤 왕은 요크 주교로부터 왕관을 받는데, 그 사이에 다른 성직자가 "왕의 서약"[21]이라 쓰여 있는 종이를 기욤 왕에게 건넵니다. 아무튼 이로써 기욤은 실제로는 자신이 주장했던 정복자가 아니라 정통성 있는 계승자, 즉 잉글랜드의 법률, 교회의 승인, 자신이 행한 서약에 의해 제한받은 주권의 계승자로 그려진 셈입니다. 17세기의 윈스턴 처칠은 1675년에 이렇게 썼습니다. "사실, 기욤은 잉글랜드를 정복하지 못했다. [오히려] 잉글랜드인들이 기욤을 정복했다."[22] 그리고 이 색슨족의 권력이 완전히 정통성을 지닌 노르만족의 왕에게 이양된 뒤에야 진정으로 정복이, 즉 일련의 권리의 박탈·수탈·남용이 시작됐다고 의회주의자들은 주장합니다. 정복은 노르만족의 정착 뒤에 이어졌던 오랜 우회과정이었습니다. 이 우회가 당시에 '노르만주의' 또는 '노르만족의 멍에'[23]라 불렸던 것, 즉 체계적으로 비대칭적이며 노르만족 귀족과 군주제를 체계적으로 우대한 정치체제를 잉글랜드에 조직했습니다. 중세 시대의 모든 반란은 기욤이 아니라 이 '노르만주의'에 맞서 일어났습니다. 색슨족 전통의 진정한 계승자인 의회의 권리를 인정한 것도 노르만족 군주제와 연결된 이런 권력 남용에 맞

---

21) 원래는 이렇게 적혀 있다. "대관식 서약"(The Coronation Oath). 이 권두 삽화에 관한 설명으로는 다음을 참조하라. "An Explanation of the Frontispiece," *Argumentum Anti-Normannicum*……, 4 p. s.fol.

22) Winston S[pencer] Churchill, *Divi Britannici: Being a Remark upon the Lives of All the Kings of This Isle, from the Year of the World 2855 unto the Year of Grace 1660*, London: Thomas Roycroft, 1675, fol.189-190.

23) '노르만족의 멍에'(또는 '노르만족의 구속')에 대한 이론은 정치 저술가들(블랙우드 등), '엘리자베스 여왕 시기의 연대기 편찬자들'(라파엘 홀린즈헤드[Raphael Holinshed, 1529~1580], 존 스피드[John Speed, 1552~1629], 새뮤얼 다니엘[Samuel Daniel, 1562~1619] 등), 고서연구자협회(존 셀던[John Selden, 1584~1654], 해리슨[William Harrison, 1534~1593], 로렌스 노엘[Laurence Nowell, 1515~1571]), 법률가들(쿡 등)에 의해 16~17세기 동안 널리 유포됐다. 이들의 목적은 침략과 정복 이전에 존재했던 '노르만족 이전의 과거를 미화'하는 데 있었다.

서기 위해서였고, 왕의 법령 맞서 기어코 '공통법'*을 부과하기 위해 투쟁했을 때 하급재판소가 맞섰던 것도 헤이스팅스[전투]와 기욤의 즉위보다 나중에 온 이 '노르만주의'였습니다. 당대의 투쟁, 즉 17세기의 투쟁 역시 바로 이 노르만주의에 맞서 전개되고 있었습니다.

그런데 기욤에 의해 사실이자 법권리로 받아들여졌고, 노르만족이 정복 이후의 시기에 질식시키고 우회하려고 했으며, **대헌장**, 의회 창설, 17세기의 혁명에 의해 복원이 시도됐다고 간주된 색슨족의 이 옛 법은 도대체 무엇일까요? 그것은 한마디로 색슨족의 어떤 법률입니다. 여기에는 에드워드 쿡이라는 법학자의 영향이 매우 중요하게 작용했습니다. 쿡은 13세기의 초고를 발견했다고 주장했고 실제로 발견했는데, 그 초고가 색슨의 옛 법률을 정식화한 것이라 주장했습니다.24) 사실 『정의의 거울』이라는 제목의 이 책은 중세 시대의 몇몇 판례, 공법, 사법의 실천 설명서였습니다.25) 쿡은 이 책을 색슨족의 법 설명서로 기능하게 만들

---

* 강의원고에는 '공통법'(loi commune)이 아니라 '관습법'(Common Law)이라 되어 있다.

24) "나는 약 1,100년 전부터 이 왕국을 통치하는 전범이 됐던, 이 왕국의 법률을 다룬 아주 오래된 학술적 논고를 갖고 있다. 저자는 이 책의 제목과 주제에 관해 이렇게 말한다. 내가 관찰한 덕목과 아름다운 실체에 의거해, 나는 그 개요에 대해 '정의의 거울'이라는 제목을 붙였다. 이것은 아서 왕과 그 동료들의 시대 이래로 신성한 관습에 의해 사용되온 제목이기도 하다. …… 이 책 안에는 사실상 이 왕국의 유구한 관습법이 고스란히 들어 있다." Edward Coke, "Lectori/To the Reader" (Préface), *La neuf me part des reports de Sr. Edw. Coke*, London: Adam Islip, 1613, fol.1-32 s.pag. 또한 다음을 참조하라. "Préface," *La tierce part des reportes del Edward Coke lattorney generall le roigne*, London: Adam Islip, 1602, fol. 9-17; "Préface," *La huictieme part des Reports de Sr. Edw. Coke chiualer, chiefe iustice del Common Banke*, London: Adam Islip, 1611. "그들 고국의 국가법"의 역사를 설명한 것으로는 다음을 참조할 것. "Préface," *La dix. me part des Reports de Sr. Edw. Coke*, London: Adam Islip, 1614, fol.1-48. 쿡은 자신의 저서 『영국법 요강』에서도 『정의의 거울』을 참조했음을 밝혀둔다. *The Fourth Part of the Institutes of the Laws of England*, London: Miles Flesher, 1644. 특히 8, 11, 13, 35장을 참조. 또한 다음도 볼 것. *The Second Part of the Institutes of the Laws of England*, London: Miles Flesher, 1642, pp.5~78.

었죠. 색슨족의 법은 색슨족 인민의 최초이자 역사적으로 본래적인 법률로 제시됐습니다. 여기에 이 초고의 중요성이 있죠. 색슨족 인민은 자기네 우두머리를 뽑고 자기네 고유한 재판관*을 가졌으며, 전쟁을 하는 동안에만 전쟁의 우두머리로서 왕의 권력을 인정했을 뿐 사회체에 대해 절대적이고 아무 통제도 받지 않는 주권을 행사하는 자라고는 인정하지 않았다는 것입니다. 그러니까 법의 고전기를 탐구함으로써, 역사적으로 정확한 형태로 [법의] 역사적 형상을 고정시키려는 것이었습니다. 그러나 동시에 색슨족의 법은 자연상태에서 인간 이성의 표현 자체로서 나타났으며 특징지어졌습니다. 예를 들어 존 셀던26) 같은 법학자는 이 법이 아테네의 시민질서와 거의 비슷한 시민질서 속에 있고, 스파르타의 군대질서와 거의 비슷한 군대질서 속에 있기에, 탁월하면서도 인간 이성에 가까운 법이라고 언급했습니다. 종교적·도덕적 법률의 내용에 관해

---

25) 『정의의 거울』은 필시 14세기 말에 앤드류 혼(1275~1328)이 원래 프랑스어로 썼던 텍스트일 것이다. 1646년에 영어로 번역됨으로써 이 텍스트는 혁명적 급진파뿐만 아니라 의회파를 포함해 '관습법'을 지지하는 모든 당파의 근본적 준거 중 하나가 됐다. [Andrew Horn, *The Booke Called, the Mirrour of Justices*, trad. William Hughes, London: Matthew Walbancke, 1646.]

  * 강의원고에는 "자기네 고유의 재판관"(qui avait ses propres juges) 대신에 "그들 자신이 자신의 재판관이었다"(ils étaient leurs propres juges)라고 적혀 있다.

26) 푸코는 존 셀던의 원고에 의거해 너새니얼 베이컨(1593~1660)이 쓴 책을 참고한 듯하다. Nathaniel Bacon, *An Historical Discourse of the Uniformity of the Govern -ment of England: The First Part*, London: Matthew Walbanke, 1647; *An Historical and Political Discourse of the Laws and Government of England……Collected from Some Manuscript Notes of John Selden*, London: John Starkey, 1689. 색슨족과 관련해 셀던은 이렇게 말했다. "그들의 법률가들은 아테나이인들과 매우 유사했으나, 그들의 군인들은 라케다이몬인들에 좀 더 가까웠다." *An Historical and Political Discourse……*, p.15. 4~43장도 참조. 셀던에 대해서는 다음을 참조하라. John Selden, *Analecton Anglobritannicon libri duo*, Francofurti: Officina Paltheniana, 1615; "Jani Anglorum Facies altera……"[1610], *Opera omnia, tam edita quam inedita*, ed. David Wilkins, vol.II, Londini: S. Palmer, et. al., 1726.

말하자면, 색슨족의 국가는 모세의 율법에 아주 가까웠다고 합니다. 아테나이, 스파르타, 모세에 가깝다니, 색슨족의 국가는 당연히 완벽한 국가였습니다. 1647년의 텍스트에는 이렇게 쓰여 있습니다. "색슨족은 유대인과 약간 닮았으며, 그밖의 다른 모든 민족과는 구별된다. 그들의 법은 법으로서 고귀하고, 그들의 정부는 신의 왕국과 비슷하며, 그 멍에는 느슨하고 짐은 가볍다."[27] 따라서 여러분도 아시다시피, 스튜어트 왕조의 절대주의에 대립한 역사주의는 그 안에서 자연법 이론, 높이 평가된 역사적 모델, 일종의 신의 왕국에 대한 꿈이 동시에 뒤섞여 있는 창설적 유토피아주의로 전환됐던 것입니다. 그리고 의회파가 수립하고 싶어 했던 새로운 공화국의 법적 기반은, 노르만 군주제에 의해 승인됐다고 상정된 이 색슨족의 법의 유토피아가 되어야 했습니다.

여러분은 정복이라는 사실을 세 번째로 발견할 수 있는데, 하지만 이번에는 군주제뿐 아니라 의회주의자들과도 강력하게 대립한 사람들의 급진적인 입장 속에서 발견할 수 있습니다. 즉, 더 프티부르주아적인 담론, 혹은 이렇게 말해도 된다면 수평파나 개척파 등의 더 민중적인 담론 속에서 말입니다. 그러나 이 경우에 역사주의는 오직 극한에서만, 제가 방금 말씀드린 일종의 자연법의 유토피아로 전환됩니다. 사실상 수평파에게서는 절대주의 왕정의 테제가 글자 그대로 재발견됩니다. 수평파는 이렇게 말합니다. "군주제가 침략, 패배, 정복이 있었다고 말한 것은 확실히 옳다. 정복이 있었다는 것은 참이며, 이로부터 출발해야만 한다. 그러나 절대 군주제는 정복의 사실을 자기네 권리의 정당성 있는 근거를 찾기 위해 이용한다. 이와 반대로, 우리는 정복[이 있었다고] 보기 때문

---

[27] "그렇게 해서 색슨족은 유대인들과 다소 비슷해졌으며, 그밖의 다른 모든 민족과는 달라졌다. 그들의 법은 왕에게는 영광스럽고, 신민들에게는 쉬웠으며, 그들의 정부는 그리스도교 왕국과 비슷해 그 멍에는 느슨하고 그 짐은 가벼웠다. 그러나 그들의 활은 너무도 불규칙했기에 신은 기꺼이 그들을 다른 식으로 몰락시켰다." Selden, *An Historical Discourse*……, pp.112~113.

에, 실제로 노르만족 앞에서 색슨족이 패배했기 때문에, 이 패배와 정복은 결코 사법과 절대법의 출발점이 아니라 귀족이나 소유체제 등을 특징짓는 모든 법률과 모든 사회적 차이를 무효로 만드는 사법의 부재상태의 출발점으로 여겨져야 한다고 생각한다." 잉글랜드에서 기능하는 모든 법률은 "속임수, 함정, 악의"[28]로 간주되어야만 한다. 이것은 『잉글랜드 법률의 타락과 결함』에서 존 위가 말한 구절입니다. 법률은 함정입니다. 법률은 권력의 제한 따위가 아니라 권력의 도구입니다. 정의가 군림하도록 만드는 수단이 아니라 이익에 복무하는 수단이죠. 따라서 혁명의 일차적 목적은 노르만족의 정복 이후의 모든 법률을 철폐하는 것이어야만 합니다. 이 법률이 직간접적으로 노르만 요크, 즉 노르만족의 멍에를 보증하는 한 말입니다. 법률은 정복자에 의해 만들어진다고 존 릴번은 말했습니다.[29] 따라서 법적 기구 전체를 철폐해야 합니다.

---

28) "잉글랜드의 법은 속임수와 의심으로 가득 차 있고 그 자체로 모순적이다. 왜냐하면 이 법은 분쟁과 소송을 진행하는 데서 모든 민족 중 가장 호전적이고 오류투성이인 노르만족에 의해 발명되고 수립됐기 때문이다." John Warr, *The Corruption and Deficiency of the Laws of England*, London: Giles Calvert, 1649, p.1. 특히 2~3장 참조; *Administration Civil and Spiritual in Two Treatises*, London: Giles Calvert, 1648, I, §37. 위의 말은 [푸코가 참조했다고 여겨지는] 다음의 책에서도 부분적으로 인용되고 있음을 지적해둔다. Christopher Hill, *Puritanism and Revolution: Studies in Interpretation of the English Revolution of the 17th Century*, London: Secker and Warburg, 1958, p.78.

29) 특히 다음의 책들을 참조하라. John Lilburne, *The Just Man's Justification*, London: [s.n.] 1646, pp.11~13; *A Discourse betwixt Lieutenant Colonel John Lilburn, Close Prisoner in the Tower of London, and Mr. Hugh Peter*, London: [s.n.] 1649; *England's Birth-right Justified against All Arbitrary Usurpation*, London: Larner's Press, 1645; *Regall Tyrannie Discovered*, London: [s.n.] 1647; *England's New Chains Discovered*, London: [s.n.] 1648. 수평파의 팸플릿들은 대부분 다음의 책에 수합됐다. William Haller and Godfrey Davies, eds., *The Levellers Tracts 1647-1653*, New York: Columbia University Press, 1944. [수평파를 다룬 흔치 않은 국내 연구로는 다음의 책들을 참조하라. 이승영, 『17세기 영국의 수평파 운동』, 민연, 2001; 임희완, 『영국 혁명의 수평파 운동』, 민음사, 1998.]

둘째, 귀족과 나머지 인민을 대립시키는 모든 차이 역시 철폐해야 합니다. 이때 귀족이란 귀족만이 아니라 왕도 포함합니다. 왕도 귀족의 일원이니까요. 아무튼 양자의 모든 차이는 철폐되어야 하는데, 귀족과 왕은 인민과의 관계에서 보호의 관계가 아니라 노략질과 도둑질이라는 단순하고 항구적인 관계에 있기 때문입니다. 인민에게 미치는 것은 왕의 보호가 아니라 귀족의 수탈이며, 왕은 그 수탈로부터 이득을 얻으며 그 수탈을 보증합니다. 릴번은 이렇게 말합니다. 기욤과 그 후계자들은 강탈, 약탈, 도둑질하는 무리를 공작, 남작, 제후로 만들었다.[30] 따라서 소유체제는 사실상 여전히 점유, 몰수, 약탈의 전쟁체제인 셈이다. 모든 법체계처럼 모든 소유관계가 기초부터 재검토되고 재정비되어야 한다. 소유관계는 정복의 사실에 의해 전면적으로 무표화됐다.

셋째, 개척파가 말하듯이 정부·법률·소유제도가 결국 전쟁·침략·패배의 계속일 뿐이라는 증거는 인민이 자기네 정부·법률·소유관계를 늘 정복의 결과로 이해했다는 사실에 있습니다. 어떻게 보면 인민은 소유의 약탈로서의 성격, 법률의 수탈로서의 성격, 정부의 지배로서의 성격을 끊임없이 고발했습니다. 그리고 이 점을 아주 간단하게 증명했죠. 왜냐하면 인민은 끊임없이 반란을 일으켰으니까요. 개척파에게 반란은 전쟁의 다른 얼굴일 뿐입니다. 전쟁의 영구적인 얼굴은 법률, 권력, 정부입니다. 법률, 권력, 정부, 이것은 전쟁입니다. 한쪽이 다른 쪽에 맞서 행하는 전쟁인 것이죠. 따라서 반란은 어떤 원인 때문에 법률의 평화로운 체계에 단절이 일어나는 것이 아닙니다. 반란은 정부가 그만두려 하지 않는 전쟁의 이면입니다. 정부는 한쪽이 다른 쪽에 맞서 행하는 전쟁이며, 반란은 다른 쪽이 한쪽에 맞서 행하는 전쟁입니다. 물론 반란은 아직까지

---

30) 정복왕 기욤과 그 후계자들은 "자기네 동료인 강도와 불량배, 도적들을 공작, 백작, 남작, 영주로 만들었다." *Regall Tyrannie Discovered*, p.86. 이 팸플릿이 릴번의 것인지는 확실하지 않다. 필시 [당대의 유명 팸플릿 작가였던] 리처드 오버튼[Richard Overton, 1640~1663]이 그 작성을 도왔을 것이다.

성공하지 못했습니다. 그것은 노르만족이 승리했기 때문일 뿐만 아니라 부자들이 노르만족의 체계로부터 득을 봤고, [나머지 인민을] 배신함으로써 '노르만주의'를 정성껏 도왔기 때문입니다. 부자들의 배신이 있었고, 교회의 배신이 있었습니다. 그리고 의회파가 노르만족의 법에 대한 제한으로 추켜세웠던 요소들도, 심지어 **대헌장**, 의회, 재판소라는 제도까지도, 기본적으로 여전히 늘 노르만족의 체계이며, 그 폭정이 작동합니다. 색슨족의 대의를 배신하고 노르만족에게 붙은, 가장 특혜받고 가장 부유한 일부 주민들의 도움과 더불어서 말입니다. 사실, 양보로 보였던 모든 것은 배신과 전쟁의 간계일 뿐이었습니다. 따라서 의회파와 함께 법률을 연속시켜야 한다고, 절대주의 왕정이 법률보다 중시되는 것을 저지해야 한다고 주장하기는커녕, 수평파와 개척파는 전쟁에는 전쟁으로 응수함으로써 법률로부터 자유로워져야만 한다고 주장했던 것입니다. 노르만족의 권력에 맞서 내전을 끝까지 수행해야 한다는 것이죠.

바로 여기서 출발해 수평파의 담론은 여러 방향으로 나뉘는데 그 대부분은 거의 정교화되지 못한 채 머물렀습니다. 그 하나가 바로 신학적-인종적 방향이었는데, 의회주의자들과 거의 비슷하게 "우리의 것이자 자연법이기 때문에 정의로운 색슨족의 법률로 돌아가자"라고 주장하는 것이었죠. 그리고 약간 불확실하지만 이렇게 주장하는 다른 형태의 담론도 나타났습니다. 노르만족의 체제는 약탈과 수탈의 체제인데, 그것은 전쟁의 당연한 귀결이다. 이 체제 밑에서 우리는 무엇을 발견하는가? 역사적으로는 색슨족의 법률을 볼 수 있을 것이다. 그렇다면 색슨족의 법률에 관해서도 마찬가지의 분석을 할 수 있지 않을까? 색슨족의 법률 역시 전쟁의 당연한 귀결이며, 약탈과 수탈의 형태가 아닐까? 색슨족의 체제도 최종적으로는 노르만족의 체제와 마찬가지로 지배의 체제가 아닐까? 그러므로 훨씬 더 멀리 거슬러 올라가 이렇게 주장해야 하지 않을까? 즉, 지배는 모든 권력형태와 더불어 시작되며, 어느 한 쪽의 다른 한 쪽에 대한 지배에 입각해 분석할 수 없는 역사적 권력형태란 존재하지 않는다고 해야 하지 않을까? 바로 이것이 개척파의 몇몇 텍스트들에서 찾을 수 있는 논거입니다.[31] 물론 이 정식화는 불확실한 채로 머물러 있습니다. 이것은 [일종의] 최종 논거로서 쓰인 것입니다. 그러니까 이 논거는 실제로 역사적 분석과도, 일관된 정치적 실천과도 결코 연결되지 않았습니다. 그렇지만 그것이 무엇이든 모든 법률, 그것이 무엇이든 모든 주권형태, 그것이 무엇이든 모든 권력유형이 자연법과 주권의 구성이라는 용어로 분석되어야만 하는 것이 아니라, 한편의 다른 한편에 대한 지배관계의 무한정한, 그리고 무한정하게 역사적인 운동으로서 분석되어야만 한다는 관념이 여기서 처음으로 정식화됐습니다.

제가 인종전쟁을 둘러싼 잉글랜드의 담론을 이렇게 강조하는 이유는, 여기서 처음으로 하나의 이항 도식이, 어떤 이항 도식이 정치적 양식과 역사적 양식 위에서, 정치행동의 프로그램이자 역사적 앎의 탐구로서 기능하고 있다고 생각하기 때문입니다. 부자와 빈자라는 이 대립의 도식은 그리스의 도시국가에서처럼 중세에서도 분명히 이미 존재했으며, 사회에 대한 지각을 구획지었습니다. 하지만 이항 도식이 불평이나 요구를 분절하고 위험을 확인하는 방식에 그치지 않았던 것은 이번이 처음이었습니다. 사회를 구획짓는 이 이항 도식이 우선은 민족성의 사실, 즉 말[언어], 출신지, 조상의 관습, 공통적 과거의 두께, 태곳적 법의 실존,

---

31) 푸코가 참조했을 수 있는 가장 유명한 '개척파'의 텍스트는 작자 미상의 두 선언문이다. *Light Shining in Buckinghamshire*, [s.n:s.l.,] 1648; *More Light Shining in Buckinghamshire*, [s.n:s.l.,] 1649. 또한 다음을 참조하라. Gerrard Winstanley et. al, *To his Excellency the Lord Fairfax and the Counsell of Warre the Brotherly Request of Those That Are Called Diggers Shewe*th, London: [s.l.,] 1650; Gerrard Win-stanley, *Fire in the Bush*, London: [s.l.,] 1650; *The Law of Freedom in a Platform, or True Magistracy Restored*, London: [s.l.,] 1652. [김윤경 옮김, 『자유의 법 강령』, 한길사, 2011.] 윈스턴리에 대해서는 다음의 책을 참조하라. George Holland Sabine, ed., *The Works of Gerrard Winstanley, with an Appendix of Documents Relating to the Digger Movement*, Ithaca, NY.: Cornell University Press, 1941.

오래된 법률의 재발견 등과 절합될 수 있었던 것은 이번이 처음입니다. 다른 한편으로 이 이항 도식은 그 유구한 역사 속에서 제도 전체를 그 진화와 더불어 판독하는 것을 가능케 했습니다. 또한 이 도식은 현실적 제도들을 교묘하고 위선적으로, 하지만 폭력적으로 인종들 사이에서 전개된 대결과 전쟁에 입각해 분석하는 것을 가능케 했던 것이기도 합니다. 마지막으로, 이항 도식은 불행한 사람들의 상황이 참을 수 없게 됐다는 사실 위에 반란을 정초하지 않습니다. 또한 중세 시대의 반란 담론처럼, 자신들의 말을 들어주지 않으니 불행한 사람들이 반란을 일으킬 수밖에 없다는 사실 위에 반란을 정초하지도 않습니다. 자, 이제 우리는 여기서 반란이 일종의 절대적 권리로 정식화되는 것을 봅니다. 반란을 일으킬 권리를 갖는다는 것은 사람들이 자기네 말을 들어주지 않아서도 아니고, 더 공정한 정의를 수립하려면 기존 질서를 무너뜨려야만 하기 때문도 아니었습니다. 이제 반란은 일종의 역사의 필연성으로 정당화됩니다. 반란은 전쟁의 질서라는 일정한 사회질서에 대답하는 것이며, 전쟁에 종지부를 찍는 마지막 대단원으로 간주됐던 것입니다.

그러므로 반란의 논리적·역사적 필연성은 전쟁이 사회적 관계들의 영구적인 특질이며, 권력제도와 권력체계의 씨실이자 비밀이라고 폭로하는 모든 역사 분석의 내부에 기입됐습니다. 저는 홉스의 가장 거대한 적수가 바로 이것이었다고 생각합니다. 홉스가 무엇에 맞서 『리바이어던』의 모든 전선을 배치했는가 하면, 그것은 국가의 주권을 정초하는 모든 철학적-법학적 담론이라는 적수입니다. 그러니까 홉스는 이 적수에 맞서 주권의 탄생에 관한 분석에 힘을 쏟았던 것입니다. 그리고 홉스가 그토록 강력하게 전쟁을 제거하려고 했다면, 그것은 그가 격통을 동반하는 역사적 범주, 까다로운 사법적 범주인 잉글랜드의 정복이라는 이 끔찍한 문제를 적확하고 성실한 방식으로 제거하고 싶었기 때문입니다. 궁극적으로는 정복의 문제를, 즉 17세기 전반기의 모든 정치 담론과 정치 프로그램이 그것을 둘러싸고 분포됐던 바로 그 문제를 피해야만 했기 때문이죠. 바로 이것을 제거해야만 했습니다. 더 일반적으로는, 또 더 장기적으로 제거해야만 했던 것은 제가 '정치적 역사주의'라고 부른 것, 다시 말해 제가 말씀드린 논의들을 통해 그 윤곽이 드러나고 가장 급진적인 국면 중 몇 가지로 정식화됐던 담론이었습니다. 이 담론은 이렇게 주장했습니다. 권력관계에 관련되자마자 사람들은 사법 속에 있는 것도, 주권 속에 있는 것도 아니다. 사람들은 지배 속에 있으며, 역사적으로 비한정적이고 비한정적으로 두껍고 다수인 지배관계 속에 있다. 사람들은 지배에서 [바깥으로] 나가지 않으며, 따라서 역사로부터 나가지도 않는다. 홉스의 철학적-법학적 담론은 17세기의 정치투쟁에서 실제로 작용했던 담론이자 앎이었던 이 정치적 역사주의를 차단하는 방식이었습니다. 19세기에 변증법적 유물론이 정치적 역사주의의 담론을 차단했던 것과 똑같이 이를 차단했던 것입니다. 정치적 역사주의는 두 가지 장애물과 마주쳤습니다. 17세기에 이것의 자격을 박탈코자 노력했던 것은 철학적-법학적 담론이라는 장애물입니다. 19세기에 그것은 변증법적 유물론입니다. 홉스의 작업은 정치적 역사주의 담론을 침묵시키기 위해 철학적-법학적 담론의 모든 가능성, 가장 극단적인 가능성조차도 [무기로] 동원하는 것이었습니다. 그런데, 제가 그 역사를 연구하고 찬미하고 싶었던 것이 바로 이 정치적 역사주의의 담론입니다.

6강. 1976년 2월 11일

기원에 관한 서사 | 트로이 신화 | 프랑스의 계승 | '갈리아-프랑스' | 침략, 역사, 그리고 공법 | 민족적 이원론 | 군주의 앎 | 앙리 드 불랭빌리에의 『프랑스의 상태』 | 재판소 문서고, 관료조직, 그리고 귀족의 앎 | 역사의 새로운 주제(주체) | 역사와 헌법

프랑스에서 중세 초 이래, 아니 거의 르네상스 시기까지도 회자되던 서사에서 시작해보죠. 프랑스인은 프랑크족의 후손인데, 바로 이 프랑크족은 트로이가 불에 탔을 때 프리아모스의 아들인 프랑쿠스 왕의 인솔 아래 트로이를 떠나, 우선 도나우 강가로 피신했다가 이어서 게르마니아의 라인 강가로 피신했고, 결국 프랑스에서 조국을 발견한, 아니 오히려 창설한 트로이인들이라는 이야기입니다. 이 서사가 중세에 지녔던 의미라든가, 이런 여정과 조국 창건의 전설이 지녔던 역할을 알고 싶은 것은 아닙니다. 저는 그저 이런 점을 탐문해보고 싶을 뿐입니다. 이런 서사가 르네상스와 같은 시기에서도 반복되고 계속 유포될 수 있었다는 아주 놀라운 점에 대해서 말이죠.[1] 이런 서사가 참조하는 왕조들이나 역사

---

[1] 위(僞)-프레데게르(Frédégaire, ? ~660?)의 『프랑크족의 역사』(*Historia Francorum*, 727)에서 피에르 드 롱사르(Pierre de Ronsard, 1524~1585)의 『라 프랑시아드』(*La Franciade*, 1572)까지 프랑크족의 트로이 기원설을 증언하는 자료들은 적어도 50여 편은 있다. 푸코는 이 전설에 의거했거나 오귀스탱 티에리가 자신의 저서(*Récits des temps mérovingiens, précédés de Considérations sur l'histoire de France*, Paris: Librairie Furne, 1840)에서 언급한 것이 분명한 텍스트, 즉 12세기 후반에 작성된 『생-드니의 위대한 연대기』(*Les Grandes Chroniques de Saint-Denis*)에 의거했을 것이다. 이 텍스트는 1836년 폴랭 파리(Paulin Paris, 1800~1881)에 의해 출판됐고, 1920년에는

적 사실들의 환상적 성격 때문에 놀랍다는 것은 전혀 아닙니다. 오히려 이 전설에는 사실상 로마와 갈리아가 완전히 누락됐기 때문에 놀랍다는 것입니다. 우선 로마의 적인 갈리아가, 이탈리아를 침략하고 로마를 포위한 갈리아가 생략됐습니다. 또한 로마 식민지로서의 갈리아도 누락됐고, 카이사르와 로마 제국도 누락됐습니다. 그 결과 그 시대에 누구나 알고 있었던 로마에 관한 문헌이 모두 누락됐습니다.

제 생각에는 이 트로이 서사에서 로마가 누락된 것을 이해할 수 있으려면, 기원에 관한 이 서사를 여전히 오래된 믿음에 얽힌 가설적 역사로 여기지 않아야 합니다. 이와 반대로, 제게 이 서사는 명확한 기능을 지닌 담론, 과거를 서술하고 기원을 말하기보다는 법을 말하고 권력의 법을 말하는 담론처럼 보입니다. 결국 이 서사는 공법의 교훈입니다. 저는 이 서사가 공법의 교훈으로서 유포됐다고 생각합니다. 이 서사가 공법의 교훈이기 때문에, 결국 로마가 부재한 것입니다. 그러나 거기서 로마는 말하자면 둘로 나뉘고, 자리가 바뀌며, 쌍둥이 같은 형태로 제시됩니다. 로마는 거기에 있습니다. 그러나 거울과로서, 이미지로서 있습니다. 로마인들처럼 프랑크족도 사실 트로이에서 도망친 자들이라고 말하는 것, 이를테면 트로이는 줄기이고 로마는 가지이며 프랑스는 또 다른 잔가지라고 말하는 것은 정치적이고 법적으로 중요한 두세 가지의 것을 말하는 것이라고 저는 생각합니다.

로마인들처럼 프랑크족도 트로이에서 도망친 자들이라고 말하는 것은, 결국 한 형제이고 기껏해야 형일 뿐인 로마 국가가 사라진 날부터 다른 형제들, 즉 동생들이 이 국가를 사람들의 법에 따라 아주 자연스럽게 계승했다는 것을 의미합니다. 일종의 자연권과 모두가 인정한 권

쥘 비아르(Jules Viard, 1862~1940)에 의해 재편집됐다. 이 이야기의 대부분은 다음의 책에서 읽을 수 있다. Dom Martin Bouquet, *Recueil des historiens des Gaules et de la France*, t.II/III, Paris: L'Imprimerie royale, 1739/52.

리에 의해 프랑스가 제국을 계승했다는 것이죠. 이것은 두 가지를 의미합니다. 첫째로, 로마 황제가 자신의 신민에게 지녔던 법과 권력을 프랑스 왕이 자신의 신민에 대해 물려받았다는 것을 의미합니다. 즉, 프랑스 왕의 주권은 로마 황제의 주권과 똑같은 유형의 것입니다. 프랑스 왕의 법은 로마의 법이죠. 트로이 전설은 중세에 정식화된 원칙, 특히 프랑스의 왕은 자신의 왕국의 황제라고 말한 장 부티예에 의해 정식화된 원칙을 이미지화된 방식으로 이야기하거나 이미지화하는 방식 중 하나입니다.[2] 이것은 결국 중세 내내 로마 **제국**imperium을 모방하고 유스티니아누스 시절에 법전화된 제국의 법들을 부활시킴으로써 이뤄졌던 왕권의 발전이라는 역사-신화를 동반하기 때문에 중요한 테제입니다.

[둘째로] 그러나 프랑스가 로마 제국을 계승했다고 말하는 것은 로마의 자매이거나 사촌인 프랑스가 로마와 동등한 권리를 지닌다고 말하는 것이기도 합니다. 이것은 프랑스가 로마 제국 이래로 이 제국을 소생시키려고 한 보편적 군주제에 속하지 않는다고 말하는 것입니다. 프랑스는 로마 제국의 다른 모든 후예들이 그렇듯이 제국입니다. 프랑스는 독일 제국과 마찬가지로 제국이며, 신성로마 제국의 황제에 결코 종속되어 있지 않습니다. 어떤 봉신제도 프랑스를 합스부르크가의 군주제에 정당성 있게 결부[편입]시킬 수 없으며, 따라서 프랑스를 당시 합스부르크가가 품고 있던 보편적 군주제라는 야망에 종속시킬 수 없었습니다. 바로 이런 이유 때문에, 이런 조건에서 로마는 누락되어야만 했던 것입니다. 그러나 갈리아와 갈리아족의 후계자들이 어떤 식으로든, 여전히 그리고 항상 제국에 종속되어 있는 것처럼 보이지 않기 위해서는 로마적 갈리아, 카이사르의 갈리아, 식민지화된 갈리아도 누락되어야만

---

2) "그는 자신의 왕국에서 황제이며, 황제의 권리에 속하는 모든 것을 할 수 있음을 알아둬라." Jean Boutillier, *La somme rurale, ou le Grand Coutumier général de pratiques civiles* [XIVe siècle], Bruges: Collard Mansion, 1479. 티에리는 자신의 저서(앞의 각주 1번 참조)에서 이 텍스트의 1611년판을 인용하고 있다.

했습니다. 이와 마찬가지로 로마 제국과의 연속성을 내부에서 끊어냈던 프랑크족의 침략들도 누락되어야만 했습니다. 프랑스의 군주제에 이르기까지 로마 **제국**의 내적 연속성은 침략에 의해 생긴 단절을 배제했습니다. 하지만 프랑스가 제국에, 제국의 계승자들에, 특히 합스부르크가의 보편적 군주제에 종속되어 있지 않다는 것은 프랑스가 고대 로마에 종속되어 있음이 드러나지 않는다는 것을 내포합니다. 그러니까 로마적 갈리아는 사라집니다. 달리 말하면 프랑스는 다른 종류의 로마입니다. 프랑스는 로마로부터 독립해 있기에 다르지만, 그래도 여전히 로마이기 때문입니다. 따라서 프랑스에서 왕의 절대주의는 로마의 그것과 대등한 가치를 지닙니다. 르네상스 후기에서까지, 갈리아 혹은 로마적 갈리아에 관한 로마인의 텍스트가 잘 알려져 있는 시대에서조차 트로이 신화를 부활시키려고 하거나 추구하려고 했던 데서 발견될 수 있는 공법의 교훈의 기능은 대충 이상과 같습니다.

흔히 종교전쟁이 제가 공법의 교훈이라고 생각하는 이 오래된 신화를 뒤엎을 수 있게 해줬다고, 그리고 훨씬 더 나중에 오귀스탱 티에리가 '민족적 이원성'[3]이라고 부를 테마, 즉 반목하는 두 집단이 국가의 영원한 하부구조를 구성한다는 테마를 최초로 도입했다고들 합니다. 그러나 저는 이 말이 완전히 정확한 것은 아니라고 생각합니다. 민족적 이원성을 사유할 수 있게 해준 것이 종교전쟁이라고 말해질 때 참조되는 것은 1573년에 간행된 프랑수아 오트망의 『프랑코갈리아』[4]라는 텍스트인데, 저자가 염두에 둔 것이 일종의 이원성이라는 점을 이 제목 자체가 잘 가리키는 듯합니다. 실제로 이 텍스트에서 오트망이 되풀이한 것은 당시 합스부르크 제국에서 유포된 게르만설인데, 사실 이것은 프랑스에

---

3) Augustin Thierry, *Récits des temps mérovingiens, précédés de Considérations sur l'his -toire de France*, Paris: Michel Lévy frères, 1868, p.41.

4) François Hotman, *Francogallia*, Genevæ: Jacobi Stoerij, 1573; *La Gaule françoise*, trad. Simon Goulart, Cologne: Hierome Bertulphe, 1574; rééd., Paris: Fayard, 1981.

서 유포된 트로이설의 등가물, 맞짝, 맞수였습니다. 이 게르만설은 여러 번, 특히 베아투스 레나누스라 불리는 사람에 의해 정식화됐는데, 그는 이렇게 말했습니다. "우리 독일인은 로마인이 아니라 게르만족이다. 하지만 제국이라는 형태를 계승했기 때문에 우리는 로마의 자연적·법적 후계자이다. 그런데 갈리아를 침략한 프랑크족도 우리처럼 게르만족이다. 갈리아를 침략했을 때, 확실히 그들은 모국 게르마니아를 떠났다. 하지만 한편으로 그들이 게르만족인 한, 그들은 여전히 게르만족으로 남아 있었다. 그래서 그들은 우리의 **제국** 내부에 머물러 있다. 다른 한편으로 그들은 갈리아를 침략해 점령했고 갈리아족을 무찔렀기 때문에, 그들 자신이 게르만족으로서 훌륭하게 맡았던 지배권, 제국적 권력을 이 정복되고 식민지화된 땅에 행사하는 것은 아주 자연스럽다. 따라서 갈리아, 갈리아족의 땅, 지금의 프랑스는 이중의 자격에서, 즉 정복의 권리와 승리의 권리에 의해서뿐만 아니라 프랑크족이 게르만족에 기원을 두고 있다는 것에 의해서 합스부르크의 보편적 군주제에 종속된다."[5]

흥미롭게도, 어느 정도는 당연합니다만, 1573년 오트망은 바로 이 게르만설을 가져와 프랑스에 재도입하게 됩니다. 이때부터, 그리고 적어도 18세기 초까지 이 설은 상당한 성공을 거두게 되죠. 오트망은 이 독일의 테제를 취하며 이렇게 말합니다. "사실, 어느 순간에 갈리아를 침략하고 새로운 군주제를 구성했던 프랑크족은 트로이인이 아니라 게르만족이다. 그들은 로마인들과 싸워서 이겼고 이들을 몰아냈다." 레나누

---

5) Beati Rhenani[Beatus Rhenanus], *Rerum Germanicarum libri tres*, Basileæ: Hieronymum Frobenium, 1531. 그러나 왕립역사학회의 회원들이 작성한 해설과 각주에서 합스부르크가 출신의 '유럽 왕들'(Europe Corona)에 대한 계보와 칭송을 발견하려면 1693년의 월름판을 참조해야만 한다. *Beati Rhenani Selestadiensis libri tres Institutionum Rerum Germanicarum nov-antiquarum, historico-geographicarum, juxta primarium collegi historici imperialis scopum illustratarum*, Ulmae: Georg Wilhelm Kühn, 1693, pp.569~600. 1610년 [스트라스부르의 라자뤼스 제츠너(Lazarus Zetzner, 1551~1616)가 인쇄한] 판본에 수록된 해설과 부록도 참조하라.

스의 게르만설이 거의 글자 그대로 복제됐습니다. 제가 '거의'라고 말한 것은, 여기에 근본적인 차이가 있기 때문입니다. 즉, 오트망은 프랑크족이 갈리아족을 싸워서 이겼다고 말하지 않습니다. 오랫동안 전쟁을 한 끝에 프랑크족이 로마인을 싸워서 이겼다고 말하고 있죠.[6]

오트망의 설은 틀림없이 중요합니다. 왜냐하면 이 설은 그 과정에서 국가들이 사라지고 생겨나는 침략이라는 테마를, 즉 법학자들의 십자가이자 왕들의 밤인 침략이라는 이 근본적 테마를 도입하고 있기 때문입니다. 이런 테마가 잉글랜드에서 나타났던 것과 거의 같은 시기에 말이죠. 실제로 이 설을 둘러싸고 온갖 법적-정치적 논쟁이 시작됩니다. 그 뒤로, 이런 근본적인 불연속성으로부터는, 왕들과 그 권력에 대한 계보의 중단 없는 성격을 보장하도록 기능한 공법의 교훈을 더 이상 이야기할 수 없게 됩니다. 이제는 오트망의 후계자 에티엔 파스키에가 "또 다른 계속"[7]이라고 부른 문제, 요컨대 어떤 국가가 다른 국가로 계승될 때무슨 일이 일어나는가가 공법의 커다란 문제가 됩니다. 국가란 결코 중단되지 않는 일종의 연속성[의 효과 — Fr.]에 의해 계승되는 것이 아니라 탄생하고 융성 국면을 맞이하며 그러고 나서 쇠퇴하다가 마침내 완전히 사라져버리는 것이라면, 그때 무슨 일이 일어나는가? 그리고 공법과 왕들의 권력은 어떻게 되는가? 오트망은 실제로 이런 문제를, 국가내부의 [서로에게] 이방인인 두 민족이라는 문제*를 제기했습니다. 하지만 저는 오트망이 국가들의 순환적 성격과 단명^{短命} 같은 것과는 상이한,

---

6) François Hotman, "De ortu Francorum, qui Gallia occupata, eius nomen in Fran-ciam vel Francogalliam mutarunt"(cap.IV), *Francogallia*, éd. 1576, pp.40~52.

7) Étienne Pasquier, *Recherches de la France*, 3 vol., Paris: Jean Longis et Robert Le Magnier, 1560~67, 파스키에는 오트망의 제자였다.

* 강의원고에는 "[서로에게] 이방인인 두 민족이라는 문제"(le problème des deux na-tions étrangères) 대신에 "프랑스 안에 [서로에게] 이방인인 두 민족이 있다는 문제" (le problème qu'il y a eu en France deux nations étrangères)라고 적혀 있다.

아주 상이한 문제를 제기했다고는 생각하지 않습니다. 게다가 일반적으로 말해서, 종교전쟁 당시의 그 어떤 저술가들도 이원성, 즉 인종·기원·민족의 이원성이 군주제를 관통하고 있다는 관념을 인정하지 않았습니다. 그것은 불가능했습니다. 왜냐하면 한편으로, 민족 내부의 이원성을 인정한다면 "하나의 신앙, 하나의 법률, 하나의 왕"이라는 원칙을 분명히 내건 단일 종교의 신봉자들은 종교의 통일성을 요구할 수 없었기 때문입니다. 다른 한편으로, 이와 달리 종교 선택의 가능성이나 양심의 자유를 주장했던 사람들의 경우에도 다음과 같이 말하는 조건에서만 자신들의 테제를 인정하게 만들 수 있었기 때문입니다. "양심의 자유도, 종교 선택의 가능성도, 하나의 민족체 안에 두 종교가 실존한다는 사실 자체도 어떤 경우에서든 국가의 통일성을 훼손할 수는 없다. 국가의 통일성은 양심의 자유에 의해 손상될 수 없다." 따라서 종교적 통일성의 테제를 취하든, 아니면 이와 반대로 양심의 자유의 가능성을 지지하든 국가의 통일성이라는 테제는 종교전쟁 내내 강화됐습니다.

오트망이 자기 이야기를 들려줄 때 말하고 싶었던 것은 완전히 다른 것이었습니다. 오트망은 프랑스 군주제가 재건하려 한 로마적 절대주의와 대립된 통치의 법적 모델을 제안했던 것입니다. 침략의 기원이 게르만족에게 있다고 하는 역사는 이렇게 말하는 것과 같습니다. "아니, 프랑스 왕에게는 자신의 신민에게 로마 식의 지배[권]를 행사할 권리가 없다." 그러니까 오트망의 문제는 인민 속에 두 개의 이질적인 요소가 분리되어 있다는 것이 아닙니다. 문제는 군주권력의 내적인 경계획정입니다.[8] 이 때문에 오트망은 우화를 이야기하는 식으로 다음과 같이 말한 것입니다. "사실, 갈리아족과 게르만족은 기원에 있어서는 형제 민족이다. 그들은 이웃한 두 지역에, 즉 라인 강의 이쪽과 저쪽에 정착했다. 따

---

8) "프랑스인들에게는 참주나 불한당이 아니라 [……] 늘 왕이 있었다. 하지만 자신들의 자유의 수호자, 감독관, 보호자는 스스로 구성했다." Hotman, *Francogallia*, p.54.

라서 게르만족이 갈리아에 왔을 때, 그것은 이방인의 침략이라는 성격을 전혀 띠지 않았다. 실제로 게르만족은 거의 자신들의 땅에, 아무튼 형제의 땅에 온 것이다.9) 그렇다면 갈리아족에게 이방인이란 무엇인가? 침략과 전쟁(카이사르가 말한 전쟁10))을 통해 절대주의라는 정치체제를 강요했던 로마인이 이방인이다. 이방인인 그들은 갈리아에 아주 낯선 어떤 것을 수립했다. 그것이 로마적 지배이다. 갈리아족은 수세기 동안 저항했지만 성공하지 못했다. 마침내 4세기와 5세기 무렵, 형제인 갈리아족을 위해 이들의 게르만족 형제가 해방 운동이었던 전쟁에 착수하기 시작했다. 따라서 게르만족은 침략자로서가 아니라 형제 민족으로서, 침략자로부터, 로마인 침략자로부터 형제 민족이 해방되는 것을 돕는 형제 민족으로서 온 것이다."11) 이리하여 마침내 로마인을 내몰았고, 갈리아족은 해방됐다는 것입니다. 게르만족 형제들과 더불어 갈리아족은 이제 하나의 동일한 민족일 수밖에 없으며, 그 구성[헌법]과 기본법은 당시의 법학자들이 말하기 시작했듯이 게르만 사회의 기본법입니다. 마르스 광장이나 5월 집회에 정기적으로 집결한 인민의 주권,† 자신들이 원한 왕을 선출하고 필요하면 왕을 퇴위시키는 인민의 주권, 일시적인 공무원이자 늘 평의회의 처분에 따르는 행정관들에 의해서만 규제되는 인민의 주권이 바로 그것입니다. 왕들은 그 뒤로 이 게르만적 구성[헌법]을 위반함으로써 16세기 프랑스의 군주제가 잘 보여주는 절대주의를 건설하기에 이르렀던 것입니다.12) 사실 오트망이 들려주는 역사에서는 이원성

---

9) Hotman, *Francogallia*, p.62.

10) 율리우스 카이사르의 『갈리아 원정기』(*Commentarii de bello gallico*, B.C. 58~49), 특히 6~8권을 참조하라. [천병희 옮김, 『갈리아 원정기』, 도서출판 숲, 2012.]

11) Hotman, *Francogallia*, pp.55~62.

 † '마르스 광장'과 '5월 집회'에 대해서는 본서의 9강(1976년 3월 3일)을 참조하라.

12) Hotman, *Francogallia*, p.65 sq. 여기서 오트망은 특히 여러 왕조를 통해 내려온 "공적 자문회의가 지닌 권력의 연속성"을 묘사하고 있다.

을 수립하는 것이 전혀 문제가 아닙니다. 오히려 문제는 이와 반대로, 오트망이 말하듯이, 이른바 게르만-프랑스, 프랑코-갈리아, 프랑코-갈리엔 같은 아주 강력한 통일성을 맺는 것입니다. 깊은 통일성을 수립하고, 이와 동시에 이른바 역사라는 형태로 현재의 양분[둘로 쪼개짐]을 이야기하는 것이 문제인 것입니다. 오트망이 말하는 로마인 침략자가 과거 속에서 전치된 것, 즉 교황·성직자들의 로마의 등가물임은 분명합니다. 형제이자 해방자인 게르만족은 분명히 라인 강 저편에서 온 개혁된 종교입니다. 인민주권과 왕국의 통일성은 당시 수많은 프로테스탄트 집단의 지지를 받았던 입헌군주제라는 정치적 기획입니다.

오트망의 이 담론은 중요합니다. 왜냐하면 왕의 절대주의를 제한하려는 기획을, 한때 왕과 인민의 상호적인 권리를 정했다가 그 뒤로는 망각·위반됐던 어떤 명확한 역사적 모델의 재발견과 어쩌면 과거 속에서 결정적이게 될 방식으로 묶고 있기 때문입니다. 군주제적 권리의 경계 획정, 과거 모델의 재구성, 어떻게 보면 망각된 기본적 구성[헌법]을 백일하에 드러내는 것인 혁명이, 16세기 이래로 서로 연결된 것입니다. 제 생각에, 오트망의 담론에서 묶인 것은 바로 이런 것들이지 이원론 따위가 아닙니다. 이 게르만설은 처음에는 프로테스탄트에서 유래했습니다. 그런데 가톨릭 교도들이 왕권의 제한을 추구하는 데 이해관계를 갖게 되고 갑자기 왕의 절대주의에 등을 돌리게 된 순간부터, 앙리 3세 치하와 특히 앙리 4세가 권력을 장악한 순간부터 이 주장은 프로테스탄트 교도뿐만 아니라 가톨릭 교도 사이에도 순식간에 유포됐습니다. 결국 게르만 기원설이라는 프로테스탄트의 테제는 장 뒤 틸레, 장 드 세르 같은 가톨릭 역사가들에게도 발견됐죠.[13) 17세기의 1/3분기 말부터 이 테제는

---

13) Jean du Tillet, *Les Mémoires et Recherches*, Rouen: Philippe de Tours, 1578; *Recu -eil des Roys de France*, Paris: Jacques du Puys, 1580; *Remonstrance ou Advertisse -ment à la noblesse tant du parti du Roy que des rebelles*, Paris: Antoine Rémy, 1585; Jean de Serres, *Mémoires de la troisième guerre civile et des derniers troubl-*

그 게르만적 기원, 게르만적 요소를 꼭 제거하는 것까지는 아닐지라도 우회하려는 기획의 [공격] 대상이 됩니다. 군주권력이 [이 테제에서] 이중으로 용인할 수 없던 것, 즉 권력의 행사와 공법의 원리들에 있어서도 용인할 수 없고, 마찬가지로 아르망 리슐리외와 루이 14세의 유럽 정책과 관련해서도 용인할 수 없던 것까지 더불어서 말이죠.

게르만족이 프랑스를 창건했다는 관념을 우회하기 위해 몇 가지 수단이, 특히 두 가지 수단이 사용됐습니다. 하나는 트로이 신화로의 회귀 같은 것인데, 실제로 이것은 17세기 중반에 재활성화됩니다. 하지만 무엇보다도, 완전히 새롭고 근본적이 될 테마 하나가 정초되고 확립됩니다. 극단적인 '갈리아 중심주의'라 부를 만한 테마가 그것입니다. 오트망이 프랑스적 군주제의 전사前史에서 중요한 파트너로 등장시킨 갈리아족은 이른바 부동의 물질, 기체基體였습니다. 패배하고 점령당한 사람들, 외부에 의해 해방되어야만 했던 사람들인 것이죠. 하지만 17세기부터 이 갈리아족은 역사의 제1원리, 이른바 역사의 원동력이 됩니다. 일종의 양극성과 가치의 역전에 의해 갈리아족은 제1의 근본 요소가 되며, 이와 반대로 게르만족은 갈리아족의 일종의 연장으로 제시됩니다. 게르만족은 갈리아족의 역사에서 단순한 에피소드일 뿐이게 됩니다. 이것은 피에르 오디지에[14]나 장-에티엔 타로[15] 같은 사람들에게서 발견되는 테제입니다. 예를 들어 오디지에는 이렇게 말합니다. 갈리아족은 모든 유럽 인민의 아버지였다. 앙가비트라 불리는 갈리아족의 왕이 있는데, 그의 민족은 너무도 부유하고 풍요롭고 부강하며 인구가 넘쳐났기에 그 일부

es de la France, Paris: [s.n.,] 1570; Inventaire général de l'histoire de France, Paris: Abraham Saugrain et Guillaume des Rues, 1597.

14) Pierre Audigier, L'origine des François et de leur empire, Paris: Claude Barbin, 1676.

15) Jean-Étienne Tarault, Annales de France, avec les alliances, généalogies, conquestes, fondations ecclésiastiques et civiles en l'un et l'autre empire et dans les royaumes étrangers, depuis Pharamond jusqu'au roi Louis treisième, Paris: Louis Billaine, 1635.

를 청산해야만 했을 정도이다. 이렇게 해서 이 왕은 조카 중 한 명을 이탈리아로, 시고베주라는 또 다른 조카를 게르마니아로 보냈다. 이런 식의 확장과 식민지화에 입각하면 갈리아족과 프랑스 민족은 어떤 면에서는 모든 유럽 인민들의, 게다가 유럽 너머의 다른 모든 인민들의 모체였다. 오디지에가 말하기를, 이렇게 해서 프랑스 민족은 "이 세상에서 가장 흉폭하고 용맹스럽고 영광스러운 모든 것, 다시 말해 반달족, 고트족, 부르고뉴인, 잉글랜드인, 에륄르족, 실링주족, 훈족, 제피드족, 알랭족, 콰디족, 유론족, 뤼피앙족, 튀링겐족, 롬바르디아인, 투르크족, 타타르족, 페르시안인, 노르만족과 똑같은 기원"[16]을 갖게 됩니다.

그러니까 4세기와 5세기에* 갈리아를 침략하게 된 프랑크족은 원原-갈리아족의 후예인 셈입니다. 프랑크족은 자기네 고장으로 돌아가길 갈망했을 뿐입니다. 프랑크족은 결코 예속된 갈리아를 해방시켰던 것도, 패배한 형제를 해방시켰던 것도 아닙니다. 그저 깊은 향수, 한껏 꽃피웠던 갈리아-로마 문명의 혜택을 누리고 싶은 욕망이 문제였던 것이죠. 사촌들이, 탕아들이 돌아왔습니다. 하지만 돌아왔더라도, 그들은 갈리아에 뿌리내린 로마법을 뒤엎지 못했고, 오히려 반대로 재흡수했습니다. 그들은 로마적 갈리아를 재흡수했습니다. 혹은 그들이 이 갈리아에 재흡수됐습니다. 클로도비크의 개종은 게르만족·프랑크족이 됐던 고대의 갈리아족이 로마 제국의 가치들과 정치적·종교적 체계을 다시 채택했다는 사실을 보여줍니다. 그리고 돌아오던 순간에, 만일 프랑크족이 맞서 싸워야 했던 것이 있었다면, 그것은 갈리아족도 아니고 그들이 그 가치들을 흡수했던 로마인도 아니었습니다. 맞서 싸워야 했던 것은 부르군디족, 아리우스파로서 이단이었던 고트족, 혹은 신앙이 없던 사라센족이었습

16) Audigier, *L'origine des François et de leur empire*, p.3.
  * 강의원고에는 "4세기와 5세기"(IVᵉ et Vᵉ siècles) 대신에 (정복의 시대에 상응하는) "5세기와 6세기"(Vᵉ et VIᵉ siècles)라고 적혀 있다.

니다. 프랑크족은 바로 이런 자들에 맞서 전쟁을 했던 것입니다. 그리고 고트족, 부르군디족, 사라센족과 맞서 싸웠던 전사들에게 보답하기 위해 왕은 봉토를 하사했습니다. 당시는 아직 봉건제라고 불리지 않았던 것의 기원은 이렇게 해서 전쟁 속에서 정해졌습니다.

　이 우화 덕분에 갈리아 주민의 토착성을 확언할 수 있으며, 또한 갈리아에 자연적인 국경선이 존재한다고 단언할 수 있게 됐습니다. 즉, 카이사르가 서술한 국경선,17) 그리고 리슐리외와 루이 14세가 행한 대외정책의 정치적 목적이기도 했던 국경선 말입니다. 마찬가지로 이 서사에서 문제가 된 것은 모든 인종적 차이를 지우는 것뿐만 아니라 특히 게르만의 법과 로마의 법 사이의 이질성을 완전히 지워버리는 것이었습니다. 게르만족이 로마인의 법적-정치적 체계를 취하기 위해 자신들 고유의 법을 포기했음을 보여줘야만 했던 것입니다. 그래서 결국 귀족의 봉토와 특권은 이 귀족 자체의 기본적인 태곳적 권리에서 파생된 것이 아니라, 오로지 왕의 의지에서 파생된 것이어야만 했습니다. 왕의 권력과 절대주의는 봉건제가 조직화되기 전부터 존재하기 때문입니다. 마지막으로, 보편적 군주제에 대한 포부는 프랑스 쪽으로 돌려져야만 했습니다. 푸블리우스 코르넬리우스 타키투스가 갈리아를, 특히 게르마니아를 바기나 나치오눔, 즉 민족들을 담는 그릇18)이라고 불렀던 이상, 그리고

---

17) 카이사르의 『갈리아 원정기』 1권을 참조하라. [『갈리아 원정기』, 22~23쪽.]
18) 1434년의 바젤 공의회에서 '인류의 창조'에 관한 문제에 대해, 6세기 사람인 요르다니스(? ~552)의 연대기에 근거해 인류의 최초의 요람으로 스칸디나비아를 지목한 것은 닐스 라그발드손(Nils Ragvaldsson, 1380?~1448) 주교였다. "따라서 이처럼 스칸디나비아 섬은 [모든] 민족들의 발상지, 혹은 적어도 민족들을 담는 그릇(vagina nationum)이었던 듯하다. …… 고트족은 일찍이 여기서 나온 것으로 기억된다." Jordanis, "De origine actibusque Getarum"[551], *Monumenta Germaniae Historica, Auctorum antiquissimorum*, tomi V. Pars prior, Berolini: Weidmannos, 1882, p.60. 타키투스의 『게르마니아의 기원과 상황에 관하여』(*De origine et situ Germaniae*, 98)가 1472년에 발간된 뒤 이 문제에 대한 광범위한 논쟁이 개시됐다.

갈리아가 실제로 모든 민족의 모체인 이상, 이 갈리아 땅을 물려받은 군주가 아니라면 보편적 군주제는 누구에게 귀착되겠습니까?

물론 이 도식을 둘러싸고 많은 변주가 있었는데, 이에 관해서는 넘어가죠. 제가 이 이야기를 조금 길게 한 것은 이것을 동시대에 잉글랜드에서 일어난 일과 관련지어보고 싶었기 때문입니다. 잉글랜드에서 잉글랜드 군주제의 기원·창설에 관해 말해진 것과 17세기 중엽 프랑스 군주제의 창설에 관해 말해진 것 사이에는 공통점과 근본적 차이점이 적어도 하나씩 있습니다. 제 생각에는 이것이 중요한데, 공통점은 침략이 그 형태, 모티프, 결과와 더불어 역사적 문제가 됐다는 점입니다. 그 침략이 중요한 법적-정치적 관건에 결부되는 한 말이죠. 즉, 군주권력의 본성, 권리, 한계가 무엇인가를 정하는 것은 침략이라는 것입니다. 국정자문회의, 집회, 종심재판소가 무엇인가를 정하는 것은 실제로 침략의 역사입니다. 귀족이란 무엇인가, 귀족이 왕·국정자문회의·인민과 마주해 지니는 권리가 무엇인가를 정하는 것도 침략입니다. 간단히 말해서 공법의 원리 자체를 정식화하는 것이 침략에 요구됐던 것입니다.

휴고 그로티우스, 사무엘 폰 푸펜도르프, 토머스 홉스가 정당한 국가를 구성하는 규칙들을 자연법에서 찾고 있던 바로 그 시기에, 이와 대립하고 대척점에 서서 실제로 행사된 법들의 기원과 유효성에 관한 막대한 역사적 조사가 시작됐습니다. 어떤 역사적 사실의 측면, 혹은 프랑스의 역사 전체에서 법적으로나 정치적으로나 가장 민감한 영역이 될 역사의 한 단면에 관해서 말이죠. 그 시기는 대체로 메로빙거 왕조부터 카롤루스 대제에 이르는 5~9세기의 시기, 가장 등한시되어온 시기라고 계속 말해지는 시기였습니다. 17세기 이래로 그런 말이 되풀이됐죠. 등한시됐다? 어쩌면요. 하지만 틀림없이 가장 많이 섭렵됐던 시기입니다. 아

[천병희 옮김, 『게르마니아』, 도서출판 숲, 2012. '1472년'은 이 책이 독일에서 출판된 해를 지칭하는 듯하다. 초판은 이탈리아에서 '1470년'에 출판됐다.]

무튼, 그때까지 왕의 지배 권력의 연속성을 수립하는 데 몰두하고 트로이인과 프랑크족의 역사만을 이야기했던 프랑스의 역사에, 제 생각에는 처음으로, 이제 새로운 인물들, 새로운 텍스트들, 새로운 문제들이 진입했습니다. 인물로는 메로비크, 클로도비크, 카를 마르텔, 피핀, 카롤루스 대제 등이었으며,† 텍스트로는 그레고리우스 드 투르19)의 텍스트나 카롤루스 대제의 기록집이 있습니다. 관습으로는 마르스 광장, 5월 집회, 왕을 큰 방패 위에 태우는 의례 등이 나타나고, 사건으로는 클로도비크의 세례, 푸아티에 전투, 카롤루스 대제의 대관식이, 상징적 일화로는 클로도비크 왕이 전사戰士들의 권리를 앞에 두고 자신의 포부를 단념하지만 뒤이어 그 복수를 한다는 수아송의 항아리‡가 나타납니다.

이렇게 나타난 새로운 역사적 풍경, 새로운 참조체는 공법에 관한 정치적 의식과 이 새로운 소재 사이에 아주 강한 상관관계가 존재하는 한에서만 이해됩니다. 실제로 역사와 공법은 어깨를 나란히 합니다. 공법에 의해 제기된 문제들과 역사적 장의 경계획정에 의해 제기된 문제들은 근본적인 상관관계를 갖습니다. 더욱이 '역사와 공법'은 18세기 말까지 신성화된 표현이었습니다. 만일 여러분이 18세기 말 이후와 20세기에 역사·역사교육이 실제로 어떻게 가르쳐졌는지 본다면, 거기서 이야기되는 것이 공법이었음을 알게 될 것입니다. 요즘 교과서는 어떻게 되

---

† 메로비크(Merowig[Mérovée], 412~457)는 클로도비크 1세의 할아버지로서 메로빙거 가문의 시조이다. 카를 마르텔(Karl Martell[Charles Martel], 680~741)은 클로도비크 1세 사후 분할된 프랑크 왕국의 소왕국 중 하나인 아우스트라시아의 궁재(재상)로서, 그의 아들 피핀[피핀 3세](Pippin[Pépin], 715~768)이 메로빙거 왕조를 뒤이어 카롤링거 왕조를 세움으로써 그 왕조의 시조가 됐다. '카롤루스 대제(Karl der Große[Charlemagne], 742?~814)는 피핀 3세의 뒤를 이어 로마 제국 이후 최초로 서유럽 대부분을 정복해 '유럽의 아버지'라고도 불린다.

19) Georgius[Grégoire] de Tours, *Historia Francorum*(575~592), Paris: Jodoco Badio et Joanne Parvo, 1512.

‡ '수아송의 항아리'에 대해서는 본서의 7강(1976년 2월 18일)을 참조하라.

어 있는지 모르겠지만, 얼마 전까지만 해도 프랑스의 역사는 갈리아족의 역사에서부터 시작됐습니다. 알제리인들과 아프리카인들에게도 이렇게 가르쳤으니 참 웃긴 짓인데, "우리의 선조인 갈리아족"이라는 문구의 의미는 매우 명확했습니다. "우리의 선조인 갈리아족"이라고 말하는 것은 결국 헌법학 이론에서, 또 공법에 의해 제기된 문제들에서 의미를 지니는 하나의 명제를 정식화한다는 것입니다. 푸아티에 전투를 상세히 논할 때에도 그 의미는 매우 명확합니다. 이 전투가 실제로는 프랑크족과 갈리아족 사이의 전쟁이 아니라, 바로 이 점이 봉건제의 기원을 프랑크족과 갈리아족 사이의 내적 갈등과는 다른 것에서 정할 수 있게 해주는데, 프랑크족과 갈리아족이 다른 종교를 지닌 다른 인종의 침략자와 싸운 전쟁인 한에서 말입니다. 그리고 모든 역사 교과서에 기재되어 있고, 지금까지 가르쳐지리라 생각합니다만, 수아송의 항아리 이야기는 18세기 내내 가장 진지하게 연구된 이야기 중 하나였음에 틀림없습니다. 수아송의 항아리 이야기는 헌법학의 문제에 관한 이야기입니다. 태초에 부를 분배할 때 전사들의 권리, 그리고 전사들이 귀족 출신이었을 경우에는 귀족들의 권리에 대해 왕의 권리란 실제로 무엇이었을까요? 우리는 역사를 배운다고 믿었습니만 19세기, 그리고 20세기까지도 역사 교과서는 공법 교과서였습니다. 우리는 공법과 헌법학을 일종의 이미지화된 역사 아래에서 배웠던 것입니다.

따라서 첫 번째 요점은 이렇습니다. 프랑스에 새로운 역사적 장이 등장하는데, 이것은 군주제의 문제를 둘러싸고 침략이라는 테마가 재활성화된 시기에 잉글랜드에서 나타났던 것과 그 소재에서 아주 유사했습니다. 하지만 잉글랜드와는 근본적인 차이가 있었죠. 잉글랜드에서는 정복과 노르만족/색슨족이라는 인종적 이원성이 역사의 본질적인 분절 지점이었다면, 그 반면에 프랑스에서는 17세기 말까지 민족체 속에 어떤 이질성도 없었습니다. 그리고 갈리아족과 트로이인, 이어서 갈리아족과 게르만족, 이어서 갈리아족과 로마인 등 사이의 가공된 혈연관계는 권력

승계에 연속성을 확보해줬고, 민족체 속에 아무런 문제없이 동질성을 확보해줬습니다. 그런데 17세기 말에 바로 이 동질성이 허물어진 것입니다. 이것을 깨뜨린 것은 제가 방금 말씀드린 보충적이거나 상이한 이론적 구조물 혹은 이론적-신화적 구조물이 아니라 그 기능·대상·결과에 있어서 완전히 새로운 유형의 담론이었다고 저는 생각합니다.

민족적 이원론의 테마를 그 자체의 반영이나 표현으로서 도입한 것은 내전이나 사회적 전쟁도, 르네상스의 종교적 투쟁도, 프롱드의 난[†]도 아니었습니다. 이 테마를 도입한 것은 하나의 갈등, 하나의 부차적인 듯이 보이는 문제, 흔히 승산 없는 싸움이라 형언됐지만 제 생각에는 앞으로 보시게 될 이유에서 그렇지 않은 어떤 무엇으로서, 이것은 아직 역사에도 공법에도 기입되지 않은 두 가지 주요 사항을 생각할 수 있게 해줬습니다. 그 하나는 반목하는 집단들 간의 전쟁이 실제로 국가의 하부구조를 구성하는가의 여부를 아는 문제입니다. 다른 하나는 정치권력이 이 전쟁에서 어느 정도까지 산물이나 중재인으로서 간주될 수 있는가, 이와 동시에 더 흔하게는 도구, 수혜자, 당파적이고 교란하는 요소로서 간주될 수 있는가의 여부를 아는 문제입니다. 이것은 정확하고 한정된 문제입니다만, 그래도 제 생각으로는 본질적인 문제인데, 너무도 당연하게 받아들여지고 있었기에 굳이 정식화될 필요조차 없었던 사회체의 동질성이라는 암묵적 테제가 이로부터 깨지게 됐습니다. 하지만 어떻게? 음, 그것은 제가 정치교육이라고 부르고 싶은 문제로부터 생겨났습니다. 즉, 군주는 무엇을 알아야 하는가, 어디로부터 그리고 누구에게서 그 앎을 얻어야 하는가, 누가 군주의 앎을 구성할 자격이 있는가? 정확히 말

---

† Les conflits de la Fronde. 프랑스-스페인 전쟁(1635~59년) 와중에 프랑스에서 발발한 내전. '프롱드'는 일종의 '투석기'를 뜻하는데, 당시 무리하게 전쟁을 이끌고 있던 부르봉 왕조에 반대하던 시위자들이 이 투석기를 던지던 데서 유래됐다. 이 난은 고등법원과 귀족들의 주도로 각각 1648~49년과 1649~53년에 일어났다. 흔히 프랑스 귀족들이 국왕에 반대해 일으킨 최후의 반항으로 알려져 있다.

하면, 이것은 부르고뉴 공의 저 유명한 교육과 관련된 문제였죠. 아시다 피시 이것은 아주 많은 이유로 문제들을 일으켰습니다. 제가 말씀드리려는 일이 일어났을 때 부르고뉴 공은 이미 성인이었으니, 제가 단순히 그의 기초 학습만을 생각하고 있는 것이 아닙니다. 문제는 루이 14세가 사망하면 몇 년 안에 이 국가, 이 정부, 이 고장[주민]을 관리하도록 부름받을 자에게 필수적인 국가, 정부, 고장에 관한 지식의 총체였습니다. 따라서 문제는 『텔레마코스』[20]가 아니라 루이 14세가 자신의 후계자가 될 손자인 부르고뉴 공을 위해 행정부와 행정감독관에게 작성하라고 명령했던 프랑스의 상태에 관한 막대한 보고서입니다. 왕의 앎, 그것을 가지고 왕이 다스릴 수 있는 앎을 구성하는 것으로서의 프랑스 총람, 즉 프랑스의 상황, 경제, 제도, 관습에 관한 일반적 연구 말입니다.

그러니까 루이 14세는 이런 보고서를 행정감독관들에게 요구합니다. 몇 달 뒤, 그들은 한 곳에 모입니다. 부르고뉴 공의 측근들, 즉 반대파 귀족의 핵심으로, 루이 14세의 체제가 자신들의 경제적 힘과 정치적 권력을 손상시켰다고 비난하는 귀족으로 이뤄진 측근들은 이 보고서를 받자 [앙리 드] 불랭빌리에라는 사람에게 이것을 부르고뉴 공에게 제출하라고, 분량이 방대하기 때문에 줄이라고, 그리고 설명하고 해석하라고 맡겼습니다. 말하자면 재코드화[재작성]하라고 한 것입니다. 그렇게 하고 싶다면 말이죠. 실제로 불랭빌리에는 이 방대한 보고서를 선별하고, 중요한 것만 추려내 두 권의 두툼한 책자로 요약합니다. 마지막으로 상당수의 비판적 성찰과 하나의 담론이 곁들여진 소개글을 작성합니다. 그러니까 국가를 서술하고 분석하는 이런 방대한 행정적 작업에는 반드시 이런 것이 곁들여집니다. 이 담론은 매우 흥미롭습니다. 왜냐하면 이

20) François Fénelon, *Les Aventures de Télémaque [fils d'Ulysse, ou Suite du quatrième livre de l'Odyssée d'Homere]*, Paris: Pierre-François Gueffier, 1695. [본문에서 말하는 '부르고뉴 공'은 루이 15세가 아니라 그의 아버지로서 왕위를 잇지 못한 채 홍역으로 요절한 소(小)왕세자 루이(Louis de France, 1682~1712)를 말한다.]

담론은 프랑스의 현 상태를 밝히기 위해 위그 카페에 이르기까지의 예전 프랑스 정부들을 다룬 시론試論이었기 때문입니다.21)

불랭빌리에의 이 텍스트에서 관건이 됐던 것은 귀족에게 유리한 테제를 부각하는 것이었습니다. 하지만 뒤이은 텍스트들에서도 마찬가지였죠.22) 따라서 이 텍스트는 가난해진 귀족에게 불리한 매관제도를 비

---

21) Henri de Boulainvilliers, *État de la France, dans lequel on voit tout ce qui regarde le gouvernement ecclésiastique, le militaire, la justice, les finances, le commerce, les ma-nufactures, le nombre des habitans, et en général tout ce qui peut faire connoître à fond cette monarchie: extrait des mémoires dressés par les intendants du royaume, par ordre du Roi, Louis XIV à présent régnant. Avec des Mémoires historiques sur l'ancien gouvernement de cette monarchie jusqu'à Hugues Capet, par M. le comte de Boulainvilliers,* 2 vol., in-folio, London: T. Wood & S. Palmer, 1727. 이 책의 제3권은 다음의 제목으로 이듬해에 출간됐다. *État de la France, contenant XIV lettres sur les anciens Parlemens de France, avec l'histoire de ce royaume depuis le commencement de la monarchie jusqu'à Charles VIII. On y a joint des Mémoires présentés à M. le duc d'Orléans,* London: T. Wood & S. Palmer, 1728.

22) 푸코는 프랑스의 정치제도와 관련 있는 불랭빌리에의 역사서들을 암시하고 있다. 특히 다음의 책들을 참조하라. Henri de Boulainvilliers, *Mémoire sur la noblesse du royaume de France fait par M. le comte de Boulainvillers,* [s.l.: s.n.,] 1719(발췌본으로는 다음의 책을 참조할 것. André Devyver, *Le Sang épuré: Les préjugés de race chez les gentilhommes français de l'Ancien Régime,* Bruxelles: Éditions de l'Université, 1973, pp.500~548; *Mémoire pour la noblesse de France contre les Ducs et Pairs,* [s.l.: s.n.,] 1717; *Mémoires présentés à Mgr. le duc d'Orléans, Régent de France,* La Haye/Amsterdam: Compagnie des libraires associés, 1727; *Histoire de l'ancien gou-vernement de la France avec XIV lettres historiques sur les Parlements ou États-Généraux,* 3 vol., La Haye/Amsterdam: Compagnie des libraires associés, 1727(앞 책의 축약·수정판); "Traité sur l'origine et les droits de la noblesse"(1700), *Continu-ation des mémoires de littérature et d'histoire,* t.IX, Paris: Simart, 1730, pp.3~106(수정되어 재출간. *Essais sur la noblesse de France contenant une dissertation sur son origine et abaissement, par le feu M. le comte de Boulainvilliers, avec des notes historiques, critiques et politiques,* Amsterdam: [s.n.,] 1732); *Abrégé chronologique de l'histoire de France,* 3 vol., Paris: Gosse & Neaulme, 1733; *Histoire des anciens Par-lemens de France ou États-Généraux du royaume,* London: [s.n.,] 1737.

판하며, 재판권 및 이와 연결된 이익을 귀족들에게서 빼앗은 데 항의하고, 귀족에게도 국정자문회의의 한 자리를 내줄 것을 요구하며, 지방행정에서 행정감독관이 한 역할을 비판합니다. 하지만 불랭빌리에의 텍스트에서, 그리고 왕에게 [제출된 — Fr.] 보고서를 재코드화하는 기획에서 특히 중요한 것은 왕, 이어서 왕자에게 주어진 앎이 행정기계 자체가 주조한 앎이라는 사실에 항의하는 것입니다. 국가에 대한 국가의 앎이 자신의 신민에 대한 왕의 앎을 완전히 식민화하고, 점령하고, 규정하고, 정의한다는 사실에 항의하는 것이 중요합니다. 문제는 이것입니다. 자신의 왕국과 신민에 대한 왕의 앎이 국가에 대한 국가의 앎과 동형적인가? 행정적 군주제의 작동에 필수적인 관료적·재정적·경제적·법적 지식이, 왕자에게 주어짐으로써 그가 통치할 수 있게 해주는 정보의 총체를 통해 왕자에게 재주입되어야만 하는가? 요컨대 문제는 이렇습니다. 행정, 즉 왕이 군주제에 부여했던 거대한 행정기구는 어떻게 보면 군주 자신에게 용접되어 있으며, 사실상 전적으로 자신의 손아귀와 재량에 맡겨진 행정에 대해 군주가 행사하는 자신의 자의적이고 무제한적 의지에 의해 군주 자신과 한 몸을 이루고 있습니다. 군주에게 저항할 수 없는 것은 바로 이 때문입니다. 군주의 권력에 의해 행정이 군주와 한 몸을 이룬다고 말씀드렸지만, 군주 역시 좋든 싫든 간에 행정이 이번에는 아래에서 위로 자신에게 재전달하는 앎에 의해 행정과 한 몸이 되도록 끌어당겨지고 행정에게 용접됩니다. 행정은 왕이 무제한적 의지를 고장[주민]에 널리 퍼뜨릴 수 있도록 해줍니다. 하지만 반대로, 행정은 자신이 왕에게 부과하는 앎의 질과 성격에 의해 왕에게 군림합니다.

불랭빌리에와 당시 그의 주위에 있던 사람들의 표적, 또한 루이-가브리엘 뒤 뷔아-낭세 백작[23] 같은 18세기 중엽의 불랭빌리에 계승자들

---

23) 루이-가브리엘 뒤 뷔아-낭세 백작(1732~1787)이 쓴 역사적 성격의 저서들을 참조하라. Louis-Gabriel Du Buat-Nançay, *Les Origines ou l'Ancien Gouvernement*

혹은 왕정복고 초기에 제국적 행정에 대항하는 글을 썼기 때문에 문제는 더 복잡해집니다만 프랑수아 도미니크 드 레노 몽로지에 백작[24]의 표적, 귀족적 반동과 연결된 모든 역사가의 진정한 표적은 17세기 이래로 행정기구를 국가의 절대주의와 연결하는 앎-권력의 메커니즘이었다고 저는 생각합니다. 흡사 가난해지고 권력의 행사로부터 부분적으로 밀려난 귀족이 공격과 반격의 첫 번째 목표로 권력의 직접적이고 즉각적인 재탈환이나, 아마도 분명 다시 얻을 수 없게 된 자신의 부의 회복이 아니라 자신이 늘, 심지어 자신의 권세가 절정이던 순간에도 소홀히 했던 권력체계의 주요 고리를 노렸던 것과 같은 식으로 사태가 전개됐다는 것이죠. 귀족이 소홀히 했던 이 전략적 부분을 귀족 대신에 차지했던 것은 교회, 성직자, 법관, 그 다음에는 부르주아지, 행정관, 조세관이었습니다. 제일 먼저 다시 차지해야 할 지위, 이후 불랭빌리에가 귀족의 전략적 목표라고 정했던 것, 모든 복수의 조건은 궁정의 어휘로 말해지듯이 '군주의 시혜'가 아닙니다. 되찾아야 하는 것, 이제 차지해야 하는 것은 왕의 앎입니다. 즉, 왕의 앎, 혹은 왕들과 귀족들이 공유하는 어떤 앎, 다시 말해 왕과 귀족계급 사이의 암묵적이고 호혜적인 약속인 것입니다. 정당한 통치의 정당한 기반일 왕의 정당한 앎을 재구성하려면 경솔하게

---

de la France, de l'Italie, de l'Allemagne, Paris: Didot, 1757; Histoire ancienne des peuples de l'Europe, 12 vol., Paris: Vve Desaint, 1772; Éléments de la politique, ou Recherche sur les vrais principes de l'économie sociale, 6 vol., London: [s.n.,] 1773; Les Maximes du gouvernement monarchique pour servir de suite aux éléments de la politique, 4 vol., London: [s.n.,] 1778.

24) 프랑수아 도미니크 드 레노 몽로지에 백작(1755~1838)이 쓴 역사적 성격의 저술들은 수없이 많다. 푸코가 이 강의에서 거론한 문제들과 관계가 있는 것만 꼽으면 다음의 책들이 있다. François Dominique de Reynaud de Montlosier, De la monarchie française depuis son établissement jusqu'à nos jours, 3 vol., Paris: Henri Nicolle, 1814; Mémoires sur la Révolution française, le Consulat, l'Empire, la Restauration et les principaux événements qui l'ont suivie, Paris: Dufey, 1830. 몽로지에에 관해서는 본서의 10강(1976년 3월 10일)을 참조하라.

잊혀졌던 귀족들의 기억을 깨어나게 하고, 꼼꼼하고 아마도 악의적으로 파묻혔던 군주의 추억을 깨어나게 해야 합니다. 따라서 이것은 하나의 대항적 앎이며, 완전히 새로운 역사 연구의 형태를 띠게 될 작업입니다. 제가 대항적 앎이라고 말한 것은, 왕의 앎을 포위하기 위한 이 새로운 앎과 새로운 방법이 불랭빌리에와 그 후계자들에 의해 우선 두 개의 박식한 앎에 대해, 행정적 앎의 두 얼굴이기도 하고 어쩌면 두 국면이기도 한 두 개의 앎에 대해 부정적인 방식으로 정의되기 때문입니다. 이때 귀족이 왕의 앎 속에서 확고한 기반을 다시 얻기 위해 사용하고자 했던 이 새로운 앎의 거대한 적, 즉 배척되어야만 하는 앎은 법적 앎입니다. 판사, 검사, 법률가[법률고문], 법원 서기의 앎 말입니다. 당연히 귀족에게는 가증스러운 앎입니다. 왜냐하면 이 앎은 자신들을 함정에 빠뜨리고, 이해하지 못할 궤변으로 자신들을 빈털터리로 만들어버리며, 미처 깨닫지도 못하는 사이에 자신들의 재판권뿐만 아니라 재산까지도 빼앗았기 때문입니다. 하지만 이것은 이른바 순환적인 앎, 즉 앎에서 앎으로 반송되는[되돌려 보내지는] 앎이기 때문에 가증스러운 앎이기도 합니다. 왕이 자신의 법에 관해 알기 위해 법원 서기와 법률가들에게 물을 때, 왕 자신이 만들어낸 재판관과 검사의 관점에서 수립된 앎이 아니라면 도대체 그 어떤 대답을 얻을 수 있을까요? 따라서 왕이 여기서 자신의 권력에 대한 찬양을, 더욱이 어쩌면 검사나 법원 서기 등이 교묘하게 휘두르는 권한 남용을 감춰버리는 찬양을 발견하더라도 전혀 놀랍지 않겠죠? 아무튼 이것은 순환적인 앎입니다. 왕이 자신의 절대주의라는 이미지만을 만날 수 있을 뿐인 앎, 법의 형태로 왕이 귀족[에게 — Fr.] 저질렀던 찬탈행위의 총체를 왕에게 되돌려보내는 앎인 것입니다.

법원 서기들의 이런 앎에 맞서 귀족은 역사라는 또 다른 형태의 앎을 부각시키려고 합니다. 법의 외부, 법의 뒤, 법의 틈새를 건너뛰려는 성질을 지닌 역사, 그때까지 그랬듯이 단순히 공법을 이미지화하고 극화해 전개된 역사가 아닌 그런 역사 말입니다. 그런 역사는 반대로 공법을 그 뿌리에서부터 되찾고, 공법의 제도들을 더 깊고 더 장중하며 더 본질적인 또 다른 약속으로 이뤄진 더 오래된 그물망 속에 다시 놓으려고 노력합니다. 왕이 자신의 절대주의에 대한 찬양을, 즉 여전히 그리고 언제나 로마에 대한 찬양만을 만나게 되는 법원 서기들의 앎에 맞서, 근본적으로 역사적 공평성을 부각시키는 것이 중요합니다. 법의 역사 뒤에서 문서화되지 못한 약속을, 아마 문자로도 텍스트로도 남겨지지 않은 충성심을 일깨우는 것이 중요합니다. 망각된 테제와 귀족이 왕을 위해 흘렸던 피를 부활시키는 것이 목표가 됩니다. 또한 법의 구조물 자체가 가장 유효하다고 여겨졌던 제도들, 가장 명백하고 가장 인정받던 법령들조차 귀족에 대한 약속을 깨뜨린 왕권이 저지른, 또한 귀족의 권력과 자신들도 납득하지 못한 채 왕권을 동시에 찬탈했던 법관들이 저지른 일련의 불공정, 불의, 남용, 박탈, 배반, 불충의 결과임을 드러내야 합니다. 따라서 법의 역사는 배반의 고발, 이 배반들에 연결된 또 다른 배반들의 고발이 됩니다. 법원 서기와 재판관의 앎에 대해 그 형태부터 대립하게 된 이 역사에서는 군주가 의식하지 못했던 찬탈행위에 대해 군주의 눈을 뜨게 만드는 것, 군주 스스로 잊어버리고 남들도 잊게 만드는 편이 더 득이 됐던 힘들을, 연결의 추억을 군주에게 되돌려주는 것이 중요합니다. 언제나 하나의 현실성을 다른 현실성으로, 권력을 권력으로, 법률의 텍스트를 왕의 의지로 되돌려보내는 법원 서기들의 앎에 맞서 역사는 거꾸로 배반당하고 모욕당한 귀족의 무기가 될 것입니다. 기록물 뒤에서, 모든 통용되지 않은 것의 너머에서 해독하고 기억을 되살리고 이 앎이 은폐하는 뚜렷한 반목를 고발한다는 극히 반反-법적인 형태를 취하는 역사. 왕의 앎을 다시 차지하기 위해 귀족이 첫 번째 거대한 적수에 맞서 개시하고자 했던 역사적 앎이 바로 이것이었습니다.

또 다른 거대한 적수는 더 이상 재판관이나 법원 서기의 앎이 아니라 행정[관리]감독관의 앎, 즉 서기과의 앎이 아니라 관료조직의 앎입니다. 이 앎도 가증스럽습니다. 그 이유도 유사했죠. 왜냐하면 바로 이 행정감독관의 앎 덕분에 귀족들의 부와 권력을 줄일 수 있었기 때문입니다. 이 앎도 왕을 현혹시키고 왕에게 환상을 심어줬습니다. 이 앎 덕분에 왕은 자신의 권세를 떨치고, 복종을 얻으며, 재정[세금] 등을 확보할 수 있었기 때문입니다. 이것은 행정적 앎이며, 특히 경제적·수량적 앎입니다. 현실적이거나 잠재적인 부에 관한 앎이며, 세금의 허용 범위에 관한 앎이며, 납세의 유용성에 관한 앎입니다. 이 행정감독관과 관료조직의 앎에 맞서 귀족은 다른 형태의 지식을 부각시키고자 했습니다. 이번에는 경제적 역사가 아니라 부의 역사, 다시 말해 부의 이동, 수탈, 도둑질, 협잡[사기], 권한 남용, 빈곤화, 파산의 역사입니다. 결국 이 역사는 궁극적으로 왕이 부르주아지와 함께 자행한 부정행위의 혼합물일 뿐인 부의 어떤 상태를 창출한 것은 사살상 파산, 부채, 부당한 재산축적임을 보여주기 위해, 부의 생산이라는 문제의 뒤를 캐는 역사입니다. 그러니까 부의 분석이 아니라 귀족이 끝없는 전쟁 속에서 파산해가는 방식을 보여주는 역사입니다. 교회가 계략으로 땅과 수입을 차지해온 방식의 역사, 부르주아지가 귀족들을 빚지게 만든 방식의 역사, 왕의 재정[국고]이 귀족의 수입을 좀먹게 됐던 방식을 그린 역사 말입니다.

귀족의 역사가 맞서려고 한 이 두 개의 거대한 담론, 즉 법원 서기의 담론과 행정감독관의 담론, 그리고 재판소의 담론과 관료조직의 담론은 똑같은 연대기를 갖고 있는 것이 아닙니다. 법적 앎에 맞선 투쟁은 다분히 불랭빌리에의 시대, 즉 17세기 말과 18세기 초 사이에 더 강력하고 활발하고 강렬해졌습니다. 경제적 앎에 맞선 투쟁은 아마 18세기 중엽에, 즉 중농주의자들의 시대에 훨씬 더 격렬해집니다. 중농주의가 뷔아-낭세 백작의 가장 큰 적수가 될 것이었죠.[25] 아무튼 행정감독관과

---

25) Louis-Gabriel Du Buat-Nançay, *Remarques d'un Français ou Examen impartial du livre de M. Necker sur l'administration des finances de France, pour servir de correc -tif et de supplément à son ouvrage*, Genève: [s.n.,] 1785.

관료조직의 앎, 즉 경제적 앎이건 법원 서기와 재판소의 앎이건, 문제가 되는 것은 국가에서 국가로 이어지는 앎입니다. 그리고 이 앎은 또 다른 형태의 앎으로 대체됐습니다. 이 앎은 일반적으로 역사라는 모습을 취합니다. 하지만 이것은 무엇에 관한 역사일까요?

이때까지 역사^{histoire}란 권력이 자기 자신에 관해 말하는 이야기^{histoire}, 권력이 자기 자신에 관해 말하게 만드는 이야기였을 뿐입니다. 즉, 권력에 의한 권력의 이야기였죠. 그런데 국가에 관한 국가의 담론, 권력에 관한 권력의 담론에 맞서 귀족이 말하기 시작한 역사는, 생각건대, 역사적 앎의 기능 자체를 깨뜨리게 되는 담론입니다. 제 생각에는 이 점이 아주 중요한데, 여기서 한편으로는 역사의 서술과, 다른 한편으로는 권력의 행사, 그 의례적 강화, 공법의 이미지화된 정식화 사이의 귀속이 해체됩니다. 불랭빌리에와 더불어, 17세기 말 반동적 귀족의 담론과 더불어, 역사의 새로운 주체/주제가 나타납니다. 이것은 두 가지를 의미합니다. 하나는 말을 하는 새로운 주체입니다. 다른 누군가가 역사 속에서 발언하고 역사를 들려주게 될 것입니다. 다른 누군가는 역사를 이야기할 때 '나'와 '우리'라고 말할 것입니다. 다른 누군가는 자기 자신의 역사를 이야기할 것입니다. 다른 누군가는 자기 자신과 자기 자신의 운명을 둘러싸고 과거, 사건, 법, 부정의, 패배, 승리를 새로운 방향으로 이끌 것입니다. 따라서 역사 속에서 말하는 주체가 자리바꿈을 하는 것입니다. 하지만 서사의 대상 자체에, 테마나 대상으로서 이해된 주제가 수정된다는 의미에서도 역사의 주제가 자리를 바꿉니다. 다시 말해 이전의 더 깊이 있는 최초 요소가 변양되는데, 그 덕분에 이 요소와 관련해 권리, 제도, 군주제, 땅 자체를 정의할 수 있게 됩니다. 요컨대 이제부터 말해질 것은 국가의 아래에서 일어나는 어떤 것, 즉 법을 가로지르고 제도보다 훨씬 오래된 동시에 더 깊이 있는 어떤 대단원일 것입니다.

역사의 이 새로운 주체/주제는 역사적 서사에서 말하는 자인 동시에 이 역사적 서사가 말하는 것이기도 합니다. 국가에 관한 국가의 행정적 혹은 법적 담론을 배척하려고 할 때 나타난 이 새로운 주체/주제는 무엇일까요? 그것은 당시의 한 역사가가 '사회'라 불렀던 것입니다. 즉, 신분에 의해 결집된 개인들의 연합, 집단, 전체[집합]로 이해된 사회, 또한 자신의 고유한 습관·관행이나 자기만의 특별한 법률[법칙]을 지닌 일정 수의 개인으로 이뤄진 사회 말입니다. 이제부터 역사 속에서 말하고 역사 속에서 발언하고 역사 속에서 말해지게 될 이 어떤 것은 당시의 어휘로는 '민족'nation이라는 말로 지칭됐던 바로 그것입니다.

그 당시에 민족은 영토의 통일성[단위]에 의해 정의된 것도, 어떤 정해진 정치형태론, 혹은 어떤 지배에 종속된 체계에 의해 정의된 것도 아니었습니다. 민족에는 국경선이 없고, 정해진 권력체계도 없으며, 국가도 없었습니다. 민족은 국경과 제도 뒤에서 자유롭게 돌아다니고 있었습니다. 민족, 아니 오히려 민족'들,' 다시 말해 신분, 습관·관행, 국가가 정한 법률이라기보다는 신분에 따른 규칙성으로 이해되는 어떤 특별한 법률을 공통적으로 지닌 사람들, 개인들로 이뤄진 집합들[전체], 사회들, 집단들입니다. 이것이, 이런 요소들이 역사에서 문제가 됐던 것입니다. 그리고 이런 요소들이, 민족이 발언할 것입니다. 국가 속에서 자유롭게 돌아다니고 서로 대립하는 다른 민족들에 직면해 귀족도 하나의 민족이게 됩니다. 이 통념으로부터, 이 민족이라는 개념으로부터 민족에 관한 혁명기의 저 유명한 문제가 생겨납니다. 물론 이로부터 19세기 민족주의의 기본 개념들이 생겨나죠. 또한 이로부터 인종 개념이 생겨납니다. 그리고 마침내 이로부터 계급 개념도 생겨납니다.

물론 역사의 이 새로운 주체/주제, 역사 속에서 말하는 주체이자 역사 속에서 말해진 주제와 더불어, 역사적 앎의 완전히 새로운 형태론도 나타납니다. 이제부터 이 앎은 그때까지 알려지지 않았을 뿐만 아니라 완전히 무시됐던 새로운 대상 영역, 새로운 참조체, 과정의 장을 갖게 됩니다. 국가 아래에서, 그리고 법률들을 통해 서로 대립하는 집단들의 수준에서 일어난 이 어두운 모든 과정이 역사의 최초의 주제계로서 다시 표면으로 떠오릅니다. 이것은 집단 간 동맹이나 경쟁상태, 감춰지거나 드러난 이해관계의 어두운 역사입니다. 법의 권한 남용의 역사이자 재산 이동의 역사이며 충성과 배반의 역사입니다. 지출과 수탈, 부채, 기만, 망각, 무분별 등의 역사인 것이죠. 다른 한편으로 이 앎은 권력의 창설적 행위를 의례적으로 부활시키는 방법이 아니라, 거꾸로 권력의 악의적 의도를 철저히 판독하고 권력이 철저히 망각해버린 모든 것을 다시 기억하게 만드는 방법을 사용합니다. 이것은 역사 속에서 악했던 것을 끊임없이 고발하는 방법입니다. 문제는 더 이상 권력의 영광스러운 역사가 아니라 권력의 비루함, 악의, 배반의 역사인 것입니다.

이와 동시에 이 새로운 담론, 새롭기 때문에 새로운 주체와 새로운 참조체를 갖고 있는 이 담론은 트로이인의 역사라든가 게르만족의 역사가 이야기될 때 역사의 담론에 여전히 알아채기 힘들게 곁들여진 웅장하고 격식 있는 의례와는 완전히 상이한, 새로운 **파토스**라고 부를 수 있는 것을 수반하고 있습니다. 더 이상 권력의 강화라는 의례적 성격이 아니라 새로운 **파토스**, 이것이 그 웅장함에 의해 프랑스 법 사상의 대부분을 이루게 될 사상을 표시하게 됩니다. 요컨대 그 **파토스**란 이런 것입니다. [첫 번째로] 역사적 앎에 대한 거의 에로틱한 열정입니다. 두 번째는 해석적 지성의 체계적인 저하이고, 세 번째는 가차 없는 고발이며, 마지막 네 번째는 국가에 맞선 음모나 공격, 쿠데타, 국가에 대한 혹은 국가에 맞선 타격 같은 어떤 것에 대한 역사를 분절하는 것입니다.

제가 보여드리고 싶었던 것은 전적으로 '관념들의 역사'라 불리는 것이 아닙니다. 저는 귀족이 자신들의 요구나 불행을 역사적 담론을 통해 표상한 방법이 아니라, 권력 기능의 주위에서 어떤 투쟁의 도구가 권력 속에서, 권력에 맞서 산출되고 형성된 방법을 보여드리고 싶었습니다. 그 도구는 앎, 새로운 혹은 아무튼 부분적으로 새로운 앎이며, 새로운 형태의 역사입니다. 제 생각에 귀족은 이런 형태의 역사를 불러내 사실상 군주의 앎과 행정의 지식 사이에 쐐기를 박으려 했습니다. 군주의 절대적 의지를, 행정에 대한 군주의 절대적 순종과 절연시키려고 말이죠. 따라서 예전에 누린 자유의 노래라기보다는 행정적 앎-권력을 절연시키는 것으로서의 역사적 담론, 갈리아족과 게르만족의 그 오랜 역사, 클로도비크와 카롤루스 대제의 긴 서사는 절대주의에 맞서는 투쟁의 도구가 됐습니다. 행정적 군주제의 절대국가적 기능 안에 존재하는 권력과 앎의 이 경첩[연결부위]을 한 정치 집단이 이런저런 이유로 겨냥할 때마다, 귀족적이고 반동적인 기원을 가진 이런 유형의 담론이 무엇보다 그 형태상의 무수한 수정·마찰과 더불어 유통된 것은 바로 이런 이유 때문입니다. 그리고 그 정식화까지 똑같은 이런 유형의 [다른] 담론이 이른바 우파와 좌파 양쪽에서, 귀족적 반동이나 1789년 전후 혁명가들의 텍스트 양쪽에서 아주 자연스럽게 발견되는 것도 이런 이유 때문입니다. 정의롭지 못한 왕, 악의적이고 배신을 일삼는 왕에 관한 하나의 텍스트를 여러분께 인용해드리죠. "그토록 야만적인 남자여, 산더미 같은 약탈품의 불행한 상속자여." 이때 저자는 루이 16세에게 말하고 있는 것입니다. "당신에게는 어떤 벌이 어울린다고 생각하는가? 당신은 신의 법이 당신과 아무런 관계가 없다고 생각하는가? 게다가 모든 것이 당신의 영광과 결부되고 모든 것이 당신의 만족에 종속되어 있을 정도로 당신은 인간 이상의 존재인가? 그렇다면 당신은 도대체 누구인가? 이 때문에 당신이 신이 아니라면 괴물일 것이다!" 이 구절은 장-폴 마라가 아니라 뷔아-낭세 백작이 1778년에 루이 16세를 향해 쓴 것입니다.[26] 그리고 이 구절은 10년 뒤 혁명가들에 의해 글자 그대로 취해집니다.

이 새로운 유형의 역사적 앎, 이 새로운 유형의 담론이 실제로 행정적 군주제의 권력과 앎의 경첩에서 주된 정치적 역할을 맡을 때마다, 왕권이 이 담론을 자신의 통제 아래 두려고 할 수밖에 없었던 이유를 여

---

26) Buat-Nançay, *Les Maximes du gouvernement monarchique pour servir de suite aux éléments de la politique*, t.II, op. cit., pp.286~287.

러분은 아실 것입니다. 우파에서부터 좌파에게까지, 귀족적 반동에서부터 부르주아적 혁명 기획에까지 이 담론이 유포됐던 것과 완전히 똑같이 왕권은 이 담론을 제 것으로 삼거나 통제하려고 했습니다. 그래서 왕권은 1760년부터 이 역사적 앎을 조직하고, 이른바 자신의 앎과 권력의 게임 속에, 행정권력과 이로부터 출발해 형성되는 지식들 사이에 다시 놓으려고 합니다. 바로 이 사실이 이 역사적 앎에 정치적 가치나 중대한 정치적 관건이 있었음을 증명합니다. 이렇게 1760년부터 대체로 일종의 역사부 같은 제도들이 윤곽을 드러냈습니다. 우선 국왕의 모든 장관에게 필수적인 기록, 정보, 설명을 제공하는 **재무도서관**이 1760년경에 창립됩니다. 1763년에는 프랑스의 역사와 공법을 연구하고자 하는 사람들을 위한 **고문서 보관소**가 창립됩니다. 결국 1781년에는 이 두 제도가 **행정·역사·공법 입법도서관**으로 통합됐습니다. 이 용어에 주의하세요. 이보다 약간 뒤에 쓰인 한 텍스트에 따르면, 이 도서관은 국왕의 장관들, 일반 행정의 특정 부문 담당자들, 입법·역사·공중에 유용한 작업과 저작을 맡으라는 임무를 의장이나 법무장관에게서 부여받고 국왕에게서 경비를 지급받던 학자와 법률가를 위해 마련된 것이었습니다.[27]

이 역사부의 정식 임용자는 자콥-니콜라 모로인데, 그는 다른 많은 사람들과 함께 중세나 중세 이전의 방대한 문서를 집대성했습니다.[28] 티에리나 프랑수아 기조 같은 19세기 초의 역사가들은 이런 문서들에 기초해 작업할 수 있었죠. 아무튼 이 제도, 이 진정한 역사부가 등장하던 시기에는 그 의미가 매우 분명했습니다. 즉, 18세기의 정치적 대결이

27) Jacob-Nicolas Moreau, *Plan des travaux littéraires ordonnés par Sa Majesté pour la recherche, la collection et l'emploi des monuments de l'histoire et du droit public de la monarchie française*, Paris: De l'imprimerie Royale, 1782.

28) Jacob-Nicolas Moreau, *Principes de morale, de politique et de droit public puisés dans l'histoire de notre monarchie, ou Discours sur l'histoire de France*, 21 vol., Paris: De l'imprimerie Royale, 1777~89.

역사적 담론을 통해 이뤄졌던 순간에, 더 정확히 깊이 있게 말하면 역사적 앎이 절대 군주제의 행정적 앎 유형에 맞서는 정치적 무기였던 시대에, 군주제는 이 앎을 이를테면 다시 식민화하고 싶어 했죠. 역사부의 창설은 일종의 양보로, 어쩌면 왕국의 기본 법률들을 드러낼 역사적 재료가 존재함을 왕이 암묵적으로 처음 인정한 것일 수도 있습니다. 이것은 삼부회보다 10년 전에, 이미 일종의 헌법을 암묵적으로 처음 받아들인 것입니다. 더욱이 이렇게 모여진 재료들에서 출발해 삼부회가 기획되고 1789년에 조직됐던 것입니다. 그러니까 이것은 왕권의 최초의 양보입니다. 왕의 권력과 그의 행정 사이에 어떤 것, 즉 헌법이나 기본 법률들, 인민의 대표 등과 같은 것이 미끄러져 들어갈 수 있다는 것을 암묵적으로 처음 받아들인 것입니다. 하지만 이 역사적 앎은 군주의 앎을 다시 차지하기 위한 무기였기 때문에, 이것은 절대주의에 맞서 이 앎을 사용하고자 했던 바로 그 장소에, 즉 군주의 권력과 행정의 지식·행사 사이에 이 앎을 권위적인 형식으로 다시 이식하는 것이기도 했습니다. 역사부가 군주와 행정 사이에 놓이게 된 것은 말하면 [둘 사이의] 연결을 수립하기 위해서이며, 군주제적 권력과 그 행정의 작동 속에서 역사를 기능시키기 위해서였습니다. 군주의 앎과 그의 행정에 관한 지식들 사이에 역사부가 창설됐던 것은 왕과 그의 행정 사이에 통제된 방식으로 군주제의 부단한 전통을 수립해야만 했기 때문입니다.

이 새로운 유형의 역사적 앎의 성립에 관해 제가 말씀드리고 싶었던 것은 바로 이런 것들입니다. 이 앎에서 출발해, 그리고 이 요소들 속에서 민족들 사이의 투쟁이, 즉 [훗날] 인종투쟁과 계급투쟁이 될 것이 어떻게 나타났는가를 [지금부터] 살펴보도록 하겠습니다.

7강. 1976년 2월 18일

민족과 민족들 | 로마의 정복 | 로마인들의 영광과 몰락 | 앙리 드 불랭빌리에가 말한 게르만족의 자유에 대해 | 수아송의 항아리 | 봉건제의 기원 | 교회, 권리, 국가의 언어 | 불랭빌리에게서의 전쟁의 3대 일반화: 역사법칙과 자연법칙, 전쟁의 제도들, 힘들의 계산 | 전쟁에 대한 몇 가지 고찰

지난번에 저는 어떻게 귀족적 반동을 중심으로 역사적 담론이 발명됐는가라기보다는 오히려 프란체스코 페트라르카가 말했듯이[1] 그때까지 로마에 대한 찬가를 노래하는 기능을 맡았던 역사적 담론이 어떻게 파열됐는가를 보여드리려고 노력했습니다. 이 역사적 담론은 그때까지 국가의 자기 자신에 대한 담론 내부에 있었으며, 국가의 법을 현시하고 그 주권을 정초하며 그 중단 없는 계보를 이야기하고, 수많은 영웅이나 공훈이나 왕조에 의해 공법의 정당한 근거를 예증하는 역할을 맡았습니다. 로마에 대한 찬양의 이런 파열은 17세기 후반부터 18세기 초에 걸쳐 두 가지 방식으로 일어났습니다. 한편으로 [게르만족의] 침략 사실을 환기시키고 재활성화시킴으로써 일어났습니다. 기억하시겠지만, 이미 그렇게 해서 17세기 프로테스탄트파의 역사서술은 왕의 절대주의에 반대했습니다. 그러니까 침략을 환기시키고, 시간 속에 이 거대한 단절을 도입하는 것입니다. 즉, 5~6세기의 게르만족 침략은 특혜[의 획득]이자 공법이 단절되는 순간이며, 게르마니아에서 몰려온 유목민들이 로마적 절대

---

1) 본서의 4강(1976년 1월 28일)과 6강(1976년 2월 11일)을 참조하라.

주의에 종지부를 찍은 순간입니다. 다른 한편으로, 다른 단절, 다른 파열의 원칙이 있습니다. 저는 이것이 더 중요하다고 생각하는데, 이것은 역사적 서사를 위한 대상의 새로운 영역인 동시에 역사에 있어서 새로운 말하기 주체라는 이중적 의미에서, 역사의 새로운 주제/주체의 도입입니다. 더 이상 국가는 자기 자신에 관해 말하지 않으며, 다른 어떤 것이 자기 자신에 대해 말합니다. 역사 속에서 말하고 자신을 역사서술의 대상으로 삼는 이 다른 어떤 것, 이런 종류의 새로운 실체는 바로 민족입니다. 물론 넓은 의미로 이해된 민족이죠. 저는 이것으로 다시 돌아가려고 노력할 것입니다. 이 민족 개념을 중심으로 민족성, 인종, 계급 같은 개념들이 확산되거나 파생되기 때문입니다. 18세기에 이 개념은 아직 매우 넓은 의미로 이해되어야만 했습니다.

사실『백과전서』에서는 민족에 관한 국가적이라고 말할 수 있는 정의가 발견됩니다. 백과전서파는 민족의 실존에 대해 네 가지 기준을 부여했기 때문입니다.[2] 첫째, 민족은 인간의 거대한 다수자여야만 한다. 둘째, 민족은 어떤 한정된 고장에 사는 인간의 다수자여야만 한다. 셋째, 이 한정된 나라는 국경선에 의해 둘러싸여 있어야만 한다. 그리고 넷째, 이렇게 국경선 내부에 놓인 인간의 이 다수자는 고유한 법률과 정부를 준수해야만 한다. 이리하여 민족에 관한 정의가 주어집니다. 어떤 의미에서는 민족의 고착화이죠. 한편으로는 국가의 국경선 안에 고착되며, 다른 한편으로는 국가의[라는] 형태 안에 고착되는 것입니다. 제 생각에 이것은 귀족의 텍스트와 마찬가지로 부르주아지의 텍스트에서도 발견되는 것, 즉 귀족도 민족이고 부르주아지도 민족이라고 말하게 만들었던, 그 당시에 지배적이던 넓은 정의를 반박하는 것은 아닐지언정 적어

---

2) "한 고장의 일정한 공간을 차지하고, 어느 경계선 안에 살며, 동일한 정부에 복종하고 있는 상당수의 인민을 표현하기 위해 쓰는 집합명사." Anonyme, "Nation," *Encyclopédie, ou Dictionnaire raisonné des sciences, des arts et des métiers*, t.XI, Lucques: Vincent Giuntini, 1758, pp.29~30.

도 배제하려는 목표를 지녔던 도발적 정의입니다. 이 모든 것은 혁명기에, 특히 제3신분에 관한 에마뉘엘-조제프 시에예스의 텍스트3) 안에서 막대한 중요성을 갖게 됩니다. 저는 [나중에] 이 텍스트에 관해 논평하고 싶습니다. 하지만 민족에 관한 이 막연하고 모호하며 불안정한 발상, 즉 민족이란 국경선 내부에 머물지 않고 이와는 반대로 한 국경선에서 다른 국경선으로, 국가들을 가로질러, 국가들 아래에서, 하위-국가적[국가의 하부]infra-étatique 수준에서 이동하는 개인들 전체의 일종이라는 이런 관념은 19세기에도 여전히 오랫동안 오귀스탱 티에리4)나 프랑수아 기조5) 등에게서도 발견될 수 있습니다.

따라서 우리는 역사의 새로운 주제/주체를 갖게 됩니다. 그리고 저는 귀족들이 새로운 역사의 주체-대상으로서의 민족이라는 이 파열의 원리를 역사적 담론의 거대한 국가적 조직화 속에 어떻게, 그리고 왜 도입했는지를 여러분께 보여드리고 싶습니다. 하지만 이 새로운 역사란 무엇일까요? 이것은 무엇으로 구성되어 있을까요? 이것은 18세기 초에 어떻게 창시됐을까요? 제 생각으로는, 이 새로운 유형의 역사가 프랑스 귀족의 담론에서 전개된 이유는 이것을 거의 한 세기 전인 17세기에 잉글랜드의 문제였던 것과 비교할 때 분명하게 드러납니다.

16세기 말과 17세기 초 사이에 잉글랜드의 의회적 반대파와 민중적 반대파는 사실상 상대적으로 단순한 문제를 해결해야 했습니다. 이들에게 문제는 잉글랜드의 군주제 안에 서로 대립하는 두 개의 법체계와 동시에 두 개의 민족이 있음을 보여주는 것이었습니다. 한편으로, 노르만 민족에 대응하는 법체계[가 있습니다]. 이 법체계 안에서 귀족계급과 군

---

3) Emmanuel-Joseph Sieyès, *Qu'est-ce que le Tiers-État?*(1789), Paris: Flammarion, 1988. [박인수 옮김, 『제3신분이란 무엇인가』, 책세상, 2003.] 에마뉘엘-조제프 시에예스에 대해서는 본서의 10강(1976년 3월 10일)를 참조하라.

4) 오귀스탱 티에리에 대해서는 본서의 10강(1976년 3월 10일)를 참조하라.

5) 프랑수아 기조에 대해서는 본서의 10강(1976년 3월 10일)를 참조하라.

주제는 이른바 서로 한 묶음으로 간주됐습니다. 이 민족은 절대주의적 법체계를 담지하고 있었으며, 그 법체계를 침략이라는 폭력에 의해 강제했습니다. 그러니까 군주제와 귀족계급, 즉 절대주의적 유형의 법과 침략[이 있습니다]. 그 때문에 문제는 이 집합[전체]에 맞서 다른 집합, 색슨적 법이라는 집합을 부각시키는 것이었습니다. 기본적 자유에 관한 법, 가장 오래된 거주자들의 법인 동시에 훨씬 가난한 사람들, 어쨌든 왕실에도 귀족계급의 가문에도 속하지 않은 사람들에 의해 요구된 법. 따라서 두 개의 거대한 집합이 있으며, 침략과 더불어 절대주의를 초래한 더 새로운 집합을 감안하지 않은 채 더 오래되고 더 자유로운 집합을 부각시키는 것이 문제였습니다. 단순한 문제였지요.

한 세기 뒤인 17세기 말~18세기 초의 프랑스 귀족에게는 문제가 분명히 훨씬 복잡했습니다. 왜냐하면 귀족은 두 개의 전선에서 싸워야만 했기 때문입니다. 한편으로는 군주제와 그 권력 찬탈에 맞서, 다른 한편으로는 제3신분에 맞서 싸워야만 했던 것입니다. 이들 제3신분은 자신들의 편에서, 그리고 자신들의 이익을 위해 귀족의 권리들을 침해하기 위해 바로 절대 군주제를 이용했죠. 그렇기에 싸움의 전선은 두 개였는데, 이 두 개에 대해 동일한 방식으로 싸울 수는 없습니다. 군주제의 절대주의에 맞서 귀족은 어떤 특정한 시기에 갈리아를 침략했던 게르만족 또는 프랑크족 인민의 것으로 간주된 기본적 자유를 부각시킵니다. 그러니까 군주제에 맞서서는 자유를 부각시킵니다. 그러나 이와는 반대로, 제3신분에 맞서서는 침략에서 유래한 무제한의 권리들을 부각시킵니다. 다시 말해 한편으로 제3신분에 맞서서는 그 권리가 제한되지 않는, 말하자면 절대적 승리자여야만 합니다. 그러나 다른 한편으로, 군주제에 맞서서는 기본적 자유라는 준準-헌법[구성]적인 법을 부각시켜야만 합니다. 여기서 문제의 복잡성이 생겨났습니다. 수십 년 전에 볼 수 있었던 분석과 비교하면, 앙리 드 불랭빌리에에게서 볼 수 있는 분석이 훨씬 더 정교한 성격을 갖게 되는 이유도 여기에 있다고 저는 생각합니다.

하지만 저는 불랭빌리에를 단순히 하나의 예로만 간주하려고 합니다. 왜냐하면 사실상 문제는 가령 1660~70년 무렵의 요아킴 에스탱 백작[6]처럼 17세기 후반에 자신들의 이론을 정식화하기 시작한 귀족 역사가들의 중핵 전체, 성운[집단] 전체이며, 이는 루이-가브리엘 뒤 뷔아-낭세 백작[7]에 이르기까지, 마지막으로는 혁명기·제정기·왕정복고기의 프랑수아 도미니크 드 레노 몽로지에 백작[8]으로까지 이어지기 때문입니다. 불랭빌리에의 역할이 중요한 것은, 부르고뉴 공을 위해 작성된 행정감독관의 보고서를 다시 베껴 쓰려고 했던 것이 바로 그였고, 따라서 누구나 불랭빌리에를 잠정적으로 유효한 지표이자 전반적 개관으로 써먹을 수 있었기 때문입니다.[9] 불랭빌리에는 어떻게 자신의 분석을 할 수 있었을까요? 첫 번째 질문은 이것입니다. 갈리아를 침공했을 때, 프랑크족은 눈앞에서 무엇을 발견했을까? 분명 프랑크족은 풍요와 문명 때문에 돌아가고 싶어 했던 잃어버린 조국을 발견한 것이 아닙니다. 마치 프랑크족, 즉 조국을 떠났던 갈리아족은 어느 순간 그곳에 돌아가기를 소

---

6) Joachim comte d'Estaing, *Dissertations sur la noblesse d'extraction et sur l'origine des fiefs*, Paris: Gabriel Martin, 1690.

7) 뷔아-낭세에 대해서는 본서의 10강(1976년 3월 10일)를 참조하라.

8) 몽로지에에 대해서는 본서의 10강(1976년 3월 10일)를 참조하라.

9) 불랭빌리에의 역사적 작업에 대해 푸코가 여기서(또한 8강에서) 전개하는 분석은 이미 본서 6강(1976년 2월 11일)의 각주 21~22번에서 언급된 텍스트들에 근거한다. 특히 다음을 참조하라. Henri de Boulainvilliers, "Mémoires sur l'histoire du gouvernement de la France," *État de la France……*, London: T. Wood & S. Palmer, 1727; *Histoire de l'ancien gouvernement de la France avec XIV lettres historiques sur les Parlements ou États-Généraux*, 3 vol., La Haye/Amsterdam: Compagnie des libraires associés, 1727; "Dissertation sur la noblesse françoise servant de Préface aux Mémoires de la maison de Croi et de Boulainvilliers," in André Devyver, *Le Sang épuré: Les préjugés de race chez les gentilhommes français de l'Ancien Régime*, Bru-xelles: Éditions de l'Université, 1973; *Mémoires présentés à Mgr. le duc d'Orléans, Régent de France*, La Haye/Amsterdam: Compagnie des libraires associés, 1727.

망했다고 하는, 17세기의 오래된 역사적-전설적 서사가 말하고 싶어 하듯이 말입니다. 불랭빌리에가 묘사한 갈리아는 새롭게 구성된 통일이라는 행복한 융합 속에서 율리우스 카이사르의 폭력을 망각해버릴 정도로 행복하고 약간 목가적인 갈리아가 결코 아니었습니다. 갈리아에 들어갔을 때 프랑크족이 발견한 것은 정복의 땅입니다. 그리고 그것이 정복의 땅이란 것은 로마의 절대주의, 로마인들에 의해 창설된 왕의 법이나 제국의 법이 이 갈리아에서 뿌리내리고 수락되고 받아들여진 법, 땅과 인민이 일체가 된 법이 결코 아니라는 것을 뜻합니다. 이 법은 거기에 정복이 있었고 갈리아족이 예속됐다는 사실을 뜻합니다. 거기에 군림하는 법은 결코 동의된 주권이 아니라 지배의 사실[현상]인 것입니다. 그리고 로마인의 점령 내내 지속됐던 이 지배의 메커니즘이 바로 불랭빌리에가 몇몇 국면들을 부각시킴으로써 포착하고자 한 것입니다.

우선 갈리아에 들어온 로마인이 맨 처음 행했던 것은 당연히 자신들에게 실질적으로 대립된다고 간주된 유일한 군사세력, 즉 전사 귀족계급을 무장해제시키는 것이었습니다. 귀족을 무장해제시키고, 정치적으로도 경제적으로도 약화시켰죠. 이것은 하층민들을 평등 관념으로 부추기고 인위적으로 치켜세움으로써, 또는 하여튼 치켜세우는 것과 병행해 이뤄졌다고 불랭빌리에는 말합니다. 요컨대 모든 전제 정치에 고유한, 더구나 가이우스 마리우스부터 카이사르까지 로마 공화정에서 전개됐던 기법을 써서, 그들은 약간의 평등을 부여하는 것이 만인에게 훨씬 더 많은 자유를 가져다준다고 하층민들이 믿게 만들었습니다. 그리고 사실상 이 '평등화' 덕분에 전제적 통치가 실현될 수 있었습니다. 마찬가지 방식으로, 로마인들은 귀족을 약화시키고 하층민들을 치켜세움으로써 갈리아 사회를 평등하게 만들고, 자신들 고유의 황제정치^{césarisme}를 확립할 수 있었습니다. 이것이 첫 번째 국면입니다. 이 국면은 로마인들에게, 그리고 로마인들의 정치를 특징짓는 이 신분 저하 정책에 저항했던 옛 갈리아 귀족들을 체계적으로 대량 학살한 칼리굴라와 더불어 종결됐습니다. 이때부터 로마인들은 자신들에게 필요한 특정한 귀족을 스스로 구성합니다. 자신들에게 맞설지 모를 군사적 귀족이 아니라 행정적 귀족을 말입니다. 이 행정적 귀족은 로마인들이 로마적 갈리아를 조직해가는 것을, 특히 모든 기법을 강구해 갈리아의 부를 끌어내 자신들에게 유리한 세제를 확보하는 것을 돕는 역할을 맡게 됐습니다. 이렇게 해서 새로운 귀족이, 시민적·법적·행정적 귀족이 창조됐습니다. 이 귀족의 특징은 첫째로 로마법에 통달해 이것을 실로 날카롭고 섬세하게 활용한다는 것이며, 둘째로 로마의 언어를 숙지하고 있다는 것입니다. 언어에 관한 지식과 법의 실천을 중심으로 새로운 귀족이 나타난 것입니다.

이런 서술은 행복하고 목가적인 로마적 갈리아라는 17세기의 옛 신화를 해소할 수 있게 해줍니다. 이 신화를 반박한다는 것은 프랑스 국왕에게 이렇게 말하는 것으로도 볼 수 있습니다. 당신은 로마적 절대주의를 표방하고 있지만, 사실 그것은 갈리아의 땅에 대한 기본적이고 본질적인 권리가 아니라 그 기법이 특별히 명예롭지 못한 뚜렷하고 특수한 역사를 표방하는 것이다. 아무튼 당신이 기입되어 있는 것은 예속의 메커니즘 내부이다. 게다가 일정한 수의 지배메커니즘에 의해 이식된 이 로마적 절대주의는 최종적으로 게르만족에 의해 뒤집혀져 제거되고 패하게 됐습니다. 그것도 군사적 패배라는 우연보다는 내적 퇴락이라는 필연성에 의해 말입니다. 여기서부터 불랭빌리에의 분석의 두 번째 막이 시작됩니다. 불랭빌리에는 갈리아에 대한 로마의 지배가 실제로 초래한 결과들을 분석합니다. 갈리아에 들어오면서 게르만족, 또는 프랑크족은 갈리아의 군사적 기반이었던* 정복의 땅을 발견했습니다. 그 이후로 로마인들은 라인 강 저편에서 온 침략에 맞서 갈리아를 방어할 정도의 힘

---

* 강의원고에는 "갈리아의 군사적 기반이었던"(qui était l'armature militaire de la Gaule) 이라는 구절이 없고, 대신에 "그것은 절대주의에 의해 폐허가 된 나라였다"(c'est un pays ruiné par l'absolutisme)라는 구절이 있다.

을 갖고 있지 못했습니다. 그리고 로마인들은 더 이상 귀족을 갖지 못했기 때문에, 자신들이 점령한 갈리아의 땅을 방어하기 위해 용병들에게, 즉 자신들을 위해 싸우거나 자신들의 땅을 지키기 위해 싸우는 것 아니라 돈을 받기 위해 싸우는 사람들에게 도움을 청해야만 했습니다. 용병 부대, 돈으로 고용된 군대가 존재한다는 것은 물론 막대한 과세를 내포합니다. 따라서 갈리아에서는 용병을 모아야 했을 뿐만 아니라 이들에게 지불해야 할 것도 징수해야만 했습니다. 여기서 두 가지가 생겨납니다. 첫째, 현금 과세가 엄청나게 증가했습니다. 둘째, 통화량이 엄청나게 늘었습니다. 아니, 요즘 식으로 말하면 평가절하가 일어나죠. 여기서 이중적 현상이 생겨납니다. 한편으로, 이 평가절하 때문에 화폐는 그 가치를 잃으며, 더 흥미롭게도 그 뒤로 화폐는 점점 더 희소해졌다는 것입니다. 이 화폐의 부재 때문에 상거래가 정체되고 대다수가 가난해지게 됐습니다. 프랑크족의 정복이 생겨났던 것은, 아니 오히려 가능해졌던 것은 이 전반적인 황폐의 상태에서입니다. 갈리아가 너무나 손쉽게 프랑크족의 침입을 허용했던 것은 이렇게 나라가 피폐해졌던 것과 관련되어 있으며, 따라서 주된 원인은 용병 부대의 실존이었습니다.

저는 나중에 이런 유형의 분석으로 돌아갈 것입니다. 하지만 흥미롭고도 곧장 특기할 것은 불랭빌리에의 분석이 이보다 수십 년 전, 그러니까 본질적으로 공법이 문제로 제기됐을 때 볼 수 있었던 분석들과는 전혀 다른 종류의 것이었다는 점입니다. 다시 말해 당시의 문제는 이런 것이었죠. 로마적 절대주의는 그 법체계와 더불어 프랑크족의 침입 뒤에도 법으로서 존속했는가? 프랑크족은 로마적 유형의 주권을 정당성 있게 폐지했는가 아닌가? 대체로 이런 것이 17세기에 제기된 역사적 문제입니다. 이제 불랭빌리에에게 문제는 법이 그대로 남아 있는지 아닌지, 하나의 법이 다른 법을 대신할 권리가 있는지 아닌지가 전혀 아니었습니다. 불랭빌리에가 제기한 문제는 그런 것이 전혀 아니었죠. 문제는 사실상 로마적 체제나 프랑크적 체제가 정당성이 있는지 없는지가 아닙니다.

문제는 패배의 내적 원인이 무엇인가, 즉 결국 로마적 통치가 정당성이 있는지 없는지가 문제가 아니라 어떤 점에서 논리적으로 부조리한가 혹은 정치적으로 모순적인가를 아는 것입니다. 로마인들의 영광과 쇠퇴의 원인이라는 이 유명한 문제는 18세기의 역사적 또는 정치적 문헌[10]에 자주 있는 상투적 표현 중 하나가 되며, 불랭빌리에 이후에는 샤를-루이 드 스콩다 몽테스키외[11]가 다시 다루는데, 이 문제의 의미는 아주 명확했죠. 즉, 처음으로 경제적-정치적 유형의 분석이 추진됐던 것입니다. 그런데 이 문제는 그때까지는 특혜, 법의 변화, 절대주의적 법에서 게르만적 법으로의 변경 같은 문제, 즉 완전히 다른 모델의 문제일 뿐이었습니다. 여기서 로마인들의 쇠퇴 원인이라는 문제는 새로운 유형의 역사적 분석의 모델 그 자체가 됩니다. 불랭빌리에에게서 찾아볼 수 있는 분석들의 첫 번째 집합이 바로 여기에 있습니다. 너무 도식화하는 것이기는 한데, 진도를 조금 빨리 빼기 위해 이렇게 해보겠습니다.

갈리아와 로마인들의 문제에 이어, 제가 불랭빌리에의 분석들의 예로 들고 싶은 두 번째 문제 혹은 문제군은 그가 프랑크족에 관해 제기한 문제입니다. 갈리아에 들어온 이 프랑크족은 누구인가? 이 문제는 제가 방금 말씀드렸던 문제와 상보적입니다. 즉, 무식하고 야만적이며 상대

---

10) 이런 문헌은 니콜로 마키아벨리와 함께 시작됐고 자크-베니뉴 보쉬에, 에드워드 워틀리 몬터규, 애덤 퍼거슨과 함께 지속됐으며, 에드워드 기번의 저작으로 끝을 맺었다. Niccolò Machiavelli, *Discorsi sopra la prima deca di Tito Livio*, Firenze: Bernardo di Giunta, 1531(1517). [강정인 옮김, 『로마사 논고』, 한길사, 2003]; Jacques -Bénigne Bossuet, *Discours sur l'Histoire universelle*, Paris: Mabre-Cramoisy, 1681; Edward Wortley Montagu, *Reflections on the Rise and Fall of the Ancient Republ -ics*, London: A. Millar, 1759; Adam Ferguson, *The History of the Progress and Termination of the Roman Republic*, London: Strahan & Cadell, 1783; Edward Gibbon, *The History of the Decline and Fall of the Roman Empire*, 6 vol., London: William Hallhead, 1776~88. [송은주 옮김, 『로마 제국 쇠망사』, 민음사, 2010.]

11) Charles-Louis de Secondat Montesquieu, *Considérations sur les causes de la gran- deur des Romains et de leur décadence*, Amsterdam: J. Desbordes, 1734.

적으로 소수였던 이 사람들, 실제로 갈리아에 침입해 그때까지 계속된 역사에서 제국들 중 가장 가공할 만한 제국을 파괴했던 이 사람들의 힘 [의 원동력]은 무엇인가? 그러니까 로마인들의 허약성과 대면해 프랑크 족의 힘을 보여줘야만 했습니다. 우선 프랑크족의 힘은, 로마인들이 필요하지 않다고 믿었던 것, 다시 말해 전사 귀족계급의 실존으로부터 프랑크족이 득을 봤다는 점에서 유래합니다. 프랑크족의 사회는 전체적으로 전사들을 중심으로 조직됐습니다. 이 전사들은 일군의 농노들, 혹은 하여튼 피보호 평민들에 종속된 하인들을 그 뒤에 거느리고 있기는 했지만, 근본적으로는 유일한 프랑크족 인민입니다. 왜냐하면 게르만족은 본질적으로 모두 무인인 부하Leute, 측근[봉신]leudes으로 구성되어 있었기 때문입니다. 그러니까 용병들과 반대되는 사람들이죠. 다른 한편으로 이 무사들, 이 전사 귀족계급은 왕을 섬기고 있었지만, 그 왕의 기능은 평화의 시기에 분쟁이나 사법의 문제를 해결하는 것일 뿐이었습니다. 왕은 시민적 행정관일 뿐이며, 그밖에는 아무것도 아니었습니다. 더욱이 왕은 측근 집단, 무인 집단 공통의 동의에 의해 선출됐죠. 우두머리는 전쟁의 시기, 즉 강력한 조직과 유일한 권력이 필요한 때에만 뽑혔는데, 이 우두머리는 다른 모든 원칙에 복종해 통솔력을 발휘했고, 그 통솔력은 절대적이었습니다. 우두머리는 전시 사령관으로, 반드시 시민사회의 왕일 필요는 없었지만 어떤 경우에는 그럴 수도 있었습니다. 역사적으로 중요한 …… 클로도비크 같은 사람은 분쟁을 해결하기 위해 선출된 시민적 중재자, 시민적 행정관인 동시에 전시 사령관이기도 했습니다. 어쨌든 적어도 평화의 시기에는 권력이 최소한이던 사회였으며, 결과적으로 최대의 자유가 있는 사회였습니다.

그런데 이 전사 귀족계급에 속한 사람들이 누린 자유는 무엇일까요? 이 자유는 독립의 자유가 결코 아니며, 근본적으로 타인을 존중하는 자유도 전혀 아니었습니다. 게르만족 전사들이 누린 자유란 본질적으로는 이기심의 자유, 탐욕의 자유, 전투와 정복과 노략질을 좋아할 자유였습니다. 이 전사들의 자유는 관용의 자유나 모두를 위한 평등의 자유가 아닙니다. 지배에 의해서만 행사될 수 있는 자유, 즉 존중의 자유이기는커녕 잔인함의 자유였던 것입니다. 불랭빌리에의 계승자 중 한 명인 니콜라 프레레는 '솔직한'franc이라는 말의 어원을 추적하면서 이것이 지금 우리가 이해하는 의미에서의 '자유'를 뜻하는 것이 결코 아니라 본질적으로 '잔인한,' 즉 라틴어 페록스ferox을 뜻한다고 말합니다. '솔직한'이라는 말은 페록스와 아주 똑같은 함의를 갖고 있는데, 프레레는 거기에는 좋은 의미와 나쁜 의미가 모두 포함되어 있다고 말합니다. 페록스란 "자존심이 센, 대담한, 오만한, 잔혹한"[12]을 뜻합니다. 이렇게 해서 그 유명한 '야만인'의 거대한 초상화가 시작되는데, 이 초상화는 19세기 말까지, 물론 프리드리히 니체에게서도 재발견됩니다. [니체에게 ― Fr.] 자유란 잔인함, 즉 권력 선호, 철저한 탐욕, 봉사할 줄 모르며 항상 타인을 예속시키려는 욕망과 등가적입니다. "무례하고 조잡한 풍습, 로마식 명예·언어·관습에 대한 증오. 자유를 사랑하고 용맹하고 경박하고 불성실하며 욕심 많고, 성마르며 안달나 있음" 등.[13]* 불랭빌리에와 그 계승자들은

---

12) Nicolas Fréret, "De l'origine des Français et de leur établissement dans la Gaule," *Œuvres complètes*, t.V, Paris: Moutardier, 1798, p.202.

13) Friedrich Nietzsche, *Zur Genealogie der Moral: Eine Streitschrift*, Leipzig: Constan -tin Georg Naumann, 1887; *La Généalogie de la morale: Un écrit polémique*, trad. Isabelle Hildenbrand et Jean Gratien, Paris: Gallimard, 1971. 특히 「제1논문: '선과 악,' '좋음과 나쁨'」의 §11과 「제2논문: '죄,' '양심의 가책,' 그리고 그와 유사한 것들」의 §16~18. [김정현 옮김, 「도덕의 계보」, 『선악의 저편/도덕의 계보』, 책세상, 2002, 371~375, 430~436쪽]; *Morgenröte: Gedanken über die moralischen Vorur-theile*, Chemnitz: [s.n.,] 1881; *Aurore: Pensées sur les préjugés moraux*, trad. Julien Hervier, Paris: Gallimard, 1970. 특히 제2권의 §112. [박찬국 옮김, 『아침놀』, 책세상, 2004, 122~125쪽.] 다음의 책에 들어 있는 불랭빌리에의 인용문도 참조할 것. "그들[야만인들=프랑크족]은 자유를 매우 사랑했으며, 용맹스럽고 경박하고 신의가 없고 승부에 집착했으며, 불안정하고 참을성이 없었다. 옛 저자들은 이런 식으로 그들을 묘사했다." Devyver, *Le Sang épuré*, p.508.

자신들의 텍스트를 통해 유럽의 역사 속에, 저는 유럽의 역사서술 속에라고 말하고 싶은데, 장엄하게 들어섰던 이 금발의 기골이 장대한 새로운 야만인을 묘사하기 위해 이런 수식어를 사용했습니다.

우선, 금발의 기골이 장대하고 잔인한 게르만족들이라는 이 초상화는 갈리아에 들어온 프랑크족 전사들이 갈리아-로마인들에게 동화되는 것을, 특히 이 제국의 법에 예속되는 것을 어떻게 거부할 수 있었고, 거부할 수밖에 없었는지를 설명해줍니다. 그들은 너무나 오만하고 교만했다는 의미에서 너무나 자유로웠고, 그래서 전쟁의 우두머리가 그 말의 로마적 의미에서 주권자가 되는 것을 막지 않을 수 없었습니다. 자유로운 그들은 정복과 지배를 너무나 탐했기에 갈리아의 땅을 스스로 개인 자격으로 탈취하지 않을 수 없었습니다. 따라서 프랑크족의 승리에 의해 그들의 전시 사령관 …… 인 왕이 갈리아 땅의 소유자가 된 것이 아니라 전사들 각자가 스스로, 직접적으로 승리와 정복의 혜택을 누렸습니다. 즉, 전사들은 갈리아 땅의 일부를 저마다 자신들의 것으로 떼어둔 것이죠. 불랭빌리에의 분석에서 복잡한 세부사항들을 건너뛰고 있지만, 바로 이것이 봉건제의 아득히 먼 시작입니다. 각자가 실제로 땅 한 조각씩을 가졌죠. 즉, 왕은 자신의 땅밖에는 갖지 못했고, 따라서 갈리아의 땅 전체에 대해 로마식 주권의 권리를 갖지 못했습니다. 이렇게 독립적이고 개별적인 [토지]소유자가 됐기 때문에, 당연히 전사들은 어찌 보면 로마 황제의 후계자인 왕을 자신들 위에 모실 이유가 없었습니다.

바로 여기서부터 수아송의 항아리 이야기, 아니 오히려 수아송의 항아리에 대한 역사서술이 시작됩니다. 이것은 무슨 이야기일까요? 틀림없이 교과서로 배우셨을 테죠. 이것은 불랭빌리에, 그리고 그의 선구자들과 계승자들이 발명한 이야기입니다. 그들이 투르의 그레고리우스에게서 슬쩍한 이 이야기는 그 뒤 연면히 이어진 역사적 논의에서 흔해 빠

---

* 강의원고에 인용부호가 붙어 있다.

진 이야기 중 하나가 됐습니다. 어떤 전투 뒤인지는 잊었는데,[14] 아시다시피 클로도비크는 전리품을 분배할 때, 아니 오히려 시민적 행정관으로서 전리품의 분배를 주재했을 때, 어느 항아리 앞에서 "이것은 꼭 내가 갖고 싶군!"이라고 말했습니다. 하지만 한 전사가 일어나 이렇게 말합니다. "당신은 이 항아리를 가질 권리가 없소. 당신이 아무리 왕이라도 다른 사람들과 함께 전리품을 [똑같이] 나눠가져야만 하기 때문이오. 당신은 전쟁에서 획득한 것에 대해 아무런 선매권도, 절대적인 선점권도 갖고 있지 않소. 전쟁에서 획득한 것은 여러 승리자들 사이에서 절대적인 소유물로서 분할되어야만 하오. 그러니까 왕은 아무런 우선권도 갖고 있지 않소." 이것이 수와송의 항아리 이야기의 첫 번째 국면입니다. 두 번째 국면에 관해서는 나중에 다시 말하도록 하죠.

게르만족 공동체에 관한 불랭빌리에의 이런 서술은 게르만족이 로마식으로 권력을 조직화하는 것을 얼마나 고집스럽게 거부했는지 잘 설명해줍니다. 하지만 이런 서술은 이 가난하고 숫자도 적은 인민이 인구도 많고 부유한 갈리아를 어떻게, 왜 계속 정복할 수 있었는지도 설명해줍니다. 이 점도 잉글랜드와 비교하면 흥미롭습니다. 아시다시피, 잉글랜드인들도 다음과 같은 문제에 직면했었죠. 어떻게 6만 명의 노르만족 전사들이 잉글랜드에 정착하기에 이르렀고 그대로 계속 머물 수 있었는가? 불랭빌리에도 똑같은 의문을 품었습니다. 하지만 불랭빌리에는 이 문제를 다음과 같이 해결했습니다. 불랭빌리에는 이렇게 말합니다. 사실상 프랑크족이 정복된 땅에서 존속될 수 있었던 것은 갈리아족에게 무기를 주지 않은 정도가 아니라 무기를 몰수했고, 나라 한가운데에 고립된 채 다른 사람들과는 명확하게 변별되는 어떤 전사 계급, 전적으로 게르만적 계급인 전사 계급을 남겨뒀기 때문이라고요. 갈리아족은 더 이

---

14) 486년 [갈리아-로마의 마지막 총독이었던] 시아그리우스(Syagrius, 430~487)를 패퇴시키고 수아송을 점령한 전투를 지칭한다.

상 무기를 갖지 못했지만, 그 대신 땅에 대한 실질적 점유는 그대로 넘겨됐습니다. 왜냐하면 게르만족 또는 프랑크족은 싸우는 일밖에 하지 않았기 때문입니다. 그러니까 한편으로는 싸우는 자들이 있었고, 다른 한편으로는 그네들 땅에 머물면서 경작하는 자들이 있었습니다. 후자에게는 게르만족이 군사적 기능을 맡을 수 있도록 어떤 부과조를 납부하라고 요구됐을 뿐입니다. 이 부과조는 확실히 가벼운 것이 아니었습니다만, 그래도 로마인들이 징수하려고 했던 세금에 비하면 훨씬 덜 무거웠습니다. 훨씬 덜 무거웠다는 것은 그 양이 줄어들었기 때문이죠. 특히 로마인들이 용병을 위해 현금으로 세금을 납부하라고 요구했을 때, 농민들은 그렇게 지불할 수 없었기 때문입니다. 이제 농민들은 부과세를 현물로 내도록 요구받았고, 이것이라면 언제든 공출할 수 있었습니다. 이런 한에서, 부과세의 현물 납부를 요구받았을 뿐인 갈리아적 농민과 이 전사 계급 사이에는 더 이상 반목이 존재하지 않았습니다. 이렇게 해서 로마 점령 말기의 로마적 갈리아보다는 훨씬 덜 가난하고, 행복하고 안정된 프랑크적 갈리아가 됐습니다. 갈리아족과 프랑크족은 각자가 갖고 있는 것을 [서로] 편안히 소유한 덕분에 행복했다고 불랭빌리에는 말합니다. 즉, 프랑크족은 갈리아족의 생업 덕분에, 갈리아족은 프랑크족이 마련해준 안전 덕분에 행복했다고 말이죠. 아시다시피, 여기에 불랭빌리에가 발명한 것의 핵심이 있습니다. 6~8세기부터 거의 15세기까지 사회, 유럽의 사회들을 특징짓는 역사적-법적 체계으로서의 봉건제가 그것입니다. 불랭빌리에의 분석 전에는 역사가들도, 법학자들도 이 봉건제 체계를 따로 떼어내 다룬 적이 없었습니다. 부과세를 현물로 납부하는 농민 인구에 의해 떠받쳐지고 유지된 군사 계급의 이 지복감이 이른바 봉건제라는 법적-정치적 단위의 풍토인 것입니다.

불랭빌리에가 분석했고, 그 중요성 때문에 저 역시 따로 떼어내 다루고 싶은 세 번째 사실들의 총체는, 이렇게 갈리아에 정착한 이 귀족, 이 전사 귀족계급이 마침내 권력과 부의 요체를 잃고 결국 군주권력에 속박되어버렸다는 일련의 사실입니다. 불랭빌리에는 대략 이렇게 분석했습니다. 프랑크족의 왕은 처음에는 전쟁의 우두머리로서 전쟁의 시기에만 임명됐다는 의미에서 이중적 상황에 처한 왕이었습니다. 결과적으로 왕의 권력이 지닌 절대적 성격은 전쟁 자체가 지속되는 동안에만 유효했습니다. 다른 한편으로 시민적 행정관으로서의 왕은 반드시 어떤 하나의 왕조에 속해 있지 않았습니다. 즉, 왕위 계승권 따위는 없었죠. 왕은 뽑혀야만 했습니다. 그런데 이 군주, 이중적 상황에 처한 왕은 조금씩 유럽 대부분의 군주제, 특히 프랑스 군주제처럼 항구적이고 세습적이며 절대적인 군주가 되어갑니다. 이런 변형은 어떻게 일어났을까요? 우선 정복이라는 사실 자체에 의해, 군사적 성공 자체에 의해, 극소수의 군대가 광대한 나라에, 적어도 처음에는 거부했을 것이라고 추정할 수 있는 나라에 뿌리를 내렸다는 사실에 의해 일어났습니다. 프랑크족 군대는 당연히 이제 막 점령한 갈리아에 이른바 전시체제인 채 머물러 있었습니다. 그에 따라 전쟁이 지속되는 동안에는 전쟁의 우두머리일 뿐이었던 자가 점령이라는 사실에 의해 줄곧 전쟁의 우두머리인 동시에 시민의 우두머리로 남을 수 있었습니다. 그러니까 군사적 조직은 점령이라는 사실에 의해 유지된 것입니다. 유지는 됐지만, 문제가 없던 것도 아니고, 어려움이 없던 것도 아니며, 군사적 독재가 이른바 평화로까지 연장되는 것을 받아들일 수 없었던 프랑크족의 일부, 프랑크족 전사들의 반란이 없었던 것도 아닙니다. 그래서 왕은 권력을 유지하기 위해 다시 용병에게 호소하지 않을 수 없었는데, 그는 바로 무장해제된 채 있었던 갈리아 인민에게서, 혹은 외국인들에게서 용병을 모집하게 됩니다. 여하튼 이런 식으로 전사 귀족계급은 자신의 절대적 성격을 유지하고자 하는 군주권력과, 군주에게서 군주의 절대적 권력을 지지하도록 조금씩 요청받은 갈리아 인민 사이에서 꼼짝달싹 못하게 된 것입니다.

바로 여기서 우리는 수아송의 항아리의 두 번째 에피소드와 마주치게 됩니다. 이것은 항아리를 건드리지 못하게 금지당한 모욕을 참지 못했던 클로도비크가 군대를 사열하면서 그 항아리를 입수하는 것을 방해했던 전사를 알아봤던 순간입니다. 선왕先王 클로도비크는 커다란 도끼를 쥐고서는 "수아송의 항아리를 기억하라"고 말하면서 이 전사의 두개골을 박살내버렸습니다. 바로 이 순간에, 시민적 행정관의 한 명에 불과했던 클로도비크는 시민적 문제를 해결하기 위해서도 자기 권력의 군사적 형태를 유지했습니다. 클로도비크는 시민적 문제여야만 하는 문제를 해결하기 위해 군대의 사열식을, 즉 자기 권력의 절대적 성격을 현시하는 형식을 이용했습니다. 그러니까 절대 군주는 권력의 군사적 형태와 규율이 시민법을 조직하기 시작한 순간에 탄생한 것입니다.

시민적 권력이 절대적 형태를 띠도록 만들어준 더 중요한 두 번째 조작은 다음과 같습니다. 한편으로, 용병 집단을 형성하기 위해 시민적 권력이 갈리아 인민에게 호소합니다. 그러나 또 다른 동맹도 구성됐는데, 이번에는 왕권과 갈리아의 구舊 귀족계급 사이의 동맹입니다. 불랭빌리에는 바로 다음과 같이 분석합니다. 불랭빌리에는 이렇게 말하죠. 사실상 프랑크족이 들어왔을 때, 갈리아족 중에서 가장 고통을 느낀 것은 어떤 인구 계층이었는가? 농민들은 아니었습니다. 정반대로 농민들은 현금 과세가 현물 부과세로 바뀌는 것을 봤죠. 오히려 게르만족과 프랑크족 전사들에게 땅을 몰수당했던 갈리아족 귀족계급이었습니다. 실제로 재산을 빼앗긴 것은 이 귀족계급입니다. 이들은 이 때문에 고통스러워했습니다. 그래서 이들은 무엇을 했을까요? 이제는 더 이상 땅도 없었고 로마적 국가 자체도 사라져버렸기 때문에, 이들에게는 딱 하나의 피난처만이 남아 있었습니다. 유일한 안식처는 교회였습니다. 이렇게 해서 갈리아족 귀족계급은 교회로 피신했습니다. 귀족계급은 우선 교회기구를 발전시켰을 뿐만 아니라 교회를 통해 자신들이 유통시킨 신앙체계로 인민에게 자신들의 영향력을 뿌리내리고 확산시켰습니다. 이와 마찬가지로 귀족계급은 교회에서 라틴어에 관한 지식을 갈고 다듬었습니다. 그리고 세 번째로, 귀족계급은 교회에서 절대주의적 형태를 취한 법이었던 로마법 [연구에] 힘썼습니다. 아무튼 아주 자연스럽게도, 프랑크족 군주들이 한편으로 게르만족 귀족계급에 맞서 인민에 의지하게 됐으며, 다른 한편으로 로마 유형의 국가 또는 아무튼 군주제를 창설해야만 했을 때, 한편으로는 인민에게 영향력을 갖고 있고 다른 한편으로는 라틴어와 더불어 로마법에 통달했던 갈리아족 귀족계급보다 더 동맹자로서 안성맞춤인 사람들이 어디에 있겠습니까? 새로운 군주들이 절대주의를 구성하고자 했던 바로 그 순간에, 갈리아족 귀족계급, 교회로 피신했던 갈리아족 귀족이 새로운 군주들의 자연스런 동맹자가 되는 것은 아주 자연스러웠습니다. 그리고 이렇게 해서 라틴어, 로마법, 법의 실무와 더불어 교회는 절대 군주제의 거대한 동맹자가 됐던 것입니다.

아시다시피 불랭빌리에에게는 앎의 언어, 언어-앎의 체계라고도 불릴 수 있는 것이 아주 중요한 위치를 차지합니다. 불랭빌리에는 군주와 인민 사이의 동맹에 의해, 교회·라틴어·법의 실무라는 간접적인 수단에 의해 어떻게 [게르만족] 전사 귀족계급의 단락短絡이 이뤄지는지를 보여줍니다. 라틴어는 국가의 언어, 앎의 언어, 법적 언어가 됩니다. 그리고 전사 귀족계급이 권력을 잃은 것은 그들이 다른 언어체계에 속해 있는 한에서입니다. 전사 귀족계급은 게르만의 언어로 말했으며, 라틴어를 알지 못했습니다. 그 결과 라틴어로 된 칙령에 의해 새로운 법체계가 자리 잡기 시작했을 때, 전사 귀족계급은 자신들에게 무슨 일이 닥쳤는지도 파악할 수 없었습니다. 그리고 전사 귀족계급이 사태를 거의 파악하지 못했기 때문에, 그들이 사태를 파악하지 못했다는 것이 아주 중요한데, 한편으로는 교회도, 다른 한편으로는 왕도 전사 귀족계급을 무지한 채 머물게 하려고 갖은 수를 다 썼습니다. 불랭빌리에가 전사 귀족계급의 교육사를 통해 보여준 바에 따르면, 예컨대 교회가 피안의 삶을 마치 현세의 유일한 존재 이유인 양 강조했던 것은 마치 교육을 잘 받은 사람들에게 여기[이승]에서 일어나고 있는 것은 사실 아무런 중요성도 없으며 그들 운명의 본질은 저편[저승]에서 일어난다고 믿게 만들기 위해서라고 합니다. 이로써 소유하고 지배하는 것에 매우 탐욕적이던 이 게르만족들, 현재에 그토록 집착하던 이 금발의 기골이 장대한 전사들은 조금씩 기사騎士 유형의 인물로, 십자군 유형의 인물로 변모됐습니다. 자기 자신의 땅과 자기 자신의 나라에서 일어나는 일에 전적으로 무관심하고, 자신들의 재산과 권력을 빼앗겼다는 것을 [뒤늦게] 발견하게 되는 인물로 말입니다. 불랭빌리에가 보기에 피안을 향해가는 거대한 여정으로서의 십자군은 귀족이 완전히 피안의 세계로 향했을 때 일어났던 것의 표현이자 현시입니다. 하지만 그들이 예루살렘에 도착했던 그 순간에 이-세상에서는, 즉 그들의 땅에서는 무슨 일이 일어났을까요? 왕, 교회, 갈리아족의 구 귀족계급이 그들[게르만족]의 땅과 권리를 빼앗게 될 라틴어로 된 법률들을 마음대로 조작하고 있었습니다.

그래서 불랭빌리에는 호소합니다. 무엇에 호소할까요? 이것이 불랭빌리에의 모든 저작을 관통하는 것인데, 본질적으로는 예를 들어 17세기의 잉글랜드 의회파, 특히 민중파 역사서술가들이 그랬듯이 권리를 빼앗긴 귀족들에게 반란을 일으키라고 호소하는 것이 아닙니다. 귀족들에게 권유되는 것은 본질적으로 앎의 재개입니다. 즉, 자기 자신의 기억을 다시 열기, 지식과 앎을 의식하고 회복하기. 바로 이것이 불랭빌리에가 귀족들에게 일차적으로 권유한 것입니다. "빼앗긴, 아니 오히려 당신들이 결코 소유하려 하지 않았던 앎들의 지위를 회복하려 하지 않는다면, 당신들은 권력을 회복할 수 없을 것이다. 왜냐하면 당신들이 패배한 것은 어떤 순간부터 적어도 사회 내부에서 진정한 전투는 더 이상 무기가 아니라 앎에 의해 이뤄진다는 것을 깨닫지 못했기 때문이다." 우리의 선조들은 자신들이 누구인가를 알지 못한 채 변덕스러운 허영심을 품고 있었다, 라고 불랭빌리에는 말합니다. 저능함이나 매력에서 나온 듯이 보이는 영속적인 자기 망각이 있었던 것입니다. 자기의[에 대한] 의식을 되찾기, 앎과 기억의 원천을 간파하기. 이것은 역사의 모든 신비화를 고발한다는 뜻입니다. 그리고 자의식을 되찾음으로써, 앎의 씨실 속에 재기입됨으로써 귀족은 다시 새로운 하나의 세력이 될 수 있고 역사의 주체로서 자처할 수 있습니다. 따라서 역사에서 하나의 세력으로서 자처한다는 것은, 그 첫 번째 국면에서는 자의식을 되찾는다는 것을, 그리고 앎의 질서 속에 재기입된다는 것을 내포합니다.

이렇게 저는 불랭빌리에의 주목할 만한 저서들에서 몇 가지 주제들을 따로 떼어내 다뤄봤는데, 이 주제들은 18세기부터 오늘날까지 모든 역사적-정치적 분석에서 분명히 근본적이게 된 분석 유형을 도입하고 있는 듯합니다. 이 분석이 중요한 이유는 무엇일까요? 우선 전쟁이 무엇보다 중요시되고 있기 때문입니다. 하지만 이 분석에서 전쟁에 부여된 우위성은 그 안에서 전쟁관계를 취하는 형태이니, 불랭빌리에가 이 전쟁관계에 떠맡긴 역할이 특히 중요하다고 저는 생각합니다. 왜냐하면 제 생각에, 불랭빌리에는 그 자신이 한 것처럼 전쟁을 사회에 관한 일반적인 분석틀로 사용하기 위해 전쟁에 대해 계기적인 혹은 중첩된 세 가지 일반화를 시도하기 때문입니다. 첫째, 불랭빌리에는 법의 기반들과 관련해 전쟁을 일반화합니다. 둘째, 불랭빌리에는 전투의 형태와 관련해 전쟁을 일반화합니다. 셋째, 불랭빌리에는 침략의 사실과 관련해, 그리고 침략의 상보물인 반란과 관련해 전쟁을 일반화합니다. 제가 지금부터 약간이나마 짚어보고 싶은 것은 이 세 가지 일반화입니다.

첫째, 법과 법의 기반들에 관련된 전쟁의 일반화. 앞선 분석들에서, 즉 16세기 프랑스의 프로테스탄트, 17세기 프랑스의 의회파, 동시대 잉글랜드의 의회파에 대한 분석들에서 전쟁은 법을 중지시키고 전복시키는 일종의 단절의 에피소드입니다. 전쟁은 하나의 법체계에서 다른 법체계로 나아가는 것을 가능케 해주는 가교입니다. [그러나] 불랭빌리에에게 전쟁은 이런 역할을 맡지 않으며, 법을 중단시키지도 않습니다. 사실상 전쟁이 법을 완전히 뒤덮습니다. 자연법을 비현실적이며 추상적이고 일종의 허구처럼 만들 정도로, 법을 완전히 뒤덮는 것입니다. 자연법을 사용불가능한 추상화일 뿐이라고 할 정도로 전쟁이 자연법을 완전히 뒤덮는 것에 관해 불랭빌리에는 세 가지 증거를 내놓습니다. 즉, 불랭빌리에는 이런 관념을 세 가지 방식으로 작동시킵니다. 우선, 역사적 양식에 관해 불랭빌리에는 이렇게 말합니다. 하고 싶은 대로, 모든 방향으로 역사를 편력해보라. 아무튼 결코 자연법 따위는 발견할 수 없을 것이다. 어떤 사회에서도, 어떤 형태의 사회에서도 자연법 따위는 없다. 가령 역사가들이 색슨족이나 켈트족에게서 발견했다고 믿었던 것, 다시 말해 자연법의 작은 해변 같은 것, 자그마한 섬 같은 것, 이 모든 것은 완벽한 거짓이다. 도처에서 우리는 전쟁 그 자체만을, 혹은 전쟁과 폭력을 표출하는 불평등만을 발견한다. 프랑스인들 아래에서는 프랑크족의 침략을, 갈리아-로마인들 아래에서는 게르만족의 침략을. 이렇게 해서 예를 들어 갈리아족은 이미 귀족계급과 비-귀족계급으로 나뉘어 있었다. 메디아인들에게서도, 페르시아인들에게서도 마찬가지로 귀족계급과 인민이 발견된다. 이것은 투쟁, 폭력, 전쟁이 그 뒤에 있었음을 분명하게 증명한다. 게다가 한 사회나 한 국가에서 귀족계급과 인민 사이의 차이가 줄어들 때마다 확실히 그 국가는 쇠퇴로 접어들었다. 그리스와 로마는 귀족계급이 쇠퇴로 접어들었을 때부터 그 지위를 잃었고 국가로서 사라지기도 했다. 그러니까 도처에 불평등이, 도처에 불평등을 정초하는 폭력이, 도처에 전쟁이 있다. 귀족계급과 인민대중 사이에 이런 종류의 호전적인 긴장이 없이 유지될 수 있는 사회란 존재하지 않는다.

이제 이런 생각을 이론적으로 작동시키면 다음과 같습니다. 불랭빌리에는 이렇게 말합니다. 물론 모든 지배, 모든 권력, 모든 전쟁, 모든 예속상태 이전에 일종의 원초적 자유를 상정할 수 있다. 그러나 이 자유는 그들 사이에 아무런 지배관계도 없는 개인들 사이에서 상정될 수 있다. 모든 사람이, 누구든 서로가 평등한 자유, 이런 자유-평등의 짝은 실제로는 아무런 힘도, 아무런 내용도 없는 것일 뿐이다. 왜냐하면 …… 자유란 무엇인가? 물론 자유는 타인의 자유를 침해하는 것을 스스로 금지하는 데 있는 것이 아니다. 왜냐하면 만일 이런 것이라면, 그것은 더 이상 자유가 아닐 것이기 때문이다. 자유란 무엇에 있는가? 자유란 빼앗을 수 있음, 자신의 것으로 삼을 수 있음, 이득을 얻을 수 있음, 명령할 수 있음, 복종하게 만들 수 있음이다. 자유의 첫 번째 기준은 타인에게서 자유를 박탈할 수 있다는 것이다. 구체적으로 말해서 타인의 자유를 침해할 수 없다고 한다면, 자유롭다는 것은 무슨 소용이 있으며, 무엇에 있겠는가? 이것이 자유의 첫 번째 표현입니다. 그러므로 불랭빌리에의 경우 자유는 정확히 말해서 평등의 반대입니다. 차이에 의해, 전쟁에 의해, 힘관계의 모든 체계에 의해 행사되는 것입니다. 불평등한 힘관계로 표출하지 않는 자유는 추상적이고 무능력하고 허약한 자유일 뿐입니다.

이로부터 이런 생각이 이른바 역사적인 동시에 이론적으로 작동됩니다. 여기서도 저는 상당히 도식적으로 말하고 있는데, 불랭빌리에는 이렇게 말합니다. 사람들이 그 안에서 한편으로는 자유롭고 평등한 그런 법, 즉 자연법이 어떤 순간에, 말하자면 역사의 창설 순간에 실제로 존재했다고 쳐보자. 이 자유는 추상적이고 허구적이며, 실효적인 내용도 없기 때문에 참으로 무기력하며, 불평등으로서 기능하는 자유의 역사적 힘 앞에서는 사라질 수밖에 없다. 그리고 이 자유가 어느 곳엔가, 혹은 어떤 찰나엔가 이런 자연적 자유 같은 것으로서, 평등한 자유 같은 것으로서, 자연법 같은 것으로서 실존했다는 것이 정말이라고 하더라도, 그것은 역사의 법칙에 저항할 수 없었다. 역사의 법칙에 따르면, 자유란 타인을 희생시켜 확보되는 그런 자유일 때에만, 본질적인 불평등을 보증하는 사회가 존재할 때에만 강력하고 원기왕성하고 충만하다.

자연의 평등법칙은 역사의 불평등 법칙 앞에서는 무기력하다. 따라서 자연의 평등법칙이 역사의 불평등 법칙에 마침내 길을 양보한다는 것은 당연하다. 법학자들이 말하듯이, 자연법은 원초적인 법이기 때문에 창설적이지 않으며, 원초적인 법이기 때문에 역사의 더 거대한 활력에 의해 권리가 상실된다. 역사의 법칙은 늘 자연의 법칙보다 더 강력하다. 역사는 결국 자유와 평등의 반정립이라는 자연법칙을 창출하는 데 이르고, 이 자연법칙은 이른바 자연권이라 불리는 것 속에 기입된 법칙보다 훨씬 강력하다고 말했을 때, 불랭빌리에가 주장한 것이 바로 이것입니다. 자연의 힘과 관련해 역사가 지닌 더 거대한 힘. 바로 이것은 결국 역사가 자연을 모조리 뒤덮어버렸다는 것을 뜻합니다. 역사가 시작되면 자연은 더 이상 말할 수 없습니다. 왜냐하면 역사와 자연 사이의 전쟁에서 늘 이긴 것은 역사이기 때문입니다. 자연과 역사 사이에는 힘관계가 있으며, 이런 힘관계는 역사에 결정적으로 유리합니다. 따라서 자연법은 실존하지 않습니다. 혹은 패자로서만 존재합니다. 자연법은 늘 역사의 참패자이며, '타자'입니다. 자연법은 로마인들 앞에서의 갈리아족, 게르만족 앞에서의 갈리아-로마인들 같은 것입니다. 역사는 자연과 관련해 게르만적 성격입니다. 따라서 첫 번째 일반화는 이렇습니다. 즉, 전쟁은 단순히 소요와 중단이기는커녕 역사를 모조리 뒤덮어버립니다.

두 번째의 전쟁의 일반화는 전투의 형태에 관련됩니다. 불랭빌리에게 정복, 침략, 전투의 승패가 힘관계를 정한다는 것은 사실입니다. 하지만 사실상 전투 속에서 표현되는 이 힘관계는 실제로는 이미 그 이전에, 앞서의 전투들과는 다른 어떤 것에 의해 수립됐습니다. 힘관계를 수립하는 것, 그리고 한 민족이 전투에서 이기게 하고 다른 쪽이 패하게 하는 것은 무엇일까요? 그것은 군사제도들의 성격과 조직화입니다. 그것은 군대이며, 군사제도들입니다. 군사제도들은 한편으로 승리를 확실하게 쟁취할 수 있게 해주기 때문이기도 하지만, 또한 동시에 사회 전체를 절합할 수 있게 해주기 때문에도 중요합니다. 결국 불랭빌리에에게 중요한 것, 전쟁을 한 사회에 대한 분석 원리이게 만들어준 것, 사회적 조직화에 있어서 불랭빌리에에게 결정적인 것, 그것은 군사적 조직화의 문제입니다. 혹은 아주 간단히 말하면, 누가 군대를 소유하는가 하는 문제입니다. 게르만족의 조직은 본질적으로 몇몇 측근은 무기를 가졌고 다른 이들은 무기를 갖지 못했다는 사실에 기초하고 있습니다. 프랑크적 갈리아의 체제를 특징짓는 것은, 갈리아족에게는 무기를 빼앗고 갈리아족에 의해 무사로 이해되기에 이르렀던 게르만족에게는 무기를 보유하 도록 신경을 썼다는 것입니다. 변화가 일어나기 시작했던 것은 한 사회 에서 이런 무기의 배분 법칙이 무너지기 시작했을 때, 로마인들이 용병 에 호소했을 때, 프랑크족 왕들이 민병대를 조직했을 때, 필립 오귀스트 [존엄왕 필립 2세]가 외국의 기사들을 불러모았을 때입니다. 바로 이때 부터 게르만족에게, 게르만족에게만, 전사 귀족계급에게만 무기를 소유 할 수 있게 해줬던 단순한 조직이 와해됐습니다.

그런데 이 무기 소유의 문제는 한편으로는 당연히 기술적 문제들과 연결되어 있습니다. 그리고 이런 의미에서 이 문제는 사회에 대한 일반 적 분석의 출발점이 될 수 있습니다. 예를 들어 기사를 말한다는 것은 창이나 무거운 갑옷 등을 말하는 것이지만, 부유층의 소규모 군대를 말 하는 것이기도 합니다. 반대로 활이나 가벼운 갑옷을 말한다는 것은 대 규모 군대를 말하는 것입니다. 이로부터 일련의 모든 경제적이고 제도 적인 문제들의 윤곽이 드러나게 됩니다. 만일 기사의 군대, 즉 기사들의 중무장한 소수의 군대가 있다면, 왕의 권력은 불가피하게 제한됩니다. 왕은 그토록 비용이 많이 드는 기사들의 군대를 스스로 부양할 수 없기 때문입니다. 기사들은 스스로 자기를 유지할 수밖에 없었습니다. 거꾸 로 경기병輕騎兵 군대라면 왕은 자기가 부양할 수 있는 대규모 군대를 가 질 수 있습니다. 이로부터 왕권이 증대하지만, 그러나 이와 동시에 과세 도 증가합니다. 따라서 여러분도 아시다시피, 이번에는 침략이라는 사실 때문에 전쟁이 사회체에 표식을 남기는 것이 아니라 군사제도들의 중계 에 의해 전쟁이 시민적 질서 전체에 일반적인 효과를 끼치게 됩니다. 결 과적으로 사회의 분석틀로서 쓰이는 것은 더 이상 침략자/피침략자, 승 자/패자라는 단순한 이원성의 종류도 아니고, 헤이스팅스 전투에 대한 회상이나 프랑크족의 침략에 대한 회상도 아닙니다. 사회체 전체에 전 쟁의 인감 도장을 찍는 것은 더 이상 이 단순한 이항적 메커니즘이 아니 라 전투의 이편과 저편에서 포착된 전쟁, 전쟁을 행하는 방식으로서의 전쟁, 전쟁을 준비하고 조직하는 방식으로서의 전쟁입니다. 무기의 분배, 무기의 성질, 교전술, 병사의 모집과 봉급, 군대에 관련된 조세로 이해된 전쟁. 더 이상 전투라는 본디 있는 대로의 사건으로서가 아니라 내적 제도로서의 전쟁. 그것이 사회체 전체에 전쟁의 인감 도장을 찍는 것입니다. 불랭빌리에의 분석에서는 바로 이것이 조작자입니다. 불랭빌리에는 전투 뒤와 침략 뒤에 군사제도를 나타나게 하고, 군사제도를 넘어서는 나라의 제도들과 경제의 총체를 나타나게 하는 이 끈을 항상 잡고 있었기 때문에 프랑스 사회의 역사를 쓸 수 있었던 것입니다. 전쟁은 한 특정 국가에서 무기의 일반 경제, 무장한 사람들과 비무장한 사람들의 경제이며, 이로부터 파생되는 모든 제도적·경제적 계열들을 수반합니다. 17세기의 역사가들에게 여전히 전쟁이 의미했던 것에 비해 전쟁을 이처럼 가공할 정도로 일반화한 점에 불랭빌리에의 중요한 차원이 있는데, 제가 보여드리고자 노력한 것이 바로 이런 차원입니다.

불랭빌리에의 분석에서 전쟁에 관한 마지막이자 세 번째 일반화는 전투라는 사실에 관해 이뤄지는 것이 아니라 침략-반란의 체계에 관해 이뤄집니다. 침략-반란의 체계는 사회들 속에서 전쟁을 재발견하는 데 사용되는 두 개의 주된 요소였습니다. 예를 들어 17세기 잉글랜드의 역사서술에서 그랬죠. 그러니까 불랭빌리에의 문제는 단순히 침략이 언제 있었는가, 침략의 효과는 무엇이었는가 등을 재발견하는 것이 아닙니다. 단순히 반란이 있었느냐 없었느냐를 보여주는 것도 아닙니다. 불랭빌리에가 하고 싶었던 것은 침략과 전투에 의해 현시됐던 어떤 힘관계가 어떻게 조금씩, 은밀하게 뒤집히는가를 보여주는 것입니다. 잉글랜드의 역사서술가들에게는 도처에서, 모든 제도에서, 강자인 노르만족이 있던 곳과 약자인 색슨족이 있던 곳을 재발견하는 것이 문제였습니다. 그런데 불랭빌리에에게는 강자가 어떻게 약자가 되는지, 약자가 어떻게 강자가 되는지를 아는 것이 문제였죠. 불랭빌리에의 분석에서는 강함에서 약함으로, 약함에서 강함으로의 이행의 문제가 본질을 이룹니다.

이런 변화에 관한 분석과 서술을 불랭빌리에는 역전의 내적 메커니즘의 결정이라고 부를 수 있는 것에서 출발해 행하게 됩니다. 우리는 그 예들을 손쉽게 찾을 수 있습니다. 결국 곧바로 중세 시대라고 부르게 될 것의 초창기에 프랑크족의 귀족계급에게 힘을 실어준 것은 무엇이었을까요? 그것은 갈리아를 침략하고 점령했던 프랑크족이 스스로, 직접적으로 땅을 제 것으로 삼았다는 것입니다. 그러니까 그들은 직접적으로 토지 소유자이며, [그 덕분에] 물납에 의한 수입을 벌어들였는데, 이것이 한편으로는 농민층의 평온과 다른 한편으로는 기사단의 힘을 확보해줬습니다. 그런데 바로 이것이, 다시 말해 그들의 힘의 원천이었던 것이 조금씩 그들의 무기력의 근원이 됩니다. 귀족들은 자기네 땅에 이렇게 분산됐기에, 그리고 전쟁을 수행하기 위한 부과조의 체계에 의해 유지됐기에, 한편으로는 자신들이 만들어낸 왕과 멀어지게 됐으며, 다른 한편으로는 전쟁에만, 자기네끼리의 전쟁에만 몰두하게 됐기 때문입니다. 그래서 귀족들은 교육, 학문, 라틴어 학습, 지식 같은 것을 모두 소홀히 하게 됐습니다. 이 모든 것이 그들의 무능력의 근원이 됐습니다.

반대로 갈리아족 귀족계급의 예를 들어보죠. 프랑크족의 침략이 시작됐을 무렵에, 그들은 극도로 약했습니다. 각각의 갈리아족 토지 소유자는 모든 것을 빼앗겼습니다. 바로 이것, 이 약함이 필연적인 발전에 의해 역사적으로 그들의 힘이 됐습니다. 토지에서 쫓겨남으로써 그들은 교회로 도망쳤고, 이 덕분에 인민에게 영향력을 얻게 됐으며, 마찬가지로 법에 관한 지식도 얻게 됐습니다. 이 덕분에 그들은 왕의 조언자로서 조금씩 왕에게 가까이 갈 수 있는 지위를 얻었고, 결국 예전에 자신들에게서 빠져나갔던 정치권력과 경제적 부를 손에 넣을 수 있는 지위를 얻었습니다. 갈리아족 귀족계급의 약함을 이뤘던 형태와 요소들이 동시에, 어떤 순간부터 그들의 [힘의] 증강의 원인이 됐던 것입니다.

그러니까 불랭빌리에가 분석한 문제는 누가 승자였고 누가 패자였는가가 아니라 누가 강해지고 누가 약해졌는가입니다. 왜 강자는 약자가 되고, 왜 약자는 강자가 됐는가? 즉, 이제 역사는 본질적으로 힘의 계산으로서 나타납니다. 힘관계의 메커니즘을 서술할 수밖에 없다면, 이 분석은 필연적으로 무엇에 귀착될까요? 이 모든 과정을 서술하려면 단순한 승자/패자라는 거대한 이분법이 더 이상 정확히 들어맞지 않는다는 것에 귀착됩니다. 강자는 약자가 되고 약자는 강자가 된 순간부터 새로운 대립, 새로운 균열, 새로운 분할이 있게 됩니다. 약자들은 자기네끼리 동맹을 맺을 것이고, 강자들은 어느 한편에 맞서 다른 편과의 동맹을 모색할 것입니다. 침략의 시대에서는 여전히 프랑크족 대 갈리아족, 노르만족 대 색슨족처럼 일종의 군대 대 군대의 대규모 집단적 전투였던 것이, 이 두 개의 거대한 민족적 집합이 [이제는] 다수의 경로에 의해 분할되고 변형됐습니다. 그리고 그때 다양한 투쟁이 전선의 역전, 정세에 따른 동맹, 다소 항구적인 재결집과 더불어 나타날 것입니다. 군주권력과 갈리아족의 구 귀족 사이의 동맹, 이들 전체의 인민에 대한 의존, 가난해진 프랑크족 전사들이 자신들의 요구사항을 높이고 더 높아진 부과조 등을 요구해 프랑크족 전사와 갈리아족 농민 사이의 암묵적 화합이 깨지는 것 등. 17세기까지 역사가들이 본질적으로 침략이라는 거대한 대결의 양식 위에서 생각했던 전쟁의 형태 속에서 이제는 의존, 동맹, 내적 갈등의 이 모든 작은 체계가 거의 일반화되어갔습니다.

17세기까지 전쟁은 본질적으로 한 집단에 맞선 다른 집단의 전쟁이었습니다. 불랭빌리에는 전쟁관계를 모든 사회적 관계 속에 침투시키고, 수천 개의 다양한 경로에 의해 더 하위로 분할합니다. 그리고 서로 교환되고 서로 대립하거나 반대로 서로 동맹을 맺는 집단들·전선들·전술적 단위들 사이의 항구적 상태 같은 것으로서 전쟁을 드러냅니다. 더 이상 안정적인 다수의 거대한 집단들은 있지 않으며, 다수의 전쟁이, 어떤 의미에서는 만인에 대한 만인의 전쟁이 있게 될 것입니다. 하지만 당연히 [이때의] 만인에 대한 만인의 전쟁은, 제 생각에 토머스 홉스가 만인에 대한 만인의 전쟁에 관해 말하며 사회체 내부에서 작동하는 것은 만인의 만인에 대한 전쟁이 아님을 보여주고자 할 때 부여한 추상적·비현실적 의미는 전혀 갖고 있지 않습니다. 이와 반대로 불랭빌리에에게서 우리는 모든 사회체와 사회체의 역사에 두루 퍼지는 일반화된 전쟁을 볼 수 있습니다. 하지만 분명히 개인에 대한 개인의 전쟁으로서가 아니라, 집단에 대한 집단의 전쟁으로서 두루 퍼지는 것입니다. 전쟁의 이런 일반화야말로 불랭빌리에의 사상을 특징짓는다고 저는 생각합니다.

다음처럼 말하면서 끝마치고 싶습니다. 전쟁에 관한 이런 삼중의 일반화는 무엇으로 귀결되는가? 이것은 다음과 같은 것으로 귀결됩니다. 이런 일반화 덕분에 불랭빌리에는 법의 역사가들[……]* 공법의 내부에서, 국가 내부에서 역사를 떠드는 이 역사가들에게 전쟁은 본질적으로 법의 단절, 수수께끼이며, 있는 그대로 받아들여야만 하는 일종의 거무칙칙한 덩어리이거나 본디 있는 대로의 사건이었고, 이해가능성의 근원일 뿐이기는커녕 오히려 단절의 주된 원인이었습니다. 이에는 의문의 여지가 없었죠.. 그러나 [불랭빌리에에게는] 정반대로 법의 단절 자체 안에서도 이해가능성의 격자를 재촉하고, 어떤 법관계를 영구적으로 뒷받침하는 힘관계를 결정할 수 있게 해주는 것이 전쟁입니다. 이렇게 해서 불랭빌리에는 예전에는 폭력일 수밖에 없었고 뭉뚱그려진 채 주어졌을 뿐인 이런 사건, 이 전쟁, 이 침략, 이 변화를, 사회 전체를 모조리 뒤덮는 예언과 내용의 모든 면과 통합할 수 있게 됩니다. 왜냐하면 여러분도 봤듯이 이것들[특히 전쟁]은 법, 경제, 재정, 종교, 신앙, 교육, 언어의 실행, 법적 제도를 건드리기 때문입니다. 역사는 전쟁이라는 사실 자체

---

* 녹음이 끊겼다. 강의원고에는 이렇게 명시되어 있다. "어떤 면에서, 이것은 다음과 같은 사법적 문제와 흡사하다. [즉,] 주권은 어떻게 탄생하는가? 하지만 이번에는 더 이상 역사적 서사를 통해 정당한 주권의 연속성을 예정하지 않아도 된다. 왜냐하면 [이 경우에] 주권은 처음부터 끝까지 법의 요소 안에 있기 때문이다.

문제는 절대 국가라는 이 특이한 제도, 이 근대적 역사의 형상이 민족들 사이에서 일반화된 전쟁인 힘관계의 작동에 의해 어떻게 탄생했는지를 말하는 것이다."

에서 출발해, 그리고 전쟁에 입각한 분석에서 출발해 전쟁·종교·정치·관습·기질 같은 모든 것을 관련지을 수 있게 되며, 따라서 사회에 관한 이해가능성의 원리가 됩니다. 불랭빌리에에게서, 그리고 생각컨대 바로 이때부터 모든 역사적 담론에 있어서 사회를 이해할 수 있게 만드는 것은 전쟁입니다. 제가 이해가능성의 격자라고 말할 때, 불랭빌리에가 말했던 것이 옳다고 말하고 싶은 것은 물론 아닙니다. 필시 불랭빌리에가 말했던 모든 것이 틀렸다고 조목조목 증명할 수도 있습니다. 저는 간단하게 증명할 수 있다고 말했습니다. 예를 들어 17세기에 프랑크족의 트로이 기원에 관해 말했던 담론, 혹은 어떤 순간에 시고베주 왕의 인솔 아래 갈리아를 떠났다가 그 뒤 다시 돌아오게 된 프랑크족 이민에 관해 말했던 담론이 우리의 것과 같은 진실이나 오류의 체제에 속한다고는 말할 수 없습니다. 우리는 이것을 진실이나 오류에 입각해 정할 수 없습니다. 거꾸로 불랭빌리에가 제시한 이해가능성의 격자는 어떤 체제를, 진실/오류의 어떤 분할가능성을 설립했다고 저는 생각하며, 우리는 이것을 불랭빌리에 자신의 담론에 적용할 수 있습니다. 게다가 불랭빌리에의 담론은 전체적으로도, 세부적으로도 틀렸다고 할 수 있습니다. 더욱이 완전히 틀렸다고도 할 수 있죠. 그래도 우리의 역사적 담론을 위해 제시됐던 것이 이런 이해가능성의 격자였다는 점에는 변함이 없습니다. 그리고 이런 유형의 이해가능성에서 출발해 앞으로 우리는 불랭빌리에의 담론에서 무엇이 맞고 틀린 것인지를 말할 수 있습니다.

제가 강조하고 싶은 것은, 사회 내부에 일종의 계속된 전쟁으로서 힘관계를 도입함으로써 불랭빌리에는 니콜로 마키아벨리에게서 볼 수 있던 유형의 분석을, 하지만 이번에는 역사적 용어로 소생시킬 수 있었다는 것입니다. 하지만 마키아벨리에게서 힘관계는 본질적으로 군주의 손아귀에 있어야만 하는 정치적 테크닉으로 서술되고 있습니다. 그 뒤로 힘관계는 군주와는 다른 누군가가, 즉 귀족계급 혹은 더 나중에는 부르주아지처럼 민족 같은 어떤 것이 자신의 역사 내부에서 포착하고 결정할 수 있는 역사적 대상이 됩니다. 본질적으로 정치적 대상이던 힘관계가 이제 역사적 대상이 됩니다. 아니, 오히려 역사적-정치적 대상이 됩니다. 왜냐하면 이 힘관계를 분석하면서, 가령 귀족은 자신들이 누구인지 의식할 수 있고, 자신들의 앎을 되찾을 수 있으며, 정치적 세력장에서 다시 하나의 정치적 세력이 될 수 있기 때문입니다. 역사적-정치적 장이 구성되고 정치투쟁에서 역사가 기능하게 된 것은 불랭빌리에의 담론과 같은 것에 있어서 힘관계가, 아무튼 예전에는 오로지 군주만 관심을 가졌던 힘관계가 어떤 집단, 민족, 소수자, 계급 등에게 앎의 대상이 될 수 있었던 순간부터 가능해졌습니다. 역사적-정치적 장의 조직화는 이렇게 시작됩니다. 정치에서의 역사의 기능, 역사에서의 힘관계들의 계산으로서의 정치의 활용, 이 모든 것이 여기서 서로 연결됩니다.

한마디 더 하겠습니다. 이렇게 해서 우리는 전쟁이 사실상 역사적 담론의 진실의 모체였다는 관념에 이르게 됩니다. '역사적 담론의 진실의 모체'란 다음을 뜻합니다. 철학이나 법이 믿게 만들려고 했던 것과는 반대로, 진실과 **로고스**는 폭력이 멎은 곳에서 시작되지 않습니다. 반대로 귀족이 제3신분과 군주제에 맞서 동시에 정치투쟁을 벌이기 시작했을 때, 이 전쟁 내부에서, 그리고 역사를 전쟁으로 생각함으로써 우리가 현재 알고 있는 역사적 담론 같은 것이 수립될 수 있었습니다.

마지막 언급 전에 한마디 더 덧붙이겠습니다. 보편적인 것의 가치와 합리성의 역량을 동시에 담지하는 것은 상승하고 있는 계급이라는 상투적인 말이 있음을 여러분도 아실 것입니다. 다들 아시다시피, 역사란 합리적이기 때문에 역사를 발명했던 것은 부르주아지였음을, 그리고 대두되고 있는 계급인 18세기의 부르주아지가 보편적인 것과 합리적인 것을 담지했음을 사람들은 기를 써서 증명하려고 했죠. 물론 사태를 좀 더 정확하게 들여다보면, 완전히 쇠퇴해 자신의 정치적·경제적 권력을 박탈당한 경우에도 한 계급[즉, 귀족계급]이, 훗날 부르주아지가, 그리고 뒤이어 프롤레타리아트가 움켜쥔 어떤 역사적 합리성을 수립한 예도 있다고 생각합니다. 하지만 제가 말씀드리려는 바는 프랑스의 귀족계급이 쇠퇴하고 있었기 때문에 역사를 발명했다는 것이 아닙니다. 프랑스의 귀족계급은 전쟁을 했기 때문에 전쟁을 바로 자신의 대상으로 삼을 수 있었으며, 전쟁은 동시에 담론의 출발점, 역사적 담론이 출현할 가능성의 조건, 이 담론이 향하는 참조점, 대상이었던 것입니다. 전쟁은 이 담론의 출발점인 동시에 이 담론이 그것에 대해 말하는 것이기도 했습니다.

드디어 마지막 언급입니다. 불랭빌리에보다 1세기 뒤, 그러니까 잉글랜드 역사가들보다 2세기 뒤의 어느 날, 칼 폰 클라우제비츠가 전쟁은 다른 수단에 의해 계속되는 정치라 말할 수 있었던 것은 17세기에, 17세기에서 18세기로 접어들 때에 누군가가 정치란 다른 수단에 의해 계속된 전쟁이라 분석하고 말하고 보여줄 수 있었기 때문입니다.

8강. 1976년 2월 25일

앙리 드 불랭빌리에와 역사적-정치적 연속체의 구성 | 역사주의 | 비극과 공법 | 역사의 중앙 행정 | 계몽주의의 문제틀과 앎의 계보학 | 규율적 앎의 네 가지 작동과 그 효과들 | 철학과 과학 | 앎들의 규율화

앙리 드 불랭빌리에에 관해 말씀드리며 제가 보여드리고 싶었던 것은 불랭빌리에와 더불어 역사 같은 무엇인가가 시작됐다는 것이 아니었습니다. 왜냐하면 결국 공법의 중요 문서들을 일일이 조사한 16세기의 법학자나, 17세기 내내 고문서와 국가의 법해석[판례]에서 왕국의 기본법들일 수 있었던 것을 탐구한 의회파나, 16세기 말 이후 증서들의 대대적으로 수집한 베네딕트 수도회의 수도사들이 아니라, 불랭비리에와 더불어 역사가 생겨났다고 말할 만한 근거가 없기 때문입니다. 사실, 18세기 초에 불랭빌리에와 더불어 구성됐던 것은 역사적-정치적 장과 같은 어떤 것이라고 저는 생각합니다. 어떤 의미에서 그럴까요? 먼저, 이런 것입니다. 즉, 민족 아니 민족들을 대상으로 삼으며 불랭빌리에가 제도들, 사건들, 왕들, 그들의 권력 아래에서 분석했던 것은 다른 어떤 것, 즉 그 당시 사람들이 말했던 이해와 관습과 법률이 동시에 연결된 사회였습니다. 그러니까 이런 대상을 취함으로써 불랭빌리에는 이중의 전환을 실천했습니다. 한편으로 불랭빌리에는 신민들의 역사를 썼습니다. 저는 이런 일이 처음으로 생겨났다고 생각합니다. 다시 말해, 불랭빌리에는 권력과의 관계에서 맞은편으로 옮겨간 것입니다. 즉, 불랭빌리에는 19세기에 쥘 미슐레와 더불어 인민의 역사 혹은 인민들의 역사가 될 어떤 것에 역

사 속에서의 지위를 부여하기 시작했습니다.[1] 불랭빌리에는 권력관계의 다른 측면이라는 역사의 어떤 재료를 발견했던 것입니다. 하지만 불랭빌리에는 역사의 이 새로운 소재를 부동의 실체로서가 아니라 힘 혹은 힘들로서, 이런 힘들 중 하나일 뿐인 권력 자체로서, 사회체 내부에서 서로 싸우는 모든 힘들 중에서도 일종의 특이한 힘, 가장 기묘한 힘으로서 분석했습니다. 권력은 권력을 행사하지만 힘을 갖고 있지는 못한 사람들로 이뤄진 소집단의 권력입니다. 하지만 이 권력은 결국 모든 힘들 중에서 가장 강력한 힘이 되며, 폭력이나 반란을 빼면 그 어떤 것도 저항할 수 없는 힘이 됩니다. 불랭빌리에가 발견했던 것은, 역사란 권력의 역사가 아니며 그 어떤 법적 허구[의제]^fiction에 의해서도 수수께끼를 풀거나 분석할 수 없는 괴물적이고 매우 기묘한 짝의 역사라는 것입니다. 다시 말해, 인민의 원초적 힘들과 힘은 없으나 그럼에도 권력인 어떤 것으로부터 마지막으로 구성된 힘이라는 짝의 역사인 것입니다.

자신이 행한 분석의 축과 중심을 이동시키며 불랭빌리에는 중요한 어떤 것을 했습니다. 왜냐하면 우선 권력의 관계적 성격이라 부를 수 있는 것의 원리를 정의했기 때문입니다. 권력은 소유물도, 힘도 아닙니다. 권력은 늘 관계일 뿐이며, 이 관계가 작용하는 항들 사이에서 기능하고 있는 항들을 연구할 수밖에 없고 연구해야만 합니다. 그러니까 우리는 왕들의 역사도, 인민의 역사도 쓸 수 없으며, 한쪽은 결코 무한하지 않으며 다른 쪽도 결코 영*이 아닌 서로 대치하고 있는 이 두 항들을 구성하는 바의 역사를 쓸 수 있습니다. 이런 역사를 쓰면서, 권력의 관계적 성격을 정의하면서, 그 성격을 역사 속에서 분석하면서 불랭빌리에는 그때까지 인민과 군주 사이의, 또는 인민과 통치자들 사이의 관계를 사유하는 유일한 방식이었던 주권적인 법적 모델을 고발했습니다. 바로 여기에 불랭빌리에의 작업이 지닌 다른 측면이 있다고 생각합니다. 주권

---

1) Jules Michelet, *Le Peuple*, Paris: Comptoir des Imprimeurs-unis, 1846.

이라는 법적 용어가 아니라, 힘관계들 사이의 지배와 작용이라는 역사적 용어로 불랭빌리에는 권력의 이런 현상을 서술했던 것입니다. 바로 이런 장을 불랭빌리에는 자신의 역사적 분석의 대상에 두었습니다.

이렇게 하면서, 본질적으로는 관계적이고 주권이라는 법적 형태에 적합하지 않은 권력을 대상으로 삼으면서, 그러니까 권력관계가 작동되는 힘들의 장을 정의하면서 불랭빌리에가 역사적 앎의 대상으로 취한 것은 니콜로 마키아벨리[2]가 전략에 대한 관행적 용어로, 즉 권력과 군주 편에서만 바라본 전략의 용어로 분석했던 바로 그것이었습니다. 마키아벨리가 권력의 관리와 조직화에 관해 군주에게 조언과는 다른 것을 했다고 말하는 사람도 있을 것입니다. 이 조언이 진지한 것이었는지 빈정대는 것이었는지는 또 다른 문제입니다. 결국『군주론』이라는 텍스트 자체가 역사적 참조로 가득 차 있다고 말하는 사람도 있을 것입니다. 또

[2] Niccolò Machiavelli, *Il principe*, Roma: Antonio Blado d'Asola, 1532. [강정인·김경희,『군주론』(제3판 개역본), 까치글방, 2008]; *Discorsi sopra la prima deca di Tito Livio*, Firenze: Bernardo di Giunta, 1531. [강정인 옮김,『로마사 논고』, 한길사, 2003]; *Libro Della arte della guerra*, Firenze: Heredi di Philippo di Giunta, 1521; *Istorie florentine*, Firenze: [s.n.,] 1532.『군주론』의 프랑스어 번역은 여러 판본이 있다. 마키아벨리의 다른 텍스트들은 다음의 판본에서 읽을 수 있다. *Œuvres complètes*, éd. Edmond Barincou, Paris: Gallimard, 1952. 이것은 샤를-필립-투생 기로데(Charles -Philippe-Toussaint Guiraudet, 1754~1804)의 옛 번역(1798년)을 재인쇄한 것이다. 푸코는 특히 다음의 두 글에서 니콜로 마키아벨리를 다뤘다. Michel Foucault, "'Omnes et singulatim': Vers une critique de la raison politique"(1981); "La technologie politique des individus"(1982), *Dits et Écrits*, t.4: 1980-1988, éd. Daniel Defert et François Ewald, avec collab. Jacques Lagrange, Paris: Gallimard, 1994, pp.134 ~161, 813~828. [이종인 옮김,「옴네스 에트 싱굴라팀: 정치적 이성 비판을 향하여」,『촘스키와 푸코, 인간의 본성을 말하다』, 시대의창, 2010; 이희원 옮김,「개인에 관한 정치의 테크놀로지」,『자기의 테크놀로지』, 동문선, 1997.] 또한 '통치성'에 관한 콜레주드프랑스 강의(『안전, 영토, 인구: 콜레주드프랑스 강의, 1977~78년』의 4강[1978년 2월 1일])도 보라. "La 'gouvernementalité'"(1978), *Dits et Écrits*, t.3: 1976-1979, ibid., pp.635~657. [이승철 외 옮김,「통치성」,『푸코 효과: 통치성에 관한 연구』, 도서출판 난장, 2014, 133~156쪽.] 본서 3강(1976년 1월 21일)의 각주 13번을 참조하라.

한 마키아벨리는 『로마사 논고』 등을 썼다고 말하는 사람도 있을 것입니다. 하지만 실제로 마키아벨리에게 역사란 그것을 통해 권력관계를 분석하게 되는 영역이 아닙니다. 마키아벨리에게 역사란 그저 예를 들 수 있게 해주는 장소, 말하자면 권력의 행사를 위한 법해석[판례]이나 전술적 모델을 모아 놓은 것입니다. 마키아벨리에게 역사란 늘 힘관계와 이 관계에서 생겨난 계산을 등록하는 것일 뿐입니다.

제 생각에는 이것이 중요한데, 불랭빌리에게는 반대로 힘관계와 권력게임이 역사의 실체 자체입니다. 만일 역사가 있다면, 만일 사건들이 있다면, 만일 기억을 간직할 수 있고 간직해야만 하는 어떤 것이 일어난다면, 그것은 바로 인간들 사이에서 권력관계, 힘관계, 어떤 권력게임이 작동되기 때문입니다. 결국 불랭빌리에에게 역사적 서사와 정치적 계산의 대상은 완전히 똑같습니다. 아마도 역사적 서사와 정치적 계산이 똑같은 목적을 갖지 않겠지만, 이것들이 말하는 것, 이런 서사와 이런 계산에서 문제가 되는 것은 완전히 연속성을 지닙니다. 따라서 제 생각으로는 불랭빌리에에게서 우리는 난생 처음으로 역사적-정치적 **연속체**를 갖게 됩니다. 우리는 또한 이와는 다른 의미에서, 불랭빌리에가 역사적-정치적 장을 열었다고 말할 수도 있습니다. 그 이유는 다음과 같습니다. 여러분께 말씀드렸듯이, 불랭빌리에가 어디서부터 출발해 말하는지를 이해하려면 그가 비판한 것이 행정감독관들의 앎이라는 것, 즉 행정감독관들이나 일반적으로는 군주제적 행정이 끊임없이 권력에 제안했던 통치에 관한 분석과 통치 프로그램이었다는 것이 매우 중요하다고 저는 생각합니다. 정말로 불랭빌리에는 이런 앎에 철저히 대립하는데, 이 행정감독관들의 앎에서 발견되는 것과 똑같은 분석을 자신의 고유한 담론 내부로 재이식하고 자신의 고유한 목적에 맞게 기능시키기 위해 이렇게 합니다. 이 앎을 몰수하는 것, 그리고 행정적 앎, 행정감독관들의 앎, 경제적 앎의 탄생지이자 활용의 장이기도 했던 절대 군주제의 체계에 맞서 이 앎을 기능시키는 것이 불랭빌리에의 목표였습니다.

결국 군사적 조직화와 재정 사이의 모든 적확한 관계들을 역사를 통해 분석할 때, 불랭빌리에는 자신의 역사적 분석을 위해 행정적 앎, 재정적 앎, 행정감독관들의 앎이 그들 나름대로 정의했던 것과 아주 똑같은 관계의 형태, 이해가능성의 유형, 관계들의 모델을 도입, 아니 활용했을 뿐입니다. 예를 들어 용병제, 과세의 증가, 농민의 부채, 농작물의 상품화 불가능성 사이에 존재하는 관계를 설명할 때, 불랭빌리에는 당시 루이 14세 치하의 행정감독관들이나 재무관들이 문제삼은 것을 역사적 차원에서 다시 취했을 뿐입니다. 가령 피에르 드 페장 드 부아길베르3)나 세바스티앙 르 프레스트르 드 보방4) 같은 이들에게서 아주 똑같은 고찰을 찾을 수 있죠. 마찬가지로 농촌의 부채와 도시의 부유화 사이의 관계도 17세기 말~18세기 초의 중요한 논점이었습니다. 따라서 행정감독관들의 앎과 불랭빌리에의 역사적 분석에서 발견되는 것은 똑같은 이해가능성의 양식인 것입니다. 하지만 이런 유형의 관계를 역사적 서사의 내부에서 기능하게 만든 것은 불랭빌리에가 처음입니다. 즉, 불랭빌리에는 그때까지 국가 경영에서 합리성의 원칙이었던 것을 역사에 대한 이해가능성의 원칙으로서 기능하게 만들었습니다. 역사의 서사와 국가 경영이 연속성을 갖게 된 것, 이것이 아주 중대한 현상이라고 생각합니다. 국가 경영의 합리적 모델을 역사에 대한 사변적 이해가능성의 격자로 활용함으로써 역사적-정치적 **연속체**는 구성됩니다. 이후 이 **연속체**에 의해 역사를 말하는 것과 국가 경영을 분석하는 것이 똑같은 어휘를 따라, 이해가능성 또는 계산의 똑같은 격자를 따라 이뤄질 것입니다.

---

3) Pierre le Pesant de Boisguilbert, *Le Détail de la France*, [s.l.: s.n.,] 1695; "Factum de la France" (1707), *Économistes financiers du XVIIᵉ siècle*, Paris: Guillaumin, 1843; *Testament politique de M. de Vauban, Maréchal de France*, 2 vol., [s.l.: s.n.,] 1707; *Dissertation sur la nature des richesses, de l'argent et des tributs*, [s.l.: s.n.,] 1712.

4) Sébastien le Prestre de Vauban, *Méthode générale et facile pour faire le dénombrement des peuples*, Paris: [s.n.,] 1686; *Projet d'une dixme royale*, [s.l.: s.n.,] 1707.

불랭빌리에가 역사적-정치적 **연속체**를 구축했던 것은, 그가 말할 때 분명하고 특별한 기획을 품고 있었기 때문이라고 저는 생각합니다. 즉, 불랭빌리에에게 문제는 귀족에게 그들이 잃어버렸던 기억과 그들이 줄곧 소홀히 했던 앎을 완전히 돌려주는 것입니다. 귀족에게 기억과 앎을 돌려주면서 불랭빌리에가 하고 싶었던 것은 귀족들에게 힘을 돌려주는 것, 사회적 장의 힘들의 내부에서 귀족을 힘으로서 재구성하는 것입니다. 그 결과 불랭빌리에에게 역사의 영역에서 발언한다는 것, 하나의 역사를 말한다는 것은 단순히 힘관계를 서술하는 것이 아니며, 예를 들어 귀족에게 유리하도록 그 당시까지 통치의 계산이었던 이해가능성의 계산을 재이용하는 것도 아닙니다. 여기서 중요한 것은 힘관계들을 그 장치 자체 속에서, 그리고 그 현실적 균형 속에서 변경하는 것입니다. 역사는 단순히 힘들의 분석틀이나 해독틀이 아니라 변경틀입니다. 결과적으로 역사적 앎의 차원에서 통제한다는 것, 역사적 앎의 차원에서 근거를 갖는다는 것은 곧 역사의 진실을 말한다는 것, 그렇게 함으로써 [힘관계들 안에서] 결정적인 전략적 위치를 차지한다는 것입니다.

이 모든 것을 요약하면, 역사적-정치적 장의 구성은 여태까지 영웅이나 왕의 위업, 그들의 전투나 전쟁 등을 언급하며 법을 말하는 기능을 맡았던 역사, 전쟁들을 언급하며 법을 말했던 역사에서, 법과 평화와 관련된 모든 제도를 가로지르는 전쟁과 투쟁을 판독하며 지금 전쟁을 수행하고 있는 역사로 이행했음을 의미합니다. 따라서 역사는 투쟁의 장에서 스스로 전개하고 기능하는 투쟁의 앎이 됐습니다. 이후 정치적 싸움과 역사적 앎은 서로 연결됩니다. 그리고 추억, 기억, 다양한 기억화의 의례를 동반하지 않는 대결이란 결코 존재하지 않는다는 것이 틀림없는 참이라면, 18세기부터는 이런 투쟁에 내재적인 전략이나 계산이 힘들의 판독이자 분석인 역사적 앎 위에서 절합될 것입니다. 그리고 이때부터 정치적 삶과 정치적 앎이 사회의 실제적 투쟁에 기입되기 시작합니다. 18세기부터 역사적 앎이 어떻게 투쟁의 요소가 됐는지 이해하지 못하면, 정치가 지닌 특히 이런 근대적 차원의 출현을 이해할 수 없습니다. 즉, 역사적 앎은 투쟁들의 서술인 동시에 투쟁에서의 무기이기도 합니다. 이렇게 역사적-정치적 장이 조직됐습니다. 역사는 우리가 전쟁 중에 있으며 역사를 통해 전쟁을 했다는 관념을 가져다준 것입니다.

이미 확증된 이 점에 대해 두 마디만 [더] 말씀드리죠. 인민의 역사를 통해 이뤄진 전쟁에 대해 다시 말씀드리기 전에 말입니다. 우선 첫 번째는 **역사주의**에 관한 것입니다. 물론 다 아시다시피 역사주의는 세상에서 가장 지독한 것입니다. 이름 얻을 만한 철학, 사회 이론, 얼마간 저명하거나 격조 있는 인식론이라면 역사주의의 단조로움에 맞서 분명히 철저하게 투쟁해야만 합니다. 감히 자신이 역사주의자라 고백하는 사람은 아무도 없을 것입니다. 저는 19세기 이래 모든 위대한 철학이 이런저런 방식으로 얼마나 반역사주의적이었는가를 손쉽게 보여줄 수 있다고 생각합니다.[5] 마찬가지로 모든 인간과학은 반역사주의적이지 않으면 유지되지 않으며, 극단적으로 말하면 아마도 실존하지 않을 것임을 보여줄 수 있다고 저는 생각합니다. 또한 우리는 역사, 역사학이 그토록 매혹적인 역사철학이나 법적·도덕적 이상이나 인문과학들에 의존하며 역사주의에 내적인 치명적 성향이라 할 만한 것에서 얼마나 벗어나려고 노력했는가를 보여줄 수도 있습니다.

하지만 철학이든 인문과학이든 역사든 간에 모두가 그토록 경계하는 이 역사주의란 무엇일까요? 어떤 대가를 치르고라도 푸닥거리해야만 하는, 그리고 철학적 근대성과 과학적 근대성, 심지어 정치적 근대성조차도 언제나 푸닥거리하고자 했던 이 역사주의란 무엇일까요? 물론 역사주의란 제가 방금 언급했던 것과 한 치도 다르지 않다고 저는 생각

---

5) 당대의 앎의 반역사주의에 대해서는 특히 다음을 참조하라. Michel Foucault, *Les Mots et les Choses*, Paris: Gallimard, 1966, chap.X, §IV. [이규현 옮김, 「10장. 인문 과학: 4. 역사」, 『말과 사물』, 민음사, 2012, 500~508쪽.]

합니다. 즉, 전쟁이 역사와, 거꾸로 역사가 전쟁과 이렇게 매듭으로 묶이며, 전쟁과 역사가 불가피하게 서로 귀속되는 것입니다. 역사적 앎은 아무리 멀리 간들 결코 자연도, 법도, 질서도, 평화도 찾아내지 못합니다. 아무리 멀리 간들 역사적 앎은 전쟁의 무한정성을, 다시 말해 그 관계들과 대립들을 수반한 힘들을, 그리고 힘관계들이 항상 일시적인 방식으로 정해지는 사건들과 마주칠 뿐입니다. 역사는 전쟁과 마주칠 뿐입니다만, 역사는 이 전쟁을 결코 완전히 뒤덮지 못합니다. 역사는 결코 전쟁을 우회할 수 없으며, 그 근본 법칙들을 발견할 수도 없고, 한계를 부과할 수도 없습니다. 왜냐하면, 아주 단순하게 말해서 전쟁 그 자체가 이 앎을 떠받치고 이 앎을 거쳐가고 가로지르고 결정하기 때문입니다. 이 앎은 전쟁에 있어서 무기일 따름이며, 이 전쟁의 내부에서 여전히 전술적 장치일 뿐입니다. 따라서 전쟁은 역사를 통해, 전쟁을 말하는 역사를 통해 이뤄집니다. 그리고 역사는 언제나 역사 자신이 행한 전쟁, 역사를 거쳐가는 전쟁을 판독할 수만 있을 뿐입니다.

그렇기에 역사적 앎과 전쟁의 실천 사이의 이 본질적인 매듭이야말로 대체로 역사주의의 핵심을 이룬다고 생각합니다. 이 핵심은 축소할 수 없는 것인 동시에 1~2천 년 전부터 끊임없이 되살아났던 이른바 '플라톤적인' 관념 때문에 늘 삭제되어야만 했던 것입니다. 이 가엾은 플라톤에게 덤터기를 씌우고 싶은 모든 것에 주어질 수 있는 것의 일반적 호칭에는 늘 조심해야 하지만 말입니다. 서양적 앎의 모든 조직화와 필시 연결되어 있는 이 관념은, 앎과 진실이 질서와 평화라는 대역에만 속할 수 있으며 앎과 진실을 폭력·무질서·전쟁의 편에서는 결코 발견할 수 없다는 관념입니다. 그것이 플라톤적인지 아닌지는 [사실] 아무런 상관이 없습니다만, 앎과 진실이 전쟁에 속할 수 없고 질서와 평화에만 속할 수 있다는 이런 관념에 관해 제가 중요하다고 생각하는 것은, 근대 국가가 이런 관념을 18세기에 앎들의 '규율화'라고 불리는 것에 의해 오늘날 깊이 재이식했다는 것입니다. 그리고 바로 이런 관념이 우리에게 역사주의를 참기 힘들게 만들며, 역사적 앎에 의해 언급되는 동시에 이 역사적 앎을 가로지르는 전쟁과 역사적 앎 사이의 해소불가능한 순환성 같은 것을 받아들이는 것을 참을 수 없게 만듭니다. 그러므로 문제는, 혹은 첫 번째 임무는 다음과 같습니다. 즉, 역사주의자이고자 한다는 것은, 다시 말해 역사에 의해 말해진 전쟁과 자신이 말하는 이 전쟁에 의해 관통된 역사 사이의 영속적이고 우회할 수 없는 이 관계를 분석하고자 한다는 것입니다. 바로 이런 연장선상에서 저는 제가 시작했던 갈리아족과 프랑크족의 이 간략한 역사를 계속하려고 합니다.

이런 것들이 첫 번째 지적, 이 역사주의에 관한 첫 번째 **보충해설**입니다. 두 번째는 제가 방금 거론한 테마, 다시 말해 18세기에 이뤄진 앎들의 규율화 혹은 다른 측면에서 사람들이 할 수 있는 반론입니다. 이렇게 역사, 전쟁의 역사, 그리고 18세기에 국가를 비판하게 만든 거대한 담론기구로서의 역사를 관통하는 전쟁을 설정함으로써, 이런 전쟁/역사의 관계를 '유일한'la 정치의 출현 조건으로 만듦으로써 [……] 질서는 자신의 담론 안에 연속성을 재수립하는 기능을 갖게 됐습니다.*

[법학자들이 왕국의 근본 법률들을 알기 위해 고문서를 조사했던 순간에, 권력이 자기 자신을 찬양하는 역사가 아니라 역사가들의 역사가 점점 뚜렷하게 나타났습니다. 17세기에, 그리고 프랑스만 그런 것은 아닙니다만, 비극은 공법이 현시되고 공법의 문제들이 논의되는 거대한 의례적 형식이었음을 잊어서는 안 됩니다. 그렇기에 윌리엄 셰익스피어의 '역사적' 비극들은 법과 왕의 비극이며, 본질적으로는 왕위 찬탈자, 왕의 폐위, 암살, 왕의 대관戴冠에 의한 새로운 존재의 탄생에 관한 문제입니다. 한 개인이 폭력, 음모, 살인, 전쟁에 의해 평화, 정의, 질서, 행복을 유지해야 할 공적인 역량을 어떻게 부여받을 수 있는가? 어떻게 비정당성이 법률을 산출할 수 있는

---

* 녹음된 내용에서 그 의미를 정리하기가 어려웠다. 실제로 강의원고의 처음 18쪽은 강의가 전개됨에 따라 마지막으로 옮겨졌다.

가? 똑같은 시기에 법의 이론과 법의 역사가 공적인 역량의 단절 없는 연속성을 직조하려고 애썼던 반면에, 셰익스피어의 비극이 푹 빠졌던 것은]6) 왕들이 비명횡사하고 정당성 없는 군주들이 즉위하는 이상, 이와는 반대로 왕권의 신체에 반복적으로 가해졌던 상처, 일종의 부상입니다. 따라서 셰익스피어의 비극은 적어도 그 축들 중 하나에 의해 공법의 문제들을 재기억하려는 일종의 예식, 의례라고 생각합니다. 프랑스의 비극, 피에르 코르네유의 비극과 아마도 그 이상으로 장 라신느의 비극에 관해서도 똑같이 말할 수 있습니다. 게다가 더 일반적으로 말하면, 그리스 비극 또한 언제나 본질적으로 법의 비극이 아닐까요? 필경 소설과 규범의 문제 사이에 본질적인 귀속이 있듯이 비극과 법, 비극과 공법 사이에는 근본적이고 본질적인 귀속이 있다고 저는 생각합니다. 비극과 법, 소설과 규범, 어쩌면 이 모든 것이 고려되어야 합니다.

어쨌든 17세기의 프랑스에서 비극은 일종의 공법의 재현, 공적인 역량의 재현입니다. 물론 한편으로 천재라는 것을 별개로 한다면 여기에 셰익스피어와의 근본적인 차이가 있는데, 프랑스의 고전기 비극에서는 일반적으로 고대의 왕들만이 문제가 됐습니다. 이것은 아마도 정치적 신중함에서 나오는 코드화일 것입니다. 하지만 결국 고전기를 참조하는 모든 이유 중에는 다음의 이유도 있음을 잊어서는 안 됩니다. 17세기의 프랑스에서, 특히 루이 14세 치하에서 군주권이 그 형식에서든 그 역사의 연속성에서든 간에 고대의 군주들과 직접적인 계보에 있는 것으로 제시됐다는 이유 말입니다. 아우구스티누스나 네로에게서, 극단적으로 말하면 피로스에게서,† 그리고 그 뒤의 루이 14세에게서 발견되는 것은

---

6) 괄호([ ]) 안의 내용은 푸코의 강의원고에 따라 작성됐다.

† 여기서 '아우구스티누스,' '네로,' '피로스' 등은 실존 인물을 지칭한다기보다는 (순서대로[괄호 안의 숫자는 초연된 연도]) 코르네유의 『킨나』(Cinna, 1641), 라신느의 『브리타니쿠스』(Britannicus, 1669), 『안드로마케』(Andromaque, 1667)의 주인공으로서, (비)극적으로 재현된 인물을 말한다 ― Eng.

똑같은 유형의 권력, 똑같은 유형의 군주제이며, 실체적으로나 법적으로나 똑같은 군주제입니다. 다른 한편, 프랑스의 고전기 비극에는 고전기에 대한 참조가 존재하지만, 아무튼 비극의 비극적 힘들을 제한하고 비극을 감언이설과 음모의 극장으로 기울게 하는 제도도 현전하고 있습니다. 궁정의 현전이 바로 그것입니다. 고전기의 비극과 궁정의 비극. 하지만 루이 14세에게서 두드러진 방식으로, 궁정이 일종의 공법의 교훈이 아니라면 무엇이겠습니까? 궁정은 본질적으로 그 광채 속에서 왕권이 일상적이고 영구적으로 현시되는 장소를 구성하고 정비하는 기능을 갖고 있습니다. 사실상 궁정은 한 개인에게, 한 특별한 인간에게 왕으로서, 군주로서, 주권자로서의 자격을 새로 부여하는, 매일 재개되는 일종의 항구적인 의례적 조작인 것입니다. 궁정은 그 단조로운 의례 속에서 끊임없이 쇄신되는 조작입니다만, 이 조작 덕분에 일어나서 산책하고 음식을 먹고 사랑과 열정을 지닌 한 명의 인간이 이것들을 통해, 이것들에서 출발해, 이것들 가운데서 그 어떤 것도 제거되지 않고도 동시에 하나의 주권자가 됩니다. 그의 사랑을 지고의 것으로 만들고, 그의 식사를 지고의 것으로 만들며, 그의 잠과 기상을 지고의 것으로 만드는 것. 바로 이것들이 궁정의 의례와 전례典禮에 특유한 조작입니다. 그러므로 궁정이 주권자, 즉 군주제의 실체 자체인 군주의 인격에 걸맞게 일상적인 것을 지고한 것으로 끊임없이 변모시키는 데 반해, 비극은 이것과는 아무튼 정반대의 일을 했습니다. 즉, 비극은 뭐랄까 궁정 의례의 예식이 매일 수립하는 것을 해체하고 재편성했습니다.

고전기 비극, 라신느의 비극은 무엇을 했을까요? 그 역할은, 아무튼 그 축들 중 하나는 의례의 이면을 구성하는 것, 찢겨진 의례를 보여주는 것입니다. 공적인 역량의 보유자인 군주가 정열의 인간, 분노의 인간, 복수의 인간, 사랑이나 근친상간 등의 인간으로 조금씩 해체되어가는 순간을, 이렇게 군주가 정열의 인간으로 해체되고 나서부터 이 왕-군주가 재탄생하고 스스로를 재편성할 수 있는가의 여부가 문제가 된 순간을,

즉 군주의 한가운데서 왕의 신체의 죽음과 부활을 보여주는 것입니다. 라신느의 비극이 제기한 문제는 심리적이라기보다는 오히려 훨씬 법적입니다. 이런 의미에서, 아시다시피, 루이 14세는 라신느에게 자신의 역사서술자가 되라고 요구했을 때 그때까지 군주제의 역사서술이 표방해온 노선에 머물기만을, 즉 권력 자체를 찬양할 것을 요구했지만, 또한 라신느가 비극을 쓰면서 해온 기능을 계속 실행하도록 허용했습니다. 결국 루이 14세는 라신느에게 역사서술자로서 행복한 비극의 제5막을 쓰라고, 다시 말해 사적 인간이, 궁정의 인간이자 심장을 가진 인간이 전쟁의 우두머리이자 군주가 되고 주권의 보유자가 되는 지점에까지 재부상되는 것을 쓰라고 요구했습니다. 자신의 역사서술을 비극 시인에게 맡기는 것, 이것은 결국 법의 차원을 조금도 벗어나는 것이 아니며, 법을 말하고 주권국가의 법을 말한다는 역사의 오랜 기능을 조금도 배반하는 것이 아닙니다. 오히려 이것은 왕의 절대주의와 연결된 필연성에 의해 절대 군주제에 있어서 왕에 대한 역사서술의 가장 순수하고 가장 기본적인 기능으로 되돌아가는 것입니다. 이 절대 군주제는 의고주의로의 일종의 기묘한 복고풍을 통해 권력의 의례를 강렬한 정치적 순간으로 만들며, 여기서 권력의 의례로서의 궁정이 공법의 일상적인 교훈, 공법의 일상적인 현시가 된다는 것을 결코 잊어서는 안 됩니다. 이렇게 해서 우리는 왕의 권력이 그 순수한 형태를, 말하자면 그 마술적-시적 형태를 되찾을 수 있었다는 것을 이해할 수 있습니다. 왕의 역사는 또 다시 권력의 자기 자신에 대한 찬가가 되지 않을 수 없었습니다. 그러므로 절대주의, 궁정의 의례, 공법의 예시, 고전적 비극, 왕의 역사서술, 이 모든 것은 하나의 동일한 전체에 속한다고 저는 생각합니다.

라신느와 역사서술에 관한 이런 사변을 용서해주세요. [이제] 한 세기, 불랭빌리에 의해 개막된 세기를 뛰어넘어 최후의 절대 군주와 그의 역사서술가, 즉 루이 16세와 자콥-니콜라 모로를 다뤄보죠. 라신느의 먼 후계자인 모로에 관해서는 이미 몇 마디 한 적이 있는데, 모로는

1780년경 루이 16세가 임명한 행정관, 역사부 장관이었습니다. 라신느와 비교해볼 때, 모로는 누구일까요? 위험한 비교이기는 하지만, 아마도 우리가 생각하는 것처럼 그렇게 터무니없는 비교는 아닙니다. 모로는 물론 평생 동안 몇 번에 걸쳐 옹호받아야 했던 왕에 대한 학술적 옹호자였습니다. 옹호자, 바로 이것이 역사의 이름으로, 더욱이 매우 상이한 지평에서 귀족의 편에서만이 아니라 의회파와 부르주아지로부터도 군주의 권리들이 공격받던 1780년 무렵에 임명됐을 때 모로가 맡았던 역할이었습니다. 이 시기는 인용 부호가 달린 각각의 '민족'에 의해, 아무튼 각각의 신분, 각각의 계급에 의해 역사가 자신들의 고유한 권리를 부각시키기 위해 이용되는 담론이 됐던 시기였습니다. 역사가 정치투쟁의 일반 담론이 됐던 순간이죠. 그래서 바로 이 순간에 역사부가 창립된 것입니다. 여기서 여러분은 이렇게 말씀하시겠죠. 라신느보다 한 세기 뒤에, 적어도 국가 권력과 연결된 역사서술가가 등장하고, 제가 말씀드렸듯이 이 사람이 장관 기능은 아니더라도 행정 기능을 정말로 가졌고 수행했다면, 역사가 진정으로 국가에서 벗어났다고 말할 수 있을까?

그렇다면 이런 창립에서, 역사의 이런 중앙 행정에서 문제는 무엇이었을까요? 정치투쟁에서 왕도 결국 다른 세력들 중 하나일 뿐이고 다른 세력들에게 공격받을 뿐인 한, 문제는 왕을 무장시키는 것이었습니다. 또한 문제는 이런 역사적-정치적 투쟁 속에서 일종의 준수되어야 할 평화를 수립하려 시도하는 것이었습니다. 이 역사의 담론이 국가의 활동에 통합될 수 있도록 역사의 담론을 확실하게 코드화하는 것이 문제였죠. 바로 이로부터 모로에게 맡겨진 임무가 생겨났습니다.[7] 행정의 문

---

7) 자콥-니콜라 모로가 행한 이 거대한 작업의 결과는 다음에서 찾아볼 수 있다. Jacob -Nicolas Moreau, *Principes de morale, de politique et de droit public puisés dans l'histoire de notre monarchie, ou Discours sur l'histoire de France*, 21 vol., Paris: De l'imprimerie Royale, 1777~89. 모로가 이 작업을 준비하면서 사용한 기준과 이 작업의 내력에 대해서는 다음을 참조하라. *Plan des travaux littéraires ordonnés par Sa*

서들을 [원본과] 대조하기, 이 문서들을 행정 자체가, 우선은 재무행정이, 이어서 다른 행정들이 자유롭게 이용하도록 하기, 마지막으로 이것들을 연구하라고 왕에게 보수를 받는 사람들에게 이 문서들, 이 보배 같은 문서들을 공개하기. 그러니까 모로는 라신느가 아니며, 루이 16세는 루이 14세가 아니고, 라인 강 도하渡河를 기념하는 서술과는 거리가 멀다는 점 등을 제외하면, 모로와 라신느의 차이, 18세기 말에 국가가 책임지고 통제하던 종류의 역사와 17세기 말에 이른바 가장 순수한 지점에 도달한 예전 역사서술와 차이는 무엇일까요? 궁정의 역사서술이 폐기되고 행정적 유형의 역사서술이 시작됐을 때부터 역사는 국가의 자기 자신에 대한 담론이기를 그쳤다고 말할 수 있을까요? 이 차이는 크며, 아무튼 측정되어야 할 필요가 있다고 저는 생각합니다.

괜찮으시다면, 여기서 새로운 **보충해설**을 해보겠습니다. 학문들의 역사라고 부를 수 있는 것과 앎들의 계보학은, 학문들의 역사가 본질적으로 어떤 축, 대체로 지식-진리의 축 위에, 혹은 아무튼 지식의 구조에서 진리의 요구로 나아가는 축 위에 자리잡고 있다는 데서 구별됩니다. 학문들의 역사와는 대조적으로 앎들의 계보학은 다른 축 위에, 담론-권력의 축 위에, 혹은 담론적 실천-권력적 대결이라는 축 위에 자리잡고 있습니다. 그런데 여러 가지 이유로 특권시됐던 시대, 즉 18세기에 이 앎들의 계보학을 적용할 때, 이것을 이 영역과 이 분야에 적용할 때, 앎들의 계보학은 우선 무엇보다도 계몽주의의 문제틀을 분쇄해야만 하는 것처럼 보입니다. 그 당시에, 더욱이 19~20세기에도 여전히 계몽의 진보, 무지에 맞선 지식의 투쟁, 망상에 맞선 이성의 투쟁, 편견에 맞선 경험의 투쟁, 오류에 맞선 이성적 사유의 투쟁 등으로서 서술됐던 것을 분쇄해야만 합니다. 어둠을 헤쳐가는 빛의 행진으로 묘사되고 상징됐던 이 모

Majesté pour la recherche, la collection et l'emploi des monuments de l'histoire et du droit public de la monarchie française, Paris: De l'imprimerie Royale, 1782.

든 것을 제거해야만 한다는 것이죠. [거꾸로] 18세기라는 이 시대에 낮과 밤, 지식과 무지 사이의 관계 대신에 아주 상이한 어떤 것을 지각해야[만 합니다]. 즉, 다수이자 거대한 싸움 말입니다. 그러니까 지식과 무지 사이가 아니라 서로 대립하는 앎들 **사이의**, 즉 그 고유한 형태론에 의해, 서로가 적인 그 보유자들에 의해, 그 내인^{內因}적인 권력 효과들에 의해 서로 대립되는 앎들 사이의 다수이자 거대한 싸움 말입니다.

여기서 잠시 역사에서 벗어나게 하는 한두 가지 예를 들어보죠. 전문기술적, 테크놀로지적 앎의 문제입니다. 18세기는 전문기술적 앎이 출현한 세기라고 자주 말해집니다만, 사실 18세기에 일어났던 것은 아주 다른 것입니다. 우선 상이한 앎들이 다원적, 다형적, 다층적으로 분산되어 실존했습니다. 제가 지금 테크놀로지적 지식에 관해 이야기하고 있다는 것을 기억하셔야 하는데, 이 앎들은 지리적 조건에 따라, 기업·작업장 등의 규모에 따라, 이 앎들을 보유하는 사람들의 사회적 범주·교육·부에 따라 상이하게 존재했습니다. 테크놀로지적 앎의 비밀을 아는 것이 부의 원천이고 이 앎들 상호 간의 독립이 개인들의 독립을 의미했던 그런 사회에서, 이 앎들은 서로 함께 또는 서로 마주해 싸움을 벌였습니다. 그러니까 앎은 다수적이며, 앎은 비밀이며, 앎은 부로서, 독립의 보증으로서 기능했습니다. 테크놀로지적 앎은 이 세분화된 상태에서 기능했던 것이죠. 그런데 생산력이 발전되고 경제적 수요가 증대됨에 따라 이런 앎의 가격[가치]은 증대했고, 앎들 상호 간의 투쟁, 독립의 경계 설정, 비밀의 요구는 더 강해지고, 어떻게 보면 더 격렬해졌습니다. 동시에 더 일반적이라는 의미에서 더 크고 더 산업적인, 더 손쉽게 유통하고 있는 앎이, 더 작고 더 개별적이고 더 국지적이며 더 장인적인 앎을 병합하고 몰수하며 다시 떠맡게 되는 과정이 전개됐습니다. 앎들의 주변에서, 이 앎들과 관련해, 이 앎들의 분산·이질성과 관련해 일종의 거대한 경제적-정치적 투쟁이 전개됐고, 앎의 배타적 소유, 그 분산, 그 비밀과 연결된 경제적 유도와 권력효과의 주변에서 거대한 투쟁이 전개됐던 것입니다. 18세기의 테크놀로지적 앎의 발전이라고 불렸던 것은 다수이고 독립적이며 이질적이고 비밀스러운 앎이라는 이런 형태 속에서 생각해야만 합니다. 이런 다수성[다양체]의 형태 속에서 생각해야지 밤에 대한 낮의 진보, 무지에 대한 지식의 진보로 생각해서는 안 됩니다.

그런데 제 생각에 국가는 이런 투쟁에서, 일반화의 시도이기도 했던 이런 병합의 시도에서 직간접적으로 크게 네 가지 기법에 의해 개입했습니다. 우선 아무런 쓸모도 없고, 다른 것으로 돌릴 수도 없으며, 경제적으로도 비용이 드는 작은 앎들이라고 부를 수 있는 것을 제거하고 그 자격을 박탈하는 것입니다. 즉, 제거와 자격박탈입니다. 두 번째로, 이런 앎들 사이의 규범화입니다. 이것은 이런 앎들이 서로 조정하고 교통[소통]하게 만들고 비밀과 지리적·전문적 경계획정이라는 장벽을 허물게 할 수 있습니다. 요컨대 앎뿐만 아니라 앎의 보유자도 교환가능하게 만들 수 있습니다. 즉, 분산된 앎들의 규범화입니다. 세 번째 조작은 이 앎들을 위계적으로 분류하는 것입니다. 이것은 종속된 앎인 동시에 가장 개별적이고 가장 물질적인 앎부터, 앎의 포괄적이고 주도적인 형식인 동시에 가장 일반적인 형식이고 가장 형식적인 앎에 이르기까지 큰 상자 안에 작은 상자를 크기대로 집어넣는 것을 가능케 합니다. 즉, 위계적 분류입니다. 그리고 이것으로부터 마지막 네 번째의 조작, 피라미드식 중앙집중화의 가능성이 생깁니다. 이것은 이 앎들의 통제를 가능케 하고, 선별을 확보해주며, 앎의 내용을 아래에서 위로 전달하는 것은 물론이고 이와 동시에 우리가 우선시하고 싶은 전체 방향과 일반적인 조직화를 위에서 아래로 전달하는 것도 가능케 해줍니다.

일련의 실천, 기획, 제도가 테크놀로지적 앎의 이런 조직화 운동에 모두 부응했습니다. 『백과전서』가 그 예입니다. 사람들은 『백과전서』에서 군주제에 대한, 적어도 가톨릭 사상의 한 형태에 대한 정치적 또는 이데올로기적 대립의 측면만 보는 버릇이 있습니다. 사실 테크놀로지에 대한 『백과전서』의 관심은 철학적 유물론이 아니라 테크놀로지적 앎의 동질화라는 정치적·경제적 조작에 쏠려 있었습니다. 가내수공업의 방법들, 야금술, 광산 채굴 등에 대한 대규모 조사, 18세기 중엽까지 전개된 이 대규모 조사는 전문기술적 앎의 규범화라는 기획에 부응했습니다. 광산학교나 토목학교 같은 고등전문학교의 존재, 창립, 발전 덕분에 상이한 앎들 사이에 질적·양적 수준, 절단, 층위를 수립할 수 있었고, 그 덕분에 위계화가 가능했던 것이죠. 그리고 왕국의 구석구석에서 이런 전문기술적 앎을 정비하고 활용해야 한다는 수칙과 조언을 했던 감독관 집단이 집중화의 기능을 확실히 수행했던 것입니다. 저는 전문지식적 앎을 예로 다뤘는데, 의학적 앎에 관해서도 똑같이 말할 수 있습니다. 18세기 후반 내내 의학적 앎을 동질화, 규범화, 분류, 집중화하는 작업이 동시에 전개됐습니다. 의학적 앎에 어떻게 내용과 형식을 부여할 것인가, 간호의 실천에 어떻게 동질적인 규칙을 부과할 것인가, 인구에 어떻게 이런 규칙을 부과할 것인가, 더욱이 이 앎을 공유하기 위해서라기보다는 이 앎이 더 받아들여질 수 있도록 만들려면? 이것이 병원·진료소·왕립의학회의 창설, 의학적 직업의 코드화, 대대적인 공중위생 캠페인, 소아와 어린이들의 위생에 관한 모든 대대적인 캠페인이었습니다.[8]

결국 제가 여러분께 딱 두 개만 예로 들었던 이런 기획에서는 네 가지가 문제였습니다. 선별, 규범화, 위계화, 집중화. 규율권력이라고 불리는 것에 관한 약간 상세한 연구 작업에서도 네 가지 조작이 있었다는 점을 볼 수 있습니다.[9] 18세기는 앎들이 규율화[분과학문화]된 세기, 다시

---

8) 의학적 앎에서의 규범화 절차[과정]에 관해서는 다음을 참조하라. Michel Foucault, *Naissance de la clinique: Une archéologie du regard médical*, Paris: PUF, 1963. [홍성민 옮김, 『임상의학의 탄생』, 이매진, 2006]. 푸코의 1974년 브라질 강연들도 참조하라. "Crise de la médecine ou crise de l'antimédecine?"(1976); "La Naissance de la médecine sociale"(1977); "L'incorporation de l'hôpital dans la technologie moderne" (1978), *Dits et Écrits*, t.3: 1976-1979, éd. Daniel Defert et François Ewald, avec collab. Jacques Lagrange, Paris: Gallimard, 1994. 또한 의료적 내치에 관한 분석도 참조하라. "La politique de la santé au XVIIIᵉ siècle"(1976/79), ibid..

말해 각각의 앎이 그 자체에 고유한 장 속에서 거짓된 앎이나 앎이 아닌 것을 멀리할 수 있게 해주는 선별의 기준, 내용을 동질화·규범화하는 형식들의 기준, 위계화하는 형식들의 기준, 마지막으로 일종의 사실의 공리화 주변에 이 앎들을 집중화시키는 내적 조직을 모두 갖는 하나의 분과학문으로서 내적으로 조직화되는 세기입니다. 즉, [한편으로] 각각의 앎이 분과학문으로서 정비되고, 다른 한편으로 이렇게 내부로부터 규율화된 이런 앎들이 바로 그 '과학'이라 불리는 일종의 전반적인 장이나 전반적인 분과학문 안에서 서로 교통하고 분할되고 위계화되도록 배열된 것입니다. 18세기 이전에 과학은 실존하지 않았습니다. 학문들, 앎들, 또한 뭐랄까 철학은 존재했습니다. 철학은 바로 앎들 상호 간의 조직체계, 아니 오히려 교통체계였습니다. 그리고 바로 이랬기 때문에 철학은 발전해가는 지식들 내부에서 효과적이고 실제적이며 조작적인 역할을 할 수 있었습니다. 그런데 앎들의 규율화와 더불어, 그 다형적 특이성 속에서, 이제 우리의 문화와 한 몸을 이루고 '과학'이라 불리는 이런 사태와 이런 제약이 동시에 나타났습니다. 제 생각에는 바로 이 순간부터, 바로 이런 사태 때문에 한편으로 철학의 근본적인 동시에 창설적인 역할이 사라졌습니다. 이후 철학은 과학의 내부와 앎의 과정 내부에서 더 이상 그 어떤 유효한 역할도 맡지 못하게 됩니다. 동시에 그리고 이와 나란히, 모든 과학들의 형식적 도구이자 엄격한 기초이게 될 보편과학의 기획으로서의 **보편수학**이 사라집니다. 일반적 영역으로서의 과학, 앎들의 규율적 경찰로서의 과학이 철학과 **보편수학**의 뒤를 동시에 잇는 것입니다. 그리고 이후 과학은 앎들의 규율적 경찰에 특유한 문제를 제기하게 됩니다. 분류의 문제, 위계화의 문제, 근접의 문제 등이 그것입니다.

---

9) 규율권력, 그리고 규율권력이 앎에 끼치는 효과에 관해서는 다음의 책을 참조하라.
  Michel Foucault, *Surveiller et Punir: Naissance de la prison*, Paris: Gallimard, 1975. [오생근 옮김, 『감시와 처벌』(재판), 나남, 2003.]

앎들의 규율화[분과학문화], 그에 따라 과학에서 조작적인 철학적 담론과 과학들에 내적인 **보편수학**이라는 기획을 몰아낸 이 중대한 변화를, 18세기는 여러분도 아시다시피 이성의 진보라는 형식으로 의식했습니다. 하지만 저는 이성의 진보라 불렸던 것 아래에서 일어났던 일이 다형적이고 이질적인 앎들의 규율화였음을 포착해야만 비로소 이해할 수 있는 것도 있다고 생각합니다. 첫째, 대학의 등장입니다. 물론 엄밀한 의미에서는 등장이 아닙니다. 대학은 훨씬 전부터 존재했고, 기능과 역할을 갖고 있었으니까요. 하지만 18세기 말과 19세기 초부터, 즉 나폴레옹식 대학이 창립된 바로 이 시기에 상이한 단계와 상이한 연장, 서열, 문어발 조직을 갖춘 앎들의 일종의 거대하고 균일한 기구 같은 것이 등장했습니다. 대학은 우선 선별 기능을 갖고 있습니다. 결국 본질적으로는 그리 중요하지 않은 사람들의 선별이 아니라 앎들의 선별입니다. 대학은 사실을, 또한 권리를 독점해 선별의 역할을 행사합니다. 이 때문에 상대적으로 헐거운 경계에서, 그러나 대체로 대학이나 공적 연구기관을 구성하는 이런 종류의 제도적 장 내부에서 생겨나지도 형성되지도 않은 앎, 이런 장의 외부에서 야생적 상태에 있는 앎, 다른 곳에서 생겨난 앎은 다짜고짜 완전히 배제된 것은 아닐지언정 자동적으로, 적어도 선험적으로 자격이 박탈됐습니다. 아마추어 학자들의 사라짐. 이것은 18~19세기에는 잘 알려진 현상입니다. 따라서 대학의 선별 역할은 앎들의 선별입니다. 앎들의 단계·질·양을 상이한 수준에서 분배하는 역할인 것이죠. 이것은 대학기구의 상이한 단계들 사이에 존재하는 모든 장벽과 더불어, 교육의 역할입니다. 공인된 지위를 지닌 일종의 과학적 공동체를 구성함으로써 이 앎들을 동질화하는 역할이기도 합니다. 또한 이것은 합의의 조직화입니다. 마지막으로 이것은 국가의 기구들에 의한 직접적 또는 간접적인 집중화입니다. 그러니까 그 불확실한 연장 및 경계선과 더불어 대학 같은 것이 앎들의 규율화, 앎들의 규율적 조직화가 행해지던 바로 그 순간에, 즉 19세기 초부터 출현한 것은 당연합니다.

이로부터 우리는 두 번째 사실을, 즉 독단주의의 형식에서 일어난 변화를 이해할 수 있습니다. 앎의 메커니즘, 즉 앎의 내적 규율 안에서 이런 내적 규율을 위해 마련된 기구에 의해 통제의 한 형식이 산출될 때부터, 그러니까 이런 통제의 형식을 갖게 된 순간부터, 언표의 정통교리 같은 것이 완전히 포기될 수 있었음을 알아야 합니다. 정통교리는 아주 비싼 대가를 치러야 했습니다. 왜냐하면 이 오래된 정통교리, 이 원칙은 앎에 대한 종교적·성직자적 통제양식으로서 기능했으며, 과학적으로 참이고 과학적으로 비옥했던 몇 가지 언표들을 규탄하고 배제하도록 부추겼기 때문입니다. 언표 자체를 대상으로 하고, 적합한 언표인지 적합하지 않은 언표인지, 받아들일 수 있는 언표인지 받아들일 수 없는 언표인지를 추려내는 이 정통교리를 분과학문, 18세기에 수립된 앎의 내적 규율화는 다른 것으로 대체하게 됩니다. 즉, 언표의 내용에 관해서가 아니라, 어떤 진실에 부합하는가 하지 않는가에 관해서가 아니라, 언표행위의 규칙성에 관해 이뤄진 통제로 말입니다. 문제는 누가 말하는가, 그리고 그는 말할 자격이 있는가, 이 언표는 어떤 수준에 자리잡고 있는가, 이 언표를 어떤 전체 속에서 다시 자리매김할 수 있는가, 이 언표는 어떤 점에서 어느 정도로 앎의 다른 형태나 다른 유형론에 적합한가를 아는 것입니다. 이것은 한편으로 언표의 내용에 관해 무한정지는 않을지언정 적어도 아주 넓은 의미에서는 상당한 자유를 가능케 했으며, 다른 한편으로 언표행위의 절차의 수준 자체에서는 가장 엄밀하고 가장 포괄적이며 그 적용 범위가 가장 넓은 통제를 가능케 했습니다. 그래서 언표의 훨씬 더 대대적인 회전[선회/쇄신]의 가능성이, 진실의 훨씬 더 급속한 폐지가 아주 자연스럽게 도출됩니다. 이로부터 인식론적 장애물의 제거가 일어납니다. 언표의 내용을 대상으로 한 정통교리가 과학적 앎의 축적을 갱신하는 데 장해물이 됐던 만큼, 거꾸로 언표행위의 수준에서 규율화는 훨씬 더 대대적으로 언표가 빠르게 갱신되는 것을 가능케 했습니다. 언표의 검열에서 언표행위의 규율로, 혹은 정통교리에서 제가 '정통학'이라고 부를 어떤 것으로, 규율에서 출발해 지금 행사되는 통제의 형식으로 이행한 것입니다.

아뿔싸! 논의가 약간 산만해졌군요……. 우리가 연구했고 보여줄 수 있었던 것은 다음과 같습니다. 즉, 가장 미세하고 가장 기본적인 수준에서 파악된, 개인들의 신체 자체의 수준에서 파악된 권력의 규율적 테크닉[전문기술][10]이 어떻게 권력의 정치경제를 변화시키는데 이르렀는가, 어떻게 그 기구들을 변경했는가? 또한 신체를 대상으로 한 권력의 이 규율적 테크닉이 어떻게 앎의 누적을 야기했을 뿐만 아니라 가능한 앎의 영역들을 끌어내게 했는가? 그리고 신체에 적용된 권력의 규율이 어떻게 예속된 신체로부터 혼-주체, '나,' 정신현상 등과 같은 것을 끌어냈는가? 이 모든 것이 작년에 제가 연구하고자 했던 것입니다.[11] 신체를 대상으로 삼은 것이 아니라 앎을 대상으로 삼은 다른 형태의 규율적 조직화가, 이 최초의 것과 동시대적인 규율화가 어떻게 생겨났는지를 이제 연구해야만 한다고 저는 생각합니다. 그리고 앎을 대상으로 한 이 규율화가 어떻게 앎들의 증식에서 인식론적 장애물을 제거해 새로운 형태를, 새로운 규칙성을 야기했는가를 보여줄 수 있다고 저는 생각합니다. 이 규율화가 어떻게 권력과 앎 사이의 새로운 관계양식을 정비했는지를 보여줄 수 있다는 것입니다. 마지막으로, 규율된 이 앎에서부터 어떻게

---

10) 특히 다음을 참조하라. Michel Foucault, *Théories et Institutions pénales: Cours au Collège de France, 1971-1972*, éd. Bernard E. Harcourt, Paris: Seuil/Gallimard, 2015. [황재민 옮김, 『형벌의 이론과 제도: 콜레주드프랑스 강의 1971~72년』, 도서출판 난장, 근간]; *La société punitive: Cours au Collège de France, 1972-1973*, éd. Bernard E. Harcourt, Paris: Seuil/Gallimard, 2013. [황재민 옮김, 『처벌사회: 콜레주드프랑스 강의 1972~73년』, 도서출판 난장, 근간.]

11) Michel Foucault, *Les Anormaux: Cours au Collège de France, 1974-1975*, éd. s. dir. François Ewald et Alessandro Fontana, par Valerio Marchetti et Antonella Salo-moni, Paris: Gallimard/Seuil, 1999. [이재원 옮김, 『비정상인들: 콜레주드프랑스 강의 1974~75년』, 도서출판 난장, 근간.]

새로운 제약이, 더 이상 진리라는 제약이 아니라 과학이라는 제약이 출현했는지를 보여줄 수 있습니다.

이 모든 것은 왕의 역사서술, 라신느와 모로의 역사서술과는 약간 거리가 먼 것입니다. 여기서는 그렇게 하지 않겠습니다만 우리는 분석을 재개해, 마치 역사나 역사적 앎이 투쟁의 일반적 장에 들어선 바로 그 순간에 역사가 어떻게, 다른 이유에서, 결국 제가 지금 말씀드린 테크놀로지적 앎과 똑같은 상황에 있었는가를 보여줄 수 있습니다. 이 테크놀로지적 앎들은 이 앎들의 분산, 고유한 형태론, 지역화, 국지적 성격 속에서, 그 자체를 감싸고 있는 비밀과 더불어 경제적 투쟁과 정치적 투쟁의 관건[목표]인 동시에 도구였습니다. 국가는 이 테크놀로지적 앎들 상호 간의 일반적 투쟁에 규율화라는 기능과 역할을 갖고, 다시 말해 선별, 동질화, 위계화, 중앙집중화를 통해 개입했습니다. 그리고 역사적 앎은 완전히 상이한 이유들로, 거의 같은 시기에 투쟁과 전투의 장에 진입했습니다. 더 이상 직접적인 경제적 이유 때문이 아니라 투쟁과 정치투쟁의 이유 때문에 말입니다. 실제로 그때까지 국가 또는 권력의 담론의 일부였던 역사적 앎이 자기 자신에 붙들렸을 때, 18세기 내내 이 권력과의 관계에 의해 적출되고 정치투쟁의 도구가 됐을 때, 권력 편에서는 동일한 방식과 동일한 이유로 역사를 되찾아 규율화하려고 시도했습니다. 18세기 말에 역사부가 창설되고 19세기에 광산학교나 토목학교가 창설된 것과 거의 동시대에, 이후 고문서 학교가 되는 어떤 거대한 고문서 보관소가 창설되는데, 이것 또한 앎의 규율화에 일치합니다. 토목학교는 조금 다르지만 그 점이 그리 중요한 것은 아닙니다. [아무튼] 왕권에 중요한 것은 역사적 앎, 역사적 앎들을 규율화하고, 이로써 국가의 앎을 수립하는 것이었습니다. 다만, 테크놀로지적 앎과 관련지어 볼 때 다음과 같은 차이가 있었습니다. 역사가 제 생각처럼 본질적으로 반국가적인 앎인 한에서, 국가에 의해 규율화된 역사, 그러니까 공식적 교육의 내용이 된 역사는 투쟁과 연결된 역사, 즉 투쟁하는 주체의 의식으로서의 역사와 끊임없이 대결했습니다. 규율화가 이런 대결을 누그러뜨리지는 못했습니다. 18세기 동안 시행된 규율화가 테크놀로지의 차원에서는 대체로 효과적이고 성공적이었다고 할 수 있는 반면, 역사적 앎에 관련해서는 한편으로 규율화가 있긴 했지만 이 규율화는 비국가적 역사, 탈중심화된 역사, 투쟁하는 주체들의 역사를 막지 못했을 뿐만 아니라 [다른 한편으로] 투쟁, 몰수, 상호대결의 모든 방식을 통해 결국 이런 역사들을 강화했습니다. 그리고 이런 한에서, 우리는 의식과 역사적 앎의 두 개의 수준을 영원히 갖게 됩니다. 물론 이 두 개의 수준은 점점 더 서로 벌어집니다. 하지만 이 벌어짐은 서로의 실존을 결코 방해하지 않습니다. 한편에는 역사학이라는 형식으로 실제로 규율화된 앎이 있습니다. 그리고 다른 한편에는 다형적이고 분열되어 있고 투쟁하는 역사적 의식이 있는데, 이것은 정치적 의식의 다른 측면, 다른 얼굴과 다름 없습니다. 제가 여러분께 말씀드리고 싶은 것은 18세기 말부터 19세기 초까지 이런 사항들 중 몇 가지에 관해서입니다.

9강. 1976년 3월 3일

역사적 앎의 전술적 일반화 | 헌법, 혁명, 그리고 순환적 역사 | 미개인과 야만인 | 야만인의 세 검열: 역사적 담론의 전술들 | 방법의 문제: 부르주아지의 인식 장과 반역사주의 | 프랑스 혁명에서의 역사적 담론의 재활성화 | 봉건제와 고딕 소설

지난번에 저는 어떻게 18세기 초반의 귀족적 반동 주변에서 하나의 역사적-정치적 담론, 하나의 역사적-정치적 장이 형성되고 구성됐는가를 보여드렸습니다. 이번에는 다른 시점時點으로, 프랑스 혁명 무렵으로 자리를 바꿔보려 하는데, 제 생각에는 이 특정한 순간에서 두 개의 과정을 파악할 수 있습니다. 한편으로, 원래 귀족적 반동과 연결된 이 담론이 어떻게 일반화됐는가를 볼 수 있습니다. 하지만 이 담론은 역사적 담론의 말하자면 규제적·경전적 형식이 됐을 뿐만 아니라, 오로지 이 때문이라기보다는 이 담론이 귀족뿐만 아니라 마침내 다양한 전술에서도 사용될 수 있는 전술적 도구가 됐다는 의미에서 일반화됐습니다. 실제로 역사적 앎은 18세기 내내, 물론 기본적 명제들에 몇몇 수정이 가해지긴 했지만, 최종적으로는 정치적 장의 모든 적수들이 사용할 수 있고 과시할 수 있는 일종의 담론적 무기가 됐습니다. 요컨대 저는 어째서 이 역사적 담론이 귀족과 그 계급적 입장의 이데올로기나 이데올로기적 산물로 간주되어서는 안 되는지를 보여드리고 싶습니다. 그러므로 문제가 되는 것은 이데올로기가 아닙니다. 문제는 다른 것이고, 저는 바로 이 점을 짚어보려고 합니다. 문제는 그 담론적 전술, 앎과 권력의 장치인데, 이것은 전술이므로 전이가능하며, 최종적으로는 앎을 형성하는 법칙이 되는 동시

에 정치적 전투에 공통적인 형식이 되기도 합니다. 그러니까 역사적 담론은 일반화되는데, 그러나 전술로서 일반화됩니다.

프랑스 혁명의 순간에 모습을 드러낸 두 번째 과정은, 이 전술이 세 개의 상이한 전투와 대응하면서, 최종적으로는 서로 상이한 세 개의 전술을 산출하면서 세 개의 방향으로 전개되는 방식입니다. 하나는 민족성에 집중되는데, 한편으로는 언어의 현상들과, 그리고 그 결과 문헌학과 본질적으로 연속성을 맺게 됩니다. 다른 하나는 사회계급들에 집중되는데, 그 중심적 현상은 경제적 지배입니다. 그 결과 정치경제학과 근본적인 관계를 맺습니다. 마지막으로 세 번째 방향은, 이번에는 민족성에 집중되는 것도, 계급들에 집중되는 것도 아니라 인종에 집중되며, 그 중심적 현상은 생물학적 종별화와 선택[선별], 그러니까 역사적 담론과 생물학적 문제계 사이의 연속성입니다. 문헌학, 정치경제학, 생물학. 말하기, 노동하기, 살기.[1] 이 모든 것이 역사적 앎과 이것에 연결된 전술들의 주변에서 재투여되거나 재절합되는 것입니다.

오늘 제가 말씀드리고 싶은 첫 번째 것은 역사적 앎의 이 전술적 일반화입니다. 어떻게 18세기 초의 귀족적 반동에서 탄생했던 것이 18세기 말에는 어떤 관점을 취하든 모든 정치투쟁에서 사용되는 일반적 도구로 바뀔 수 있었는가? 첫 번째 질문은 이 전술적 다면성의 이유에 관한 것입니다. 침략자를 찬양하는 노래였던 아주 개별적인 이 도구가, 궁극적으로는 아주 특이한 이 담론이 어떻게, 왜 18세기의 정치적 전술과 정치적 대결에서 일반적인 도구가 될 수 있었을까요?

그 이유를 다음과 같은 방향에서 찾을 수 있다고 생각합니다. 그러니까 앙리 드 불랭빌리에는 민족적 이원성을 역사의 이해가능성의 원리로 삼았습니다. 이해가능성이란 세 가지를 의미했습니다. 우선 불랭빌리에

---

1) 푸코는 『말과 사물』에서 '고고학적'으로 분석하려고 했던 앎의 장들과 담론성의 형태들을 여기서 '계보학적'으로 재작업하고 재정식화하려는 것이 분명하다.

에게 중요했던 것은 전투, 전쟁, 정복, 침략 등 최초의 갈등을 발견하는 것, 즉 다른 모든 전투나 전쟁이나 대결을 그 직접적인 결과로서 파생시킬 수 있는, 또는 힘관계에서 일련의 자리바꿈이나 수정이나 역전에 의해 파생되는 최초의 갈등, 호전적 핵심을 발견하는 것이었습니다. 즉, 역사 속에서 퇴적되어온 모든 싸움을 관통하는 거대한 투쟁의 계보학을 말입니다. 어떻게 근본적 투쟁을 재발견하고, 어떻게 모든 전투를 관통하는 전략적 끈을 다시 잇는가? [둘째로] 불랭빌리에가 이루고자 했던 역사적 이해가능성은 이 근본적이고 핵심적인 전투를, 그리고 이로부터 어떻게 다른 싸움이 파생됐는가를 재발견하는 것만을 의미하지는 않습니다. 배반을, 본성에 반하는 동맹[야합]을, 한쪽의 계략과 다른 쪽의 비겁을, 모든 특혜를, 차마 말할 수 없는 계산을, 이런 변형을 가능케 했던 모든 용서할 수 없는 망각을, 그리고 이와 동시에 이를테면 근본적인 힘관계와 대결의 변조를 포착해야만 했습니다. '잘못은 누구에게 있는가?' 식의 일종의 대대적인 역사적 검증을 하는 것, 그러니까 전략적 끈을 다시 이을 뿐만 아니라 도덕적 분할들의 때로는 꾸불꾸불한, 그러나 끊기지 않은 선을 역사를 통해 추적하는 것이 목표였죠. 셋째, 이 역사적 이해가능성은 또 다른 것도 의미했습니다. 그것은 모든 전술적 자리바꿈, 모든 역사적-도덕적 횡령의 너머에서 선한 동시에 참이기도 한 힘관계를 재발견하고 백일하에 드러내는 것이었습니다. 참된 힘관계, 즉 이상적인 것이 아니라 현실적인 힘관계, 예컨대 프랑크족의 갈리아 침략이라는 결정적 힘의 시련 중에 역사에 의해 실제로 축적되고 기입됐던 어떤 힘관계를 발견하려고 했다는 의미에서 말입니다. 그러니까 역사적으로 참이고 역사적으로 실제적인 어떤 힘관계, 그 다음으로 다양한 배반이나 자리바꿈이 겪게 만든 모든 변질에서 벗어났기 때문에 선한 어떤 힘관계를 말이죠. 역사적 이해가능성의 탐구라는 이 테마는 다음과 같은 것이었습니다. 즉, 원래의 힘의 상태에서 한치도 바뀌지 않는 사물의 상태를 발견하는 것이 문제였습니다. 그리고 이 기획은 불랭빌리에와 그 후계자들에 의해 분명하게 정식화됐습니다. 예를 들어 불랭빌리에는 이렇게 말합니다. 우리의 현재 관습을 그 참된 기원으로 복귀시키고, 민족의 보통법의 원리들을 발견하며, 시간이 지남에 따라 무엇이 변했는지를 검토해야만 한다. 그리고 약간 뒤에, 루이-가브리엘 뒤 뷔아-낭세는 이렇게 말해야만 했습니다. 통치의 근본적 정신의 지식에 비추어 몇몇 법률들에 활력을 다시 불어넣고, 활력이 너무 커서 균형을 깨뜨릴 수도 있는 법률은 변경하며, 조화와 관계를 복원해야 한다.

따라서 역사의 이해가능성의 분석이라는 이런 [종류의 — Fr.] 기획에는 세 가지 과제가 있었습니다. 전략적 끈을 다시 잇는 것, 도덕적 분할들의 끈을 추적하는 것, 정치와 역사의 구성점이라고 불릴 수 있는 것을, 왕국의 구성 순간을 엄정하게 복원하는 것입니다. 제가 '구성점'이라든가 '구성 순간'이라고 말하는 것은 '구성'이라는 말을 완전히 지우지는 않더라도 약간이나마 피하고 싶기 때문입니다. 사실, 문제가 되는 것은 헌법[구성]입니다. 헌법을 복원하기 위해 역사를 연구했던 것입니다만, 헌법은 어떤 시점에서 정식화된 법률의 명시적 전체로서 이해될 수 있는 것이 전혀 아닙니다. 문제는 왕 사이에서, 혹은 군주와 그 신민들 사이에서, 옛날에 혹은 훨씬 더 먼 옛날에 통용된 일종의 창설적 법관습을 재발견하는 것이 아닙니다. 역사적 정합성과 상황을 지닌 어떤 것, 법률의 차원보다는 힘의 차원에 속하는 어떤 것, 문서의 차원보다는 균형의 차원에 있는 어떤 것의 재발견이 문제입니다. 이 어떤 것이 구성[헌법]인데, 하지만 의사들이 이해한 것과 거의 똑같은 의미에서의 구성입니다. 즉, 힘관계, 비율의 균형과 작용, 안정적인 비대칭성, 알맞은 불평등 같은 것 말입니다. 18세기의 의사들이 '체질'2)을 언급할 때 말했던 것은

---

2) '체질'에 관한 의학 이론은 오랜 역사를 가지고 있다. 그러나 여기서 푸코는 토머스 시드넘(Thomas Sydenham, 1624~1689), L.-S.-D. 르 브룅(L.-S.-D. Le Brun, 1710 ~1782), 테오필 보르되(Théophile Bordeu, 1722~1776)에서 출발해 18세기에 정식화되고, 19세기 전반에 마리-프랑수아-자비에 비샤(Marie-François-Xavier Bichat,

바로 이것이었죠. 이 구성이라는 관념은 귀족적 반동의 주변에서 형성된 역사적 문헌에서는 뭐랄까 의학적인 동시에 군사적인 것이었습니다. 즉, 선과 악 사이의 힘관계[인 동시에], 적수들 사이의 힘관계였던 것이죠. 재발견해야만 하는 이 구성의 순간과 다시 만나려면 근본적인 힘관계를 인식하고 복원시켜야만 합니다. 옛 법률들의 복원이 아니라 힘들의 회전^{révolution}, 즉 밤에서 낮으로, 아주 낮은 곳에서 훨씬 높은 곳으로 이행한다는 의미에서의 회전 같은 어떤 것에 의해 접근할 수 있는 구성을 수립하는 것이 문제입니다. 불랭빌리에에서부터 가능해졌던 것은 구성이라는 개념과 혁명이라는 개념, 이 두 가지 개념의 짝짓기입니다. 저는 이 점이 중요하다고 생각합니다. 본래 의회파의 문헌이었던 역사적-법적 문헌 속에서 헌법[구성]이 본질적으로 왕국의 기본 법률들로, 즉 법적 기구나 관례의 차원에 속하는 어떤 것으로 이해되는 한, 헌법[구성]의 회귀란 어찌 보면 다시 빛을 보게 된 법률들의 결정적인 복원일 뿐임은 분명합니다. 반대로, 헌법[구성]이 더 이상 법적 뼈대나 법률의 총체가 아니라 힘관계라고 한다면, 그 관계를 무에서부터 복원할 수는 없습니다. 역사의 순환 운동 같은 어떤 것이 존재할 때에만, 특히 역사를 자기 자신에게 돌아가게 하고 그 출발점으로 되돌릴 수 있는 어떤 것이 존재할 때에만 그 관계를 복원할 수 있습니다. 그에 따라 이 의학적-군사적 구성이라는 관념에 의해, 즉 힘관계에 의해 순환적 역사철학 같은 어떤 것이, 특히 역사는 이런 원圜을 따라서 전개된다는 관념이 거기에 재도입됩니다. 다른 곳에서 저는 이런 관념이 '도입된다'고 말하는데, 사실은 이런 관념이 재도입되는 것입니다. 혹은 사물의 회귀라는 천년왕국주의의 오랜 테마가 분절된 역사적 앎과 연동되는 것입니다.

1771~1802)와 파리 학파에 의해 발전된 병리해부학 이론을 지칭하고 있는 것이 분명하다. 특히 『임상의학의 탄생』을 참조하라. [푸코는 이 문단에서 '구성,' '헌법,' '체질'을 모두 프랑스어 constitution으로 표현하고 있다.]

순환적 시간의 철학으로서의 역사철학은 구성과 힘관계라는 이 두 가지 개념이 작동됐던 18세기부터 가능해졌습니다. 제 생각에는 맨 처음 불랭빌리에에서부터, 실제로 분절된 역사적 담론의 내부에서 순환적 역사라는 관념이 나타납니다. 불랭빌리에는, 제국은 태양의 빛이 대지를 밝게 비춰주듯이 성장하고 쇠퇴한다[3]고 말했습니다. 태양의 회전, 역사의 혁명. 두 가지가 이제 한데 연결됐다는 것을 알 수 있죠. 따라서 세 가지 테마의 짝짓기, 연결이 있습니다. 구성, 혁명, 순환적 역사. 이것이 불랭빌리에가 초점을 맞춘 전술적 도구의 측면들 중 하나입니다.

두 번째 측면. 좋은 것이자 참인 구성점을 역사 속에서 찾으며 불랭빌리에가 하고 싶었던 것은 무엇일까요? 물론 불랭빌리에는 구성점을 법률 속에서도, 자연 속에서도 찾으려 하지 않았습니다. 이것은 제가 방

---

3) 1700년경에 작성되어 1730년에 출판된 한 논문에서, 앙리 드 불랭빌리에는 고대 로마의 '몰락,' '쇠퇴'에 대해 그것이 "오래 지속된 모든 나라들에 공통적인 운명"이라고 말하며 이렇게 덧붙였다. "세계는 연속적 계기(繼起)의 노리개이다. 귀족과 그들의 특혜가 어떻게 이런 공통의 규칙에서 벗어날 수 있단 말인가?" 그렇지만 불랭빌리에는 이 계기에 대해 "우리의 수많은 후손 중 누군가가 우리가 살고 있는 이 어둠을 꿰뚫어 우리의 이름에 그 옛 광채를 되돌려 줄 수 있을 것"이라고 생각했다. Henri de Boulainvilliers, "Essais sur la noblesse de France contenant une disserta-tion sur son origine et abaissement"(1700), *Continuation des mémoires de littéra-ture et d'histoire*, t.IX, Paris: Simart, 1730, p.85. 순환 관념은 동시대의 잠바티스타 비코(1668~1744)에게서도 찾아볼 수 있다. Giambattista Vico, *Principj di una Scienza nuova*, Naples: Felice Mosca, 1725. [이원두 옮김, 『새로운 학문』, 동문선, 1997.] 『세계의 점성술』(1711)에서 불랭빌리에는 "한 나라와 한 민족의 군주제는 다른 나라와 다른 민족으로 이전된다"고 하는 '전(前)헤겔적' 이념을 정식화했다. 불랭빌리에에게 '질서'는 "전혀 고정되어 있지 않다. 왜냐하면 언제나 지속될 수 있는 사회란 없고, 가장 광활하고 가장 두려움에 떨게 하는 제국들도 자신들이 만든 바로 그 수단에 의해 파괴되기 때문이다. 다른 사회가 그들 한가운데서 생겨나 그 모든 힘과 설득을 통해 옛 신민들을 정복하고 예속시킨다." Henri de Boulainvilliers, *Astrologie mondiale: Histoire du mouvement de l'apogée du Soleil ou pratique des règles d'astrologie pour juger des événements généraux*, éd. Renée Simon, Garches: Éditions du Nouvel Humanisme, 1949. pp.141~142.

금 말씀드린 반법률주의이지만, 반자연주의이기도 하죠. 불랭빌리에와 그 후계자들의 커다란 적수는 자연, 자연인일 것입니다. 혹은 이런 점에서 불랭빌리에게 도구와 전술이 될 이런 장르의 분석에서는 두 가지 의미로 이해된 자연인, 미개인이 커다란 적수입니다. 선하든 악하든 미개인이란 법학자들이나 법의 이론가들이 사회 이전에, 사회를 구성하기 위해 그로부터 사회체가 구성되는 요소로 상정하는 자연인입니다. 불랭빌리에와 그 후계자들은 구성점을 찾을 때, 어떤 면으로는 사회체에 선행하는 이 미개인을 찾으려 하지 않았습니다. 그들이 푸닥거리하고 싶었던 것은 미개인의 또 다른 측면, 즉 경제학자들에 의해 발명된 이상적 요소로서의 자연인, 역사도 없고 과거도 없으며 자신의 이익에만 이끌려 행동하고 자기 노동의 생산물을 다른 생산물과 교환하는 인간이었습니다. 즉, 불랭빌리에와 그 후계자들의 역사적-정치적 담론이 푸닥거리하고 싶었던 것은 이론적-법적 미개인, 계약을 맺고 사회를 창설하기 위해 숲에서 나온 미개인, 교환과 물물교환을 할 운명인 **호모 에코노미쿠스**로서의 미개인입니다. 제가 생각하기에 미개와 교환의 이 짝은 법 사상에서만, 18세기의 법 이론에서만 절대적으로 근본적인 것이 아닙니다. 마찬가지로 미개와 교환의 이 짝은 18세기의 법 이론 이래 19~20세기의 인류학에 이르기까지 계속 발견됩니다. 결국 19~20세기의 인류학적 사유에서 그러했듯이, 18세기의 법 사상에서 이 미개인은 본질적으로 교환하는 인간입니다. 미개인은 교환자, 즉 법의 교환자 또는 재화의 교환자인 것입니다. 법의 교환자로서, 미개인은 사회와 주권을 창설합니다. 재화의 교환자로서, 미개인은 경제체이기도 한 사회체를 구성합니다. 미개인은 18세기 이래로 기초적 교환의 주체입니다. 음, 결국 18세기 법 이론에서 대단히 중요했던 이 미개인에 맞서 불랭빌리에가 개시한 역사적·정치적 담론은 다른 인물을 내세웠습니다. 법학자들과 그 뒤를 잇는 인류학자들의 미개인처럼 기초적인 인물이지만, 아주 상이하게 구성된 인물을 말합니다. 미개인의 이 적수, 그것은 야만인입니다.

야만인은 미개인과 대립되는데, 어떤 식으로 대립될까요? 우선 다음과 같은 점에서 대립됩니다. 본질적으로 미개인은 미개상태에서는 다른 미개인들과 더불어 늘 미개합니다만, 사회적 유형의 관계에 들어서자마자 미개한 존재이기를 그칩니다. 거꾸로 야만인은 자신의 외부에 있는 문명과의 관계에 의해서만 이해되고 특징지어지며 정의될 수 있는 자입니다. 자신이 그 외부에 있고 그것에 맞서 투쟁하게 되는 문명이라는 지점이 어딘가에 존재하지 않는다면, 야만인은 존재하지 않습니다. 야만인이 경멸하거나 부러워하는 문명이라는 이 지점에 대해 야만인은 반목상태에 있으며, 영구적 전쟁관계에 있습니다. 야만인은 자신이 파괴하고 제 것으로 삼으려고 하는 문명 없이는 존재하지 않습니다. 야만인은 늘 국가의 국경을 짓밟는 인간, 도시의 성벽을 두드리는 자입니다. 야만인은 미개인과 달리, 자신이 속한 자연이라는 배경에 좌우되지 않습니다. 야만인은 자신이 부딪치게 될 문명이라는 배경에서만 생겨납니다. 야만인은 사회를 창설함으로써가 아니라 문명에 침투해 문명을 불사르고 파괴함으로써만 역사 속에 진입하는 것입니다. 따라서 야만인과 미개인의 첫 번째 [대립] 지점, 차이는 이 문명과의, 따라서 선행하는 역사와의 관계라고 생각합니다. 야만인은 자신이 불사르려고 온 문명이라는 선행하는 역사 없이는 존재하지 않습니다. 다른 한편, 야만인은 미개인처럼 교환의 벡터가 아닙니다. 야만인은 본질적으로 교환과는 아주 다른 것의 벡터입니다. 야만인은 지배의 벡터입니다. 야만인은 미개인과 달리, 빼앗고 제 것으로 삼습니다. 야만인은 땅의 시초적 점유를 행하는 것이 아니라 노략질을 합니다. 즉, 소유관계는 늘 이차적인 것입니다. 야만인은 선행하는 소유물만을 탈취합니다. 마찬가지로 야만인은 다른 자들이 자신에게 봉사하게 만들며, 다른 자들이 토지를 경작하고 말을 사육하며 무기를 준비하도록 만듭니다. 마찬가지로 야만인의 자유는 다른 자들의 잃어버린 자유에만 의존합니다. 자신이 유지하는 권력과의 관계에서도 야만인은 미개인과 달리, 결코 자신의 자유를 양보하지 않습니다. 미개인은 남아돌 정도의 자유를 갖고 있으며, 자신의 목숨, 안전, 소유물, 재산을 지키기 위해 자유를 양보하기도 합니다. [하지만] 야만인은 결코 자신의 자유를 양보하지 않습니다. 권력을 받아들였다면, 왕을 섬기고 우두머리를 뽑았다면, 그것은 결코 권리에 대한 자기의 몫을 감소시키기 위해서가 아니라, 이와 반대로 자신의 힘을 증대시키기 위해, 노략질에서 더욱 강해지기 위해, 도둑질과 강간에서 더 강해지기 위해, 자신의 힘에 대해 더욱 확고부동한 자신감을 가진 침략자가 되기 위해서입니다. 야만인은 권력을 자신의 개인적인 힘을 증대시키는 것으로서 자리매김하는 것입니다. 다시 말해, 야만인에게 통치의 모델은 필연적으로 군사적 통치이며, 미개인을 특징짓는 시민적 양도의 계약에는 조금도 의존하지 않는 통치입니다. 제 생각으로는, 18세기에 불랭빌리에 유형의 역사가 수립했던 것은 이 야만인이라는 인물입니다.

따라서 우리는 우리 시대의 법학적-인류학적 사유에서, 그리고 오늘날 볼 수 있는 목가적이고 미국적인 유토피아[주의]에서까지, 몇몇 악의적 면모와 몇몇 결점이 알려져 있는데도 불구하고, 어떻게 미개인이 늘 선하다고 간주되는지를 이제 알 수 있습니다. 그들이 바로 교환하고 증여하는 기능을 갖고 있는데, 물론 자신의 이익에 가장 부합하게이지만 우리가 수용가능한, 그래서 [합]법적인 선함의 형식이라 인정할 수 있는 호혜성이라는 형식 속에서 증여를 행하는데, 어떻게 미개인이 선하지 않을 수 있겠습니까? 거꾸로 야만인은, 우리가 그들에게 이런 자질이 있다고 인정할 때에도 악랄하고 악독한 존재일 수밖에 없습니다. 교환의 인간과 자연의 인간이 아니라는 바로 그 이유 때문에, 야만인은 지독히도 거만한 존재이자 비인간적 존재일 수밖에 없습니다. 야만인은 역사의 인간이고, 약탈과 방화의 인간이며, 지배의 인간입니다. 야만인을 매우 좋아했습니다만, 가브리엘 보노 드 마블리는 야만인을 일컬어 "자존심이 세고 난폭하며, 조국도 없고 법률도 없는 자들"이라 했습니다. 야만인은 잔혹한 폭력을 너그러이 봐줍니다. 야만인에게 그런 폭력은 공공연한 것이기 때문이죠.4) 야만인의 혼은 위대하며 고귀하고 자부심이 높지만, 늘 음흉함과 잔인함과 결합되어 있습니다. 이 말들은 다 마블리에게서 나온 것입니다. 니콜라 드 본느빌은 야만인에 관해 언급하며 이렇게 말했습니다. "이 모험가들은 …… 숨쉬듯 전쟁을 생각한다. …… 칼이 그들의 법이며, 그들은 아무런 양심의 가책 없이 그 법을 실행했다."5) 그리고 야만인들의 우호적인 친구였던 장-폴 마라 역시 야만인이 "가난하고, 무례하며, 사교성도 없고, 기예도 없지만 자유롭다"6)고 말했죠. 야만인은 자연인일까요? 그렇기도 하고 그렇지 않기도 합니다. 늘 역사와, 선행하는 역사와 연결되어 있다는 의미에서는 [자연인이] 아닙니다. 야만인은 역사를 배경으로 생겨납니다. 뷔아-낭세가 내심 적으로 삼았던 샤를-루이 드 스콩다 몽테스키외를 겨냥해 말했듯이, 만일 야만인이 자연과 관계 있다면, 만일 야만인이 자연인이라고 한다면, 그때의 자연은 도대체 무엇의 자연일까요? 그것은 태양과 태양이 마르게 하는 진흙과의 관계, 엉겅퀴와 엉겅퀴를 먹고 사는 당나귀와의 관계입니다.7)

---

4) "자존심이 세고 난폭하며, 조국도 없고 법률도 없는 자들 …… 프랑스인들은 자신들 우두머리의 잔혹한 폭력조차 참아낼 수 있었다. 왜냐하면 그 폭력은 공적 관습의 차원에 있는 것이기 때문이다"(liv.1re, chap.I). Gabriel Bonnot de Mably, *Observations sur l'histoire de France*, Genève: Compagnie des Libraires, 1765; nouv. éd., t.1, Paris: J. L. J. Brière, 1823, p.6.

5) 이 인용문의 끝은 원래 이렇다. "칼은 그들의 법이며, 그들은 마치 자연법인 양 아무런 가책 없이 그 법을 실행했다"(liv.1re, chap.I). Nicolas de Bonneville, *Histoire de l'Europe moderne depuis l'irruption des peuples du Nord dans l'Empire romain jusqu'à la paix de 1783*, t.1, Genève: [s.n.] 1789, p.20.

6) "가난하고, 무례하며, 사교성도 없고, 기예도 없고, 재치도 없지만 자유롭다"(chap.V), [「정체의 악덕」(Des vices de la constitution politique)], Jean-Paul Marat, *Les Chaînes de l'esclavage: Ouvrage destiné à développer les noirs attentats des princes contre le peuple*, Paris: Marat, 1792; rééd., Paris: Union générale d'Éditions, 1988, p.30.

7) Louis-Gabriel Du Buat-Nançay, "De l'égalité des hommes"(liv.1re, chap.I~IX), *Éléments de la politique, ou Recherche sur les vrais principes de l'économie sociale*, t.1, London: [s.n.] 1773. 우리가 찾지 못한 위 인용은 이 맥락에서 나왔을 것이다.

무기의 앎이 한결같이 정치적 도구로 사용됐던 이 역사적-정치적 장에서, 18세기에 수립된 거대한 전술들의 특징은 각 전술들이 불랭빌리에의 분석에서 제시된 네 가지 요소를 어떻게 가동시켰느냐에 따라 구분될 수 있다고 저는 생각합니다. 구성[헌법], 혁명, 야만, 지배[가 바로 그 네 가지 요소입니다]. 결국 문제는 다음과 같은 점을 아는 것입니다. 어떻게 야만의 분출과 우리가 재발견하고 싶어 하는 이 구성[헌법]의 균형 사이에서 최적의 접합점을 수립할 수 있는가? 어떻게 힘들을 알맞게 안배하며 야만인이 가져오는 폭력, 자유 등을 가동시킬 수 있는가? 달리 말하면, 올바른 구성을 작동시키려면 야만인으로부터 무엇을 지키고 무엇을 배척해야 할까? 실제로 무엇을 발견해야 할까요? 유용한 야만? 문제는 결국 야만인과 야만성을 여과하는 것입니다. 구성적 혁명을 완수하기 위해 어떻게 야만적 지배를 여과해야 할까? 이것이 문제입니다. 구성적 혁명을 위해 야만을 여과하는 것이 필수적이라는 이 문제에 대한 상이한 해결책이 역사적 담론의 장에서, 역사적-정치적 장에서 상이한 집단, 상이한 이해관계, 전투의 상이한 중심의 전술적 입장을 규정하게 됩니다. 그것이 귀족의 것이든 군주제적 권력의 것이든, 부르주아지의 것이든 부르주아지 내의 상이한 경향들의 것이든 말이죠.

제 생각에 18세기에는 하나의 문제가 역사적 담론의 총체에서 불쑥 솟아났다고 생각합니다. 혁명**이냐** 야만이냐가 아니라 혁명**과** 야만, 혁명에서의 야만의 경제, 바로 이것이 그 문제입니다. 저는 이것이 문제라는 것을, 지난번 강의를 마쳤을 때 누군가 제게 건네준 텍스트를 통해 증명은 아니지만 확인할 수 있었습니다. 로베르 데스노스의 텍스트가 그것입니다. 저라면 사회주의**이냐** 야만이냐[8)의 문제라고 말하고 싶은데, 아

---

8) 여기서 푸코는 한 사상 집단을 암시하고 있다. 1948년부터 코르넬리우스 카스토리아디스(Cornelius Castoriadis, 1922~1997)를 중심으로 결성된 이 집단은 1949년부터 『사회주의냐 야만이냐』(*Socialisme ou Barbarie*)를 발간했다. 이 잡지는 40호를 끝으로 1965년에 폐간됐다. 카스토리아디스와 클로드 르포르(Claude Lefort, 1924~

무튼 이 텍스트는 혁명**이냐** 사회주의이냐의 문제가 어째서 20세기에도 여전히 잘못된 문제인지, 어째서 진짜 문제는 혁명**과** 야만인지를 완벽하게 보여줍니다. 자, 그 증거로 데스노스의 텍스트를 살펴보죠. 이 텍스트는 『초현실주의 혁명』에 실린 듯한데, 서지정보가 없어서 확실하지는 않습니다. 다음의 텍스트인데, 18세기에서 직접 뽑아낸 텍스트라 해도 믿으실 수 있을 것입니다. "어두운 동방에서 태어난 문명화된 자들은 아틸라, 티무르나 다른 무명씨들과 마찬가지로 서방을 향해 계속 진군한다. 문명화된 자들이란 과거의 야만인, 즉 밤의 모험가들의 사생아이며, 적(로마인, 그리스인)이 타락시킨 자들이다. 태평양 연안과 히말라야의 산비탈에서 쫓겨난 '이 거대한 부대'는 그네들의 사명을 저버리고, 이제 침략에서 그리 멀지 않은 시기에 그네들을 쫓아냈던 자들과 직면했다. 칼마키아족[과거의 몽골족]의 자식들, 훈족의 손자들이여, 아테나이와 테바이의 옷장에서 빌려온 옷을, 스파르타와 로마에서 주워 입은 갑옷을 좀 벗어버리고, 조랑말을 타고 달리던 그대들의 아버지들이 그랬듯이 벌거벗은 모습을 보여줘라. 땅을 경작하며 정어리를 잡고 사과주를 만드는 너희 노르만족이여, 이 습지 많은 목초지와 사냥감이 넘쳐나는 숲에 다다르기 전에 북극권을 넘어 긴 항해의 흔적을 남긴 이 위험한 나룻배에 [다시] 올라타라. 사냥개야, 네 주인을 알아보거라! 너는 네가 보존하지 못했던 파괴의 권리를 주면서 너를 쫓아냈던 동방에서 도망쳤다고 믿었다. 그리고 세상을 한 바퀴 돌아 너는 이렇듯 동방의 등과 재회하는구나. 제발 부탁하노니, 제 꼬리를 잡으려고 빙빙 도는 개처럼 굴지 말라. 너는 영원히 서양의 꽁무니만 졸졸 쫓아다닐 것이냐? 그쳐라. 네 사명을 설명해다오, 오늘날 **서양인**이 되어버린 동방의 거대한 군대여."[9]

<hr />

2010)에게 자극받아 트로츠키주의적 반체제 인사들, 투사들, 지식인들(에드가 모랭, 장-프랑수와 리오타르, 장 라플랑슈, 제라르 주네트 등)이 이 잡지를 통해 소비에트 체제 비판, 직접 민주주의 문제, 개량주의 비판 등의 테마를 개진했다.

불랭빌리에는 상이한 역사적 담론들과 이것들이 속해 있는 정치적 전술을 복원하기 위해 구체적으로는 금발의 기골이 장대한 야만인, 침략과 폭력적 정복이라는 법적·역사적 사실, 토지의 강탈과 인간의 예속화, 극도로 제한된 왕권을 역사 속에 한꺼번에 도입했습니다. 야만이라는 현상이 역사 속에 침입하게 됐던 이 대대적이고 밀접하게 연결된 특징들에서 배제되는 것은 무엇일까요? 왕국을 지탱해야만 하는 정당한 힘관계를 재구성하려면 무엇을 간직해야 할까요? 저는 [야만적인 것에 관한] 세 개의 커다란 여과기 모델을 들고 싶습니다. 물론 18세기에는 다른 모델들도 있었지만, 제가 이 세 가지를 다루는 것은 이것들이 정치적으로, 그리고 분명히 인식론적으로 극히 중요하기 때문입니다. 또 이것들 각각은 아주 상이한 세 개의 정치적 입장에 대응하기 때문입니다.

야만적인 것에 관한 첫 번째 여과기는 극히 엄격하고 절대적인 여과기인데, 역사 속에 야만적인 것을 전혀 남겨두지 않으려고 하는 것이 바로 그것입니다. 이런 입장은 프랑스에 군주제를 들여오고 어떤 의미로는 그 운반자였을 수도 있는 게르만족의 침략 따위란 프랑스 군주제의 뒤에 없었음을 보여줘야만 했습니다. 귀족의 선조들은 라인 강 저편에서 온 정복자가 전혀 아니라는 것, 따라서 귀족을 군주와 다른 신민들 사이에 위치시키는 귀족의 특권들은 아주 뒤늦게 귀족에게 양도됐거나, 혹은 어떤 어두운 경로를 통해 찬탈됐다는 것을 보여줘야만 했습니다. 요컨대 이런 입장은 특권을 갖게 된 귀족을 야만적인 유목민 시조와 결부시키는 대신에, 이 야만적 핵심을 교묘히 피하고 사라지게 만들며 귀족을 이른바 허공에 붕 뜬 채로 내버려둬야만 했습니다. 귀족은 아주 뒤늦게, 인공적으로 창출됐다는 식으로 말입니다. 말할 것도 없이 군주제

---

9) Robert Desnos, "Description d'une révolte prochaine," *La Révolution surréaliste*, no.3, 15 avril 1925, p.25; rééd. en facsimilé, *La Révolution surréaliste, 1924-1929*, Paris: Éditions Jean-Michel Place, 1975.

의 테제인 이 테제는 장-바티스트 뒤보[10)부터 자콥-니콜라 모로[11)에 이르는 일련의 역사가들에게서 발견됩니다.

이 테제를 기본적 명제로 분절하면 대체로 다음과 같습니다. 아주 간단하게 말하면, 뒤보가 이렇게 말하고 이어서 모로도 이렇게 말하는데, 프랑크족은 결국 불랭빌리에가 철두철미하게 만들어낸 신화이자 환상이라는 것입니다. 프랑크족은 실존하지 않는다고, 다시 말해 무엇보다 우선 침략이란 게 전혀 없었다는 것입니다. 그렇다면 실제로 무엇이 일어났을까요? 침략은 있었지만, 다른 사람들이 일으킨 것이다. 부르군디족의 침략, 고트족의 침략이 있었으며, 이에 대해 로마인들은 속수무책이었다. 그리고 이런 침략에 맞서 로마인들은 군사적으로 몇 가지 장점이 있는 어떤 소수 민족에게, 하지만 동맹자의 자격으로 도움을 청했는데, 그들이 바로 프랑크족이었다. 프랑크족은 침략자로, 지배와 노략질을 할지도 모른다는 의심을 사는 기골이 장대한 야만인으로 받아들여진 것이 아니라, 동맹을 맺어 도움을 주는 소수 민족으로 받아들여졌다. 그래서 그들은 곧바로 시민으로서의 권리들을 누리게 됐다. 즉각 갈리아-로마의 시민이 됐을 뿐만 아니라, 정치권력의 도구도 부여받았다. 그리고 이 점과 관련해 뒤보는 클로도비크가 로마의 집정관이었음을 곧바로 환기시킵니다. 그러니까 침략도 아니고 지배도 아니며, 이민과 동맹이라는 것입니다. [프랑크족의] 침략도 없었고, 고유한 법체계나 관습을 지닌 프랑크족 인민이 있었다고도 말할 수 없다. 왜냐하면 아주 간단

---

10) Jean-Baptiste Dubos, *Histoire critique de l'établissement de la monarchie française dans les Gaules*, 3 vol., Paris: Osmont, 1734; nouv. éd., 4 vol., Paris: Didot, 1742.

11) Jacob-Nicolas Moreau, *Leçons de morale, de politique et de droit public, puisées dans l'histoire de la monarchie*, Versailles: Imprimerie du départ. des Affaires étran-gères, 1773; *Exposé historique des administrations populaires aux plus anciennes époques de notre monarchie*, Paris: Briand, 1789; *Exposition et défense de notre constitution monarchique française, précédé de l'historique de toutes nos assemblé-es nationales, dans deux mémoires*, Paris: Moutard, 1789.

히 말해, 그 숫자가 많지 않아서 프랑크족은 갈리아족을 "투르크인이 무어인을 다루는"[12] 것처럼 다룰 수 없었고, 자신들의 고유한 관습과 습관을 강요할 수도 없었기 때문이라고 뒤보는 말합니다. 프랑크족은 엄청나게 많은 숫자의 갈리아-로마인들 속에 흩어져 있었기 때문에 자신들의 관습을 간직할 수도 없었다. 그래서 프랑크족은 문자 그대로 녹아들어버렸다. 더구나 행정이나 통치에 관한 지식이 전혀 없었으니, 프랑크족이 어떻게 이 갈리아-로마의 사회와 정치적 기구로 녹아들어버리지 않을 수 있었겠는가? 전쟁술만 하더라도 프랑크족은 로마인에게서 빌려왔다고 뒤보는 말합니다. 뒤보에 따르면, 아무튼 로마적 갈리아의 행정메커니즘이 아주 탁월했기에 프랑크족은 이 메커니즘을 파괴하지 않도록 조심했다고 합니다. 로마적 갈리아의 것들 중에서 프랑크족이 변질시킨 것은 전혀 없었다고 뒤보는 말합니다. 질서가 승리한 것입니다. 그러니까 프랑크족은 흡수됐고, 이들의 왕은 게르만족에서 기원한 몇몇 이민자들이 거의 파고들지 못한 갈리아-로마적 구조물의 정점에, 그 표면에 그저 머물러 있을 뿐이라는 것입니다. 요컨대 바로 로마 황제의 독재관적 권리를 계승한 왕만이 구조의 정점에 머물렀던 것입니다. 다시 말해, 불랭빌리에가 믿었던 것처럼 야만적 유형의 귀족이 있었던 것이 전혀 아니며, 처음부터 절대 군주제가 있었다는 것입니다. 그리고 수 세기가 흐른 뒤에 단절이 생겨났습니다. 침략과 아주 유사한 것이 생겨났던 것입니다. 그러나 그것은 일종의 내적 침략이었습니다.[13]

---

12) "투르크인이 무어인을 대하듯 사람을 대하라"[인정사정 없이 다뤄라]는 의미의 옛 표현. 뒤보는 이렇게 썼다. "독자들은 갈리아 거주민들의 자연스러운 기질에 주목해야 한다. 다른 증거에 의존할 필요도 없이 그들은 그 어떤 시대에도 어리석거나 비겁한 사람들로 간주되지 않았다. 따라서 한 줌의 프랑크족이 1백만 명의 갈리아 로마인들을 투르크인이 무어인을 다루듯 다뤘다고는 도저히 생각할 수 없다" (liv.VI, chap.VIII). Dubos, *Histoire critique*……, t.IV, éd. 1742, pp.212~213.

13) 불랭빌리에에 대한 뒤보의 비판으로는 다음을 참조하라. Dubos, *Histoire critique* ……, t.IV, éd. 1742, liv.VI, chap.VIII~IX.

여기서 뒤보의 분석은 카롤링거 왕조 말기와 카페 왕조 초기로 자리를 옮기며, 그는 거기서 메롤링거 왕조가 처음에는 그 수혜를 누렸던 중앙 권력, 독재형 절대 권력의 쇠퇴를 간파합니다. 거꾸로 군주가 파견한 관리들은 점점 더 자신들의 권력을 강화해갔습니다. 이들은 자신의 행정 관할구역을 마치 자신의 소유물인 양 자신의 봉토로 만들어버렸습니다. 이렇게 중앙 권력의 해체에서 봉건제와 같은 것이 생겨납니다. 그러니까 봉건제는 뒤늦게 일어난 현상이며, 침략과 연결된 것이 아니라 중앙 권력의 내부 붕괴와 연결된 것입니다. 이것은 어떤 효과를, 침략과 똑같은 효과를 갖고 있지만, 이 침략은 권력의 위임자에 불과했던 자들이 권력을 찬탈함으로써 내부로부터 이뤄졌다고 할 수 있습니다. 뒤보가 쓴 구절을 읽어드리죠. "군주권의 해체와 관리들이 영주로 바뀐 현상은 외부의 침략과 아주 흡사한 효과를 낳았고, 왕과 인민 사이에서 지배적인 신분을 수립했으며, 갈리아를 진정한 정복의[정복된] 땅덩어리로 만들었다."[14] 불랭빌리에를 따를 경우 프랑크족의 시대에 일어났던 일을 특징지었던 세 가지 요소들, 곧 침략, 정복, 지배를 뒤보도 재발견합니다. 그러나 뒤보는 귀족계급의 탄생에서 유래하는 혹은 이 탄생과 상관적인 내적인 현상으로서 그것들을 재발견하죠. 이때의 귀족제는 인위적이고 완전히 보호되어 있으며, 프랑크족의 침략 및 이와 더불어 초래된 야만과는 아무런 관계가 없습니다. 그리고 이런 정복, 찬탈, 내적 침략에 맞서 투쟁이 발발합니다. 군주와 로마식 자치도시의 자유를 간직한 도시들이 한데 뭉쳐 봉건 영주들에 맞서 투쟁하게 됐던 것이죠.

우리는 뒤보, 모로, 모든 왕당파 역사가들의 담론에서 불랭빌리에의 담론이 하나씩 뒤집혀져 중요한 변화가 생겨남을 볼 수 있습니다. 즉, 역

---

14) 왕실 관리들의 [왕권] 침해와 [왕으로부터] 권한을 위임받은 공작들과 백작들이 세습 고관으로 변모된 것을 말한 뒤에 나온 마지막 문장만이 인용문인 듯하다. 뒤보는 이렇게 썼다. "갈리아가 정복의 땅덩어리가 된 것은 바로 그때였다." Dubos, *Histoire critique* ……, t.IV, éd. 1742, liv.VI, chap.XI, p.290.

사 분석의 중심이 침략의 사실과 초기 메롤링거 왕조에서 봉건제의 탄생과 초기 카페 왕조로 옮겨가죠. 또한 이 점이 중요한데, 귀족의 침략은 군사적 승리의 결과와 야만인의 침입이 아니라 내적 찬탈의 결과로서 분석됩니다. 정복의 사실은 항상 시인되지만 야만적 풍경도, 군사적 승리가 응당 야기할 만한 결과도 제거됩니다. 귀족은 야만인이 아니라 사기꾼, 정치적 사기꾼인 것입니다. 이상이 뒤집기에 의한 불랭빌리에의 담론에 대한 최초의 입장, 최초의 전술적 이용입니다.

이제 또 다른 여과기, 야만적인 것의 다른 여과기를 살펴보죠. 이 다른 유형의 담론에서는 이제 귀족계급이 누리는 특권의 배타적 성격에서 게르만적 자유, 즉 야만적 자유를 떼어내는 것이 문제가 됩니다. 달리 말하면, 목표가 된 것은 군주제의 로마적 절대주의에 맞서 프랑크족과 야만인들이 가져다준 자유를 계속 강조하는 것입니다. 이런 점에서 이 테제, 이 전술은 불랭빌리에의 그것과 여전히 아주 가깝습니다. 라인강 저편에서 온 털북숭이 무리가 갈리아에 들어왔고 그와 더불어 자유를 가져다줬습니다. 그러나 이 털북숭이 무리는 갈리아-로마적 사회체에서 그대로 유지될 귀족제의 핵심을 구성하는 전사적 게르만족이 아닙니다. 전사들이 물밀듯이 몰려오기는 했지만, 사실 그것은 무장한 인민입니다. 갈리아에 도입된 정치적·사회적 형태는 귀족제의 그것이 아니라 이와 정반대로 민주주의의 그것, 넓은 의미의 민주주의입니다. 이 테제는 마블리[15])에게서도, 본느빌[16])에게서도, 심지어 마라의 『노예의 사슬』에서도 발견됩니다. 그러니까 그 어떤 형태의 귀족제도 알지 못하고, 시민-병사라는 평등한 인민밖에는 알지 못하는 프랑크족의 야만적 민주주의인 것입니다. 프랑크족은 마블리의 말처럼 "자존심이 세고 난폭하며, 조국도 없고 법률도 없는 자들"[17])이자 각각 전리품으로만 먹고 살

---

15) Mably, *Observations sur l'histoire de France*, op. cit.

16) Bonneville, *Histoire de l'Europe moderne*……, op. cit.

며 그 어떤 형벌에도 구속받지 않으려 하는 병사-시민이었습니다. 이런 인민에게서는 그 어떤 권위도 지속될 수 없고, 그 어떤 권위도 합리화되거나 구성되지 못합니다. 마블리에 따르면, 갈리아에서 수립된 것은 바로 이처럼 난폭하고 야만적인 민주주의입니다. 그리고 이로부터, 이 수립으로부터 일련의 과정이 생겨납니다. 라인 강을 건너 갈리아에 침입했을 때는 장점이었던 야만적 프랑크족의 탐욕과 이기주의는, 이들이 일단 정착하자마자 결점이 됐습니다. 프랑크족은 약탈과 강탈에만 몰두했습니다. 프랑크족은 권력 행사를 소홀히 했고, 매 순간, 매해 왕권을 통제했던 3월 집회나 5월 집회도 소홀히 했습니다. 그러니까 프랑크족은 왕이 하고 싶은 대로 하도록 내버려뒀으며, 절대화되어가던 군주제가 자신들 위에서 구성되도록 내버려뒀습니다. 그리고 마블리에 따르면 교활하다기보다 다분히 무지한 성직자들이 게르만적 관습을 로마법에 입각해 해석합니다. 즉, 프랑크족은 사실상 공화제를 구성하고 있는데도 불구하고 자신들이 군주제의 신민이라고 믿었던 것입니다.

군주의 관리들에 관해 말하면, 이들도 점점 더 권력을 쥐게 됩니다. 그래서 이 관리들은 프랑크족의 야만이 가져다준 일반적 민주주의에서 점점 떠나, 군주제적인 동시에 귀족제적인 체제로 들어가게 됩니다. 이 과정은 느리게 진행됐는데 이에 대한 반작용의 순간이 있었습니다. 귀족계급에 의한 지배과 위협이 점점 더 강해진다고 느낀 카롤루스 대제가 선왕들이 소홀히 했던 인민에게 새롭게 기댔던 순간이 바로 그 순간입니다. 카롤루스 대제는 마르스 광장과 5월 집회를 부활시켰습니다. 모든 사람이, 병사가 아닌 사람들까지도 집회에 참여케 했던 것입니다. 그러니까 아주 잠깐 게르만적 민주주의로 회귀했지만, 이렇게 일시 정지된 뒤에는 민주주의를 사라지게 하는 느릿한 과정이 재개됐으며 쌍둥이 같은 두 개의 형상이 생겨나게 됐습니다. 하나는 군주제의 형상, [위그 카

---

17) Mably, *Observations sur l'histoire de France*, p.6.

페의 — Fr.] 형상입니다. 이 군주제는 어떻게 수립됐을까요? 야만적·프랑크적 민주주의에 맞서 귀족들이 점점 더 절대주의로 향하던 왕을 선택하기로 동의했을 때부터입니다. 그러나 다른 한편으로, 카페 왕조는 위그 카페라는 인물을 왕으로 공인해준 귀족들에게 그 답례로서 그들이 소임을 다해야 할 행정 구역과 관직을 봉토로 하사합니다. 결국 왕을 만들어낸 귀족들과 봉건제를 만들어낸 왕의 공모에 의해, 군주제와 귀족제라는 쌍둥이 형상이 야만적 민주주의의 위에서 생겨난 것이죠. 따라서 게르만적 민주주의를 배경으로 이 이중의 과정이 얻어집니다. 물론 아무튼 귀족제와 절대 군주제는 허구헌날 서로 다툽니다만, 이것들이 근본적으로는 쌍둥이 자매라는 점을 잊어서는 안 됩니다.

담론의 세 번째 유형, 분석의 세 번째 유형, 세 번째 전술은 가장 미묘하며, 역사적으로 가장 크게 성공했습니다. 그것이 정식화됐던 시대에는 뒤보나 마블리의 테제보다 큰 반향을 일으키지 못했지만 말이죠. 이 세 번째의 전술적 조작에서는 결국 두 개의 야만성을 구별해야만 합니다. 하나는 그로부터 벗어나야만 하는 나쁜 야만성, 즉 게르만족의 야만성입니다. 그리고 좋은 야만성, 갈리아족의 야만성이 있는데, 이것만이 진정으로 자유의 담지자입니다. 이로부터 두 개의 중요한 조작이 이뤄집니다. 한편으로 불랭빌리에가 하나로 묶은 자유와 게르만성이 분리됩니다. 다른 한편으로 로마성과 절대주의가 분리됩니다. 요컨대 선행하는 테제들에서 정도차가 있긴 하지만 프랑크족에 의해 수입됐다고 간주된 자유의 요소들이 로마적 갈리아 속에서 발견되는 것입니다. 게르만적 자유의 민주주의적 분산이라는 마블리의 테제는 대체로 불랭빌리에의 테제를 변형시킨 것입니다. 이에 반해 루이-조르주 드 브레키니[18]

---

18) Louis-Georges Oudard Feudrix de Bréquigny, *Diplomata, chartae, epistolae et alia documenta ad res francicas spectantia*, Paris: Nyon, 1791; *Ordonnances des roys de France de la troisième race*, t.XI-XII, Paris: Imprimerie royale, 1769/1776.

나 장-프랑수아 샵살[19] 등의 새로운 테제는 왕이, 이어서 도시들이 봉건제에 맞서 봉건제적 찬탈에 저항했다고 뒤보가 약간 부차적으로 했던 말을 강화하고 그 자리를 바꿈으로써 얻어집니다.

그 중요성 때문에 오귀스탱 티에리와 프랑수아 기조 같은 19세기의 부르주아 역사가들의 테제가 되는 브레키니와 샵살의 테제는 로마인의 정치체계가 사실상 두 층위를 지녔다는 것입니다. 물론 중앙 정부의 수준, 로마식 거대 행정의 수준에서, 적어도 제국 이후부터는 절대 권력이 문제가 됩니다. 하지만 로마인은 갈리아족이 원래 갖고 있었던 자유를 [아무런 제약도 가하지 않은 채] 그대로 내버려뒀습니다. 그래서 로마적 갈리아는 어떤 의미로는 이 절대주의적 거대 제국의 일부인데도, 로마인이 그대로 놔둔 옛날의 갈리아적 또는 켈트적 자유의 온상溫床이 도처에 흩어져 파고들어와 있었습니다. 그리고 이런 일련의 자유는 도시들에서, 로마 제국의 그 유명한 자치도시들에서 계속 기능했습니다. 이 자치도시들에서는 거의 옛 로마적 도시로부터 빌려온 형태로 고래古來의 자유, 갈리아족과 켈트족의 조상들이 누리던 자유가 계속 기능하게 됐죠. 따라서 자유는 로마적 절대주의와 양립할 수 있는 현상입니다. 제 생각으로는 자유가 역사 분석에서 등장한 것은 이번이 처음입니다. 또한 이것은 갈리아적 현상이지만, 특히 도시적 현상입니다. 자유는 도시에 속해 있었습니다. 그리고 바로 도시에 속해 있었기에 이 자유는 투쟁할 수 있었고, 정치적·역사적 힘이 될 수 있었습니다. 아마도 이 로마적 도시들은 프랑크족과 게르만족의 침입이 일어났을 때 파괴될 수도 있었을 것입니다. 그러나 유목 농민이자 아무튼 야만적인 프랑크족과 게르만족은 도시를 경시하고 광활한 농촌에 정착했습니다. 이렇게 프랑크족이 경시

---

19) Jean-François Chapsal, *Discours historiques sur la féodalité et l'allodialité, suivis de dissertations sur le franc-aleu des coutumes d'Auvergne, de Bourbonnois, du Berry, de Champagne*, Paris: Gueffier jeune, 1789.

한 도시가 부활했으며 바로 그때 새로운 풍요를 누렸습니다. 카롤링거 왕조 말기에 봉건제가 수립됐을 때, 세속적-성직자적 대영주들은 도시의 재구성된 이 부에 손대려고 애썼습니다. 그러나 자신들의 부와 자유 덕분에, 또 자신들이 형성한 공동체 덕분에, 역사를 통해 힘을 획득했던 도시들은 투쟁하고 저항하고 반란을 일으킬 수 있었습니다. 카페 왕조 초기에 전개되는 것은 공동체의 이 거대한 반란 운동이며, 최종적으로 도시는 왕권은 물론이고 귀족계급도 도시 자체의 권리를, 그리고 어느 정도까지는 도시 자체의 법률, 경제 유형, 삶의 형태, 관습 등을 존중하게끔 강제합니다. 이것이 15~16세기에 일어난 일입니다.

이것은 선행한 테제들이나 마블리의 테제보다 훨씬 더 제3신분이 주장하는 테제일 수 있습니다. 도시의 역사, 도시적 제도들의 역사, 부와 그 정치적 효과의 역사가 처음으로 역사 분석 속에서 분절될 수 있었기 때문입니다. 이 역사에서 이뤄졌거나 적어도 밑그림이 그려진 것은 제3신분의 형성입니다. 이것은 단순히 왕이 양보했기 때문이 아니라 제3신분의 에너지, 이들의 부·상업 덕분에, 부분적으로 로마법에서 빌려왔지만, 마찬가지로 고대적 자유, 다시 말해 옛 갈리아적 야만성 위에서 분절되어 강력하게 수립된 도시적 권리 덕분에 형성됐습니다. 지금부터 그리고 맨 처음으로, 18세기의 역사·정치 사상에서는 늘 절대주의의 색깔을 띠고, 늘 왕의 편에 있던 로마성[로마적 성격]이 자유주의의 색깔을 띠게 됩니다. 그리고 로마적 성격은 왕권이 자신의 역사를 비춰보던 연극적 형식이기는커녕, 제가 방금 말한 분석들 덕분에, 부르주아지 자신의 관건이 되어갑니다. 부르주아지는 갈리아-로마적 자치도시라는 모습으로, 이른바 자기네의 고귀함을 보증해주는 것으로서 로마적 성격을 회복시킬 수 있습니다. 갈리아-로마적 자치[자치단위]란 제3신분의 고귀함입니다. 제3신분이 요구했던 것도 이 자치도시, 이 자율의 형태, 이 자치도시적 자유입니다. 물론 이 모든 것은 18세기에 자치적인 자유와 자율을 둘러싸고 일어났던 논쟁 속에 재위치시켜야 합니다. 가령 안 로베르 자크 튀르고의 1776년 텍스트를 참조해보세요.[20] 하지만 동시에 로마적 성격은 18세기 내내 간직했던 그 군주제적이고 절대주의적인 모든 함의를 프랑스 혁명 직전에 잃어버립니다. 자유주의적인 로마적 성격이 있을 수 있게 되며, 그에 따라 군주주의자가 아니더라도, 절대주의자가 아니더라도 로마적 성격으로 돌아가려 할 수 있었습니다. 설령 부르주아지더라도 로마적 성격으로 돌아갈 수 있습니다. 프랑스 혁명이 로마적 성격을 빼앗지 않았다는 것을 여러분은 잘 알고 있습니다.

브레키니와 샵살 등의 담론이 지닌 또 다른 중요성은 그것이 역사의 장을 엄청나게 넓혀 놓았다는 점입니다. 사실상 우리는 17세기 잉글랜드의 역사가들과 더불어, 그러나 또한 불랭빌리에와 더불어 침략의 사실이라는 작은 핵核에서, 야만적 유목민이 갈리아에 물밀듯 밀어닥쳤던 수십 년에서, 아무튼 그 와중에 이런 일이 있었던 그 세기에서 출발했습니다. 그리고 [그 핵이] 조금씩 확대되는 것을 봤습니다. 예를 들어 마블리와 함께 우리는 카롤루스 대제 같은 인물의 중요성을 이미 봤습니다. 뒤보와 함께, 역사적 분석이 어떻게 초기 카페 왕조와 봉건제로 확장됐는지도 봤습니다. 그리하여 이제 브레키니나 샵살 등의 분석과 함께, 역사적으로 유용하고 정치적으로 풍부한 앎의 온상, 영역이 한편으로는 위로 확대됐습니다. 로마인의 자치적 조직으로까지, 최종적으로는 갈리아족과 켈트족의 오래된 자유로까지 거슬러 올라갔기 때문입니다. 가공할 만큼 과거로 소급됐던 것이죠. 다른 한편으로, 역사는 모든 투쟁을 통해, 봉건제의 초기부터 15~16세기의 정치적·경제적 세력으로서 부르주아지가 부분적으로나마 대두되기까지에 이르는 모든 공동체들의 반란을 통해 아래로 확대됐습니다. 이제부터는 1,500년간의 역사가 역사적·정치적 논쟁의 장이 되어버린 것입니다. 침략의 법적·역사적 사실은 이제 완전히 공중분해됩니다. 왕, 귀족, 성직자, 병사, 왕실 관리, 제3신분, 부

---

20) Anne Robert Jacques Turgot, *Mémoire sur les Municipalités*, Paris: [s.n.,] 1776.

르주아지, 농민, 도시 거주자 등의 다양한 행위자들로 가득 찬 1,500년 간의 역사 동안 전반화된 거대한 전장이 눈앞에 펼쳐집니다. 이것은 로마적 자유, 자치도시적 자유, 교회, 교육, 상업, 언어 등과 같은 제도들에 기대는 역사입니다. 역사의 장이 전반적으로 확대됩니다. 그리고 바로 이 장에서 19세기의 역사가들이 작업을 재개합니다.

왜 이런 세부내용을 [다루고] 왜 역사의 장 내부에 이처럼 상이한 전술들을 들여 놓는 것이냐고 제게 말씀하실 분도 있을 것입니다. 정말로 저는 티에리로, 프랑수아 도미니크 드 레노 몽로지에 백작으로, 앎의 이 도구화에서 출발해 혁명적 현상을 사유하려고 노력했던 모든 사람들로 직접 넘어갈 수도 있었습니다. 저는 두 가지 이유 때문에 늦장을 부렸습니다. 우선 방법상의 이유 때문입니다. 아시다시피 우리는 불랭빌리에에서부터 출발해[야] 대상의 영역, 관여된 요소, 개념, 분석 방법이 서로 매우 근접한 역사적·정치적 담론이 어떻게 구성됐는지를 잘 포착할 수 있습니다. 18세기 동안에는 일종의 역사적 담론이 형성됐는데, 이 담론은 그 테제와 가설 혹은 정치적 꿈에서도 매우 대립됐던 일련의 역사가들에게 공통적인 것이었습니다. 우리는 각각의 분석 유형 아래에 깔린 근본적 명제들의 이 모든 그물망을, 마블리나 뒤보처럼 프랑크족을 [찬양하는 — Fr.] 역사에서 이와는 반대로 프랑크적 민주주의의 역사로 넘어갈 수 있도록 해준 모든 변형을 아무런 단절도 없이 완벽히 편력할 수 있습니다. 근본적 명제들에서 아주 단순한 몇 가지 변화를 포착함으로써 한 역사에서 다른 역사로 아주 잘 넘어갈 수 있습니다. 그러니까 역사적 테제들과 이것들이 내건 정치적 목적이 궁극적으로 어떤 것이든 간에 모든 역사적 담론을 꽉 죄는 인식적 씨실이 있는 것입니다. 그런데 이 인식적 씨실이 매우 촘촘하다는 것은, 모두가 똑같은 방식으로 생각한다는 뜻이 전혀 아닙니다. 이와 반대로 이것은 똑같은 방식으로 생각하지 않는 것을 가능케 하는 조건, 다른 방식으로 생각할 수 있게 하고 이 다름[다른 생각]이 정치적으로 적실한 것일 수 있기 위한 조건입니다. 상이한 주체들이 말하고 전술적으로 대립된 입장을 차지할 수 있기 위해서는, 상이한 주체들이 서로 대면하고 적수의 입장에 설 수 있기 위해서는, 그에 따라 그 대립이 앎의 차원에서의 대립인 동시에 정치의 차원에서의 대립이기 위해서는 촘촘한 장이, 역사적 앎을 규제하는 촘촘한 그물망이 존재해야만 했습니다. 앎이 규제적으로 형성되면 형성될수록 점점 더 거기서 말하는 주체들은 엄격한 대결 노선을 따라 서로 나뉘는 것이 가능해지며, 이렇게 대결된 담론들을 단순히 담론과 진실뿐만 아니라 권력, 지위, 경제적 이익 등이 문제가 되는 전반적 전략 속에서 상이한 전술적 전체로 기능하게 만드는 것이 가능해집니다. 달리 말해서, 담론의 전술적 역전가능성은 이 담론 형성체의 규칙의 동질성과 직접 관련되어 있습니다. 담론 외적인 투쟁들에서 담론을 사용할 수 있게 만드는 것은 인식적 장의 규칙성, 담론 형성체의 양식에 있어서의 동질성입니다. 그러니까 이런 방법상의 이유 때문에 저는 정합적이고 규칙적이며 아주 촘촘한 방식으로 형성된 역사적·정치적 장의 내부에서 상이한 담론적 전술의 분배를 강조했던 것입니다.[21]

저는 또 다른 이유, 사실과 관련된 이유 때문에 이렇게 강조했습니다. 이것은 프랑스 혁명의 바로 그 순간에 일어났던 것과 관련 있습니다. 문제는 이렇습니다. 즉, 제가 지금 말씀드린 마지막 형태의 담론, 즉 브레키니나 샹살 등의 담론을 제외한다면, 결국 자신들의 정치적 기획을 역사 속에 투입하는 데 거의 이해관계가 없었던 것은 당연히 부르주아지와 제3신분입니다. 헌법[구성]으로 되돌아가고, 힘들의 균형 같은 것으로 회귀할 것을 요구한다는 것은 이를테면 이 힘관계의 내부에서 자기

---

21) 이 구절은 푸코가 『말과 사물』에서 정교화하고 나중에 『지식의 고고학』 4장(「고고학적 기술」[La description archéologique])의 여섯 번째 단락("과학과 지식"[Science et savoir])에서 다시 거론한 에피스테메 개념이 불러온 논쟁·토론과 관련해 아주 유용한 부분이다. Michel Foucault, *L'Archéologie du savoir*, Paris: Gallimard, 1969, pp.232~255. [이정우 옮김, 『지식의 고고학』, 민음사, 2000, 246~272쪽.]

자신[의 위치]을 찾으려 한다는 뜻이기 때문입니다. 그런데 부르주아지와 제3신분이 어쨌든 중세 시대의 중반 전에 힘관계들의 작용 속에서 자기 자신을 역사의 주체로 상정하는 것이 거의 불가능했음은 분명합니다. 메로빙거 왕조, 카롤링거 왕조, 프랑크족의 침략, 심지어 카롤루스 대제를 살펴본들, 제3신분이나 부르주아지가 도대체 [자신들과 관련된] 어떤 차원을 찾아낼 수 있었겠습니까? 그래서 사람들이 말하는 것과는 반대로, 18세기에 부르주아지는 역사에 대해 지극히 망설이고 지극히 꺼려했던 것입니다. 깊이 살펴보면, 역사적이었던 것은 귀족계급입니다. 군주제[왕당파]도 그랬고, 의회파도 마찬가지입니다. 하지만 부르주아지는 오랫동안 반역사주의적이며, 반역사적인 채로 남았습니다.

우리는 부르주아지의 이 반역사적 성격이 두 가지 모습으로 나타나는 것을 볼 수 있습니다. 우선 18세기 전반 내내 부르주아지는 계몽된 전제 군주에 대해, 다시 말해 역사에 근거를 두는 것이 아니라 앎이나 철학이나 기술이나 행정 등에 의한 제한에 근거를 둔 군주제적 권력의 온건한 형식에 대해 매우 호의적이었습니다. 그리고 18세기 후반, 특히 프랑스 혁명 전에 부르주아지는 헌법의 복원[재-구성]이 아니라, 반역사적이진 않더라도 적어도 본질적으로 비역사적인 헌법[구성]을 요구함으로써, 주위의 역사주의에서 탈피하고자 했습니다. 그래서 자연법이나 사회계약 같은 것에 의존했던 것입니다. 18세기 말, 곧 프랑스 혁명 전과 초기까지 부르주아지의 루소주의는 바로 권력 이론과 권력 분석의 장에서 서로 싸우고 있던 이 다른 정치적 주체들의 역사주의에 대한 응답이었습니다. 루소주의자라는 것은 미개인에게 호소한다는 것, 계약에 호소한다는 것이었으며, 야만성이나 그 역사나 이것이 문명과 맺은 관계에 의해 규정된 모든 풍경에서 탈피한다는 것이었습니다.

물론 부르주아지의 이 반역사주의가 한결같은 모습으로 남았던 것은 아닙니다. 이것은 역사의 재분절을 막을 수 없었습니다. 삼부회가 소집됐을 때, 진정서는 역사적 참조로 가득 채워져 있었습니다. 그러나 물론 그 근간은 귀족의 그것이었습니다. 프랑크족의 법령집, 피스트의 칙령,[22] 메로빙거나 카롤링거 왕조의 관행 등에 대한 수많은 참조에 대응하기 위해, 부르주아지도 귀족의 진정서에서 언급됐던 수많은 역사적 참조에 대한 논박적 응수로서 일련의 역사적 앎을 부활시켰던 것입니다. 그리고 나서 가장 중요하고 흥미로울 두 번째 역사적 부활이 이뤄졌습니다. 역사의 사건기록부로서 기능했던 어떤 일정 수의 역사적 순간과 역사적 형식이 바로 프랑스 혁명 속에서 부활된 것입니다. 이것들이 어휘, 제도, 기호, 행사, 축제 등에서 회귀함으로써 순환과 회귀로 이해된 프랑스 혁명에 가시적 형상을 부여할 수 있게 해줬습니다.

이렇게 해서 오랫동안 이른바 길잡이 역할을 했던 법적 루소주의에서 출발해, 두 개의 커다란 역사적 형식이 프랑스 혁명 속에서 부활했습니다. 하나는 로마의 부활, 오히려 로마적 도시국가의 부활입니다. 다시 말해 고풍스럽고 공화적이고 비르투를 중시한 로마의 부활, 자유와 번영을 누리는 갈리아-로마적 도시국가의 부활인 것입니다. 이로부터 자유들의 이른바 근본적 구성[헌법]으로서 되돌아온 이 역사적 형식을 정치적으로 의례화한 것으로서의 로마 축제가 생겨납니다. 부활된 또 다른 형상은 카롤루스 대제의 형상입니다. 우리는 마블리가 카롤루스 대제에게 부여했던 역할을 봤는데, 카롤루스 대제는 프랑크적 자유와 갈리아-로마적 자유의 접합점으로 이해됩니다. 마르스 광장에 인민을 소집했던 남자인 카롤루스 대제, 전사-군주이지만 상업과 도시의 보호자이기도 한 카롤루스 대제, 게르만적 왕이자 로마적 황제인 카롤루스 대제. 프랑스 혁명 초기부터 자라나기 시작해 프랑스 혁명 내내 지속됐던,

---

22) 서기 864년 피스트(또는 피트레)[프랑스 외르 주의 도시]에서 열린 공회는 힝크마르(Hincmar, 806~882) 대주교의 영향력 아래 피스트 칙령이라 불리는 결의안을 발표했다. 이 칙령은 화폐제도의 조직화를 논의했고, 영주들이 세운 성들의 철거를 명했으며, 몇몇 도시들에 화폐 주조권을 허가했다. 또 이 회의는 아키텐의 왕 피핀 2세(Pippin II, 823~864)를 재판해 그의 신분 박탈을 선언했다.

그리고 로마의 축제에 비해 거의 화제가 된 적이 없었던 카롤링거 왕조의 한 가지 꿈이 있었습니다. 마르스 광장, 1790년 7월 14일의 축제입니다. 이것은 카롤링거 왕조의 축제이며, 바로 마르스 광장에서 거행됐습니다. 이 축제는 이렇게 해서 모인 인민이 그 군주와 맺는 관계를, 카롤링거 왕조식 양상의 이 관계를 어느 지점까지는 재구성하거나 부활할 수 있게 해줬습니다. 어쨌든 1790년 7월의 축제에서 나타났던 것은 이런 종류의 암묵적인 역사적 어휘입니다. 또한 이것을 증명하는 최고의 예는 축제가 있기 몇 주 전인 1790년 6월에 자코뱅 클럽에서 누군가가 이 축제 동안에 루이 16세로부터 왕이라는 칭호를 폐위시키자고, 왕이라는 칭호를 황제라는 칭호로 바꾸자고, 왕이 지나갈 때 "국왕 폐하 만세!"가 아니라 "황제 루이!"라고 부르자고 요구했다는 것입니다. 왜냐하면 황제는 명령하되 통치하지 않는imperat sed non regit 자이며, 루이 16세는 황제이지 왕이 아니기 때문입니다. 이 계획에 따르면,[23] 루이 16세는 황제의 관을 머리에 쓰고 마르스 광장에서 돌아가야만 했을 것입니다. 그리 알려지지 않은 이 카롤링거 왕조의 꿈과 로마의 꿈의 합류 지점이 나폴레옹 제국에서 발견된다는 것은 두말할 나위 없습니다.

프랑스 혁명 내부에서 역사적 부활의 또 다른 형식은 봉건제에 대한 증오, 부르주아지와 동맹을 맺은 귀족인 앙트레그 백작이 "하늘이 분노해 자유로운 민족을 쓰러뜨릴 가장 무서운 재앙"[24]이라고 불렀던 것에 대한 증오입니다. 봉건제에 대한 증오에는 몇 가지 형태가 있습니다. 우선 불랭빌리에의 테제, 침략설이 완벽하게 뒤집어집니다. 그리고 이렇게 해서 리방-보나벤투라 프로야르 신부의 것과 같은 텍스트가 있게 됩니다. "프랑크족이여, 지금 우리와 그대들은 1천 명 대 1이다. 오랫동안 우

---

23) 1790년 6월 17일의 회합에 제출된 발의를 말한다. François-Alphonse Aulard, *La Société des jacobins*, t.1, Paris: Librairie Jouaust, 1889, p.153.

24) Emmanuel-Henri-Louis Alexandre de Launay, comte d'Antraigues, *Mémoire sur la constitution des États de la province de Languedoc*, Vivarois: [s.n.,] 1788, p.61.

리는 그대들의 가신이었다. 우리 동료가 되라. 우리 조상들의 유산으로 돌아가는 것은 우리에게 기쁜 일이다."[25] 이것이 바로 제3신분이 귀족에게 말했으면 하고 프로야르 신부가 바란 것입니다. 에마뉘엘-조제프 시에예스는 다음번에 제가 다뤄야겠다고 생각하는 유명한 텍스트에서 이렇게 말합니다. "자신들이 정복자 인종[종족] 출신이고 정복의 권리들을 계승했다는 미친 포부를 버리지 않은 그 모든 가문들을 프랑코니의 숲으로 왜 돌려보낼 수 없단 말인가."[26] 기억이 확실하지는 않지만, 1795년인가 1796년인가 앙투안-자크 불레 드 라 뫼르트는 대규모 국외 이주 운동 뒤에 이렇게 말합니다. "이런 국외 이민자들은 프랑스 국민이 그로부터 조금씩 해방되고 있는 정복의 잔재를 나타낸다."[27]

여기서 19세기 초반에 아주 중요한 의미를 갖는 어떤 것이 형성되는 것을 보게 됩니다. 즉, 인종들의 역사에 입각해 프랑스 혁명이, 이 프랑스 혁명을 가로질렀던[프랑스 혁명 동안에 일어났던] 정치적이고 사회적 투쟁이 재해석됩니다. 또한 혁명기의 유명한 중세식 소설에서 나타난 고딕적인 것이 애매하게 높이 평가된 것 역시 봉건제에 대한 이런 증오라는 면에서 재파악되어야만 합니다. 이런 고딕 소설은 공포, 전율, 신비의 소설인 동시에 정치 소설이기도 합니다. 왜냐하면 고딕 소설은 늘 권력

25) Liévin-Bonaventure Proyart, *Vie du Dauphin père de Louis XV*, t.1, Paris/Lyon: Aux dépens de l'Auteur, 1782, pp.357~358; André Devyver, *Le Sang épuré: Les préjugés de race chez les gentilhommes français de l'Ancien Régime*, Bruxelles: Éditions de l'Université, 1973, p.370. 재인용.

26) Emmanuel-Joseph Sieyès, *Qu'est-ce que le Tiers-État?*(1789), Paris: Flammarion, 1988, chap.II, pp.10~11. 원래 문구는 이렇게 시작된다. "왜 제3신분은……[쫓아버리지 않는가?]." [박인수 옮김, 『제3신분이란 무엇인가』, 책세상, 2003, 27쪽.]

27) Antoine-Jacques Boulay de la Meurthe, "Rapport présenté le 25 Vendémiaire an VI au Conseil des Cinq-Cents sur les mesures d'ostracisme, d'exil, d'expulsion les plus convenables aux principes de justice et de liberté, et les plus propres à consolider la république"(1797), Devyver, *Le Sang épuré*, p.415. 재인용.

의 남용과 수탈의 서사이기 때문입니다. 고딕 소설은 정의롭지 않은 군주, 무자비하고 유혈 낭자한 영주, 거만한 사제들 등에 관한 우화입니다. 고딕 소설은 공상과학 소설이자 공상정치 소설입니다. 특히 본질적으로 권력의 남용을 중심으로 한 소설이라는 점에서는 공상정치 소설이며, 봉건제에 대한 모든 앎, 사실상 한 세기 동안 지속됐던 고딕에 관한 모든 앎을 상상력의 수준에서 부활시켰다는 점에서는 공상과학 소설입니다. 18세기 말에 고딕과 봉건제라는 테마를 새로운 것으로서, 혹은 절대적인 쇄신으로서 도입했던 것은 문학도 아니고 상상력도 아닙니다. 고딕과 봉건제가 상상력의 차원 안에 기입된 것은 사실상 이것들이 앎과 권력형태들의 수준에서 세속적인 현재적 투쟁의 관건이었기 때문입니다. 최초의 고딕 소설이 나오기 훨씬 전에, 거의 1세기 전에 영주와 이들의 봉토, 이들의 권력, 이들의 지배형식이 역사적으로, 정치적으로 어떤 것인가를 둘러싸고 싸움이 벌어졌습니다. 봉건제의 문제가 법권리의 수준에서, 역사와 정치의 수준에서 18세기 전체를 관통했습니다. 그리고 이 문제는 프랑스 혁명기에, 그러니까 앎과 정치의 수준에서 그 막대한 작업이 이뤄졌던 1세기 뒤에, 공상과학 소설과 공상정치 소설에서 상상력에 떠맡겨지게 됐습니다. 바로 이 때문에 이 영역에서 고딕 소설이 생겨난 것입니다. 하지만 이 모든 것은 앎과 이것이 허용한 정치적 전술들의 역사 속에 다시 자리잡아야 합니다. 그래서 다음번에는 프랑스 혁명의 재개로서의 역사에 관해 여러분께 말씀드릴 생각입니다.

10강. 1976년 3월 10일

프랑스 혁명에서의 민족 관념의 정치적 재정립: 에마뉘엘-조제프 시에예스 | 역사적 담론에 대한 논리적 귀결과 효과 | 새로운 역사의 두 가지 이해가능성의 격자: 지배와 총체화 | 프랑수아 도미니크 드 레노 몽로지에와 오귀스탱 티에리 | 변증법의 탄생

제 생각에는 18세기에 전쟁을 정치적 관계의 주요하고 거의 배타적인 분석틀로 삼았던 것은 역사의 담론이었습니다. 본질적으로 이것이고, 거의 이것뿐입니다. 그러니까 역사의 담론이었지, 법권리의 담론이 아니었으며, 그 계약, 미개인, 초원이나 숲에 사는 인간, 자연상태, 만인에 대한 만인의 투쟁 등을 지닌 정치 이론의 담론도 아니었습니다. 이런 것들이 아니라 역사의 담론인 것입니다. 그러므로 지금 제가 보여드리고 싶은 것은 어떻게, 그리고 약간 역설적인 방식으로, 18세기에 역사적 이해가능성 자체를 구성했던 이 전쟁이라는 요소가 프랑스 혁명 때부터 역사의 담론에서 제거까지는 아닐지언정 적어도 축소되고 제한되며 식민화되고 심겨지며 분배되고 문명화되며, 어느 지점까지 가라앉게 됐는가라는 것입니다. 결국 앙리 드 불랭빌리에가 말했던 역사이건 루이-가브리엘 뒤 뷔아-낭세가 말했던 역사이건 상관없이, 역사가 커다란 위험을 만들어냈던 것입니다. 여기서 커다란 위험이란 우리가 무한정한 전쟁 속에 사로잡혀 있을 수도 있다는 것, 그게 어떤 것이든 간에 우리의 모든 관계가 늘 지배의 차원에서 이뤄질 수도 있다는 것입니다. 그러니까 역사의 근간으로서의 무한정한 전쟁과 정치의 기본 요소로서의 지배관계라는 이중의 위험이 19세기의 역사적 담론에서는 지역적 위험이나 일시

적 에피소드로 축소되고 재분배됐으며, 위기와 폭력으로 재등록됐던 것입니다. 하지만 더 나아가, 제 생각에는 더 본질적으로, 이 위험은 18세기의 역사가들이 추구했던 선하고도 참된 균형상태라는 의미에서가 아니라, 화해라는 의미에서 최종적으로는 가라앉아버렸습니다.

역사의 담론에서 전쟁 문제의 이런 뒤집기가 일어났던 것은 변증법 철학이 역사에 이식된 효과도 아니고, [그렇게 됨으로써] 변증법 철학이 어떤 의미에서 역사를 통제했기 때문도 아니라고 저는 생각합니다. 제 생각으로는 역사적 담론의 내적인 변증법화, 자기-변증법화 같은 어떤 것이 존재했으며, 이것은 당연히 역사적 담론의 부르주아지화에 대응합니다. 문제는 역사적 담론 속에서 전쟁이 했던 역할의 실추까지는 아니더라도 이런 자리바꿈에서 출발해, 이렇듯 역사적 담론 내부에서 제압됐던 이 전쟁관계가 어떻게, 이번에는 부정적인 역할, 이른바 외적인 역할, 즉, 역사를 구성하는 것이 아니라 사회를 보호하고 보존하는 역할과 더불어 재등장했는가를 아는 것이었습니다. [이때] 전쟁은 사회와 정치적 관계의 실존 조건이 아니며, 그 정치적 관계 속에서 사회의 존속 조건입니다. 이때부터 사회체 속에서, 그리고 사회체로부터 생겨난 위험들에 맞선 사회의 방어로서의 내적 전쟁이라는 관념이 나타나게 됩니다. 이것은 사회적 전쟁이라는 사유 속에서 역사적인 것이 생물학적인 것으로, 구성적인 것이 의학적인 것으로 크게 역전한 것입니다.

그래서 오늘 저는 역사의, 역사적 담론의 자기-변증법화 운동과 그 결과로서 부르주아지화의 운동을 묘사하고 싶습니다. 제가 지난번에 보여드리고 싶었던 것은, 18세기에 구성됐던 역사적-정치적 장에서 궁극적으로 가장 어려운 입장에 있었던 부르주아지가 어떻게, 왜 정치적 교전에서 역사의 담론을 무기로 이용하는 데 가장 취약했는가 하는 점입니다. 이제 제가 보여드리고 싶은 것은, 그런 상황이 부르주아지가 이른바 하나의 역사를 부여받거나 인식했던 순간부터가 아니라, 18세기에 귀족계급이 역사의 주체이자 대상으로 만든 '민족'이라는 저 유명한 통넘이 역사적으로가 아니라 정치적으로 재정립됐던 아주 특수한 어떤 것에서 출발해 어떻게 타개됐는가 하는 것입니다. 이 역할로부터, 즉 민족, 민족이란 관념의 정치적 재정립으로부터 하나의 변형이 일어났는데, 이것이 새로운 유형의 역사적 담론을 가능케 했습니다. 정확히 말하면 이 변형의 출발점은 아닐지언정, 적어도 명확히 그 예인 에마뉘엘-조제프 시에예스의 저 유명한 제3신분에 관한 텍스트를 다뤄봅시다. 이 텍스트는 세 가지 질문을 제기합니다. "제3신분이란 무엇인가? 모든 것. 정치적 질서 안에서 제3신분은 현재까지 무엇이었는가? 무. 제3신분은 무엇이길 요구하는가? 그 무엇이 되는 것."1) 유명한 동시에 [오래] 사용되기도 한 텍스트입니다만, 제 생각으로는 아주 조금만 주의 깊게 살펴보면, 이 텍스트는 몇 가지 본질적인 변형을 담고 있습니다.

요약을 위해 이미 말씀드린 것으로 돌아갑니다만, 아시다시피 민족에 관해 대략적으로 말하면, 민족이란 존재하지 않으며 설령 존재하더라도 적어도 왕의 인격에서 그 가능성의 조건과 실질적인 통일성을 찾아볼 수 있는 한에서만 존재한다는 것이 절대 군주제의 테제입니다. 하나의 땅에서 살고 동일한 언어, 동일한 관습, 동일한 법률을 지닌 집단, 군중, 개인의 다양체가 존재하기 때문에 민족이 존재하는 것은 아닙니다. 민족을 만드는 것은 이런 것이 아닙니다. 민족을 만드는 것은 서로 나란히 존재하지만 그저 개인들일 뿐이고 하나의 전체를 형성하지도 않는 그런 개인들이 존재한다는 사실, 그러나 개인들이 모두 각자 개별적으로 왕의 실제적이고 살아 있으며 신체적인 인격과 법적인 동시에 육체적인 어떤 관계를 맺고 있다는 사실입니다. 민족이라는 신체를 만드는 것은 그 신민들 각자와 육체적-법적 관계를 맺는 왕의 신체인 것입니다. 17세기 말의 한 법학자는 이렇게 말했습니다. "각각의 사인私人은

---

1) Emmanuel-Joseph Sieyès, *Qu'est-ce que le Tiers-État?*(1789), Paris: Flammarion, 1988, chap.II, p.1. [박인수 옮김, 『제3신분이란 무엇인가』, 책세상, 2003, 15쪽.]

왕에 대해 그저 한 명의 개인을 나타낼 뿐이다."* 민족은 신체를 이루지 못합니다. 민족은 왕의 인격 속에 모조리 존재합니다. 그리고 귀족적 반동은, 왕의 신체의 이른바 법적 효과일 뿐이며 왕이라는 유일하고 개체적인 실재 속에서만 실재하는 이 민족으로부터 다수의, 하여튼 적어도 두 개의 '민족'을 이끌어냈습니다. 그리고 이로부터 귀족적 반동은 이 민족들 사이에서 전쟁과 지배의 관계들을 수립했습니다. 왕을 한 민족의 다른 민족에 대한 전쟁과 지배의 도구 편에 서도록 만든 것이죠. [이제] 민족을 구성하는 것은 왕이 아닙니다. 한 민족이 다른 민족들과 싸우기 위해 [자기네] 왕을 세운 것입니다. 귀족적 반동에 의해 쓰인 이 역사는 이 관계들을 역사적 이해가능성의 씨실로 삼았습니다.

시에예스와 더불어 민족에 관한 아주 다른 정의, 아니 오히려 둘로 나뉜 정의를 갖게 됐습니다. 하나는 법치국가[(사)법적 상태]état juridique 입니다. 한 민족이 존재하려면 두 가지가 있어야만 한다고 시에예스는 말합니다. 즉 공통의 법률과 입법부입니다.2) 이것들이 법치국가에 필요합니다. 따라서 민족에 관한 이 첫 번째 정의, 아니 오히려 민족이 존재하기 위한 필수 조건의 첫 번째 집합[전체]은 민족에 관해 말할 수 있기 위해, 절대 군주제의 정의가 요구하는 것보다 훨씬 적은 것을 요구합니다. 요컨대 민족이 존재하기 위해 반드시 왕이 존재할 필요는 없다는 것입니다. 정부가 존재할 필요도 없습니다. 모든 정부의 형성 이전에, 주권자의 탄생 이전에, 권력의 위임 이전에 민족은 존재합니다. 법률을 제정할 자격을 민족에게서 부여받은 기관에 의해, 이 기관이 바로 입법부인데, 공통의 법률을 갖기만 한다면 말입니다. 따라서 민족은 절대 군주제

---

* 강의원고에는 '각각의 사인'(chaque particulier) 앞에 "왕은 민족 전체를 대표한다" (Le roi représente la nation entière et)고 적혀 있다. 이 구절은 다음에서 인용된 것이다. Pierre-Édouard Lémontey, Œuvres, t.V, Paris: Sautelet, 1829, p.15.

2) "공통의 법률과 공통의 대표야말로 하나의 민족[국민]을 만들어내는 것이다." Sieyès, Qu'est-ce que le Tiers-État?, chap.II, p.12. [『제3신분이란 무엇인가』, 28~29쪽.]

의 정의가 요구하는 것보다 훨씬 적은 것을 요구합니다. 그러나 다른 한 편으로, 귀족적 반동의 정의가 요청한 것보다 더 많은 것을 요청합니다. 귀족적 반동이나 불랭빌리에가 썼던 역사의 경우, 한 민족이 존재하기 위해서는 어떤 이해관계에 의해 집단을 이룬 사람들이 존재하면 그것으로 충분하며, 그들 사이에 관습이나 습관, 경우에 따라서는 언어 같은 몇 가지 공통의 것이 있으면 그것으로 충분했기 때문입니다.

시에예스에 따르면 한 민족이 존재하기 위해서는 명확한 법률과 이 것을 정식화한 기관이 있어야만 합니다. 법-입법부라는 짝은 민족이 존 재하기 위한 형식적 조건입니다. 그러나 이것은 정의의 첫 단계일 뿐입 니다. 한 민족이 존속하고, 그들의 법률이 적용되고, 그들의 입법부가 인 정받으려면, 그것도 다른 민족들에 의해 외부로부터 인정받는 것만이 아 니라 내부로부터도 인정받으려면, 또 민족이 더 이상 법적 실존의 형식 적 조건으로서가 아니라 역사 **속에** 존재하는 역사적 조건으로서 존속하 고 번영하려면 다른 것, 다른 조건이 필요합니다. 시에예스가 골몰한 것 은 바로 이런 조건들입니다. 이것들은 이른바 민족의 실질적 조건이며, 시에예스는 이것들을 두 집단으로 나눕니다. 우선 시에예스가 '노동'이 라 부른 것, 즉 첫째로 농업, 둘째로 수공업과 산업, 셋째로 상업, 넷째로 교양학이 있습니다. 그러나 이런 '노동' 이상으로, 시에예스가 '직능'이 라고 부른 것이 필요합니다. 그것은 군대, 사법, 교회, 행정입니다.[3] '노 동'과 '직능.' 우리라면 민족의 역사적 요건을 이루는 이 두 가지 집합을 지칭하기 위해 [이것보다는] 분명히 더 적절하게 '직능'과 '기구'라고 불 렀을 것입니다. 그러나 중요한 것은 바로 이 직능과 기구의 수준에서 민 족의 역사적 존재 조건이 정의된다는 것입니다. 그런데 이렇게 하면서, 민족의 이 법적-형식적 조건에 역사적-기능적 조건을 덧붙이면서, 시

---

3) "한 민족이 존속하고 번창하려면 무엇이 필요할까? **특별한** 노동과 **공적** 직능이다." Sieyès, *Qu'est-ce que le Tiers-État?*, chap.I, p.2. [『제3신분이란 무엇인가』, 19쪽.]

에예스는 그때까지 행해졌던 모든 분석의 방향을, 그것이 군주제 테제의 방향이든, 루소주의적 유형의 방향이든, 완전히 뒤집었다고 저는 생각합니다. 이것이 일차적으로 지적할 수 있는 점입니다.

실제로 민족에 관한 법적 정의가 군림했던 시기에, 시에예스가 민족의 실질적 조건으로 따로 떼어냈던 이 요소들, 즉 농업, 상업, 산업 등은 도대체 무엇이었을까요? 이것들은 민족이 존재하기 위한 조건이 아니었습니다. 그와 반대로 민족이 존재하기에 생겨난 결과였습니다. 대지 위에, 숲의 가장자리나 초원에 뿔뿔이 흩어져 살던 사람들이 농업을 발전시키고 상업을 하고 서로 경제적 유형의 관계를 맺고 싶어 했던 바로 그때, 인간은 하나의 법률, 하나의 국가, 혹은 하나의 정부를 갖게 됐습니다. 다시 말해 이 모든 직능은 현실에서는 민족의 법적 구성의 결과의 차원, 혹은 하여튼 이 구성의 최종성의 차원일 뿐이었습니다. 민족의 법적 조직화가 획득됐을 때 비로소 이 직능들이 발전될 수 있었습니다. 군대, 사법, 행정 등의 기구에 관해 말하면, 이것들 역시 민족이 존재하기 위한 조건이 아니었습니다. 이것들은 민족이 존재한다는 것의 결과라고는 할 수 없어도, 적어도 그 도구이자 보증이었습니다. 일단 민족이 구성되어야 비로소 군대나 사법 같은 것을 얻을 수 있었습니다.

그런데 여러분이 보시다시피 시에예스는 분석을 뒤집었습니다. 시에예스는 노동과 직능, 또는 직능과 기구를 민족 앞에 두었습니다. 앞이라고 했는데, 역사적으로는 아니더라도 적어도 존재 조건의 차원에서 그렇다는 것입니다. 한 민족은 상업, 농업, 수공업을 할 수 있을 때에만 민족으로서 존재할 수 있고, 역사에 진입해 존속할 수 있습니다. 군대, 사법부, 교회, 행정을 형성할 수 있는 개인들로 이뤄졌을 때에만 말입니다. 이것은 개인들로 이뤄진 한 집단이 언제나 한데 뭉칠 수 있고, 언제나 법률과 입법부를 지닐 수 있다는 뜻입니다. 즉, 헌법[구성]을 지닐[제정할] 수 있다는 것입니다. 만일 이 집단이 상업, 수공업, 농업을 할 수 있고 군대나 사법부 등을 형성할 수 있는 능력을 갖고 있지 않다면, 역사적으로는 결코 한 민족이 아닙니다. 어쩌면 법적으로는 민족일 수 있지만, 역사적으로는 결코 그렇지 않습니다. 민족을 실제로 창조할 수 있는 것은 계약도 법률도 합의도 아닙니다. 그러나 반대로, 개인들로 이뤄진 한 집단이 필요한 것을 충분히 갖고 있고, 노동을 형성하고 직능을 수행할 수 있는 역사적 능력을 갖고 있지만, 한 번도 공통의 법률이나 입법부를 갖지 못했던 것도 분명히 있을 수 있습니다. 이 사람들은 이른바 민족의 실질적이고 기능적인 요소를 소유했지만, 그 형식적인 요소는 갖지 못한 것입니다. 이들은 민족이 될 수 있지만, [아직] 한 민족은 아닙니다.

그래서 시에예스에 따르면 이것에서 출발해, 18세기 말에 프랑스에서 일어났던 것을 분석할 수 있습니다. 시에예스가 한 것이 바로 이것입니다. 사실 농업, 상업, 수공업, 교양학이 존재합니다. [그런데] 누가 이 상이한 직능을 보장할까요? 제3신분입니다. 오로지 제3신분뿐입니다. 누가 군대, 교회, 행정, 사법을 기능시킬까요? 물론 몇몇 중요한 자리는 귀족에 속하는 자들이 차지합니다만, 시에예스에 따르면 이 기구의 10분의 9[즉, 거의 전부]는 제3신분에 의해 그 기능이 보증됩니다. 반면에, 실제로 민족의 실질적 조건을 담당하는 제3신분은 정식 신분이 아니었습니다. 프랑스에는 공통의 법률이 없으며, 어떤 것은 귀족에게, 또 어떤 것은 제3신분에게, 다른 것은 성직자에게 등으로 적용된 일련의 법률이 있을 뿐입니다. 공통의 법률은 없습니다. 입법부도 없습니다. 법률과 법령[칙령]은 시에예스가 '궁정'[4]이라고 부른 체계, 궁정의 체계, 즉 왕의 자의라는 체계에 의해 정해졌기 때문입니다.

이런 분석에서 몇 가지 결과를 끌어낼 수 있다고 생각합니다. 물론 그 가운데 일부는 직접적으로 정치적 차원의 것입니다. 다음과 같은 점에서 직접적으로 정치적이죠. 즉, 프랑스는 민족의 형식적·법적 조건인 공통의 법률, 입법부를 결여하고 있기 때문에 민족이 아닙니다. 그렇지

---

4) Sieyès, *Qu'est-ce que le Tiers-État?*, chap.II, p.17. [『제3신분이란 무엇인가』, 33쪽.]

만 프랑스에는 '하나의' 민족이 있습니다. 즉, 민족의 실질적·역사적 실존을 보증할 수 있는 능력을 지닌 개인들로 이뤄진 집단이 있습니다. 이 사람들은 하나의 민족과 민족이란 것이 실존하기 위한 역사적 조건의 담지자들입니다. 이로부터 시에예스의 텍스트의 중심적 정식이 나옵니다. 불랭빌리에나 뷔아-낭세 등의 테제와 논쟁적인, 더욱이 노골적으로 논쟁적인 관계 속에서만 정확하게 파악될 수 있는 정식인 "제3신분은 하나의 완전한 민족이다"[5]라는 정식입니다. 이 정식이 의미하는 바는 이렇습니다. 귀족이 관습과 공통의 신분 같은 것밖에는 가진 것이 없는 개인들로 이뤄진 집단을 위해 마련해두고 싶었던 이 민족 개념은 민족의 역사적 실재를 모조리 담아내기에는 충분하지 않다는 것입니다. 그러나 다른 한편으로, 프랑스 국왕에 의해 구성된 국가적 전체는 하나의 민족을 구성하기 위해 필요하고 충분한 역사적 기능들을 엄밀하게 충족하지 않는 한에서는 실제로는 하나의 민족이 아닙니다. 그렇다면 '진정한' 민족이게 될 하나의 민족의 역사적 핵심은 어디서 찾을 수 있을까요? 제3신분에서, 오로지 제3신분에서만 찾을 수 있습니다. 제3신분만이 하나의 민족, 그것도 법적으로 국가와 일치하게 될 하나의 민족이 실존하기 위한 역사적 조건입니다. 제3신분은 하나의 완전한 민족입니다. 민족을 구성하는 것은 제3신분 속에 있습니다. 아니, 똑같은 명제를 다르게 말한다면 이럴 것입니다. "민족적인 모든 것은 우리의 것이다," "그리고 우리의 모든 것은 민족이다"[6]라고 제3신분은 말합니다.

시에예스가 발명한 것도, 오로지 시에예스만이 정식화한 것도 아닌 이 정치적 정식은 물론 모든 정치적 담론의 모체가 될 것이며, 아시다시

---

5) Sieyès, *Qu'est-ce que le Tiers-État?*, chap.I, p.2. [『제3신분이란 무엇인가』, 33쪽.]

6) "제3신분은 민족에 속하는 모든 것을 포괄한다. 그리고 제3신분이 아닌 모든 것은 민족으로 간주될 수 없다. 제3신분이란 무엇인가? 모든 것이다." Sieyès, *Qu'est-ce que le Tiers-État?*, chap.I, p.9. [『제3신분이란 무엇인가』, 24쪽.]

피 이것은 지금도 아직 고갈되지 않았습니다. 제 생각에 이 정치적 담론의 모체는 두 가지 성격을 제시합니다. 첫째로, 특수성과 보편성의 어떤 새로운 관계, 귀족적 반동의 담론을 특징지었던 관계와는 정반대의 어떤 관계를 제시합니다. 결국 귀족적 반동은 무엇을 했을까요? 왕과 그 신민들로 구성된 사회체로부터, 군주제적 통일로부터 피에 의해 봉인되고 승리 속에서 확정된 어떤 독자적인 법을 추출했습니다. 귀족의 독자적인 법을 말입니다. 귀족적 반동은 자신들을 둘러싼 사회체의 구성이 어떤 것이든 간에 귀족을 위해 이 법의 절대적·독자적 특권을 지키자고 주장했습니다. 따라서 사회체의 총체로부터 이 특별한 법을 추출해 이것이 그 특이성 속에서 기능케 한 것입니다. 그런데 이제 아주 다른 것이 문제가 됩니다. [즉] 정반대로 이렇게 말할 수도 있게 된 것입니다. 제3신분이 말하려 했던 것이 바로 이것입니다. "우리는 다른 개인들 사이에서 하나의 민족일 뿐이다. 그러나 우리가 구성하는 이 민족은 민족을 실효적으로 구성할 수 있는 유일한 것이다. 우리는 아마도 우리만으로는 사회체의 총체가 아닐 수도 있다. 그러나 우리는 국가의 총체화 기능을 담당할 수 있다. 우리는 국가적 보편성이 될 수도 있다." 그래서 이 담론의 두 번째 성격이 제시되는데, 요구[를 할 때]의 시간축이 완전히 뒤집어진다는 것입니다. 이제부터는, 그것이 합의에 의해 수립된 것이든, 승리에 의한 것이든, 침략에 의한 것이든, 요구는 과거의 법이라는 이름으로 표명되지 않습니다. 요구는 잠재성 위에서, 미래 위에서, [즉] 임박한 미래 위에서, 현재 속에서 이미 현전하고 있는 미래 위에서 표명될 터입니다. 왜냐하면 문제는 사회체 안에서 '하나의' 민족에 의해 이미 보증된 국가적 보편성의 어떤 기능이기 때문이며, 이 민족은 보편성의 이름으로, 유일한 민족이라는 자신의 지위를 실제적으로 인정할 것을, 그리고 국가의 법적 형식 속에서 인정할 것을 요구하기 때문입니다.

　괜찮으시다면, 이제 이런 유형의 분석과 담론이 초래한 정치적 귀결들과 관련된 것에 관해 말씀드려보죠. 우리는 이론적인 귀결들도 얻을 수 있는데, 그것은 다음과 같습니다. 아시다시피, 이런[위에서 말했던] 상황에서 하나의 민족을 정의하는 것은 그 의고주의, 먼 조상들로 거슬러 올라갈 수 있다는 사실, 과거와의 관계가 아닙니다. 즉, 하나의 민족을 정의하는 것은 다른 어떤 것과의 관계, [즉] 국가와의 관계입니다. 이것은 여러 가지를 뜻합니다. 우선, 민족을 종별화하는 것은 본질적으로 다른 민족들과의 관계가 아니라는 것입니다. '진정한' 민족을 특징짓는 것은 다른 집단, 즉 다른 민족들, 적대하고 대립하고 나란히 놓인 민족들과의 수평적 관계가 아닙니다. 민족을 특징짓는 것은 이와는 반대로, 국가를 구성할 가능성이 있는 개별 신체로부터 나와 국가 자체의 실효적 실존에 이르는 수직적인 관계입니다. 민족/국가, 또는 국가적 잠재성/국가적 실재화라는 이 수직축을 따라서 민족은 특징지어지고 위치지어지는 것입니다. 이것은 하나의 민족의 힘을 구성하는 것이 18세기 초의 귀족 역사가들이 서술하고 싶어 했던 물리적 활력, 군사적 재능, 이를테면 야만적 강렬함 따위가 아니라는 것을 의미하기도 합니다. 이제 하나의 민족의 힘을 구성하는 것은 국가의 형상으로 모조리 정돈되는 능력, 잠재성 같은 것입니다. 하나의 민족은 국가적 능력을 전보다 더 많이 거머쥘 것이기 때문에 더욱 강해질 것입니다. 또한 이것은 하나의 민족의 고유한 성격이 다른 민족을 지배하는 것이 아니라는 것도 의미합니다. 민족의 기능과 역사적 역할의 본질을 구성하는 것은 다른 민족들에 대해 지배관계를 행사하는 것이 아니며, 다른 것일 것입니다. 즉, 스스로를 다스리고, 국가의 형상과 국가권력의 구성과 기능을 스스로 관리하고 통치하며 보증하는 것일 것입니다. 지배가 아니라 국가화입니다. 따라서 민족은 본질적으로 더 이상 야만적이고 호전적인 지배관계 속의 한 파트너가 아닙니다. 민족은 국가의 적극적이고 구성적인 핵심입니다. 민족은 적어도 점선으로 그려진 국가입니다. 국가가 지금 막 생겨나고 형성되려고 하는 한에서, 국가가 개인들로 이뤄진 집단 속에서 그 역사적 실존조건을 발견하려고 하는 한에서, 민족은 국가인 것입니다.

이런 것이 민족이라는 말로 이해될 수 있는 수준에서의 이론적 귀결일 것입니다. 이제 역사적 담론에서의 귀결을 말씀드려보겠습니다. 이제 우리는 국가의 문제를 재도입해 어떤 지점까지는 이 문제를 그 중심에 놓았던 역사적 담론을 갖게 됩니다. 이 점에서 17세기에 존재한 역사적 담론에 어떤 지점까지는 접근할 역사적 담론을 갖게 됩니다. 그리고 저는 이것[17세기에 존재한 역사적 담론]이 본질적으로 국가가 자기 자신에 관해 담론을 펼치는 어떤 방식이었음을 보여드리려고 노력했습니다. 정당화하고 의례적인 기능을 갖고 있는 담론 말입니다. 국가는 자기 자신의 과거를 말했고, 달리 말하면 자기 자신의 정당성을 수립하고 자기 자신을 이른바 근본적인 법들의 수준에서 강화했습니다. 17세기에 역사의 담론은 여전히 이랬습니다. 이것에 맞서 귀족적 반동은 다른 유형의 역사적 담론에 조명탄을 던졌는데, 이 담론 속에서 민족은 바로 국가적 통일을 분해하기 위해, 그리고 국가의 형식적 외관 아래에 다른 힘들이 존재한다는 것을 보여주기 위해 사용됐습니다. 이런 힘들은 바로 국가의 힘이 아니라 자신의 고유한 역사, 과거와 자신의 관계, 자신의 승리, 자신의 피, 자신의 지배관계 등을 지닌 개별 집단의 힘이었습니다.

이제 우리는 국가에 접근해 가는, 그리고 그 본질적인 기능에서는 더 이상 반국가적이지 않을 역사적 담론을 갖게 됩니다. 그러나 이 새로운 역사에서 중요한 것은 국가가 국가의 고유한 것일 담론이나 국가를 정당화하는 담론을 갖는 것이 아닙니다. 민족과 국가 사이에서, 민족의 국가적 잠재성과 국가의 실효적 총체성 사이에서 무한정하게 직조된 관계들의 역사를 쓰는 것이 중요합니다. 물론 그 덕분에 [첫 번째로] 17세기와는 달리, 혁명과 재구성의 원환, 혁명적 회귀에서 사물의 원초적 질서에 이르는 원환에 사로잡히지 않은 역사를 쓸 수 있게 됐습니다. 그러나 우리는 이제 직선적인 유형의 역사를 갖게 되거나 가질 수 있을 것입니다. 여기서는 잠재적인 것에서 실제적인 것으로의 이행, 민족적 총체성에서 국가적 보편성으로의 이행이 결정적인 순간일 것이며, 그에 따라

이 역사는 현재와 국가를 향해 동시에 양극화될 것입니다. 국가의 이 임박함을 향해, 현재 속에서 국가의 총체적이고 완전하고 충만된 형상이라는 이 임박함을 향해 정점에 치닫는 역사 말입니다. 또한 두 번째로, 이것 덕분에 경합하는 힘들의 관계가 전쟁적인 유형의 관계가 아니라, 전적으로 시민적인 유형의 관계일 역사를 쓸 수 있게 됩니다.

물론 저는 불랭빌리에의 분석에서, 동일한 사회체 안의 민족들의 대결이 경제, 교육, 언어, 앎 등의 제도를 매개로 어떻게 행해졌는지 보여 드리려고 했습니다. 그러나 여기서 시민적 제도들은 근본적으로 여전히 전쟁인 전쟁을 위한 도구로서만 사용됐습니다. 시민적 제도들은 언제나 전쟁 유형의, 침략 등의 유형의 지배인 채 머물러 있는 지배의 도구일 뿐입니다. 이와 반대로, 이제 우리는 전쟁, 지배를 위한 전쟁이 이른바 다른 실체인 투쟁에 의해 대체되는 역사를 갖게 됩니다. 그러니까 군사적 대결이 아니라 국가의 보편성을 향한 노력, 경쟁상태, 긴장인 것입니다. [이제] 투쟁의 관건이자 전장은 국가, 그리고 국가의 보편성입니다. 그러므로 투쟁이 지배를 목적이나 표현으로 삼지 않고 국가를 그 대상이자 공간으로 삼는 한에서, 투쟁은 본질적으로 시민적이게 될 것입니다. 투쟁은 본질적으로 경제, 제도, 생산, 행정을 통해, 그리고 이것들을 향해 전개될 것입니다. 시민적 투쟁을 갖게 되는데, 이것에 비해 군사적 투쟁, 유혈 낭자한 투쟁은 예외적인 순간이나 위기나 에피소드일 뿐입니다. 이제 전쟁이나 지배나 군사적인 용어가 아니라 시민적인 용어로 고찰되어야만 하는 투쟁에 비해, 내전은 모든 대결과 투쟁의 근간이기는커녕 사실상 하나의 에피소드, 위기의 한 국면일 뿐입니다.

제 생각으로는 바로 여기서, 19세기만이 아니라 20세기에도 여전히 역사와 정치의 근본적인 물음들이 제기됩니다. 어떻게 투쟁을 고유하게 시민적인 용어로 파악할 수 있는가? 투쟁, 경제투쟁, 정치투쟁, 국가를 위한 투쟁이라고 불리는 것은 전쟁이 아닌 용어로, 고유하게 경제적-정치적인 용어 속에서 실효적으로 분석될 수 있을까? 아니면 18세기의 역사가들이 탐지하려고 노력했던 전쟁과 지배라는 무한정한 바탕과 같은 것을 이것들 뒤에서 찾아내야만 하는가? 아무튼 19세기 이래로, 그리고 민족 개념이 이렇게 재정의된 이래로, 18세기에 행해졌던 것과는 반대 방향에서, 우리는 18세기의 역사가들이 탐지했던 전쟁이라는 호전적이고 군사적이고 유혈 낭자한 바탕을 대체하게 될 국가의 공간 속에서 투쟁의 시민적 바탕을 탐구할 역사를 갖게 될 것입니다.

이런 것들이 이 새로운 역사적 담론의 가능성의 조건입니다. 구체적으로 말하면, 이 새로운 역사는 어떤 형태를 띠게 될까요? 제 생각으로는, 전반적인 면모를 가늠하고 싶다면, 우리는 이 역사가 서로 병존하고 어느 지점까지는 서로 교차하며 서로 수정하는 이해가능성의 두 가지 격자의 작동에 의해, 이것들의 조정에 의해 특징지어진다고 말할 수 있을 것입니다. 첫 번째는 18세기에 구성되고 사용됐던 이해가능성의 격자입니다. 다시 말하면 프랑수아 기조, 오귀스탱 티에리, 아돌프 티에르, 그리고 쥘 미슐레가 쓴 역사에는 처음부터 하나의 힘관계, 투쟁관계가 주어지는데, 이것은 이미 18세기에 인정받았던 것과 똑같은 형태로 주어집니다. 즉 전쟁, 전투, 침략, 정복입니다. 티에리도, 기조도 마찬가지이긴 하지만, 프랑수아 도미니크 드 레노 몽로지에[7] 같은 여전히 귀족 유형의 역사가들은 늘 이 투쟁을 역사의 모체로 삼았습니다. 가령 티에리는 이렇게 말합니다. "우리는 하나의 민족이라고 생각하지만, 똑같은 땅에 사는 두 개의 민족, 그들의 추억 속에서 적이자 그들의 기획 속에서 화해할 수 없는 두 개의 민족이다. 예전에 한쪽이 다른 한쪽을 정복했던 것이다." 물론 지배자들 중 몇몇은 [이윽고] 패배자가 되기도 했지만 남은 자들, 다시 말해 지배자인 채로 남아 있는 자들은 "마치 어제 막 우리 옆에 온 것인 양 우리의 정서와 관습을 낯설어 하고, 또한 그들의 조상

---

7) François Dominique de Reynaud de Montlosier, *De la monarchie française depuis son établissement jusqu'à nos jours*, 3 vol., Paris: Henri Nicolle, 1814.

이 우리 조상의 언어를 알아듣지 못했던 것과 마찬가지로 마치 우리의 언어를 알아듣지 못한 양 자유와 평화를 추구하는 우리의 말에 대해 귀머거리이다. 남은 자들은, 우리의 길은 아랑곳없이 자기네 길만을 따라가고 있다."[8] 그리고 기조도 이렇게 말합니다. "지금으로부터 1,300년도 더 된 옛날부터 프랑스는 두 개의 인민을, 승리한 인민과 패배한 인민을 담고 있었다."[9] 그러니까 이 시점에서도 여전히 18세기와 똑같은 출발점, 이해가능성의 격자를 갖고 있었던 것입니다.

그러나 이 첫 번째 틀에는 원초적인 이원성을 보완하는 동시에 뒤집는 또 다른 틀이 덧붙여져 있습니다. 그것은 최초의 전쟁, 최초의 침략, 최초의 민족적 이원성이라는 기원점에서부터 기능하는 대신에, 이와는 반대로 현재에서 출발해 소급적으로 기능하는 틀입니다. 이 두 번째 틀은 바로 민족 관념을 재정립함으로써 가능해졌던 것입니다. 근본적인 계기는 더 이상 기원도 아니고, 이해가능성의 출발점도 아니며, 케케묵은 요소도 아닙니다. 오히려 반대로, 근본적인 계기는 현재입니다. 그리고 바로 거기서 현재의 가치가 역사적·정치적 담론 속으로 역류하는 중요한 현상이 일어났다고 저는 생각합니다. 결국 18세기의 역사와 역사적-정치적 장에서 현재는 늘 부정적인 순간이었습니다. 현재는 늘 공허함, 외관상의 고요함, 망각이었습니다. 현재는 힘관계의 자리옮김, 배신, 수정의 무더기를 통해 전쟁의 최초 상태가 마구 뒤얽혀 알아볼 수 없게 된 순간입니다. 아니, 단순히 알아볼 수 없게 됐을 뿐만 아니라, 전쟁의 최초 상태를 이용하는 데서 이익을 얻을 수 있을 법한 사람들에 의해서도 완전히 망각되어버린 순간입니다. 귀족들의 무지, 부주의, 게으

---

8) Augustin Thierry, "Sur l'antipathie de race qui divise la nation française," *Le Censeur européen*, 2 avril 1820. 이 글은 다음의 책에 재수록됐다. *Dix ans d'études historiques*, Paris: Garnier Frères, 1834, p.292.

9) François Guizot, *Du gouvernement de la France depuis la Restauration et du ministère actuel*, Paris: Librairie française de Ladvocat, 1820, p.1.

름, 탐욕, 이 모든 것으로 인해 귀족들은 자기네 땅에 사는 다른 거주민들과 자신들의 관계를 규정했던 근본적 힘관계를 망각해버렸던 것입니다. 더욱이 성직자, 법학자, 왕권의 행정관들의 담론이 애초의 힘관계를 완전히 뒤덮어버리고, 결국 18세기의 역사에서 현재는 늘 깊은 망각의 순간이었습니다. 그렇기 때문에 우선 무엇보다도 앎의 차원에서 최초의 순간을 단숨에 재활성화함으로써 갑작스럽고 격렬한 각성에 의해 현재라는 졸음에서 빠져나올 필요가 있었던 것입니다. 현재라는 극단적인 망각점으로부터 의식의 각성이 필요했던 것이죠.

이와 반대로 이제 민족/국가, 잠재성/현실성, 민족의 기능적 총체성/국가의 실제적 보편성이라는 관계에 의해 역사가 양극화된 순간부터, 역사의 이해가능성이라는 틀에서는 현재가 가장 충만한 순간, 가장 거대한 강렬도의 순간, 보편적인 것이 실제적인 것 속으로 진입하는 엄숙한 순간이 됩니다. 현재, 지금 막 지나갔고 지나갈 현재 안에서, 현재의 임박 속에서, 보편적인 것과 실제적인 것의 접촉점이 현재에 가치와 강렬도를 부여하는 동시에 현재를 이해가능성의 원리로서 구성하게 됩니다. 현재는 더 이상 망각의 순간이 아닙니다. 반대로 현재는 진실이 작렬하는 순간, 어둠이나 잠재적인 것이 백일하에 드러나게 될 순간입니다. 그리하여 현재는 과거를 드러내 보여주는 동시에 분석하게 합니다.

19세기에, 아니 적어도 19세기 전반에 기능했던 역사는 이해가능성의 두 가지 틀을 사용했다고 저는 생각합니다. [첫 번째는] 애초의 전쟁에서 시작되고, 모든 역사적 과정을 가로지르며, 그 모든 과정의 추이를 활기차게 만들었던 이해가능성의 격자입니다. 그리고 [두 번째는] 현재의 현행성에서, 국가의 총체적인 실현에서 과거로 거슬러 올라가는, 그 발생을 재구성하는 이해가능성의 다른 틀입니다. 사실상 이 이해가능성의 두 가지 틀은 둘 중 어느 하나가 없이는 결코 기능하지 않습니다. 둘은 늘 서로 호각을 이룬 듯 사용되고, 늘 서로 마주치며, 많든 적든 서로 겹쳐지고, 그 경계선에서 부분적으로 교차하기도 합니다. 결국 한편에는 지배의 형태로, 전쟁을 배경으로 쓰인 역사가 있습니다. 또 다른 한 편에는 총체화의 형태로 현재의 편에서, 임박성 속에서, 하여튼 방금 전에 일어났고 일어날 것 속에서, 국가의 출현과 더불어 쓰인 역사가 있습니다. 따라서 분열된 시작인 동시에 총체화의 완수에 입각해 쓰인 역사입니다. 제 생각에 역사적 담론의 정치적 유용성·실용성을 정의하는 것은 하나가 다른 하나와 맺는 관계에 의해 이 틀을 어떻게 작동시킬 것인가, 둘 중 어느 하나를 특권적으로 사용할 것인가입니다.

대체로 이해가능성의 첫 번째 틀, 분열된 시작이라는 틀에 주어진 특권은 반동적이고 귀족적이며 우파적이라 말할 수 있는 역사를 부여할 것입니다. 두 번째 틀, 보편성의 현재적 순간[이라는 틀]에 주어진 특권은 자유주의적이거나 부르주아적 유형의 역사를 부여할 것입니다. 그러나 사실상 이 두 가지 역사는 어떤 것이든 모두, 각기 고유한 전술적 입장을 취하면서도 어떤 방식으로든 두 가지 틀을 사용하지 않을 수 없습니다. 이것을 보여드리기 위해 두 가지 예를 들고 싶습니다. 하나는 전형적으로 우파적이고 전형적으로 귀족적인 역사에서 취한 예입니다. 이것은 어느 정도까지는 18세기 역사의 직접적 계보에 속합니다만, 실제로는 그 선을 상당히 길게 늘어뜨려 현재에서부터 전개되는 이해가능성의 격자를 기능하게 만듭니다. 다른 하나는 정반대의 예입니다. 즉, 자유주의적이고 부르주아적이라고 간주되는 역사가에게서 이 두 가지 틀의 작동을, 이런 역사가에게서는 절대적으로 특권시되지는 않는 전쟁에서 출발해 이해가능성의 격자의 작동을 보여주는 것입니다.

그렇다면 첫 번째 예입니다. 우파적 유형의 역사, 분명히 18세기의 귀족적 반동의 노선에 있는 역사는 19세기 초에 몽로지에가 썼습니다. 이런 역사에서는 처음부터 지배관계가 특권시됐습니다. 역사를 통해 늘 민족적 이원성의 관계, 민족적 이원성을 특징짓는 지배관계를 발견할 수 있게 됩니다. 그리고 몽로지에의 책 곳곳에는 제3신분을 겨냥한 다음과 같은 욕설이 산재해 있습니다. "해방된 인종, 노예의 인종, 종속된 인민이여, 너희에게는 자유롭다는 허가장이 주어졌다. 그러나 우리가 귀족이라는 것에는 허가장 따위란 없다. 우리에게는 모든 것이 권리이지만, 너희에게는 모든 것이 은총이다. 우리는 너희 공동체의 일원이 아니다. 우리는 우리만으로 모든 것이다." 여기서도 또한 제가 시에예스와 관련해 말했던 유명한 테마가 발견됩니다. 똑같은 의미에서 주프루아는 이름은 기억나지 않습니다만 어떤 잡지에 이런 문장을 썼습니다. "북방 인종이 패자를 근절하지 않고 갈리아를 빼앗았다. 그들은 자기네 후손들에게 통치할 정복된 땅과 지배할 정복된 인간을 물려줬다."[10]

민족적 이원성은 대개 [외국으로] 이주했다가 반동이 극에 달한 시기에 프랑스로 돌아와 침략이라는 일종의 특권적 순간을 재구성한 이 모든 역사가들에 의해 주장됐습니다. 그러나 더 자세히 살펴보면, 몽로지에의 분석은 18세기에 볼 수 있었던 것과는 아주 상이하게 기능했습니다. 몽로지에는 물론 하나의 전쟁, 아니 오히려 다수의 전쟁의 결과로 생겨난 지배관계를 말합니다만, 사실상 그 시기를 밝히려 하지 않았습니다. 몽로지에는 이렇게 말했습니다. 프랑크족이 침입했을 때 일어난 일은 사실 그렇게 본질적인 것이 아니다. 왜냐하면 지배관계는 훨씬 전부터 존재했으며, 그 수도 훨씬 많았기 때문이다. 갈리아에는 로마인의

---

10) 푸코는 여기서 아쉴 주프루아 다방(Achille Jouffroy d'Abbans, 1790~1859)을 암시하고 있다. 부르봉 왕조의 옹호자였던 주프루아는 『롭세르바퇴르』(*L'Observateur*)에 왕권신수설, 절대 권력, 교황권 지상주의를 지지하는 글들을 게재했다. 주프루아는 샤를 10세의 실각 이후 『라레지트미트[정통성]』(*La Légitimité*)라는 잡지를 발간했으나, 이 잡지는 프랑스에서 배포가 금지됐다. 주프루아는 특히 다음의 소책자들을 집필했다. *Des idées libérales du Français*, Paris: Les Marchands de nouveautés, 1815; *Les Fastes de l'anarchie*, Paris: Pillet, 1820(역사에 관한 이야기); *Les Siècles de la monarchie française*, Paris: Firmin Didot, 1823(갈리아에 관한 역사적 저작). 주프루아의 언급은 다음에서 발견된다. *L'Observateur des colonies, de la marine, de la politique, de la littérature et des arts*, IXᵉ livraison, 1820, p.299; Thierry, "Sur l'antipathie de race qui divise la nation française," op. cit.

침략보다 훨씬 전부터 귀족과 종속된 인민 사이에 이미 지배관계가 있었다. 이것은 고대적 전쟁의 결과였다. 로마인은 전쟁을 가지고 왔지만, 동시에 로마인 귀족계급과, 이 부유하고 고귀한 귀족계급의 피보호 평민에 불과한 사람들 사이에 지배관계도 함께 가지고 왔다. 여기서도 지배관계는 오래된 전쟁의 결과였다. 이어서 게르만족은 자유로운 전사였던 자들과 신민에 불과했던 자들 사이의 종속관계라는 그들의 고유한 내적 종속관계와 더불어 왔다. 그러니까 결국 중세 초기에, 봉건제의 여명기에 구성됐던 것은 승리한 인민과 패배한 인민의 순수하고 단순한 중첩이 아니라 갈리아족, 로마인, 게르만족의 세 가지 내적 지배체계의 혼합이었다.[11] 요컨대 중세의 봉건 귀족은 이 세 개 귀족계급의 혼합일 뿐이었습니다. 이들이 새로운 귀족계급으로 구성됐고, 이들은 여기서도 갈리아의 종속민, 로마의 피보호 평민, 게르만 신민의 혼합이던 자들에 대해 지배관계를 행사했습니다. 그 결과로 하나의 귀족이자 하나의 민족이지만 민족 그 자체이기도 한 것, 즉 봉건적 귀족과 인민 사이에서 지배관계가 생겨났습니다. 이때의 인민은 [봉건적 귀족이라는] 민족의 바깥에서 그 지배관계의 대상, 상대편으로서 존재하는 종속민이나 농노 등, 실제로는 민족의 다른 부분이 아니라 민족의 바깥에 있는 사람들이었습니다. 그러니까 몽로지에는 민족의 수준에서는 귀족에게 유리하게 일원론을, 지배의 수준에서는 이원론을 작동시켰던 것입니다.

그런데 이와 관련해 몽로지에는 군주제의 역할이 무엇이 되리라고 생각했을까요? 군주제의 역할은 게르만의 신민, 로마의 피보호 평민, 갈리아의 종속민의 혼합이자 그 결과인 민족 외부의 이 무리를 하나의 민족, 다른 인민으로 구성하는 것이었습니다. 이것이 왕권의 역할이었죠. 군주제는 종속민을 해방하고, 도시들에 권리를 부여해 귀족으로부터 도시들을 독립시켰습니다. 즉, 군주제는 농노를 해방했고, 몽로지에가 새

---

11) Montlosier, *De la monarchie française*……, liv.I, chap.I, p.150.

로운 인민이라 말했던 것, 즉 고대의 인민인 귀족과 동등한 권리를 갖고 있고 그 수는 훨씬 압도적인 인민을 모조리 창출했던 것입니다. 왕권이 하나의 거대한 계급을 구성했다고 몽로지에는 말합니다.[12]

물론 이런 유형의 분석에는 18세기에 이용됐던 모든 요소가 재활성화되어 있지만, 한 가지 근본적인 수정이 일어났습니다. 즉 몽로지에의 말에 따르면, 정치의 과정, 중세부터 17~18세기까지 일어났던 모든 일은 처음부터 주어져 있었고, 침략 이래 대치하게 됐던 두 상대방 사이의 힘관계를 단순히 수정하고 자리옮김한 것이 아닙니다. 실제로는 단일 민족적이고 완전히 귀족 중심적인 하나의 전체 내부에서 다른 어떤 것이 창출되는 일이 발생했습니다. 하나의 새로운 민족, 하나의 새로운 인민, 몽로지에가 하나의 새로운 계급이라고 부른 것이 창출된 것입니다.[13] 요컨대 사회체 내부에서 하나의 계급, 계급들이 만들어진 셈입니다. 그런데 이렇게 하나의 새로운 계급이 제조되면서 도대체 무슨 일이 일어났을까요? 음, 왕은 귀족으로부터 경제적·정치적 특권들을 박탈하기 위해 이 새로운 계급을 이용합니다. 왕은 어떤 수단을 사용할까요? 거기서도 또 다시 몽로지에는 자신의 선행자들이 말했던 것을 반복합니다. 즉, 거짓, 배신, 자연을 거스르는 [있어서는 안 될] 동맹 등입니다. 또한 왕은 이 새로운 계급의 활기찬 힘을 이용했습니다. 즉, 반란을 이용한 것입니다. 영주에 맞선 도시의 반란, 토지 소유자에 맞선 농민의 폭동 등이 그것입니다. 그런데 몽로지에는 이렇게 묻습니다. 이런 반란 뒤에서 무엇을 봐야만 하는가? 물론 이 새로운 계급의 불만입니다. 그러나 특히 왕의 손을 봐야만 합니다. 모든 반란을 부채질한 것은 왕입니다. 왜냐하면 왕은 반란이 일어날 때마다 귀족의 권력을 약화시켰고, 결과적으로 자신의 권력을 강화시켰으며, 귀족더러 양보하라고 강제할 수 있었기 때

---

12) Montlosier, *De la monarchie française*······, liv.III, chap.II, p.152sq.

13) Montlosier, *De la monarchie française*······, loc. cit.

문입니다. 게다가 순환적 과정에 의해, 왕이 해방적 조치를 취할 때마다 새로운 인민의 불손함과 힘이 증대됐습니다. 왕이 이 새로운 계급에게 양보할 때마다 새로운 반란이 터졌죠. 따라서 프랑스의 역사 전체에서 군주제와 인민 반란 사이에는 본질적인 연결이 있습니다. 군주제와 인민 반란에 연결된 부분이 있다는 것입니다. 그리고 왕권이 꾸미고 사주한, 아무튼 유지하고 두둔한 반란이라는 무기에 의해 예전에는 귀족의 것이었던 모든 정치권력이 군주제로 이전됐던 것입니다.

이때부터 군주제가 권력을 홀로 거머쥐었습니다만, 군주제는 새로운 계급에 호소하지 않고서는 이 권력을 기능하게 만들 수도 없었고 행사할 수도 없었습니다. 그래서 군주제는 사법과 행정을 이 새로운 계급에게 맡겼으며, 이리하여 이 새로운 계급이 국가의 모든 기능을 맡게 됐습니다. 물론 이 과정의 마지막 순간은 궁극의 반란일 뿐이었습니다. 즉, 국가 전체가 이 새로운 계급의 수중에, 인민의 수중에 떨어지고, 왕권에서 벗어나게 된 궁극의 반란 말입니다. 마지막에는 민중적 반란에 의해 주어진 권력밖에는 실제로 [아무것도] 갖지 못하게 된 왕과, 다른 한편으로 국가의 모든 도구를 장악한 민중계급만이 마주본 채 남게 됐습니다. 마지막 에피소드, 마지막 반란은 누구에게 맞서 일어난 것일까요? 음, 자신이 아직 권력을 보존하고 있는 마지막 귀족이라는 것을 잊어버렸던 자에 맞서 일어났습니다. 즉, 왕에 맞서 일어난 것입니다.

그러니까 몽로지에의 분석에서 프랑스 혁명은 왕의 절대주의를 구성했던 이전移轉 과정의 마지막 에피소드로서 등장합니다.[14] 군주제적 권력의 구성을 완수한 것은 프랑스 혁명입니다. 프랑스 혁명은 왕을 타도했을까요? 전혀 그렇지 않습니다. 프랑스 혁명은 왕들의 과업을 완수했으며, 그 진실을 글자 그대로 말했습니다. 프랑스 혁명은 군주제의 완수로서 읽혀야만 합니다. 어쩌면 비극적 완수일 수도 있으나, 정치적으로

---

14) Montlosier, *De la monarchie française*……, liv.II, chap.II, p.209.

는 진정한 완수인 것입니다. 1793년 1월 21일의 장면은 어쩌면 왕[루이 16세]의 목을 벤 일일 것입니다. 왕의 목을 베긴 했지만, 군주제는 정점에 도달했습니다. 국민공회는 벌거벗겨진 군주제의 진실이며, 왕이 귀족에게서 빼앗은 주권은, 아주 당연하게도, 왕의 정당성 있는 후계자인 인민의 손아귀에 있다고 몽로지에는 말합니다. 귀족이자 국외 이주자이며 왕정복고기의 그 어떤 사소한 자유화 시도에 대해서도 악착같이 반대했던 몽로지에는 이렇게 쓸 수 있었습니다. "주권자 인민. 이것을 너무 신랄하게 비난하지 말자. 인민은 선행자인 군주들의 과업을 완성시켰을 뿐이다." 따라서 인민은 왕의 후계자, 그것도 정당성 있는 후계자입니다. 인민은 선행자인 군주들의 과업을 완성시켰을 뿐입니다. 왕들, 의회[고등법원], 법학자와 학자들이 밟고 지나갔던 길을, 인민은 하나하나 철저히 그대로 따라갔던 것입니다. 이처럼 몽로지에에게서는, 이른바 역사 분석 자체를 틀에 끼워 넣음으로써 모든 것이 전쟁상태와 지배관계에서 출발했다는 정식화가 발견됩니다. 왕정복고기의 이런 정치적 요구 안에는 귀족이 자신들의 권리를 회복하고, 국유화된 재산을 회수하며, 예전에 인민 전체에 대해 자신들이 행사했던 지배관계를 재구성[복원]해야 한다는 주장이 있습니다. 물론 이런 주장이 있었죠. 그러나 몽로지에의 역사적 담론은 그 핵심, 중심 내용에 있어서 현재를 충만한 순간, 실행의 순간, 총체화의 순간, [그것을 ─ Fr.] 기점으로 귀족과 군주제의 관계를 묶어낸 모든 역사 과정이 마침내 민족적 집단성의 손아귀 사이에서 국가적 총체성이 구성되는 정점에, 최종점에, 충만한 순간에 도달하는 바로 그런 순간으로서 기능케 하는 역사적 담론입니다. 그런 점에서 불랭빌리에나 뒤 뷔아-낭세의 역사를 참조하기도 하고 이로부터 직접 이식받기도 했던 정치적 주제나 분석 요소가 무엇이든 간에, 우리는 이 담론이 실제로는 다른 모델 위에서 기능한다고 말할 수 있습니다.

이제 [논의를] 마무리하기 위해, [앞의 것과는] 직접적으로 대립되는 다른 유형의 역사를 다루고 싶습니다. 이것은 몽로지에의 명시적인 적수인 티에리의 역사입니다. 티에리에게 역사의 이해가능성의 지점으로서 특권시된 것은, 물론 현재입니다. 분명히 티에리가 사용한 것은 과거의 요소들과 과정들을 밝히기 위해 현재에서, 충만한 현재에서 출발하는 두 번째 격자입니다. 국가적 총체화, 바로 이것이 과거에 투사되어야만 합니다. 그리고 이 총체화의 발생을 물어야만 합니다. 티에리에게 프랑스 혁명은 바로 이 '충만한 순간'입니다. 한편으로 프랑스 혁명은 물론 화해의 순간이라고 티에리는 말합니다. 티에리는 이 화해를, 국가적 총체성의 이 구성을 다음과 같은 유명한 장면에 자리잡게 합니다. 아시다시피, 이 장면에서 장-실뱅 바이†는 제3신분의 대표자들이 있는 바로 그 장소에서 귀족과 성직자의 대표자들을 반갑게 맞이하며 이렇게 반응했죠. "여기서 가족이 다시 모였군요."15)

　　그러니까 이 현재에서 출발합시다. 현행적 순간, 이것은 민족이 국가라는 형태로 총체화되는 순간입니다. 그렇지만 이 총체화는 여전히 프랑스 혁명의 폭력적 과정 속에서만 이뤄질 수 있을 뿐이며, 화해의 충만한 순간에도 여전히 전쟁의 모습과 흔적이 남아 있습니다. 티에리는 프랑스 혁명이 결국 1,300년 이상 지속된 투쟁, 승자와 패자 사이에서 벌어진 투쟁의 마지막 에피소드일 뿐이라고 말합니다.16) 그러니까 티에리에게 모든 역사 분석의 문제는 승자와 패자의 투쟁이 어떻게 역사 전

---

† Jean-Sylvain Bailly(1736~1793). 프랑스의 천문학자. 프랑스 혁명 당시 국민의회 초대 의장을 맡았고, 바스티유 감옥 함락 직후 파리 시장이 됐다. 그러나 바스티유 감옥 함락 2주기인 1791년 7월 17일 군중들이 마르스 광장에서 연 집회를 진압하는 과정에서 발포를 명령해 신망을 잃었고, 결국 단두대에서 처형됐다.

15) Augustin Thierry, "Essai sur l'histoire de la formation et des progrès du Tiers-État," *Œuvres complètes*, t.IX, Paris: Garnier Frères, 1867, pp.3~4. 티에리는 이렇게 썼다. "가족이 완벽해졌군요"(La famille est complète).

16) Thierry, "Sur l'antipathie de race qui divise la nation française," art. cit.; "Histoire véritable de Jacques Bonhomme," *Le Censeur européen*, 12 mai 1820; *Dix ans d'études historiques*, Paris: Garnier Frères, 1834. 재수록.

체를 가로지를 수 있었는가, 전쟁과 비대칭적 지배가 더 이상 그 선례를 그대로 계승하거나 다른 방향으로 뒤집을 수도 있는 형태를 취하지 않는 현재에까지 이 투쟁이 어떻게 이르를 수 있었는가를 보여주는 것입니다. 그리고 이런 전쟁이 어떻게, 투쟁이든 아무튼 전쟁이 사라질 수밖에 없는 보편성을 발생시킬 수 있었는가를 보여주는 것입니다.

왜 두 당사자 중 어느 하나만이 보편성의 담지자가 되는 것일까? 티에리에게는 바로 이것이 역사의 문제입니다. 그러므로 티에리의 분석은 처음에는 이원적이었다가 끝에 가서는 일원론적이자 보편주의적인 것이 되는 어떤 과정의 기원을 찾는 데 맞춰져 있었습니다. 티에리에게 대결의 본질을 이루는 것은, 물론 [과거에] 일어났던 것이 침략 같은 어떤 것 속에서 그 기원 지점을 발견한다는 점입니다. 그러나 중세 내내, 그리고 현행적 순간에 이르기까지 투쟁과 대결이 있었다면, 그것은 사실상 승자와 패자가 제도들을 통해 서로 대결했기 때문이 아닙니다. 실제로는 사회의 두 가지 경제적-법적 유형이 구성되고 이것들이 국가의 행정과 관장管掌을 둘러싸고 서로 경합했기 때문입니다. 중세 사회가 성립되기 전에, 정복에 이어서 곧 봉건제의 형태를 따르게 될 조직화된 농촌 사회가 있었습니다. 그리고 그 다음에, 이것과 마주하는 것으로서, 로마적 모델과 갈리아적 모델을 지닌 도시 사회가 있었습니다. 실제로 대결은 어떤 의미에서 침략과 정복의 결과였습니다만, 본질적으로 그리고 실질적으로 이것은 두 개 사회 사이의 투쟁입니다. 두 사회의 충돌은, 때로는 무력 충돌이기도 했지만 본질적으로는 정치적·경제적 차원의 대결이었습니다. 어쩌면 전쟁일 수도 있지만, 한편으로는 법권리와 자유의 전쟁이며, 다른 한편으로는 부채와 부에 맞서는 전쟁입니다.

국가의 구성을 위한 두 유형의 사회 사이의 이런 대결들이 바로 역사의 근본 동력이게 됩니다. 9~10세기까지 이 대결에서, 국가와 국가의 보편성을 향한 이 투쟁에서 번번이 패했던 것은 도시였습니다. 그 이후 10~11세기부터는 반대로, 남쪽에서는 이탈리아를 모델로 하고 북쪽 지역에서는 북유럽을 모델로 한 도시의 재탄생이 생겨났습니다. 아무튼 새로운 형태의 법적·경제적 조직화가 이뤄졌던 것입니다. 그리고 최종적으로 도시 사회가 이겼다면, 도시 사회가 군사적 승리 같은 것을 거뒀기 때문이 아니라, 아주 단순하게 도시 사회가 점점 더 부만이 아니라 행정 능력과 도덕의식, 어떤 생활방식이나 존재양식, 티에리가 말하는 의지와 혁신 본능, 그리고 활동성을 갖게 됐기 때문입니다. 이것들은 도시 사회의 제도들이 어느 날 국지적이기를 그치게 하고, 나라 전체의 참정권과 민법의 제도들 자체가 될 정도로 충분한 힘을 부여했습니다. 그에 따른 결과로 생겨난 보편화는 도시에 전적으로 호의적이었던 지배관계에서 시작된 것이 아니라, 국가를 구성하는 모든 기능이 도시의 손아귀에서 생겨나고 아무튼 그 손을 거쳐간다는 사실에서 시작된 것입니다. 이 힘을, 즉 국가의 힘이지 더 이상 전쟁의 힘은 아닌 이 힘을 부르주아지는 전쟁을 목적으로 사용하지 않았으며, 전쟁을 목적으로 사용하는 경우가 있더라도, 그렇게 할 수밖에 없는 경우로만 제한했습니다.

그리고 부르주아지와 제3신분의 역사에는 두 개의 커다란 에피소드, 두 개의 거대한 국면이 있습니다. 우선 제3신분은 국가의 모든 힘이 자기 손아귀에 있다고 느끼자, 귀족과 성직자에게 일종의 사회계약을 제안하게 됩니다. 세 신분의 이론과 제도들은 이렇게 구성됐죠. 그러나 이것은 인위적인 통일성이지, 현실의 힘관계에도 적대 진영의 의지에도 진정으로 대응하는 것이 아닙니다. 실제로 제3신분은 이미 국가 전체를 손아귀에 넣고 있었는데, 적대 진영, 즉 귀족들은 제3신분에게 그 어떤 권리도 인정하지 않으려 했습니다. 바로 이 순간부터, 18세기에, 더욱 폭력적인 대결의 과정이 될 새로운 과정이 시작됩니다. 프랑스 혁명은 바로 이 폭력적 전쟁의 마지막 에피소드가 되죠. 물론 프랑스 혁명은 구시대의 갈등을 부활시킵니다만, 이 혁명은 국가를 그 대상과 공간으로 삼아 전쟁적인 차원이 아니라 본질적으로 시민적인 차원에서 벌어진 갈등과 투쟁의 군사적 도구일 뿐입니다. 세 신분체제의 소멸, 프랑스 혁명의 폭력적인 격동, 이 모든 것이 구성하는 것은 사실상 단 하나입니다. 즉, 모든 국가적 기능을 흡수함으로써 민족이, **유일한** 민족이 된 제3신분이 실효적으로 자신들만으로 민족과 국가를 모조리 떠맡는다는 것입니다. 자신들만으로 민족을 구성하고 국가를 떠맡는다는 것은 그때까지 기능할 수 있었던 구시대의 이원성과 모든 지배관계를 소멸하게 만드는 보편성의 기능들을 확보한다는 것을 뜻합니다. 따라서 부르주아지, 제3신분은 인민이 되며, 그러니까 국가가 됩니다. 제3신분은 보편적인 것의 역량을 지닙니다. 그리고 현재의 순간, 티에리가 글을 쓰던 바로 그 시점은 이원성, 민족들, 계급들이 소멸하는 순간입니다. 티에리는 이렇게 썼습니다. "거대한 진화가 우리가 살고 있는 땅에서 차례차례 모든 폭력적이거나 부당한 불평등, 주인과 노예, 승자와 패자, 영주와 농노를 소멸시키며, 마침내 이것들 대신에 하나의 인민을, 모두에게 평등한 법을, 자유롭고 주권적인 민족을 보여주고 있다."[17]

　이런 분석과 더불어 우리는 한편으로 역사적-정치적 과정에 대한 분석틀로서의 전쟁의 기능이 제거되거나 엄격히 제한되는 것을 볼 수 있습니다. [이제] 전쟁은 전투적인 것이 아닌 대결과의 관계에서 일시적이고 도구적인 것일 뿐입니다. 두 번째로, 본질적인 요소는 하나가 다른 하나에, 한 민족이 다른 민족에, 한 집단이 다른 집단에 작용하는 지배관계가 아닙니다. 근본적인 관계는 국가입니다. 그리고 결국 이런 종류의 분석 내부에서는 변증법 유형의 철학 담론으로 곧장 동화[흡수]되고 이전될 수 있는 어떤 것이 모습을 드러내고 있음을 알 수 있습니다.

　역사철학의 가능성, 요컨대 보편적인 것이 그 진실을 드러내는 순간을 역사 속에서, 현재의 충만함 속에서 찾는 철학이 19세기 초에 출현한 것. 저는 이런 철학이 준비되어왔다고 말하는 것이 아닙니다. 저는 이것

---

17) Thierry, "Essai sur l'histoire de la formation et des progrès du Tiers-État," p.10. 인용문이 부정확했으나 편집과정에서 원본에 의거해 바로잡았다.

이 역사적 담론의 내부에서 이미 기능하고 있었다고 말하는 것입니다. 변증법적 철학의 역사적 담론으로의 명시적인 이전, 혹은 명시적인 활용과는 독립적으로, 역사적 담론의 자기-변증법화가 있었던 것입니다. 하지만 부르주아지가 역사적 담론을 활용한 것, 부르주아지가 18세기에 수집된 역사적 이해가능성의 근본 요소들을 수정한 것도 역사적 담론의 자기-변증법화였습니다. 그리고 이로부터 출발해 우리는 역사 담론과 철학 담론 사이에 어떤 관계가 맺어질 수 있었는가를 파악할 수 있을 것입니다. 결국 18세기에 역사철학은 역사의 일반 법칙에 관한 사변으로서만 존재했습니다. 새로운 것, 제 생각에 근본적인 어떤 것은 19세기부터 시작됩니다. [그때부터] 역사와 철학은 공통의 질문을 던지게 됩니다. 현재에 있어서 보편적인 것을 담지하고 있는 것은 무엇인가? 현재에 있어서 보편적인 것의 진실은 무엇인가? 이것이 역사의 질문이며, 마찬가지로 철학의 질문입니다. 변증법이 태어난 것입니다.

11강. 1976년 3월 17일

주권권력에서 생명에 관한 권력으로 | 살게 만들기와 죽게 내버려두기 | 인간-신체에서
인간-종으로: 생명권력의 탄생 | 생명권력의 적용 장 | 인구 | 죽음, 특히 프란시스코 프랑
코의 죽음에 대해 | 규율과 조절의 절합: 노동자 주택단지, 섹슈얼리티, 규범 | 생명권력과
인종주의 | 인종주의의 기능과 적용 영역 | 나치즘 | 사회주의

이제 올해 강의를 끝마쳐야 하고, 올해 제가 말씀드렸던 것을 조금이라
도 마무리해야 하겠습니다. 저는 역사적 과정에 대한 이해가능성의 격
자로 간주됐던 전쟁에 관해 약간의 문제를 제기하고자 했습니다. 18세
기 내내 이 전쟁은 애초에, 그리고 실제로도 인종전쟁으로 여겨졌던 것
같습니다. 제가 재구성하고 싶었던 것은 바로 이 인종전쟁의 역사였습
니다. 그리고 지난번 강의에서는 어떻게 전쟁이란 개념 자체가 민족적*
보편성의 원리에 의해 마침내 역사적 분석에서 삭제됐는가를 보여드리
고 싶었습니다. 이번에는 어떻게 인종이라는 테마가 사라지지 않고 국
가인종주의라는 아주 다른 것 속에서 재개되는지를 보여드리고 싶습니
다. 그래서 오늘 제가 여러분께 말씀드리고 싶은 것, 적어도 여러분께 알
려드리고 싶은 것은 국가인종주의의 탄생입니다.

　19세기의 근본적인 현상 중 하나는 권력에 의한 생명의 중시라고 부
를 수 있는 것 같습니다. 즉, 생명체로서의 인간에 관한 권력의 파악, 생

---

* 강의원고에는 '민족적'(nationale)이라는 말 다음에 '혁명기에'(à l'époque de la Révolu
-tion)라는 구절이 추가되어 있다.

물학의 일종의 국유화로, 혹은 적어도 생물학의 국가화라고 부를 수 있는 것으로 이르게 된 몇몇 경향 말입니다. [당시에] 일어났던 일을 이해하려면 궁극적으로 전쟁, 인종 등에 관한 모든 분석의 배경이나 밑그림 역할을 하는 고전적 주권 이론을 참조할 수 있을 것입니다. 고전적 주권 이론에서는 생살여탈권†이 그 근본적 속성들 중 하나였습니다. 그런데 생살여탈권은 기묘한 권리, 이미 이론적 수준에서도 기묘한 권리입니다. 실제로, 생살여탈권을 갖고 있다는 것은 무슨 뜻일까요? 어떤 의미로는, 주권자가 생살여탈권을 갖고 있다고 말하는 것은, 요컨대 주권자가 죽게 만들고 살게 내버려둘 수 있다는 것입니다. 특히 삶과 죽음은 정치권력의 장 바깥으로 떨어져나가는 자연적이고 무매개적인, 이른바 원초적이고 근본적인 현상이 아닙니다. 좀 더 밀고 나간다면, 역설로까지 밀고 나간다면 결국 이것이 의미하는 바는 신민[주체]이 권력에 대면해 당연하게 존재하는 것이 아니라는 것, 즉 살아 있다고도 할 수 없고 죽었다고도 할 수 없다는 것입니다. 삶의 관점과 죽음의 관점에서 보면 신민은 중성적입니다. 그리고 신민이 살 권리를 갖고 있는가 아니면 혹여 죽을 권리를 갖고 있는가는 오직 주권자가 정하는 것입니다. 하여튼 신민들의 삶과 죽음은 주권자의 의지의 효과에 의해서만 권리가 될 뿐입니다. 여기에 이론적 역설이 있습니다. 이론적 역설은 일종의 실천적 불균형에 의해 분명히 상호보완되어야만 합니다. 실제로 생살여탈권은 무엇을 의미할까요? 물론 주권자는 죽게 만들 수 있는 것처럼 살게 만들 수는 없습니다. 생살여탈권은 불균형적 방식으로만, 죽음에 편에서만

---

† Le droit de vie et de mort. 이 표현은 푸코의 『성의 역사 1권: 지식의 의지』 5장 제목이기도 한데, 일차적으로는 '생살여탈권'(生殺與奪權)으로 옮겨져야 한다. 이 표현을 '삶과 죽음의 권리'라고 옮기면 '삶의 권리'와 '죽음의 권리'가 동등한 측면에 놓여 있다는 인상을 주기 때문에, 푸코의 논의를 왜곡할 수 있다. 물론 '생살여탈권'도 이런 대칭성에서 완전하게 자유로운 것은 아니지만, '삶을 부여하거나 죽음을 부여할 권리'라는 이 한자적 표현이 푸코의 진의를 더 잘 드러내줄 것이다.

행사될 수 있습니다. 삶[생명]에 대한 주권권력의 효과는 주권자가 죽일 수 있는 순간부터만 행사됩니다. 궁극적으로 이 생살여탈권의 본질 자체를 실효적으로 담지하는 것은 죽일 권리인 거죠. 주권자가 삶[생명]에 대한 자신의 권리를 행사하는 것은 죽일 수 있는 순간일 뿐입니다. 이것은 본질적으로 칼의 권리입니다. 따라서 삶의 권리와 죽음의 권리에는 진정한 의미에서의 대칭이 없습니다. 이것은 죽게 만들거나 혹은 살게 만드는 권리가 아닙니다. 이것은 더 이상 살게 내버려두고 죽게 내버려두는 권리도 아닙니다. 이것은 죽게 만들거나 살게 내버려두는 권리입니다. 물론 이것은 선명한 비대칭을 도입합니다.

그리고 19세기에 정치적 권리에서 발생한 가장 대대적인 변화 중 하나는 바로 주권의 이 오래된 권리, 즉 죽게 만들거나 살게 내버려두는 권리가 새로운 다른 권리에 의해 대체까지는 아니더라도 보완됐다는 것에 있다고 저는 생각합니다. 이 새로운 권리는 최초의 권리를 말소하는 것이 아니라 최초의 권리에 침투하며, 최초의 권리를 가로지르고 수정해 하나의 권리, 아니 오히려 정반대의 권리가 됐습니다. 즉, 살게 '만들고' 죽게 '내버려두는' 권력이 된 것이죠. 그러니까 주권의 권리란 죽게 만들거나 살게 내버려두는 권리입니다. 그런 뒤에 새로운 권리가, 즉 살게 만들고 죽게 내버려두는 권리가 정착합니다.

물론 이 변화는 단숨에 이뤄진 것이 아닙니다. 이 변화를 법 이론 속에서 추적할 수도 있습니다. 하지만 여기서는 [그렇게 하지 않고] 매우 빠르게 가보겠습니다. 이미 17세기의, 그리고 특히 18세기의 법학자들은 생살여탈권에 관해 이런 질문을 제기했습니다. 법학자들은 이렇게 말합니다. "사회계약의 수준에서 계약이 체결됐을 때, 즉 개인들이 모여 주권자를 구성하고 주권자에게 자신들에 대한 절대적 권력을 위임할 때, 그들은 왜 그렇게 했는가? 사람들이 그렇게 한 것은 위험이나 필요에 쫓기고 있었기 때문이다. 결국 자신들의 생명을 보호하려고 그렇게 한 것이다. 그들이 주권자를 구성한 것은 살기 위해서이다. 이런 한에서 생명은 주권자의 권리 안으로 실효적으로 들어설 수 있을까? 주권자의 권리를 창설하는 것은 생명이 아닐까? 주권자는 실제로 삶과 죽음의 권력을, 즉 단적으로 말해서 신민들을 죽이는 권력을 행사할 권리를 신민들에게 요구할 수 있을까? 생명은 계약의 첫 번째이자 최초이자 근본적인 모티프였으므로 계약의 외부에 있을 수는 없지 않을까?" 우리는 이 모든 정치철학의 논의를 무시할 수 있습니다. 하지만 이것은 정치 사상의 장, 정치권력에 관한 분석의 장에서 생명의 문제가 어떻게 문제화되기 시작했는지를 잘 보여줍니다. 사실 오늘 제가 추적하고 싶은 것은 정치 이론의 수준에서가 아니라 오히려 권력의 메커니즘, 권력의 기술, 권력테크놀로지의 수준에서 일어난 변형입니다. 그러므로 여기서 우리는 친숙한 것으로 되돌아옵니다. 17~18세기에 본질적으로 신체에, 개별 신체에 집중하는 권력의 기술이 나타났습니다. 신체들의 분리, 정렬, 계열화, 감시화 같은 개별 신체의 공간적 배분과 개별 신체들의 주변에서 가시성의 모든 장을 조직화하는 것을 보장하는 모든 절차가 바로 그것입니다. 그것은 또한 신체를 떠맡고, 연습이나 훈련[조련/훈육] 등에 의해 신체의 유용한 힘을 최대화하는 기술이기도 합니다. 감시·위계·시찰·기록·관계의 모든 체계에 의해 가급적 가장 적은 비용이 드는 방식으로 행사되는, 권력의 합리화와 엄격한 경제[관리]의 기술이기도 하죠. 이 모든 테크놀로지를 노동의 규율적 테크놀로지라고 부를 수 있습니다. 이것은 17세기 말과 18세기 내내 자리잡았습니다.[1]

그런데 제 생각에 18세기 후반에는 새로운 어떤 것, 이번에는 규율적이지 않은, 권력의 다른 테크놀로지가 등장하는 것을 보게 됩니다. 이 권력의 테크놀로지는 첫 번째 것을 배제하지 않습니다. 즉, 규율기술을

---

1) 규율적 테크놀로지의 문제에 관해서는 다음을 참조하라. Michel Foucault, *Surveiller et Punir: Naissance de la prison*, Paris: Gallimard, 1975. [오생근 옮김, 『감시와 처벌』 (재판), 나남, 2003.]

배제하는 것이 아니라 규율기술을 끼워 넣고, 통합하며, 부분적으로 변경합니다. 특히 어떤 면으로는 규율기술을 자기 안에 이식하고, 선행하는 [다른] 규율기술에 실효적으로 들러붙게 함으로써, 그 규율기술을 이용합니다. [권력의] 이 새로운 기술은 규율기술을 없애지 않는데, 왜냐하면 아주 단순히 말해 이 새로운 기술은 다른 수준에, 다른 차원에 속하며, 적용범위가 다르고 완전히 다른 도구를 사용하기 때문입니다.

규율적이지 않은 이 새로운 권력의 기술이 적용되는 곳은 신체를 겨냥한 규율과는 달리 바로 인간의 생명입니다. 혹은 이렇게 말해도 된다면, 이 새로운 권력의 기술은 인간-신체가 아니라 살아 있는 인간, 살아 있는 인간 존재를 겨냥합니다. 극단적으로 말하면 인간-종homme-espèce입니다. 좀 더 정확하게는 이렇게 말할 수도 있을 것입니다. 즉, 인간의 다양체가 감시되고 훈육[단련]되고 이용되고 경우에 따라서는 처벌받는 개별 신체로 해소될 수 있고 해소되어야 하는 한에서, 규율은 인간의 다양체를 규제하려고 합니다. 그런데 [권력이] 정착시킨 새로운 테크놀로지는 인간의 다양체를 겨냥합니다만, 이때의 인간은 신체로 파악된 인간이 아니라 정반대로 생명에 고유한 과정 전체, 그리고 탄생·죽음·출산·질병 등으로서의 과정에 영향을 받는 거대한 대중을 형성하는 인간입니다. 그러니까 개체화의 양태 위에서 이뤄진, 신체에 대한 권력의 첫 번째 파악 이후에 신체에 대한 두 번째 파악이 시도됩니다만, 이 시도는 개체화하는 것이 아니라 대중화하며, 인간-신체가 아니라 인간-종의 방향으로 이뤄집니다. 18세기 동안에 수립된 인간 신체에 관한 해부-정치 이후, 18세기 말에는 더 이상 인간 신체의 해부-정치가 아니라 제가 인간 종에 대한 '생명정치'라 부르는 것이 등장합니다.

권력의 이 새로운 테크놀로지, 이 생명정치, 이 정착되고 있는 생명권력에서는 무엇이 문제일까요? 저는 방금 전에 이것을 한두 마디로 말씀드렸습니다. 탄생과 사망의 비율, 출산율, 인구의 번식력 등과 같은 과정 전체가 문제입니다. 출생률, 사망률, 평균 수명 등의 과정이 18세기 후반에, 지금은 언급하지 않겠습니다만 수많은 경제적·정치적 문제와 연결되어 이 생명정치의 앎의 첫 번째 대상이자 통제의 첫 번째 표적을 구성했다고 저는 생각합니다. 여하튼 바로 이 순간부터 최초의 인구통계학과 더불어 이런 현상들에 관한 통계학적 조치가 작동됐습니다. 그 조치란 출생과 관련해 인구 속에서 효과적으로 실행된, 얼마간은 자발적이고 얼마간은 협조적인 과정들에 대한 관찰이었습니다. 즉, 18세기에 실행된 산아제한 현상의 탐지였습니다. 이것은 출산 장려정책의 시발점, 또는 특히 출생의 전반적 현상에 대한 개입 도식의 시발점이기도 했습니다. 이 생명정치에서는 단순히 번식력의 문제가 중요한 것이 아니었습니다. 발병률 역시 문제였는데, 이것은 단순히 그때까지의 경우처럼 중세의 성립 이래 그 위험성에 의해 정치권력을 그토록 괴롭혀온 저 유명한 전염병의 수준에서가 더 이상 아니었습니다. 저 유명한 전염병은 만연한 죽음, 모두에게 곧 닥쳐올 죽음의 시간적 드라마였습니다. 바로 이때, 18세기 말에 문제였던 것은 전염병이 아니라 다른 것이었습니다. 대체로 풍토병이라고 부를 수 있는 것, 즉 한 인구 안에서 주로 발생하는 질병의 형태, 성질, 확장, 지속, 강렬도 등이 문제였죠. 이것은 근절하기가 다소 어려운 질병, 더 빈번히 죽음을 야기하는 전염병으로서가 아니라 생산을 저하시키고 치료 비용이 비싸기 때문에 노동력 감소, 노동시간 저하, 에너지 하락, 경제적 부담을 낳는 항구적인 요인으로서 간주된 질병이었습니다. 요컨대 이것은 인구 현상으로서의 질병입니다. 그러니까 생명에 갑자기 닥쳐오는 죽음, 즉 전염병으로서의 질병이 아니라, 생명에 스며들어 생명을 끊임없이 갉아먹고 감소시키며 쇠약하게 만드는 항구적인 죽음으로서의 질병인 것입니다.

18세기 말부터 중시되기 시작한 것이 바로 이 현상입니다. 이 현상은 의학적 치료를 조율하며 정보를 집중시키고 앎을 규범화하는 기관들과 더불어 이제 공중위생의 주요 기능을 담당하게 되는 의학, 인구의 위생교육 캠페인과 의료화 캠페인의 모습을 띤 의학이 자리잡게 만들었습니다. 그러니까 출산, 출생률이 문제가 됐고, 발병률도 문제가 된 것입니다. 생명정치가 개입한 또 다른 장은 보편적인 것도 있고 우연적인 것도 있는 현상들의 총체[전체]일 것입니다. 하지만 한편으로, 설령 이 현상들이 우연적인 것이더라도 결코 완전히 억제될 수는 없었고, 개인들의 무능력이나 배제, 무력화 같은 유사한 결과를 초래했습니다. 산업화의 시기인 19세기 초부터는 노령, 그에 따라 능력과 활동의 장의 바깥으로 내쳐지는 개인이 아주 중요한 문제가 됩니다. 그리고 다른 한편으로 사고나 신체장애, 다양한 신체적 비정상도 중요한 문제가 됩니다. 이런 현상들에 대해 이 생명정치는 아주 오래 전부터 존재했던 원조[구호]제도들뿐만 아니라 본질적으로 교회와 결부됐던, 대규모인 동시에 허점도 있었던 대량의 원조보다 훨씬 치밀한 메커니즘, 경제적으로 훨씬 합리적인 메커니즘을 수립하게 됐습니다. 보험, 개인적·집단적 저축, 안전 등과 같은 더 치밀하고 합리적인 메커니즘을 갖게 된 것입니다.[2]

결국 [생명정치가 개입하는] 마지막 영역은 다음과 같습니다. 저는 중요한 것, 아무튼 18세기 말과 19세기 초에 등장한 영역[만]을 열거 중인데, 그 이후에 다른 것들도 존재하게 되죠. 아무튼 마지막 영역으로서 인간-종, 즉 종으로서의, 살아 있는 존재로서의 인간 존재가 지리적·기후적·수리적水利的 환경의 본디 있는 대로의 효과인 자신들의 환경, 실존 환경과 맺는 관계들이 고려되기 시작했습니다. 예를 들어 19세기 전반 내내 늪지의 문제, 늪지의 실존과 연결된 전염병의 문제가 있었습니다. 마찬가지로 자연환경만이 아니라 인구에 회귀적으로 영향을 미치는 한에서 환경의 문제도 있습니다. 즉, 인구에 의해 창출된 환경 말입니다. 이것은 본질적으로 도시의 문제일 것입니다. 여기서는 단순히 생명정치

---

2) 이런 모든 문제들에 관해서는 다음의 강의를 참조하라. Michel Foucault, *Le Pouvoir psychiatrique: Cours au Collège de France, 1973-1974*, éd. Jacques Lagrange, Paris: Seuil/Gallimard, 2003. [오트르망 옮김, 『정신의학의 권력: 콜레주드프랑스 강의 1973~74년』, 도서출판 난장, 2014.]

가 구성되는 것에서 비롯된 몇 가지 점들, 그 실천의 몇 가지 점들, 앎과 권력이 동시에 개입하는 그 영역들 중 몇 가지를 여러분께 알려드리겠습니다. 그것은 출생률, 발병률, 다양한 생물학적 무능력, 환경의 영향들에 관한 것이고, 이 모든 것에 대해 생명정치는 자신의 앎을 채취하고 자신의 권력이 개입하는 장을 정의하게 됩니다.

그런데 이 모든 것 안에는 중요한 몇 가지 사안이 있다고 생각합니다. 첫 번째는 이런 것입니다. 즉, 결국에는 법 이론도 규율적 실천도 알지 못하는 새로운 요소의 등장입니다. 자칫 [요소가 아니라] 인물이라고 말할 뻔 했네요. 좌우간 본질적으로 법 이론은 개인과 사회 외에는 알지 못합니다. 계약을 맺는 개인, 개인들 간의 자발적이거나 암묵적인 계약에 의해 구성된 사회체만 아는 것이죠. 규율은 실천적으로 개인과 사회에 관여합니다. [그러나] 권력의 새로운 테크놀로지가 관여하는 것은 정확히 사회 또는 법학자들이 정의하는 사회체가 아니며, 더 이상 개인-신체도 아닙니다. 그것은 새로운 신체입니다. 다수의 신체, 무한하지는 않더라도 셀 수 없을 정도로는 무수한 머리를 가진 신체. 이것이 '인구'의 개념입니다. 생명정치는 인구에 관여합니다. 그리고 정치적 문제로서, 과학적인 동시에 정치적인 문제로서, 생물학적 문제로서, 권력의 문제로서의 인구는 바로 이때부터 등장했다고 저는 생각합니다.

인구라는 요소의 출현 자체를 제외하면, 두 번째로 중요한 것은 고려된 현상들의 성질입니다. 이것들은 집단의 수준에서만 정치적·경제적 효과와 더불어 등장하고 또 적실성을 갖게 되는 집단적 현상입니다. 이 현상은 개별적으로 다뤄보면 우발적이고 예측할 수 없지만, 집단적 수준에서는 그 상수^{常數}를 쉽게 제시할 수 있는, 아무튼 수립할 수 있는 현상입니다. 그리고 요컨대 이것들은 본질적으로 지속 속에서 전개되는 현상이며, 다소 긴 시간의 한도 속에서 파악되어야 할 현상입니다. 이것들은 계열을 이루는 현상입니다. 생명정치가 겨냥하는 것은 결국 지속 속에서 파악된 인구 속에서 산출된 우발적 사건들입니다.

제가 중요하다고 생각하는 세 번째는, 이로부터 권력의 이 테크놀로지, 이 생명정치는 규율메커니즘의 기능과는 아주 상이한 몇 가지 기능을 지닌 메커니즘을 수립하게 됐습니다. 생명정치에 의해 수립된 메커니즘에서 문제가 되는 것은 무엇보다 당연하게 예측, 통계적 추산, 포괄적 조치입니다. 마찬가지로 개별적인 현상이나 한 개인으로서의 개인을 수정하는 것이 아니라, 일반적 현상들이나 전반적인 현상들의 결정의 수준에서 개입하는 것이 목표가 됩니다. 이제는 발병률을 수정하고 낮춰야만 하며, 수명을 연장시켜야만 하고, 출생률을 자극해야만 합니다. 특히 우발적인 장과 더불어 포괄적 인구 속에서 균형을 정하고, 평균치를 유지시키며, 일종의 항상성을 확립하고, 보상을 보증할 수 있는 조절메커니즘을 확립해야만 합니다. 요컨대 살아 있는 존재로 이뤄진 인구에 꼭 있게 마련인 우발성의 주변에 안전메커니즘을 설치하고, 생명의 상태를 최적화해야만 합니다. 규율메커니즘과 마찬가지로 이 메커니즘은 결국 [개별] 힘을 최대화해 끌어내는 것을 목적으로 삼았습니다만, 거기에 이르는 길은 완전히 다릅니다. 왜냐하면 이것은 규율과는 달리, 노동에 의해 신체 자체에서 작동된 개별적 훈련이 아니기 때문입니다. 규율이 그렇게 하듯이, 개별 신체에 접속되는 것은 전혀 문제가 아닙니다. 그 결과 세부적 수준에서는 개인을 포착할 수 없고, 포괄적 메커니즘에 의해 균형과 규칙성이라는 포괄적 상태를 얻는 방식으로 행위하는 것이 목표가 됩니다. 요컨대 생명, 즉 인간-종의 생물학적 과정을 고려하며, 이 과정에 대해 규율이 아니라 조절을 보증하는 것입니다.[3]

따라서 주권의 권력이자 죽게 만드는 권력으로 이뤄진 이 절대적이고 극적이며 음울한 거대 권력의 이쪽에, 이제 이 생명권력의 테크놀로지와 더불어, 즉 인구 '그 자체'에 관한, 살아 있는 존재로서의 인간에

---

3) 푸코는 특히 1977~79년의 콜레주드프랑스 강의 『안전, 영토, 인구』와 『생명정치의 탄생』에서 이 모든 메커니즘으로 되돌아간다.

관한 이 권력의 테크놀로지와 더불어 '살게 만드는' 권력인 지속적이고 학문적인 권력이 나타나게 됩니다. 주권은 죽게 만들고 살게 내버려뒀습니다. 그리고 이제 반대로, 제가 조절이라고 부르는 권력이, 살게 만들고 죽게 내버려두는 것으로 이뤄진 권력이 나타났습니다.

제 생각으로 이 권력은 잘 알려져 있듯이 죽음이 점진적으로 홀대받는 와중에 나타나게 됐는데, 사회학자와 역사학자들은 이에 대해 자주 재검토했습니다. 특히 최근의 몇몇 연구 덕분에 모두들 알게 됐듯이, 죽음에 대한 대대적이고 공적인 의례화는 사라져버렸습니다. 또는 여하튼 18세기 말부터 지금에 이르기까지 점진적으로 지워지고 있죠. 오늘날에는 정반대로 죽음이 개인들, 가족, 집단, 사회 전체가 참여하는 떠들썩한 제식의 하나이기를 그치며 오히려 감춰지게 됐습니다. 죽음은 가장 사적이고 가장 부끄러운 것이 됐습니다. 극단적으로 말하면, 오늘날에는 섹스보다도 죽음이 터부의 대상입니다. 사실상 죽음이 이렇게 감춰지게 된 이유는 불안이 전위됐거나 억압메커니즘이 변모됐기 때문이 아니라고 저는 생각합니다. 오히려 이유는 권력테크놀로지의 변형에 있습니다. 일찍이, 그리고 18세기 말까지 죽음에 광채를 부여했던 것, 죽음에 그토록 고귀한 의례화를 부과했던 것은 하나의 권력에서 다른 권력으로의 이행의 현시였습니다. 죽음은 사람이 이승의 주권자의 권력에서 저승의 주권자의 권력으로 이행하는 순간이었습니다. 심판의 한 심급에서 다른 심급으로, 민법 또는 공법에서, 생살여탈권에서 영원한 생명이나 영원한 저주라는 법으로 이행하는 것이었죠. 하나의 권력에서 다른 권력으로의 이행. 죽음은 또한 죽어가는 자의 권력을 전달하는 것이며, 살아남은 자들에게 전달된 권력입니다. 최후의 말, 최후의 충고, 궁극적인 의지, 유언 등. 권력의 이 모든 현상이 이렇게 제식화됐습니다.

그런데 권력이 점점 더 죽게 만드는 권리가 아니게 되고, 점점 더 살게 만들기 위해 사는 방식에 대해, '어떻게' 살 것인가에 대해 개입하는 권리가 되자, 특히 이런 수준에서 권력이 생명을 최대화하고 사고나 우연성이나 결함을 통제하게 되자, 생명의 종언으로서의 죽음은 분명히 권력의 종언, 한계, 끝이 됩니다. 죽음은 권력에 대해 바깥 면에 있습니다. 즉, 죽음은 권력의 영향권에서 벗어나며, 권력이 일반적·포괄적·통계적으로만 영향력을 갖게 됐습니다. 권력이 영향력을 미치는 것은 죽음이 아니라 사망률입니다. 그리고 이런 한에서 이제 죽음이 사적인 것의 편으로, 더욱 더 사적인 것의 편으로 되돌아간 것은 너무도 당연합니다. 주권의 법권리에서 죽음은 주권자의 절대 권력이 가장 명백한 방식으로 광채를 터뜨리던 지점이었지만, 이제 반대로 죽음은 개인이 모든 권력으로부터 도망쳐 자기 자신으로 되돌아가고, 이른바 가장 사적인 부분으로 움츠러드는 순간이 됩니다. 권력은 더 이상 죽음을 알지 못합니다. 엄격한 의미에서 권력은 죽음을 내팽개칩니다.

이 모든 것을 상징하기 위해 프란시스코 프랑코의 죽음을 예로 들어봅시다. 프랑코의 죽음은 그것이 내건 상징적 가치 때문에 아주 흥미로운 사건입니다. 왜냐하면 죽은 것은, 여러분도 알고 있는 잔혹성과 더불어 주권자의 생살여탈권을 행사했던 자이기 때문입니다. 모든 독재자들 중에서도 가장 피를 많이 묻힌 자이자 40년 동안 주권자의 생살여탈권을 절대적으로 휘둘렀던 자가 자신이 죽어가는 순간에는, 단순히 삶[생명]을 정비하는 것도 살게 만드는 것도 아니고 결국 개인을 죽음을 넘어서까지 살게 만드는, 생명에 관한 권력의 새로운 장에 진입했던 것입니다.† 단순히 과학적 업적이 아니라 19세기에 수립된 정치적 생명권력의 실효적 행사이기도 한 권력은 사람들을 너무도 잘 살게 만들어, 생물학적으로는 훨씬 전에 죽었어야 할 순간에까지도 사람들을 살게 만드는

---

† 이것은 프란시스코 프랑코가 1975년 10월 30일 오래된 지병으로 혼수상태에 빠졌을 때 생명유지 장치에 들어간 것을 암시한다. 프랑코는 약 한 달 뒤인 11월 20일 가족들의 동의 아래 생명유지 장치가 꺼짐으로써 '공식적'으로 사망했다. 요컨대 프랑코는 '생물학적'으로 사망한 뒤에도 한 달 가량을 **살게 만들어진** 셈이다.

데 이르렀습니다. 이렇듯 수십만 명의 사람들에게 절대적인 생살여탈의 권력을 행사했던 자가 삶을 그토록 잘 정비하고 죽음에 거의 신경을 쓰지 않았던 권력의 영향권 아래에 들어갔으며, 자신이 이미 죽었다는 것을, 자신이 죽은 뒤에도 사람들이 자신을 계속 살아 있다고 느끼게 만들었다는 점을 깨닫지 못하고 있는 것입니다. 죽음에 대한 주권의 권력과 생명의 조절이라는 권력, 권력의 이 두 체계 사이의 충돌은 이 사소하고 재미있는 사건 속에서 상징화된다고 저는 생각합니다.

이제 저는 생명의 조절적 테크놀로지와 방금 제가 말씀드린 규율적 테크놀로지를 재차 비교하고 싶습니다. 18세기 이래, 혹은 하여튼 18세기 말 이래, 약간의 시차를 두고 수립되어 서로 포개진 두 개의 권력테크놀로지가 있습니다. 하나는 규율적인 테크닉입니다. 이것은 신체에 집중되어 있고, 개체화의 효과들을 산출하며, 유용한 동시에 유순해야 할 힘들의 온상으로서 신체를 조작합니다. 그리고 다른 한편으로는, 신체가 아니라 생명에 집중되어 있는 테크놀로지가 있습니다. 이 테크놀로지는 인구에 고유한 집단적 효과들을 재규합하고, 살아 있는 집단 속에서 산출될 수 있는 일련의 우연한 사건들을 통제하려 듭니다. 그런 사건의 개연성을 통제하고 경우에 따라서는 수정하는, 여하튼 이로부터 나오는 효과들을 상쇄시키려 드는 테크놀로지입니다. 따라서 개별적 훈련[단련]이 아니라 전반적인 균형에 의해 항상성과 같은 어떤 것을, 즉 내적 위험에 대해 전체의 안전을 목표로 하는 테크놀로지입니다. 따라서 훈련의 테크놀로지는 안전의 테크놀로지와 대립되거나 구별됩니다. 규율적 테크놀로지는 보험적 혹은 조절적 테크놀로지와 구별됩니다. 둘 모두 신체에 관한 테크놀로지입니다만, 한쪽은 신체가 타고난 능력을 지닌 유기체로서 개체화되는 테크놀로지이며, 다른 한쪽은 신체가 전체의 생물학적 과정 속에 대체되는 테크놀로지입니다.

다음과 같이 말할 수도 있을 것입니다. 이것은 마치 주권을 그 양상, 조직화 도식으로 지닌 권력이 인구 팽창과 산업화가 동시에 진행 중인 사회의 정치적·경제적 신체를 규제하는 데에는 전혀 효험이 없게 되어 버린 것과 같다고 말입니다. 그래서 위에서부터든 아래에서부터든, 세부의 수준에서든 집단의 수준에서든, 너무도 많은 것이 주권권력의 옛 기제에서 벗어났습니다. 세부를 바로잡기 위해 첫 번째 조정이 이뤄졌습니다. 감시 및 훈련과 더불어, 개별 신체에 대한 권력메커니즘의 조정. 이것이 규율이었습니다. 물론 이것은 실현하기에 가장 손쉽고 가장 편리한 조정이었습니다. 바로 이 때문에 이 조정은 너무도 일찍, 즉 17~18세기 초에, 국지적인 수준에서, 직관적이고 경험적이고 세분된 형태로, 학교·병원·병영·작업실 등과 같은 제도의 제한된 틀 속에서 실현됐습니다. 그 뒤인 18세기 말에 전반적 현상들에 관해, 인구의 현상들에 관해, 인간의 집합의 생물학적 또는 생물-사회학적 과정과 더불어 두 번째 조정이 이뤄졌습니다. 이것은 훨씬 어려운 조정입니다. 왜냐하면 조율이나 집중화 등의 복잡한 기관을 포함하고 있기 때문입니다.

따라서 두 개의 계열이 있습니다. 신체-유기체-제도들의 계열, 그리고 인구-생물학적 과정-조절메커니즘*-국가의 계열. [한편에는] 제도적인 유기체적 전체, 즉 제도에 의한 유기적-규율이 있습니다. 그리고 다른 한편에는 생물학적이고 국가적인 전체[총체], 즉 국가에 의한 생명-조절이 있습니다. 저는 국가와 제도 사이의 이런 대립을 절대적인 것으로 내걸고 싶지는 않습니다. 왜냐하면 사실상 규율은 늘 그것이 취하는 제도적이고 국지적인 틀을 벗어나기 때문입니다. 그리고 예를 들어 경찰 같은 규율기구인 동시에 국가기구이기도 한 몇몇 기구에서 규율은 손쉽게 국가적 차원으로 확대됩니다. 이것은 규율이 반드시 늘 제도적인 것은 아니라는 점을 증명합니다. 마찬가지로 19세기 내내 확장됐던 이 거대하고 포괄적인 조절은, 물론 국가적 수준에서 발견됩니다만, 국가적 수준의 하위에서도, 의학적 제도, 구호기금, 보험 등과 같은

---

* 강의원고에는 '조절적'(régularisateurs) 대신에 '보험적'(assuranciels)이라 되어 있다.

국가의 하위 수준에 있는 일련의 제도들에서도 발견됩니다. 바로 이것이 제가 하고 싶었던 첫 번째 지적입니다.

다른 한편, 규율적인 것과 조절적인 것이라는 두 가지 메커니즘의 전체는 똑같은 수준에 있지 않습니다. 그 때문에 둘은 서로 배제하는 것이 아니라 서로 절합될 수 있습니다. 대부분의 경우, 권력의 규율메커니즘과 권력의 조절메커니즘, 신체에 대한 규율메커니즘과 인구에 대한 조절메커니즘은 서로 절합하고 있다고조차 말할 수 있습니다. 한두 가지 예를 들어보죠. 도시의 문제, 더 정확하게 말하면 19세기에 단순히 꿈만 꿨던 것이 아니라 실제로 건설됐던 모델 도시나 인공도시, 유토피아적 리얼리티를 갖춘 도시의 숙고되고 미리 준비된 공간적 배치를 생각해봅시다. 노동자 주택단지 같은 것을 생각해보죠. 19세기에 존재했던 노동자 주택단지란 무엇일까요? 우리는 노동자 주택단지가 어떻게 바둑판 모양의 정비에 의해, 도시의 구획에 의해, 1가구 1주택 식의 가족과 1인 1실 식의 개인의 장소설정에 의해 신체, 신체들에 대한 규율적 통제메커니즘을, 말하자면 직각으로 교차하는 식으로 절합하는지 잘 알고 있습니다. 구획, 개인들의 가시화, 행동의 규범화, 도시의 공간적 배치 자체에 의해 행사되는 자발적인 경찰적 통제 같은 것. 이런 일련의 규율메커니즘은 노동자 주택단지에서 쉽게 찾아볼 수 있습니다. 이와는 반대로 일련의 조절메커니즘이 있습니다. 이것들은 인구를 대상으로 하며, 예를 들어 주거와 연결된, 주거의 임대나 최종적으로는 주거의 구입과 연결된 저축행위를 유도할 수 있게 해줍니다. 건강보험이나 노후보험 체계, 인구의 수명을 최대한 연장하는 것을 보증하는 위생의 규칙, 도시의 조직 자체가 섹슈얼리티에, 그러니까 출산에 가한 압력이나 가족의 위생에 미치는 압력, 어린이들에게 들인 정성, 취학률 등도 있습니다. 그러니까 규율메커니즘과 조절메커니즘이 있는 것입니다.

아주 다른 영역, 아주 다르지만 완전히 다르지는 않은 영역에 있는, 다른 축에 있는 섹슈얼리티 같은 것을 생각해봅시다. 결국 19세기에 섹슈얼리티라는 장은 어떻게 결정적인 전략적 중요성을 띠게 됐을까요? 섹슈얼리티가 중요했던 이유는 아주 많지만, 특히 다음의 이유는 간과할 수 없습니다. 한편으로, 섹슈얼리티는 분명 신체적 행위로서, 개체를 대상으로 한 항상적 감시라는 형태를 띤 규율적 통제에 속한 것입니다. 그리고 예를 들어 18세기 말부터 20세기까지 가정적 환경, 학교적 환경 등에서 아이들에게 가해졌던 자위행위의 저 유명한 통제가 있는데, 이 통제는 바로 섹슈얼리티의 규율적 통제의 측면을 나타내는 것입니다. 다른 한편으로, 섹슈얼리티는 더 이상 개인의 신체가 아니라 인구가 구성하는 다수의 요소, 다수의 단위[통일성]와 관련된 넓은 생물학적 과정 안에 기입되며 그 출산 효과에 의해 효력을 발생시킵니다. 섹슈얼리티는 정확하게 말해 신체와 인구가 교차하는 곳에 있습니다. 따라서 섹슈얼리티는 규율에도 속합니다만, 조절에도 속하는 것입니다.

19세기에 섹슈얼리티가 극단적인 의학적 가치를 갖게 된 것은 근본적으로 유기체와 인구, 신체와 포괄적 현상들 사이에서 특권적 위치에 있었기 때문입니다. 또한 이 때문에, 규율되지 않고 조절되지 않으면 섹슈얼리티는 항상 두 차원에 영향을 준다는 의학적 관념이 생겨납니다. 그 중 하나는 신체, 규율되지 않은 신체인데, 이 신체는 성적 방탕이 개인에게 초래하는 모든 개인적 질병에 의해 곧장 제재를 받습니다. 자위행위를 너무 많이 하는 아이는 평생 병마에 시달린다는 식이죠. 이것은 신체 수준의 규율적 제재입니다. 그러나 동시에 방탕하고 도착적인 섹슈얼리티는 인구 수준에도 영향을 줍니다. 왜냐하면 성적으로 방탕한 자는 결함 있는 유전적 특성이나 자손을 갖는다고 추정되며, 이것이 자자손손 이어져 일곱 번째 후손까지, 또 이 일곱 번째 후손의 일곱 번째 후손까지 계속 이어질 것이기 때문입니다. 이것이 퇴화 이론입니다.[4] 섹슈얼리티

---

4) 여기서 푸코가 참조한 이론은 특히 다음의 초기 정신과 의사들에 의해 프랑스에서 19세기 중엽에 정립됐다. Bénédict Auguste Morel, *Traité des dégénérescences phy-*

는 [한편으로] 개인적 질병의 온상이면서도 다른 한편으로 퇴화의 핵심이라는 점에서 규율적인 것과 조절적인 것의 접합 지점을, 신체와 인구의 절합 지점을 나타냅니다. 그렇다면 이런 조건에서 의학 같은 기술적 앎이, 또는 오히려 의학과 위생에 의해 구성된 전체로서의 기술적 앎이 어떻게, 왜 19세기에 가장 중요한 것은 아니더라도 상당히 중요한 요소가 됐는가를 알 수 있을 것입니다. 이 앎은 생물학적이고 유기체적인 과정, 즉 인구와 신체에 대한 과학적 파악과 연결되어 있었기 때문에, 그리고 이와 동시에 의학이 고유한 권력 효과들을 지닌 개입의 정치적 기술이 됐기 때문에 상당히 중요했던 것입니다. 의학은 신체와 동시에 인구를, 유기체와 동시에 생물학적 과정을 대상으로 삼은, 따라서 규율적 효과들과 조절적 효과들을 갖게 되는 앎-권력입니다.

더 일반적으로는 이렇게 말할 수 있습니다. 규율적인 것에서 조절적인 것으로 순환하는 요소, 마찬가지로 신체와 인구에 적용되며, 신체의 규율적 차원을 통제하는 동시에 생물학적 다양체의 우발적 사건을 통제할 수 있게 해주는 요소, 하나에서 다른 하나로 순환하는 이 요소는 '규범'이라고 말입니다. 규범, 이것은 규율하고자 하는 신체에도, 조절하고자 하는 인구에도 적용될 수 있습니다. 그러므로 이런 조건에서 규범화 사회란 규율적 제도들이 증식되어 마침내 모든 공간을 모조리 뒤덮어버린 일종의 일반화된 규율적 사회가 아닙니다. 이것은 규범화 사회라는 관념에 관한 초보적이고 불충분한 해석에 불과하다고 저는 생각합니다.

---

siques, intellectuelles et morales de l'espèce humaine, Paris: J.-B. Baillière, 1857; *Traité des maladies mentales*, Paris: V. Masson, 1870; Valentin Magnan, *Leçons cliniques sur les maladies mentales*, Paris: Battaille, 1893; Valentin Magnan et Paul-Maurice Legrain, *Les Dégénérés (état mental et syndromes épisodiques)*, Paris: Rueff, 1895. 이른바 '유전적' 결함의 전달가능성이라는 원리에 기초한 이 퇴화 이론은 19세기 후반에 광기와 비정상에 관한 의학적 앎의 핵심을 이뤘다. 아주 일찍부터 법의학이 담당했던 이 퇴화 이론은 우생학적 교의와 실천에 상당한 영향을 끼쳤을 뿐만 아니라 확실히 문학, 범죄학, 인류학 전반에도 영향을 끼쳤다.

규범화 사회란 규율의 규범과 조절의 규범이 직각으로 절합되듯이 서로 교차된 사회입니다. 19세기에 권력이 생명을 소유했다고 말한다는 것, 적어도 19세기에 권력이 생명을 떠맡았다고 말한다는 것은, 권력이 한편으로는 규율테크놀로지와 다른 한편으로는 조절테크놀로지의 이중적 작동에 의해 유기체적인 것에서 생물학적인 것까지, 신체에서 인구까지 모든 표면을 덮어버리기에 이르렀다고 말하는 것입니다.

요컨대 우리는 신체와 생명을 떠맡은 권력, 또는 신체 쪽의 극과 인구 쪽의 극과 더불어 생명 일반을 떠맡은 권력 속에 있습니다. 그러므로 우리는 생명권력에서, 생명권력이 행사되는 극한에서 나타나는 역설들을 곧바로 짚어낼 수 있습니다. 원자력적[원자폭탄적] 권력과 더불어 나타난 역설들이 있습니다. 원자력적 권력은 단순히 모든 주권자에게 부여된 권리에 의거해 몇 백만, 몇 억 명의 인간들을 죽이는, 결국 전통적이게 되는 권력이 아닙니다. 그게 아니라 원자력적 권력을 현실의 정치권력의 기능에 있어서 완전히 우회할 수 없는 것은 아니더라도 우회하기 힘든 역설로 만드는 것은, 원자폭탄을 제조하고 사용하는 권력 속에 죽이는 주권권력만이 아니라 생명 자체를 죽이는 권력이 작동하고 있기 때문입니다. 그래서 이 원자력적 권력 안에서 행사되는 권력은 생명을 말살할 수 있는 방식으로 행사됩니다. 그 결과로 생명을 보증하는 권력으로서의 자기 자신도 말살되죠. 한 극한에서 이 권력은 주권자이며, 원자폭탄을 사용합니다. 그러나 이렇게 할 경우 이 권력은, 19세기 이래로 그랬듯이 생명을 보증하는 권력, 생명권력일 수 없습니다. 이와 반대로, 다른 극한에서는 초과가 있습니다. 이것은 더 이상 생명권력에 대한 주권적 권리의 초과가 아니라 주권적 권리에 대한 생명권력의 초과입니다. 생명권력의 이 초과가 나타나는 것은, 생명을 정비할 뿐만 아니라 생명을 번창시키고 생명체를 제조하며 괴물을 제조하고 극단적으로는 통제불가능하고 보편적으로 파괴적인 바이러스를 제조할 가능성이 기술적으로나 정치적으로나 인간에게 주어졌을 때입니다. 생명권력의 이

가공할 만한 확장은, 제가 방금 원자력적 권력에 관해 말했던 것과는 대립되게 인간의 주권을 훌쩍 벗어나버립니다.

생명권력에 관해 이렇게 길게 언급하는 것을 부디 허락해주시기 바랍니다. 그렇지만 제가 생각하기에는 이런 배경 위에서야 제가 제기하고자 했던 문제가 발견될 수 있습니다.

그렇다면 군주[주권]의 권력은 점점 더 뒷걸음치고 있는데 반해 규율적이거나 조절적인 생명권력은 점점 더 전진하고 있는 것이 사실이라면, 제가 보기에는 그렇게 하는 것이 19세기 이래 권력의 테크놀로지가 지닌 근본적 특징 중 하나인데, 생명을 대상이자 목표로 삼은 이 권력의 테크놀로지에서는 죽이는 권리와 살해의 기능이 어떻게 행사되게 됐을까요? 본질적으로 생명을 최대화하고, 그 지속 기간을 연장하며, 그 기회를 증대시키고, 사고를 방지하며, 손해를 메우는 것을 목표로 하는 것이 사실이라면, 어떻게 이런 권력이 [사람을] 죽일 수 있을까요? 이런 조건에서 어떻게 정치권력이 죽이고, 죽음을 요청하고, 죽음을 요구하고, 죽게 만들고, 죽일 것을 명령하고, 자신의 적뿐만 아니라 자신의 시민까지도 죽음에 노출시킬 수 있을까요? 본질적으로 [사람들을] 살게 만드는 것을 목표로 삼는 이 권력이 [사람들을] 어떻게 죽게 내버려둘 수 있을까요? 생명권력을 중심으로 한 정치체제에서 죽음의 권력은 어떻게 행사되고, 죽음의 기능은 어떻게 행사될까요?

바로 여기서 인종주의가 개입한다고 저는 생각합니다. 인종주의가 이 시기에 발명됐다고 말하고 싶은 생각은 털끝만치도 없습니다. 인종주의는 아주 예전부터 존재했습니다. 그러나 저는 인종주의가 다른 곳에서 기능했다고 생각합니다. 인종주의를 국가의 메커니즘 안에 기입했던 것은 생명권력의 출현입니다. 바로 그 순간에 인종주의는 근대 국가에서 행사됐던 것과 마찬가지로, 권력의 근본적 메커니즘으로서 기입됐고 어떤 순간에, 어떤 한계에서, 어떤 조건 속에서 인종주의를 거치지 않으면 국가의 근대적 기능이 전혀 존재하지 않게 됐습니다.

실제로 인종주의란 무엇일까요? 우선 인종주의는 권력이 떠맡은 생명의 영역에 어떤 절단을 도입하는 수단입니다. 살아야 할 자와 죽어야할 자를 나누는 절단 말입니다. 인간-종의 생물학적 **연속체**에서 인종들이 등장하고, 인종들을 구별하고 인종들 사이에 위계질서를 세우며, 어떤 인종들은 우수한 반면에 다른 인종들은 거꾸로 열등하다고 지칭되는데, 이 모든 것은 권력이 떠맡은 생물학적 장을 파편화하는 방식이게 됩니다. 인구의 내부에서 집단들을 서로 갈라놓는 방식인 것이죠. 요컨대바로 생물학적 영역으로서 주어진 한 영역의 내부에서 생물학적 유형의휴지기를 수립하는 것입니다. 이것 덕분에 권력은 인구를 인종들의 혼합으로 다룰 수 있게 됐습니다. 아니, 더 정확하게는 종種을 다루고, 권력이떠맡은 종을 바로 인종이라는 하위집단으로 더 세분할 수 있게 됐습니다. 파편화하는 것, 생명권력이 겨냥하는 생물학적 **연속체**의 내부에 휴지기를 만드는 것, 바로 이것이 인종주의의 첫 번째 기능입니다.

다른 한편으로, 인종주의는 두 번째 기능을 갖게 됩니다. 인종주의는"죽이면 죽일수록, 더 많이 죽게 만들 것이다"라든가 "더 많이 죽게 내버려두면, 이 사실 자체 때문에 너는 더 살 것이다"라는 긍정적 관계를확립하는 역할을 갖게 될 것입니다. 결국 이런 관계, 즉 "만일 네가 살고싶다면 죽게 만들어야만 하며, 죽일 수 있어야만 한다"라는 관계를 발명했던 것은 인종주의가 아니며 근대 국가도 아닙니다. 이것을 발명했던것은 "살려면 너는 네 적을 도륙해야만 한다"는 전쟁관계입니다. 하지만인종주의는 이 전쟁 유형의 관계, 즉 "네가 살고 싶다면 타인을 살해해야만 한다"라는 식의 관계를 완전히 새로운 방식으로, 생명권력의 행사와 정확히 양립할 수 있는 방식으로 기능시키고 작동시킵니다. 결국 한편으로 인종주의는 나의 생명과 타인의 죽음 사이에서 대결이라는 군사적이고 전쟁적인 관계가 아니라 생물학적 유형의 관계를 수립할 수 있게 해줍니다. 그러니까 "열등한 종이 사라질수록, 비정상적인 개인들이제거될수록, 종을 퇴화시키는 것이 줄어들수록, 나, 즉 개인으로서가 아니라 종으로서의 나는 더 살 것이며, 더 강해질 것이고, 더 활기차게 될 것이며, 더 번식할 수 있을 것이다"라는 유형의 관계 말입니다. 타인의 죽음은 단순히 그것이 나의 개인적 안전을 보증해준다는 의미에서 나의 생명인 것이 아닙니다. 타인의 죽음, 불량한 종의 죽음, 열등한 종 또는 퇴화된 자나 비정상적인 자의 죽음, 이것은 생명 일반을 더 건강하게 해주며, 더 건강하고 더 순수하게 해줄 것입니다.

따라서 이것[인종주의가 확립하는 관계]은 군사적, 전쟁적, 혹은 정치적 관계가 아니라 생물학적 관계입니다. 이 메커니즘이 작동할 수 있다면, 그것은 말살해야 할 적이 이 말의 정치적 의미에서 적수가 아니라 인구와 관련해, 인구에 대해 외적이거나 내적인 위험이기 때문입니다. 달리 말하면, 생명권력의 체계 속에서 처형이나 죽음의 명령은 정적政敵에 대한 승리가 아니라 생물학적 위험의 제거, 그리고 이 제거와 직접적으로 연결되어 종 자체나 인종의 강화를 지향할 경우에만 받아들여질 수 있습니다. 인종, 인종주의는 규범화 사회에서 처형이 수락될 수 있는 조건입니다. 규범화 사회가 있는 곳에서, 그리고 적어도 표면적으로는 첫 번째 심급에, 최전선에 생명권력인 권력이 있는 곳에서 인종주의는 누군가를 처형하기 위한, 타인들을 처형하기 위한 조건으로서 필수불가결합니다. 국가의 살해 기능은 국가가 생명권력의 양식을 따라 기능할 때에야 비로소 인종주의에 의해서만 보증될 수 있습니다.

자, 이제 이런 권력의 행사에서 인종주의가 갖는 중요성, 사활이 걸린 중요성을 이해하실 수 있을 것입니다. 인종주의는 죽일 권리를 행사할 수 있게 해주는 조건입니다. 만일 규범화의 권력이 죽인다는 옛 주권적 권리를 행사하고 싶다면, 인종주의를 거쳐야만 합니다. 거꾸로 주권권력이, 다시 말해 생살여탈권을 지닌 권력이 규범화의 도구, 메커니즘, 테크놀로지와 더불어 기능하기를 원한다면, 이 역시 인종주의를 거쳐야만 합니다. 물론 처형이라는 말로 제가 뜻하려는 바는 단순히 직접적인 살해만이 아니라 간접적인 살해일 수도 있는 모든 것입니다. 즉, 죽음에 노출시키는 것, 어떤 사람들에게 죽음의 리스크를 증대시키는 것, 혹은 아주 단순하게 정치적인 죽음, 추방, 배척 등일 수도 있습니다.

이로부터 상당수의 사태를 이해할 수 있다고 생각합니다. 우선 19세기의 생물학적 이론과 권력 담론 사이에서 재빨리, 아니 즉각적으로 맺어진 연결을 이해할 수 있습니다. 결국 넓은 의미의 진화론, 즉 찰스 다윈의 이론 자체가 아니라 진화의 공통적 계통수에 따른 종들의 위계, 종들 사이의 생존경쟁, 더 부적응한 것을 제거하는 선택 등 [그 이론에 포함된] 개념들의 전체, 다발은 아주 자연스럽게도 19세기의 몇 년 동안에 정치적 담론을 생물학적 용어로 단순히 옮겨 적고 과학적 치장으로 정치적 담론을 숨기는 방식이었을 뿐만 아니라 식민지화의 관계들, 전쟁의 필요성, 범죄성, 광기와 정신병의 현상들, 상이한 계급으로 이뤄진 사회의 역사 등에 관해 진지하게 사유하는 방식이 됐습니다. 달리 말해서 대결, 처형, 투쟁, 죽음의 리스크 등이 있을 때마다 사람들은 문자 그대로 진화론의 형태 안에서 이것들을 사유할 수밖에 없었습니다.

그리하여 우리는 생명권력의 양식을 따라 기능하는 근대 사회에서 왜 인종주의가 발전되는지도 이해할 수 있습니다. 죽음에의 권리가 필연적으로 요구되는 바로 그 지점인 몇 가지 특권적인 지점에서 인종주의가 왜 작렬했는지를 이해할 수 있다는 것입니다. 인종주의는 **무엇보다 우선** 식민지화와 더불어, 즉 식민지화에 의한 인종학살과 더불어 발전됐습니다. 그러나 사람들을, 인구를, 문명을 죽여야만 할 때, 우리가 생명권력의 양식을 따라 기능하고 있다면 어떻게 그렇게 할 수 있을까요? 진화론의 테마들을 통해, 인종주의에 의해 그렇게 할 수 있습니다.

전쟁. 바로 인종주의라는 테마를 활용하지 않았다면, 바로 19세기 이래, 19세기 후반 이래 일어났듯이 어떻게 적수와 전쟁할 뿐만 아니라 자기 자신의 시민을 전쟁에 노출시키고 수백만 명이나 죽게 만들 수 있었겠습니까? 이후 전쟁에서 문제가 된 것은 두 가지입니다. 단순히 정적만이 아니라 적대하는 인종, 우리 눈앞의 인종이 우리 인종에게 재현하는 이런 [종류의] 생물학적 위험도 파괴하는 것입니다. 물론 이것은 이른바 정적이라는 테마를 생물학적으로 확대 적용한 것에 불과합니다. 그러나 더 나아가 전쟁은, 19세기 말에 적대하는 인종을 선택[선별]과 생존경쟁의 테마들을 따라 제거함으로써 자기 자신의 인종을 강화할 뿐만 아니라, 자기 자신의 인종을 쇄신하기 위한 방식으로도 나타나게 됐습니다. 이것이 완전히 새로운 것입니다. 우리 가운데 살해되는 사람이 많아질수록, 우리가 속한 인종은 더욱 순수해질 것이라고 말입니다.

여하튼 19세기 말에 새롭게 전쟁의 인종주의가 나타납니다. 이것은 생명권력이 전쟁을 하고 싶어할 때, 적수를 파괴하려는 의지와, 정의상 생명을 보호하고 정비하고 증대시켜야 할 사람들을 죽게 할 수 있는 위험을 어떻게 절합할 수 있는가라는 사실 때문에 필요했다고 생각합니다. 범죄성에 관해서도 똑같이 말할 수 있죠. 만일 범죄성이 인종주의에 입각해 사유됐다면, 그것은 바로 생명권력의 메커니즘 안에서 범죄자를 처형하고 떼어놓는[가두는] 것이 가능해져야만 하기 때문입니다. 광기에 관해서도, 다양한 비정상에 관해서도 똑같습니다.

간단히 요약하면 이렇습니다. 자신이 어떤 인종이나 인구의 구성원인 한에서, 통일적이고 살아 있는 복수성의 요소인 한에서, 인종주의는 타인의 죽음이 자기 자신의 생물학적 강화라고 하는 원칙에 의거해 생명권력의 경제 속에서 죽음의 기능을 확보해준다고 저는 생각합니다. 결국 우리는, 인종이 서로를 경멸하거나 증오하는 식의 단순하고도 전통적인 인종주의와는 아주 멀리 떨어져 있습니다. 또 우리는 국가들이나 한 계급이 [자신들에게] 돌아오거나 사회체를 동요시킬 반목을 가상의 적수에게 돌리고자 할 때 이용하는, 일종의 이데올로기 조작으로서의 인종주의와도 아주 멀리 떨어져 있습니다. 제 생각에, 이것[근대적 인종주의]은 예전의 전통보다도 훨씬 깊고 새로운 이데올로기보다도 훨씬 깊으며, 아주 다른 것입니다. 근대적 인종주의의 특정성, 이 특정성을 만든 것은 심성, 이데올로기, 권력의 거짓말과 아무런 관계가 없습니다. 그것은 권력의 기술, 권력의 테크놀로지와 연결되어 있습니다. 그것은 인종 간의 전쟁 및 역사의 이해가능성과 멀리 떨어져 있고, 생명권력의 행사를 가능케 하는 메커니즘 속에 우리를 위치시키는 것과 연결되어 있습니다. 따라서 [근대적] 인종주의는 주권적 권력을 행사하기 위해 인종을, 인종의 제거를, 인종의 정화를 이용할 수밖에 없는 국가의 기능과 연결되어 있습니다. 죽음의 권리라는 옛 주권적 권력이 생명권력을 통해 병존한다는 것, 혹은 기능하고 있다는 것은 인종주의가 기능하고 자리매김되고 활성화되어 있다는 것을 내포합니다. 그리고 바로 이곳에 인종주의는 효과적으로 뿌리를 내린다고 저는 생각합니다.

이제 여러분은 어떻게, 왜 가장 많은 인명을 빼앗는 국가가 동시에 불가피하게 가장 인종주의적인지를 이해하실 수 있습니다. 결국 나치즘은 18세기 이래 수립됐던 새로운 권력메커니즘이 실제로 절정에까지 도달한 것입니다. 물론 나치 정권만큼 규율적인 국가는 없었습니다. 생물학적 조절이 그렇게까지 촘촘하고 집요하게 중시됐던 국가도 없죠. 규율권력과 생명권력, 이 모든 것이 나치 사회의 구석구석까지 미쳤으며 그 사회를 떠받쳤습니다. 생물학적인 것, 번식, 유전 등의 관장. 마찬가지로 질병, 사고의 관장 등. 나치가 수립한, 여하튼 기획한 사회만큼, 규율적이고 보험적인 사회는 없습니다. 생물학적 과정에 고유한 우연을 통제하는 것은 이 체제가 즉각적인 목표로 삼았던 것 중 하나였습니다.

그렇지만 보편적으로 보험적이며, 보편적으로 안전적이며, 보편적으로 조절적이고 규율적인 사회가 나타난 동시에, 이 [나치즘의] 사회를 통해 살인적 권력이, 다시 말해 '죽이다'라는 옛 주권권력이 가장 완벽하게 맹위를 떨칩니다. 나치 사회의 모든 사회체를 가로지르는 이 죽이는 권력은 무엇보다 죽이는 권력, 생살여탈의 권력이 국가뿐만 아니라 나치 돌격대원들이든 나치 친위대원들이든 일련의 모든 개인이나 상당수 사람들에게 주어졌기 때문에 현시됐습니다. 극단적으로 말하면, 나치 국가에서는 모든 사람이 자신의 이웃에게 생살여탈권을 갖고 있었습니다. 왜냐하면 고발하는 행위만으로도 옆 사람을 실제로 없애거나 또는 없애게 할 수 있었기 때문입니다.

이러했기 때문에 [나치 사회에서는] 살인적 권력과 주권적 권력이 사회체 전체에 걸쳐 맹위를 떨치게 됐습니다. 마찬가지로, 전쟁이 분명히 정치적 목표로서, 그리고 결국 어떤 일정한 수의 수단을 획득하기 위한 정치적 목표인 것뿐만 아니라 모든 정치적 과정의 궁극적이고 결정적인 국면 같은 것으로서 설정됐다는 사실 때문에, 정치는 전쟁으로 귀착될 수밖에 없었습니다. 그리고 전쟁은 전체를 마무리짓는 최종적이고 결정적인 국면일 수밖에 없습니다. 결국 나치 정권의 목표는 단순히 다른 인종들의 파괴만이 아니었습니다. 다른 인종들의 파괴는 기획의 여러 측면들 가운데 하나였으며, 다른 측면은 자기네 인종을 죽음의 절대적이고 보편적인 위험에 노출시키는 것이었습니다. 죽음의 리스크, 총체적 파괴에 노출시키는 것은 나치적 복종의 근본적 의무 속에, 그리고 그 정치의 본질적 목표 속에 기입된 원칙들 가운데 하나입니다. 인구 전체가 죽음에 노출되는 지점에 이르러야만 했습니다. 모든 인구를 이렇듯이 죽음에 보편적으로 노출시키는 것만이 총체적으로 절멸되거나 마침내 굴종하게 될 [다른] 인종들에 직면해 [자기네] 인구를 우월한 인종으로 효과적으로 구성할 수 있으며 마침내 재생할 수 있습니다.

그러므로 나치 사회에는 다음과 같은 여러모로 얼토당토하지 않은 것이 있습니다. 즉, 나치 사회는 생명권력을 절대적으로 일반화한 사회입니다만, 이와 동시에 죽이는 주권적 권력을 일반화한 사회이기도 합니다. 이 두 가지 메커니즘, 그러니까 [한편으로] 국가에 자기네 시민에 대한 생살여탈권을 부여한 고전적이고 케케묵은 메커니즘과 [다른 한편으로] 규율·조절을 둘러싸고 조직된 새로운 메커니즘, 요컨대 생명권력의 새로운 메커니즘은 [나치 사회에서] 완전히 일치하고 있습니다. 그래서 이렇게 말할 수 있습니다. 즉, 나치 국가는 생물학적으로 정비하고 보호하고 보증하고 풍요롭게 하는 생명의 장과, 이와 동시에 누군가를, 타인만이 아니라 주변 사람들까지도 죽이는 주권적 권리를 절대적으로 공존하게 만든다고 말입니다. 나치 [사회]에서는 죽이는 권리와 죽음에의 노출이 이렇듯 가공할 만하게 증식함으로써 사회체 전체를 가로지른 독재적 권력, 절대적인 동시에 [사회체 전체에] 다시 전달된 독재적 권력이, 일반화된 생명권력과 동시에 생겨났습니다. 이것은 절대적으로 인종주의적인 국가, 절대적으로 살인적인 국가, 절대적으로 자살적인 국가입니다. 인종주의 국가, 살인 국가, 자살 국가. 이것은 필연적으로 서로 포개지며, 말할 것도 없이 1942~43년의 '궁극의 해결,' 즉 유대인이 상징하는 동시에 현시하는 다른 모든 인종을 유대인을 통해 제거하려 했던 수단으로, 이어서 1945년 4월에 아돌프 히틀러가 독일 인민 자체의 삶의 조건을 파괴하라고 명령한 '전보 71호'로 귀착됐습니다.[5]

다른 인종들에 대한 궁극의 해결, 그리고 [독일] 인종의 절대적 자살. 근대 국가의 기능 속에 기입된 기제는 바로 이것에 도달하게 된 것입니다. 물론 죽이는 주권적 권리와 생명권력의 메커니즘 사이의 작용을 그 절정으로까지 밀고 나간 것은 오직 나치즘밖에 없습니다. 하지만 이 작용은 실제로는 모든 국가의 기능 속에 기입되어 있습니다. [그렇다면] 모든 근대 국가에도, 모든 자본주의 국가에도 [기입되어 있다는 것일까요]? 음, 확실하지는 않습니다. 이렇게 말하기 위해서는 또 다른 논증이 필요하겠지만, 저는 사회주의 국가, 사회주의도 근대 국가, 자본주의 국가의 기능과 마찬가지로 인종주의에 의해 표식된다고 생각합니다. 제가 여러

---

5) [1945년] 3월 19일경, 아돌프 히틀러는 독일의 물류 기반과 산업 설비를 파괴하는 조치들을 취했다. 이 조치들은 두 개의 정부령(3월 30일자, 4월 7일자)으로 발표됐다. 이 정부령들에 관해서는 다음을 참조하라. Albert Speer, *Erinnerungen*, Berlin: Propyläen-Verlag. 1969; *Au cœur du Troisième Reich*, trad. Michel Brottier, Paris: Fayard, 1971. [김기영 옮김, 『기억: 제3제국의 중심에서』, 마티, 2007.] 푸코가 다음의 책을 읽은 것은 확실하다. Joachim C. Fest, *Hitler: Eine Biographie*, Berlin: Propyläen-Verlag, 1973; *Hitler*, 2 vol., trad. Guy Fritsch-Estrangin, Paris: Gallimard, 1973. [안인희 옮김, 『히틀러 평전』(전2권), 푸른숲, 1998.]

분께 말씀드렸던 조건 속에서 형성된 국가인종주의의 맞은 편에서는 사회적 인종주의가 구성됐습니다. 이런 사회적 인종주의가 등장하기 위해서는 사회주의 국가의 형성을 기다릴 것도 없었습니다. 사회주의는 처음부터, 19세기에[도] 인종주의였습니다. 그리고 19세기 초의 샤를 푸리에6)이든, 19세기 말의 아나키스트들이든, 모든 형태의 사회주의에서 여러분은 늘 인종주의의 구성요소를 보실 수 있을 것입니다.

　이 점에 관해 말하는 것은 아주 어렵습니다. 이렇게 말하는 것은 어마어마한 주장이죠. 이 점을 논증한다는 것은 결국 또 다른 일 년의 강의가 필요하다는 것을 의미합니다. 하고 싶기는 합니다. 아무튼 간단히 이렇게 말씀드리고 싶습니다. 지금부터는 약간 두서없이 말씀드릴 텐데, 제가 보기에는 일반적으로 소유권 유형 혹은 생산양식의 경제적이거나 법적인 문제들을 우선적으로 제기하지 않는다면, 그에 따른 결과로 권력의 기제나 권력의 메커니즘 문제를 제기하고 분석하지 않는다면, [그렇게 된다면 사회주의는 ― Fr.] 자본주의 국가나 산업 국가를 통해 구성된 것과 똑같은 권력메커니즘을 다시 배치하고 다시 투여하지 않을 수 없게 됩니다. 아무튼 한 가지는 확실합니다. 18세기 말과 19세기 내내 발전된 생명권력의 테마는 사회주의에 의해 비판되지 않았을 뿐만 아니라 사실상 사회주의에 의해 재수용되어 발전되고 재이식됐으며, 몇 가지 점에서 수정됐습니다만 그 기능의 기초와 양식 속에서 재검토된 적이 결코 없었습니다. 결국 사회나 국가, 혹은 국가를 대체하게 될 무엇인가의 본질적 기능은 생명을 떠맡아 관리하고 증대시키며 예측불가능한 우연을 벌충하고 그 생물학적 확률과 가능성을 두루 살펴 경계를 획

---

6) 이 점에 관해서는 특히 다음을 참조하라. Charles Fourier, *Théorie des quatre mouve-ments et des destinées génerales*, Leipzig/Lyon: [s.n.,] 1808. [변기찬 옮김, 「네 가지 운동과 일반적 운명에 대한 이론」(발췌), 『사랑이 넘치는 신세계 외』, 책세상, 2007]; *Le Nouveau monde industriel et sociétaire*, Paris: Bossange père, 1829; *La fausse indus-trie morcelée, répugnante, mensongère*, 2 vol., Paris: Bossange père, 1836.

정하는 것이라는 관념은 사회주의에 의해 고스란히 다시 받아들여진 것처럼 보입니다. 죽일 권리나 제거할 권리, 자격을 박탈할 권리를 행사할 것임에 틀림없는[행사해야만 하는] 사회주의 국가가 존재하는 이상, 우리는 이런 결과를 갖게 됩니다. 이렇게 해서 아주 자연스럽게도 우리는 인종주의가, 그러니까 고유하게 종족적인 인종주의가 아니라 진화론적 유형의 인종주의, 생물학적 인종주의가 [구]소련형 사회주의 국가들에서 정신병이나 범죄자나 정적 등에 관해 완벽하게 기능하는 것을 발견하게 됩니다. 국가에 관해서는 이쯤 해두겠습니다.

또한 제가 흥미롭게 여기는 것, 그리고 제게 오랫동안 문제였던 것은, 다시 한 번 말씀드리면, 제가 보기에 인종주의의 이 똑같은 기능이 단순히 사회주의 국가의 수준에서만이 아니라 19세기 내내 상이한 형태의 사회주의적 분석이나 기획 안에서도 발견된다는 점입니다. [당시의] 사회주의적 분석이나 기획은 다음의 사실을 둘러싸고 나왔죠. 기본적으로 무엇보다도 경제적 조건들의 변혁이 자본주의 국가에서 사회주의 국가로의 변혁·이행의 원리라고 강조할 때마다, 달리 말하면 경제적 과정의 수준에서 변혁의 원리를 모색했을 때마다, 사회주의에는 적어도 즉각적으로 인종주의가 필요하지 않았습니다. 그에 반해, 사회주의가 투쟁, 적에 맞선 투쟁, 자본주의 사회 내부에서의 적수 제거 같은 문제에 관해 강조하지 않을 수 없었던 모든 순간마다, 그에 따라 자본주의 사회에서 계급의 적수와 물리적으로 대결하는 것이 문제가 될 때마다, 인종주의는 재부상했습니다. 왜냐하면 생명권력의 주제들과 밀접히 연결됐던 사회주의적 사상에 있어서 인종주의는 적수를 죽일 이유를 사유하는 유일한 방식이었기 때문입니다. 단순히 적수를 경제적으로 제거하고 이들의 특권을 잃게 만드는 것만이 문제라면, 인종주의는 필요하지 않습니다. 하지만 적수와 일대일로 맞서는 것을 생각하자마자, 그리고 적수와 물리적으로 싸워야 하고 자기네 생명을 위험에 빠뜨려야 하며 적수의 죽임을 모색해야만 한다고 생각하자마자, 인종주의가 필요해집니다.

결국 이런 사회주의, 사회주의의 이런 형태들, 투쟁의 문제를 강조하는 사회주의의 이런 계기들을 갖게 될 때마다, 인종주의가 있게 됩니다. 예를 들어 사회주의의 가장 인종주의적인 형태는 당연히 블랑키주의였고, 파리 코뮌이었으며, 아나키즘이었습니다. 이것들은 사회민주주의보다 훨씬 더, 제2인터내셔널보다 훨씬 더, 맑스주의 자체보다 훨씬 더 인종주의적이었죠. 유럽에서 사회주의적 인종주의는 19세기 말에야 비로소 청산됐습니다. 한편으로는 사회민주주의, 그리고 꼭 말해야만 하는데, 이 사회민주주의와 연결된 개혁주의의 지배에 의해서, 다른 한편으로는 프랑스의 알프레드 드레퓌스 사건 같은 몇 가지 과정에 의해서 말입니다. 그러나 드레퓌스 사건 전에는 모든 사회주의자들, 요컨대 압도적 다수의 사회주의자들이 근본적으로 인종주의자였습니다. 그들이 인종주의자였다는 것은 18세기 이래 사회와 국가의 발전이 수립했던 생명권력의 메커니즘을 그들이 재평가하지 않았거나 자명하다고 인정했기 때문이라고 저는 생각합니다. 이렇게 말하고 끝마치겠습니다. 인종주의를 거치지 않은 채 어떻게 생명권력을 기능시키고, 이와 동시에 전쟁의 권리들, 살인의 권리들과 죽음의 기능의 권리들을 행사할 수 있을까? 바로 이것이 문제였고, 늘 문제라고 생각합니다.

강의요지*

권력관계들을 구체적으로 분석하려면 주권의 법적 모델을 버려야 한다. 실제로 이 모델은 자연권의 주체나 원초적 권력의 주체로서의 개인을 전제한다. 이 모델의 목표는 국가의 이상적 기원을 규명하는 것이며, 결국 법률을 권력의 기본적 현시로 간주한다. 관계의 원초적 항들로부터가 아니라, 관계가 대상으로 삼는 요소들을 결정하는 관계 자체로부터 출발해 권력을 연구하려고 시도해야 한다. 예속화되기 위해 자기 자신과 자기 자신의 권력들 중 어떤 것을 양도할 수 있었는지를 이상적 주체들[신민들]에게 묻기보다는, 예속화의 관계들이 어떻게 주체들을 만들어낼 수 있었는지 탐구해야 한다. 마찬가지로, 그 귀결이나 발전을 통해 권력의 모든 형태가 도출되는 유일한 형태나 중심점을 찾는 것이 아니라, 우선 권력의 형태들을 그 다양체·차이·특정성·역전가능성 속에서 부각시켜야 한다. 즉, 권력의 형태들을 서로 교차하고 참조하며 수렴되거나, 혹은 반대로 서로 대립하고 무화시키려 하는 힘관계로서 연구해야만 한다. 결국 권력의 현시로서의 법률에 특권을 부여하기보다는 권력이 작동시키는 상이한 구속의 기술들을 포착하려고 시도하는 것이 훨씬 낫다.

---

* 이 텍스트는 다음과 같은 제목으로 먼저 출판된 바 있다. "Il faut défendre la société," *Annuaire du Collège de France, 76ᵉ année. Histoire des systèmes de pensée, année 1975-1976*, Paris: Collège de France, 1976, pp.361~366; Michel Foucault, *Dits et Écrits*, t.3: 1976-1979, éd. Daniel Defert et François Ewald, avec collab. Jacques Lagrange, Paris: Gallimard, 1994, pp.124~130.

권력 분석을 주권의 법적 구성에 의해 제공된 도식에 끼워 맞추는 것을 피해야 한다고 해서, 권력을 힘관계에 입각해 사유해야만 한다고 해서, 권력을 전쟁의 일반적 형태에 따라 판독해야만 할까? 과연 전쟁은 권력관계들의 분석틀로서 유효할 수 있을까?

이 질문은 다음과 같은 몇 가지 다른 질문들을 뒤덮는다.

—— 전쟁을 이로부터 지배, 차이화, 사회적 위계화 등의 모든 현상이 도출되는 원초적이고 기본적인 것의 상태로 간주해야만 하는가?

—— 개인들, 집단들, 또는 계급들 사이의 적대·대결·투쟁의 과정은 최종 심급에서 전쟁의 일반적 과정에 속하는 것인가?

—— 전략과 전술에서 도출된 개념들의 전체는 권력관계를 분석하는 데 있어서 유효하고 충분한 도구를 구성할 수 있는가?

—— 군사적이고 전쟁적인 제도들, 일반적으로 말해서 전쟁을 수행하기 위해 작동된 기법들은 가까이에서나 멀리에서, 직접적으로나 간접적으로 정치적 제도들의 핵심인가?

—— 그렇지만 우선 제기해야 할 질문은 이런 것이다. 즉, 사람들은 권력관계들에서 기능하고 있는 것이 전쟁이라고, 중단 없는 싸움이 평화를 가동시킨다고, 시민적 질서는 근본적으로 전투의 질서라고 언제부터, 그리고 어떻게 상상하기 시작했는가?

올해 강의에서 제기된 것은 이런 질문이다. 사람들은 어떻게 평화의 행간에서 전쟁을 지각했는가? 누가 전쟁의 굉음과 혼란, 전투의 진흙탕 속에서 질서·제도·역사를 이해할 수 있는 원리를 찾아냈는가? 누가 정치란 다른 수단에 의해 계속된 전쟁이라고 처음 생각했는가?

❧

처음 볼 때부터 하나의 역설이 나타난다. 중세 초 이래로 국가의 진화와 더불어 전쟁의 실천과 제도는 가시적으로 계속 진화한 듯하다. 한편으로 이런 실천과 제도는 전쟁을 할 권리와 수단을 유일하게 갖고 있었던 중앙 권력의 손아귀에 집중되는 경향이 있었다. 이런 사정 때문에 전쟁의 실천과 제도는 인간과 인간, 집단과 집단 사이의 관계에서 약간 지체되긴 했지만 지워져버렸다. 그리고 전쟁의 실천과 제도는 이런 진화의 선을 그음으로써 점점 더 국가의 특권이 됐다. 다른 한편으로 당연한 귀결인데, 전쟁은 꼼꼼하게 정의되고 통제된 군사기구가 직업적이고 기술적으로 독점하는 경향이 있다. 한마디로 전쟁관계가 전면적으로 가로지르던 사회가 점점 더 군사적 제도들을 갖춘 국가로 대체됐다.

그런데 이런 변화가 성취되자마자, 사회와 전쟁의 관계에 관해 어떤 유형의 담론이 등장했다. 사회와 전쟁에 관해 하나의 담론이 형성됐다. 주권의 문제를 다루는 철학적-법학적 담론과는 아주 상이한 하나의 역사적-정치적 담론이 전쟁을 모든 정치적 제도들의 항구적 근간으로 삼은 것이다. 이 담론은 종교전쟁이 끝난 직후에, 17세기 잉글랜드에서 대대적인 정치투쟁이 시작된 직후에 등장했다. 잉글랜드에서는 에드워드 쿡이나 존 릴번에 의해, 프랑스에서는 앙리 드 불랭빌리에와 나중의 루이-가브리엘 뒤 뷔아-낭세 백작에 의해 예증된 이 담론에 따르면, 국가의 탄생을 주재했던 것은 전쟁이다. 자연상태의 철학자들이 상상했던 관념적 전쟁이 아니라 실제적인 전쟁, 실질적인 전투 말이다. 법률은 원정과 정복, 불살라진 도시의 한복판에서 태어났다. 하지만 전쟁은 권력의 메커니즘 내부에서도 계속 맹위를 떨쳤다. 아니 적어도 제도, 법률, 질서의 비밀스런 동력을 계속 이뤘다. 자연의 필요[필연성]나 질서의 기능적 요구를 믿게 만드는 망각, 환상, 거짓말 아래에서 전쟁을 재발견해야만 한다. 즉, 전쟁은 평화의 암호이다. 전쟁은 사회체를 전체적·항구적으로 분할한다. 전쟁은 우리들 각각을 어느 한 진영에 놓는다. 전쟁을 설명의 원리로서 재발견하는 것으로는 충분하지 않다. 전쟁을 부활시켜야만 한다. 사람들이 깨닫지 못한 채 잠복하고 어렴풋한 형태로 계속되고 있는 것에서 전쟁을 떼어내고, 만일 승자가 되고 싶다면 우리가 그것에 대해 대비해야 할 결정적인 전투로 전쟁을 이끌어야만 하는 것이다.

아직은 너무도 흐릿한 방식으로 특징지어지는 이 테마군을 통해 우리는 이런 분석형태가 지닌 중요성을 이해할 수 있다.

　　1. 이 담론에서 말하는 주체는 법학자의 지위나 철학자의 지위, 다시 말해 보편적 주체의 지위를 차지할 수 없다. 자신이 말하는 일반적 투쟁 속에서, 주체는 불가피하게 어느 한 편에 속하게 된다. 주체는 전투 속에 있으며, 적수가 있고, 승리를 위해 싸우고 있다. 틀림없이 주체는 법을 확고하게 만들려고 애쓰고 있다. 그러나 문제가 되는 것은 주체의 권리이다. 즉, 인종의 권리, 승리한 침략의[에 따른] 권리, 혹은 군사적 점령의[에 따른] 권리처럼 정복이나 지배나 유구성의 관계에 의해 표식되는 특이한 권리가 문제인 것이다. 그리고 주체가 진실을 말한다고 하더라도, 그것은 그 자신이 승리를 거둘 수 있게 해주는 관점[주의]적이고 전략적인 진실이다. 따라서 거기에 있는 것은 진실과 법이라고 주장하는 것, 법학적–철학적 보편성으로부터 스스로 명백히 물러나는 정치적·역사적 담론이다. 이 담론의 역할은 적수들 사이에 들어가 접전의 중심과 그 위에서 휴전을 부과하고 화해하는 질서를 설립하는 것, 솔론에서 임마누엘 칸트에 이르기까지 입법자들과 철학자들이 꿈꾼 그런 역할이 아니다. 비대칭에 사로잡힌 법을 제기하는 것, 유지하거나 복원해야 할 특권으로서 기능하는 권리를 제기하는 것, 무기로서 기능하는 진실을 확고히 하는 것이 목표이다. 이런 담론을 쥐고 있는 주체에게 보편적인 진실이나 일반적인 법은 환상이거나 함정일 뿐이다.

　　2. 여기에 덧붙여, 이해가능성의 전통적 가치를 뒤집는 담론이 필요하다. [이런 담론은] 가장 단순한 것, 가장 기초적인 것, 가장 명료한 것에 의한 설명이 아니라 아래로부터의 설명이며, 가장 혼란스러운 것, 가장 모호한 것, 가장 무질서한 것, 가장 우연에 맡겨져 있는 것에 의한 설명이다. 판독의 원리로서의 가치를 가져야 할 것은 폭력·정념·증오·복수의 혼란이며, 패배와 승리를 만들어낸 사소한 정황이 엮어낸 천布이다. 전투들의 거두절미하고[생략적이고] 거무칙칙한 신은 질서와 노동과 평

화의 오랜 나날들을 밝게 비춰줘야만 한다. 분노는 조화를 설명해야만 한다. 이렇게 해서 역사와 법의 근원에는 일련의 본디 있는 대로의 사실들(육체적 활기, 힘, 성격의 특징)이나 일련의 우연(패배, 승리, 음모나 반란이나 동맹 등의 성공 혹은 실패)을 유효하게 만드는 것이 있다고 간주된다. 그리고 계산이나 전략의 합리성 같은 점점 증대하는 합리성은 이런 뒤얽힘 위에서만 모습을 드러낸다. 이런 합리성은 위로 올라갈수록, 그리고 발전될수록 점점 더 허약해지고, 점점 더 악독해지고, 점점 더 환상이나 망상이나 신비화와 연결되어간다. 그러므로 여기에 있는 것은 표면과 외관의 우연 아래에서, 신체와 정념의 가시적 흉폭성 아래에서, 본질적으로 정의와 선善에 연결된 근본적이고 항구적인 합리성을 발견하려고 시도하는 전통적 분석과 정반대되는 것이다.

3. 이런 유형의 담론은 역사적 차원 안에서 전적으로 전개된다. 이 담론은 역사, 정의롭지 않은 정부, [권력] 남용, 폭력을 이성이나 법률의 이상적 원리에 따라 측정하려 들지 않는다. 그와는 반대로, 오히려 제도의 형태나 법체계의 형식 아래에서 실제적 투쟁이나 숨겨진 승리나 숨겨진 패배에 대한 망각된 과거를 되살려내고, 법전 속에서 말라붙어 있는 핏자국을 되살려내려 든다. 이 담론은 역사의 무한정한 운동을 참조의 장으로 삼는다. 그러나 동시에 이 담론이 전통적인 신화적 형식들(위대한 조상들의 잃어버린 시대, 새로운 시대의 임박이나 천 년 이상 된 복수의 임박, 옛날의 패배를 지워버릴 새로운 왕국의 도래 등)에 기대는 것도 가능하다. 또한 이 담론은 몰락하고 있는 귀족계급의 노스탤지어뿐만 아니라 민중적 복수의 열기도 담지할 수 있는 담론이기도 하다.

간단히 말하면, 주권과 법률의 문제를 다루는 철학적-법학적 담론과는 대조적으로, 사회 속에서 전쟁의 항구성을 독해하는 이 담론은 본질적으로 역사적-정치적 담론이다. 또한 이 담론은 그 속에서는 진실이 당파적 승리를 위한 무기로서 기능하는 담론이고, 음울할 만큼 비판적인 동시에 강렬할 만큼 신화적인 담론이기도 하다.

✤

올해 강의는 이런 분석 형식의 출현에 바쳐졌다. 즉, 어떻게 전쟁(또 침략, 전투, 정복, 승리, 패자에 대한 승자의 관계, 약탈, 강탈, 봉기 등 그 상이한 측면)은 역사, 더 일반적으로는 사회적 관계의 분석틀로 사용됐는가?

1) 우선 몇 가지 잘못된 부자관계를 배척해야만 한다. 특히 토머스 홉스에 관해 그렇다. 홉스가 만인에 대한 만인의 전쟁이라고 부른 것은 실제적이고 역사적인 전쟁이 추호도 아니다. 오히려 그것은 그것에 의해 각자가 자신에게 가해질 위험을 측정하고, 타인들이 가진 서로 싸우려는 의지를 가늠하며, 힘에 의존할 경우 자신이 겪게 될 리스크를 측정하기 위한 일개 표상 게임일 뿐이다. '창설의 공화국'이든 '획득의 공화국'이든, 주권은 호전적인[전쟁을 좋아하는] 지배가 아니라 이와 반대로 전쟁의 회피를 가능케 하는 계산에 의해 수립된다. 홉스에게 있어서 국가를 창설하고 국가에 형식을 부여하는 것은 비-전쟁이다.

2) 전쟁을 국가의 모체로 파악하는 전쟁의 역사는 확실히 16세기에, 종교전쟁의 막바지에 (가령 프랑스에서는 프랑수아 오트망에 의해) 그 윤곽이 잡혔다. 그러나 이런 분석 유형이 발달한 것은 특히 17세기이다. 우선 잉글랜드에서는 잉글랜드 사회가 11세기 이래로 정복의 사회였다고 생각한 의회의 반대파와 청교도들에 의해 이번 분석 유형이 발달했다. 즉, 군주제와 귀족제는 그 고유한 제도와 더불어 노르만족이 수입해 들여온 것인 반면에, 색슨족 인민은 원초적인 자유의 몇 가지 흔적을 그다지 어렵지 않게 보존해왔다는 것이다. 전쟁에 의한 지배라는 이 기초 위에서, 쿡이나 존 셀던 같은 잉글랜드 역사가들은 잉글랜드 역사의 주요 에피소드들을 복원했다. 이 에피소드들 각각은 그 제도와 이해관계가 상이한 두 반목하는 인종들 사이에서 발생한 역사상 최초의 전쟁상태가 낳은 결과로, 그런 전쟁상태의 재개再開로 분석됐다. 그런 연유로, 이 역사가들이 그 동시대인이자 증인이며 때로는 주역이기도 했던 이 혁명은 저 오랜 전쟁의 마지막 전투이자 복수였다.

프랑스에서도 똑같은 유형의 분석이 발견되지만, [잉글랜드보다] 훨씬 늦게, 특히 루이 14세의 치세 말기에 귀족계급의 세계에서 발견된다. 불랭빌리에는 이런 분석을 가장 엄밀하게 정식화했다. 하지만 이번에는 승자의 이름으로 역사가 이야기되고 권리가 요구됐다. 프랑스 귀족계급은 자신들이 게르만 출신이라고 자처하면서 자신들에게 정복의 권리를 부여한다. 그러니까 왕국의 모든 땅에 대한 확고부동한 소유의 권리, 갈리아 혹은 로마의 모든 거주민에 대한 절대적 지배의 권리를 스스로에게 부여한 것이다. 하지만 이들은 애초에 자신들의 동의로 수립됐고 그렇게 정해진 한계들 속에서 언제나 유지되어야 했던 왕의 권력에 대해서도 스스로에게 특권을 부여한다. 잉글랜드에서와는 달리, 이렇게 기록된 역사는 더 이상 패자와 승자의 영속적인 대결의 역사, 봉기와 간신히 얻어낸 양보를 기본 범주로 갖는 역사가 아니다. 그것은 왕이 자신의 출신 계급인 귀족을 침탈 혹은 배반하고, 갈리아-로마 출신의 부르주아지와 부자연스럽게 유착한 역사이다. 니콜라 프레레, 그리고 특히 뷔아-낭세가 다시 채택한 이 분석 도식은 프랑스 혁명에 이르기까지 일련의 모든 논쟁에서 쟁점이었고, 상당수 역사 연구의 계기였다.

중요한 것은 역사 분석의 원리를 인종의 이원성과 인종들 간의 전쟁 속에서 찾아내려고 했다는 것이다. 바로 여기서부터, 그리고 오귀스탱 티에리와 아메데 티에리의 저작을 매개로 해서 19세기에는 역사에 관한 두 유형의 독해가 발전됐다. 즉, 한편으로는 계급투쟁과 절합됐으며, 다른 한편으로는 생물학적 대결과 절합됐다.

강의정황

1976년 1월 7일부터 3월 17일까지, 『감시와 처벌』(1975년 2월)의 출판과 『성의 역사 1권: 지식의 의지』(1976년 12월)의 출판 사이에 행해진 강의인 『"사회를 보호해야 한다"』는 푸코의 사유와 연구에서 전략적이라고 할 수 있는 특별한 지위를 차지한다. 이 강의는 틀림없이 일종의 휴식, 중단의 순간, 전회인바, 이때 푸코는 자신이 지금껏 편력해왔던 길을 평가하고 앞으로 있을 연구 방향의 윤곽을 그려보고 있다.

　『"사회를 보호해야 한다"』에서 푸코는 강의를 시작하며 [그동안의 작업을] 결산하고 조정하는 형태로 '규율'권력(감시의 기술들, 규범적 제재들, 처벌제도들의 판옵티콘적 조직화에 의해 오로지 신체에만 적용되는 권력)의 일반적 윤곽을 그리고 있으며, 강의의 막바지에서는 자신이 '생명권력'이라 부른 것(인구, 생명, 생명체에 전반적으로 적용되는 권력)을 소묘하고 있다. 뒤이어 푸코가 '통치성,' 즉 16세기 말 이래로 국가이성과 '내치'의 장치들·테크놀로지들을 통해 행사됐던 권력에 관해 탐문하는 것은 이 [생명]권력의 '계보학'을 수립하려는 시도 속에서이다. 푸코는 콜레주드프랑스에서의 1972~73년 강의(『처벌사회』), 1973~74년 강의(『정신의학의 권력』), 1974~75년 강의(『비정상인들』), 그리고 저서 『감시와 처벌』에서 규율 문제를 집중적으로 논의하고, 통치성과 생명권력에 관해서는 『지식의 의지』, 콜레주드프랑스에서의 1977~78년 강의(『안전, 영토, 인구』), 1978~79년 강의(『생명정치의 탄생』), 1979~80년 강의(『생명체의 통치에 관하여』)에서 집중적으로 다룬다.

이 두 가지 권력, 그것들의 특정성과 절합이라는 문제가 (권력관계의 '분석틀'로서의 전쟁이라는 문제, 인종투쟁이라는 역사적-정치적 담론의 탄생이라는 문제와 더불어) 이 강의의 중심을 차지하고 있는데, 이런 문제들의 '제자리를 위치짓기' 위해 오해, 착각, 잘못된 해석, 때로는 왜곡을 야기한 듯한 몇 가지 점을 언급하는 것이 시의적절해 보인다. 한편으로는 권력에 대한 푸코의 문제계의 탄생이 관건이다. 다른 한편으로는 자유주의 사회와 전체주의에서 권력의 장치들·테크놀로지들이 행하는 기능, 생산과정과 섹슈얼리티에 관한 칼 맑스와 지그문트 프로이트의 '대화', 마지막으로는 저항의 문제가 관건이다. 우리는 특히 『말과 글』[1]에 수합된 텍스트에서 끌어낸 직접적인 증언을 활용할 것이다. 그렇지만 권력의 문제, 권력들의 문제에 관한 완전한 문헌은 콜레주드프랑스 강의가 모두 출판되기 전에는 얻을 수 없으며, 따라서 최종 결산서를 작성하려면 그때까지 기다려야만 한다는 것을 강조해야 할 것이다.

푸코는 권력에 관한 책을 쓴 적이 한 번도 없다. 그 본질적인 윤곽만을 여러 번 소묘했을 뿐이다. 푸코는 지칠 줄 모르고 자신의 생각을 분명히 밝혔지만, 신중에 신중을 거듭했다. 정신요양원, 광기, 의학, 감옥, 섹슈얼리티, '내치'에 대해 행한 수많은 역사적 분석 속에서, 푸코는 오히려 권력의 기능, 효과, '어떻게'를 연구했다. 따라서 권력의 문제는 이 모든 분석 내내 펼쳐졌고, 이 분석들과 한 몸을 이뤘으며, 이 분석들에 내재한다. 바로 이 때문에 권력의 문제는 이 분석들과 불가분하다. 사건들의 압력 아래에서, 내적 발전의 흐름에 따라 문제계는 풍요로워졌지만, 이 문제계를 어떤 대가를 치르더라도 일관성 속에, 직선적이고 완전 무결한 연속성 속에 기입하려고 하는 것은 쓸데없는 일이다. 오히려 이 것은 그때마다 재개되는 운동이다. 즉, 푸코는 자신의 고유한 발걸음으

---

1) Michel Foucault, *Dits et Écrits, 1954-1988*, éd. Daniel Defert et François Ewald, avec collab. Jacques Lagrange, Paris: Gallimard, 1994. 이하 '논문, *DÉ*, 권수, 쪽수'만 표기.

로, 삶의 마지막까지 자신의 과거 작업을 최근 작업에 비춰보며 일종의
끊임없는 재현실화 속에서 '다시 읽고,' 다시 자리매김하며, 다시 해석하
기를 그치지 않았다. 푸코가 자신은 권력에 관한 '일반 이론' 같은 것을
제시하고 싶어 하지 않았다고 늘 부정했던 이유가 바로 이 때문이다. 사
람들은 예컨대 '판옵티즘'[일망감시 체제]에 관한 푸코의 논의가 그런 시
도였다고 여겼지만 말이다. 1977년에 푸코는 진실/권력, 앎/권력의 관
계들에 관해 이렇게 말했다. "이런 대상의 층위, 아니 오히려 이런 관계
의 층위는 파악하기가 매우 어렵습니다. 이것들을 포착하기 위한 일반
이론은 없기 때문에, 저는 맹목적 경험론자와도 같습니다. 다시 말해 저
는 최악의 상황 속에 있습니다. 제게는 일반 이론이 없으며, 확실한 도
구도 더 이상 없습니다."[2] 같은 해에 푸코는 권력의 문제가 자신과 그
세대에게 파시즘과 스탈린주의라는 "두 개의 크나큰 그림자"[3] 혹은 "두
개의 어두운 유산"을 배경으로 1955년 무렵 "적나라하게 제기되기 시
작"[4]했다고도 말했다. "파시즘에 관한 분석이 없는 것은 지난 30년간의
주요 정치적 현상 중 하나입니다."[5] 19세기의 문제가 빈곤의 문제였다
면 파시즘과 스탈린주의에 의해 제기된 문제는 권력의 문제였다고 푸코
는 말한다. 한쪽에는 "부가 너무 없고," 다른 한쪽에는 "권력이 너무 많
았죠."[6] 1930년대 이후 트로츠키주의 집단에서는 관료주의 현상, 공산
당의 관료주의화가 분석됐다. 그러다가 1950년대에는 파시즘과 스탈린
주의의 '어두운 유산'에서 출발해 권력의 문제가 다시 거론된 것이다. 가

---

2) Michel Foucault, "Pouvoir et savoir"(1977), *DÉ*, t.3: 1976-1979, p.404.

3) Michel Foucault, "Non au sexe roi"(1977), *DÉ*, t.3: 1976-1979, p.264. [황정미 옮김,
　「권력과 성」,『미셸 푸코, 섹슈얼리티의 정치와 페미니즘』, 새물결, 1995, 30쪽.]

4) Foucault, "Pouvoir et savoir," pp.400, 401.

5) Michel Foucault, "Pouvoirs et stratégies"(1977), *DÉ*, t.3: 1976-1979, p.422.

6) Michel Foucault, "La philosophie analytique de la politique"(1978), *DÉ*, t.3: 1976-
　1979, p.536. 이것은 1978년 4월 27일 도쿄에서 행한 강연문이다.

난이라는 '스캔들'에서 생겨난 부에 관한 옛날 이론과 권력의 문제계가 균열된 것은 바로 이 순간이다. 이 시기는 니키타 후르시초프의 보고서, '탈스탈린화'의 시작, 헝가리 봉기, 알제리 전쟁의 시기였다.

권력관계들, 지배의 현상들, 예속화의 실천들은 '전체주의'에 특유한 것이 아니라, 푸코가 자신의 역사적 조사에서 연구했듯이, '민주주의적'이라는 사회들에도 만연해 있다. 전체주의 사회와 민주주의 사회 사이에는 어떤 관계가 있는가? 이것들의 정치적 합리성, 이것들이 권력의 테크놀로지들과 장치들을 사용하는 방식은 어떤 점에서 서로 닮아 있거나 구별되는가? 이에 관해 푸코는 1978년에 이렇게 말했다. "서구 사회, 일반적으로 말해 금세기[20세기] 말의 선진 산업사회는 이 막연한 걱정이 널리 퍼진 사회, 혹은 스탈린주의와 파시즘이 노골적이고 끔찍한 상태로 드러낸 권력의 과잉생산을 문제삼은 완전히 명백한 반란 운동이 널리 퍼진 사회입니다."[7] 바로 직전에는 이렇게도 말했다. "물론 파시즘과 스탈린주의는 둘 다 구체적이고 특별한 정세에 반응했습니다. 확실히 파시즘과 스탈린주의는 그때까지 알려지지 않았던 차원에, 합리적으로 생각하지 않더라도 이런 것은 두 번 다시 없기를 바랄 정도의 차원에 영향을 미쳤습니다. 결국 특이한 현상이었지만, 파시즘과 스탈린주의는 많은 점에서 서구의 사회적·정치적 체계에 이미 존재했던 일련의 메커니즘을 연장시켰을 뿐이라는 것을 부인해서는 안 됩니다. 결국, 거대 정당들의 조직화, 경찰기구들의 발전, 노동수용소 같은 억압기술의 존재, 이 모든 것은 정말로 자유주의적 서구 사회에서 구성된 유산이며, 스탈린주의와 파시즘은 이것을 수용했을 뿐입니다."[8]

이리하여 '자유주의 사회'와 전체주의 국가 사이에는 정상적인 것에서 병리적인 것, 괴물적인 것으로 이어지는 아주 기묘한 혈통이 존재하

---

7) Foucault, "La philosophie analytique de la politique," p.536.

8) Foucault, "La philosophie analytique de la politique," pp.535~536.

며, 이것에 관해 조만간 탐문해야만 할 것이다. 게다가 1982년에 푸코는 권력의 이런 두 개의 '질병,' 파시즘과 스탈린주의라는 두 개의 '열병'에 관해 이렇게 썼다. "이 두 가지가 우리를 그토록 당황케 하는 수많은 이유 중 하나는 그 역사적 특이성에도 불구하고, 이 두 가지가 전적으로 독창적인 것은 아니라는 점이다. 파시즘과 스탈린주의는 다른 대부분의 사회에서 이미 현전했던 메커니즘을 사용하고 확장시켰다. 그뿐만 아니라 그 내적인 광기에도 불구하고, 이것들은 우리의 정치적 합리성의 관념과 절차를 폭넓게 사용했다."9) 그러니까 [권력의] 테크놀로지들이 질병, 광기, 괴물성으로 옮겨가고 연장된 것이다. 또한 정치적으로 위험한 것과 종족적으로 불순한 것을 배제하고 말살하는 생명정치에 있어서 파시즘과 스탈린주의는 '연속성'을 지닌다. 생명정치는 18세기부터 의학적 내치에 의해 수립됐고, 19세기에는 사회다윈주의, 우생학, 유전·퇴화·인종에 관한 법의학 이론으로 이어졌다. 그리고 이 점에 관해서는 『"사회를 보호해야 한다"』의 마지막 강의(1976년 3월 17일)에서 푸코의 고찰을 읽을 수 있다. 결국, 이 강의의 목적 중 하나, 어쩌면 본질적 목적은 특히 파시즘이 (하지만 스탈린주의 역시) [어떻게] '생명체의 통치'에 있어서 피의 순결성과 이데올로기적 정통성이라는 수단에 의해 인종[주의]적 생명정치를 이용했는가를 분석하는 것이다.

푸코는 권력과 정치경제의 관계에 관해 맑스와 일종의 '중단 없는 대화'를 유지했다. 실제로 『자본』 제1권의 분석들(「노동일」, 「분업과 매뉴팩처」, 「기계와 대공업」)과 제2권의 분석(「자본의 순환과정」)에만 한정하더라도, 맑스는 권력과 규율의 문제를 무시하지 않았다.10) 이와 마찬가지로, 푸코 역시 규율적 공간들의 조직화에 경제적 과정들이 행사하

---

9) Michel Foucault, "Le sujet et le pouvoir"(1982), *DÉ*, t.4: 1980-1988, p.224. [정일준 옮김, 「주체와 권력」, 『미셸 푸코의 권력 이론』(수정증보판), 새물결, 1995, 88쪽.]

10) Michel Foucault, "Les mailles du pouvoir"(1981), *DÉ*, t.4: 1980-1988, pp.182~201. 특히 186쪽 이하를 참조하라.

는 제약을 무시하지 않았다. 그러나 맑스에게 지배의 관계들은 공장에서, 자본-노동의 '적대적' 관계의 작용과 효과에 의해서만 수립되는 듯하다. 이와 반대로 푸코에게 이 관계는 규율에 의해 사전에 산출되고 행정관리된 예속화, 훈육, 훈련에 의해서만 가능해졌다. 이 점에 관해 푸코는 이렇게 말했다. "노동분업에 있어서 이것을 할 수 있는 사람, 저것을 할 수 있는 사람이 필요해졌을 때, 막 싹트고 있는 자본주의적 질서가 저항이나 태업이나 반란 같은 민중 운동에 의해 전복되지 않을까 두려워질 때, 모든 개인을 정확하고 구체적으로 감시해야만 했습니다. 제가 이야기했던 의료화도 이것과 연결되어 있다고 생각합니다." 따라서 지배의 관계들을 발명하고 부과했던 것은 19세기의 '자본주의적' 부르주아지가 아니다. 부르주아지는 17~18세기의 규율메커니즘에서 지배의 관계들을 물려받았고, 이것들 중에서 어떤 것은 강화하고 다른 것은 완화해 사용하고 방향을 바꿨을 뿐이다. "그러니까 모든 권력관계들이 그로부터 발산되어 나오는 단 하나의 중심지란 존재하지 않습니다. 하지만 한 계급에 대한 다른 계급의 지배, 한 집단에 대한 다른 집단의 지배를 결국 가능케 하는 권력관계들의 뒤얽힘은 존재합니다."11) 게다가 1978년에 푸코는 이렇게 썼다. "사실 기본적으로 제가 제기한 질문은, 역사와 정치의 다른 개념규정에 대해서처럼 맑스주의에 대해서도 제기되는 질문인데, 그 질문은 이렇습니다. 예를 들어 생산관계들과 관련해, 권력관계들은 복잡한 동시에 상대적인, 하지만 상대적으로만 독립적인 실제의 수준을 재현하는 것이 아닐까?"12) 우리는 이렇게 자문해볼 수 있을 것이다. 결국 '자본주의' 혹은 권력관계들이 기입된 생산양식도, 제

---

11) Michel Foucault, "Le pouvoir, une bête magnifique"(1977), *DÉ*, t.3: 1976-1979, pp.374, 379.

12) Michel Foucault, "Précisions sur le pouvoir: Réponses à certaines critiques"(1978), *DÉ*, t.3: 1976-1979, p.629.

조업·작업실·공장 안에 확실히 '경제적'이고 갈등적인 노동력–자본의 관계들을 확립하는 노동의 분할·위계·분업을 통해, 그리고 특히 노동력을 생산의 경제적 제약들에 적응·강화·굴복시키는 규율적 규제, 신체의 예속화, 위생적 조절을 통해 '상대적으로 자율적인' 관계들을 코드화하고 강화하는 거대한 장치를 재현하는 것이 아닐까? 그러니까 규율을 도입했던 것은 노동이 아니라, 오히려 소위 자본주의 경제 안에서 조직되는 노동을 가능하게 만든 것은 규율과 규범인 것이다.

'섹슈얼리티'에 관해서도 똑같이 말할 수 있다(이번에는 19세기의 의학, 특히 프로이트와의 훨씬 생기 넘치는 '대화'). 푸코는 18세기 초반부터 의학적 담론과 실천에 있어서 섹슈얼리티의 '중심성'을 결코 부인하지 않았다. 하지만 푸코는 프로이트에 의해 제창되고 그 뒤 '프로이트–맑스주의'에 의해 이론화된 관념, 즉 이런 섹슈얼리티는 부정되고, 억압되며, 억제됐을 뿐이라는 관념과 거리를 뒀다. 오히려 푸코에 따르면, 이와 반대로 섹슈얼리티는 현저하게 긍정적인 담론을 증식시키는데, 이런 담론에 의해 실제로는 개인, 품행, 인구를 통제하고 규범화하는 권력, 즉 생명권력이 행사됐다. 그러니까 '섹슈얼리티'는 비밀을 탐지하고 해독할 줄만 안다면 그로부터 개인들의 진실을 솟아오르게 하는 비밀의 소굴이 아니다. 오히려 섹슈얼리티는 18세기 전반에 영국에서 생겨났던 어린이의 자위행위 반대 캠페인 이래로 '인간 신체의 해부정치'와 '인구의 생명정치'라는 두 형식으로 생명에 관한 권력이 행사됐던 영역이다. 섹슈얼리티를 둘러싸고 신체의 규율권력과 인구의 통치권력이라는 두 권력이 이렇게 서로 절합되고, 서로 떠받치며, 서로를 호혜적으로 강화하게 됐다. "신체의 규율과 인구의 조절은 두 극을 구성한다"라고 푸코는 『지식의 의지』에서 썼다. "이것들을 둘러싸고 생명에 관한 권력의 조직화가 전개됐다. 고전주의 시대를 거치며 (해부학적이고 생물학적인, 개체화하고 종별화하는, 신체의 수행performance으로 선회하고 생명의 과정을 주시하는) 이중적 얼굴을 지닌 이 거대한 테크놀로지가 수립됐다는 것이, 더 이상 살해하는 것이 아니라 구석구석까지 생명을 포위하는 것을 최고의 기능으로 삼는 권력을 특징짓는다."13) 이로부터 비밀의 창고 및 개인들의 진실의 기초로서가 아니라 오히려 표적으로서, '정치적 관건'으로서의 성이 중요해진다. 실제로 "한편으로 성은 신체의 규율, 즉 훈련, 힘들의 강화와 분배, 에너지의 조정과 경제에 속한다. 다른 한편으로, 성은 이것이 초래한 모든 전반적 효과들에 의해 인구의 조절에 속한다. ……성은 규율의 모체로서, 조절의 원리로서 이용된다."14)

그러니까 노동과 섹슈얼리티의 특정성과 중요성을 만들어낸 것, 또한 한편으로는 정치경제의 담론들에 의해, 다른 한편으로는 의학적 앎에 의해 노동과 섹슈얼리티가 '투여'되고 '과잉 투여'됐던 것은 노동과 섹슈얼리티 안에서, 그것들을 통해, 규율권력의 관계들과 생명권력의 규범화하는 기술들이 서로의 영향과 효과를 강화시키며 하나로 결합됐기 때문이다. 따라서 이 두 개의 권력은 일찍이 말해진 것처럼 푸코의 사유에서 서로 배타적이고, 서로 독립적이며, 서로 연이어지는 두 개의 '이론'을 구성하는 것이 아니라, 앎/권력의 두 가지 결합된 기능양식을 구성한다. 실로 [저마다의] 중심지, 적용 지점, 목적성, 특정한 쟁점과 더불어, 즉 한편으로는 신체의 훈련, 다른 한편으로는 인구의 조절과 더불어 말이다. 이에 관해서는 『"사회를 보호해야 한다"』의 11강(1976년 3월 17일)에서 푸코가 행한 도시, 규범, 섹슈얼리티에 관한 분석과 『지식의 의지』의 마지막 장(「죽음의 권리와 생명에 대한 권력」)을 읽어보길 바란다.

권력이 있는 곳에는 늘 저항이 있다, 둘은 외연을 공유한다. "권력관계가 있는 곳에는 저항의 가능성이 있습니다. 우리는 권력에 의해 옴짝달싹 못하는 것이 결코 아닙니다. 한정된 조건에서, 그리고 정확한 전략

---

13) Michel Foucault, *Histoire de la sexualité, t.1: La volonté de savoir*, Paris: Gallimard, 1976, p.183. [이규현 옮김, 『성의 역사 1: 지식의 의지』(3판), 나남, 2010, 150쪽.]

14) Foucault, *La volonté de savoir*, pp.191~192. [『지식의 의지』(3판), 157~158쪽.]

에 따라서, 늘 권력의 영향력을 수정할 수 있습니다."15) 따라서 권력이
전개되는 장은 "침울하고 안정된" 지배의 장이 아니다. "사람들은 도처
에서 투쟁하고 있습니다. ……그리고 매순간 사람들은 반역에서 지배
로, 지배에서 반역으로 나아갑니다. 제가 드러내려고 노력하고 싶었던
것은 바로 이 모든 영속적인 소요였습니다."16) 권력을 그 목표와 술책
속에서 특징짓는 것은 한없는 역량이라기보다는 일종의 구축적 무능이
다. 1978년에 푸코는 『지식의 의지』에서 행한 분석에 관해 "권력은 전
능한 것도, 전지한 것도 아닙니다. 오히려 그 반대입니다"라고 말했다.
그리고 이렇게 덧붙였다. "권력관계들이 앎의 모델에 관한 조사형식이
나 분석형식을 산출했다면, 그것은 바로 권력이 전지해서가 아니라 맹
목적이었기 때문입니다. 권력이 궁지에 몰려 있기 때문입니다. 권력관
계들과 통제의 체계과 감시의 형식이 그토록 발전됐다면, 그것은 바로
권력이 늘 무능했기 때문입니다."17) 역사가 이성의 계략이라면, 언제나
이기는 권력은 역사의 간계인가? 푸코는 『지식의 의지』에서 이렇게 자
문했다. 아니, 그 반대이다. "그렇다고 생각한다면 권력관계들의 엄격하
게 관계적인 성격을 오인하게 될 것이다. 권력관계들은 저항 지점들의
다양체가 기능하는 한에서만 존재할 수 있다. 이 저항 지점들은 권력관
계들에서 적수, 표적, 거점, 장악해야 할 돌출부의 역할을 맡는다. 이 저
항 지점들은 권력 네트워크의 도처에 존재한다."18)

그렇지만 이 저항, 이 저항들은 어떻게 현시되고, 어떤 형태를 띠며,
어떻게 분석될 수 있는가? 이 점에 관해서는 무엇보다 다음을 강조해야
만 한다. 푸코가 처음 두 번의 강의에서 말했듯이, 권력이 법과 법률의

15) Foucault, "Non au sexe roi," p.267. [「권력과 성」, 36쪽.]

16) Foucault, "Pouvoir et savoir," p.407.

17) Foucault, "Précisions sur le pouvoir," p.629.

18) Foucault, La volonté de savoir, p.126. [『지식의 의지』(3판), 104~105쪽.]

형식으로 전개되는 것도 아니고 행사되는 것도 아니라면, 권력이 장악하거나 교환할 수 있는 어떤 것도 아니라면, 권력이 이익이나 의지나 의도에서부터 구축되는 것이 아니라면, 권력이 국가에 그 원천을 두지 않는다면, 그러니까 (법, 법률, 주권이 권력의 일종의 코드화나 강화 그 자체라고 하더라도[19]) 권력이 주권이라는 법적-정치적 범주로부터 연역될 수 있는 것도 아니고 이해가능한 것도 아니라면, 저항도 더 이상 법의 차원이 아니며, 하나의 권리에 속하는 것도 아니다. 그러니까 저항도 17세기 이래 '저항의 권리'라고 불렸던 것의 법적 틀을 사방에서 벗어난다. 저항은 선재하는 어떤 주체의 주권에 근거를 두지 않는다. 권력과 저항은 변화무쌍하고 유동적이며 다수적인 전술과 더불어 힘관계들의 장 안에서 서로 대결하는데, 이 장의 논리는 법과 주권의 조절되고 코드화된 논리라기보다는 투쟁의 전략적이고 호전적인 논리이다. 권력과 저항 사이의 관계는 주권이라는 법적 형식보다는 오히려 투쟁이라는 전략적 형식을 취하는데, 이것을 분석해야만 할 것이다.

이것이 『"사회를 보호해야 한다"』의 주요 노선이며, 이 시기에 푸코는 군사제도들과 군대에 많은 관심을 기울였다.[20] 당시 푸코가 스스로 제기했던 질문은 다음과 같았다. 즉, 이런 투쟁, 대결, 전략은 지배의 이항적이고 대규모적 형식(지배자/피지배자) 속에서, 그러니까 최종 심급에서는 전쟁이라는 형식 속에서 분석할 수 있을까? 『지식의 의지』에서 푸코는 이렇게 썼다. "그렇다면 공식을 뒤집어서, 정치는 다른 수단에 의

---

19) Foucault, "Pouvoirs et stratégies," p.424; "La 'gouvernementalité'"(1978), DÉ, t.3: 1976-1979, p.654. [이승철 외 옮김, 「통치성」, 『푸코 효과: 통치성에 관한 연구』, 도서출판 난장, 2014, 152~153쪽.]

20) Michel Foucault, "Le savoir comme crime"(1976); "L'incorporation de l'hôpital dans la technologie moderne"(1978), DÉ, t.3: 1976-1979, pp.83, 515; "Non au sexe roi," p.268. [「권력과 성」, 36~37쪽]; "La 'gouvernementalité'," p.648. [「통치성」, 147쪽]; "Les mailles du pouvoir," pp.182~201.

해 계속되는 전쟁이라고 말해야만 할까? 전쟁과 정치 사이의 간극을 계속 유지하고 싶다면, 우리는 어쩌면 힘관계들의 이 다양체가 '전쟁'의 형태로든 '정치'의 형태로든 (결코 총체적으로가 아니라 부분적으로) 코드화될 수 있다고 주장해야 할 것이다. 그것들은 불균형하고, 이질적이며, 불안정하고, 팽팽히 긴장된 힘관계들을 통합하기 위한 상이한(하지만 하나가 다른 하나로 곧바로 변하는) 두 개의 전략일 것이다."21) '계급투쟁' 개념에 관해 맑스주의자들이 투쟁이란 무엇인가보다 계급이란 무엇인가를 탐구한 것에 반대해22) 푸코는 이렇게 말했다. "맑스에서 출발해 제가 논의하고 싶은 것은 계급들의 사회학 같은 문제가 아니라 투쟁에 관련된 전략적 방법입니다. 맑스에 대한 제 관심은 거기에 뿌리박고 있으며, 제가 문제들을 제기하고 싶은 것도 거기에서부터입니다."23)

전쟁과 지배 사이의 관계들에 관해 푸코는 이미 『처벌사회』에 관한 1973년 1월 10일 강의의 대부분을 할애했다.24) 거기서 푸코는 "만인에 대한 만인의 전쟁"이라는 토머스 홉스의 이론을 비난하고, 내전과 권력 사이의 관계들을 분석하며, 18세기 이래 범죄자가 [그 자리를 차지하게 된] '사회의 적'에 맞서 사회가 취한 방어 조치를 서술했다. 다니엘 드페르가 「연보」에서 환기시키고 있듯이,25) 1967~68년에 푸코는 레온 트로츠키, 에르네스토 체 게바라, 로자 룩셈부르크, 칼 폰 클라우제비츠를 읽었다. 같은 시기에 읽었던 블랙팬더당의 글들에 관해, 푸코는 한 편지에

---

21) Foucault, *La volonté de savoir*, p.123. [『지식의 의지』(3판), 102~103쪽.]

22) Michel Foucault, "Le jeu de Michel Foucault"(1977), *DÉ*, t.3: 1976-1979, pp.310 ~311; "Non au sexe roi," p.268. [「권력과 성」, 37쪽.]

23) Michel Foucault, "Méthodologie pour la connaissance du monde: Comment se dé-barrasser du marxisme"(1976), *DÉ*, t.3: 1976-1979, p.606.

24) Michel Foucault, *La société punitive: Cours au Collège de France, 1972-1973*, éd. Bernard E. Harcourt, Paris: Seuil/Gallimard, 2013, p.217. [황재민 옮김, 『처벌사회: 콜레주드프랑스 강의 1972~73년』, 도서출판 난장, 근간.]

25) Daniel Defert, "Chronologie," *DÉ*, t.1: 1954-1969, pp.30~32.

서 이렇게 말했다. "그들은 맑스주의적 사회 이론으로부터 자유로워진 전략적 분석을 전개하고 있습니다." 1972년 12월의 한 편지에는 이렇게 썼다. "전쟁들 중 가장 비난받은 것, 즉 홉스도 클라우제비츠도 계급투쟁도 아닌 내전"에서 출발해 권력관계들의 분석에 착수하고 싶다고. 마지막으로 1974년 8월의 다른 편지에도 푸코는 여전히 다음과 같이 썼다. "제가 관심을 가진 주변인들은 믿을 수 없을 만큼 낯익고 거듭 등장했습니다. 다른 것을 하고 싶어요. 정치경제, 전략, 정치를."26)

그러나 권력관계들의 분석을 위해 전략적 모델이 유효한가에 관해 푸코는 많이 망설인 것 같다. "지배의 과정은 전쟁보다 훨씬 복합적이고 복잡하지 않을까요?"27)라고 푸코는 1977년 12월의 대담에서 자문했다. 잡지 『에로도트』(1976년 7-9월호)에도 이런 질문들을 써보냈다. "앎에 대해, 그리고 앎이 권력과 맺는 관계에 대해 분석하고 싶을 때, 전략 개념은 본질적입니다. 이 개념은 문제의 앎을 통해 **전쟁**이 행해진다는 것을 필연적으로 내포할까요? 전략은 권력관계들을 **지배**의 기술로서 분석하는 것을 허용하지 않을까요? 더욱이 지배는 전쟁의 계속된 형식일 뿐이라고 말해야만 할까요?"28) 그리고 얼마 뒤에 푸코는 이렇게 덧붙인다. "정치의 차원에서 힘관계는 전쟁의 관계일까요? 개인적으로는, 지금 당장은 그렇다 아니다로 딱 잘라 대답할 기분이 아닙니다."29)

이번에 출판된 『"사회를 보호해야 한다"』는 본질적으로 이 문제에 바쳐졌다. 여기서 푸코는 잉글랜드의 수평파와 개척파, 그리고 앙리 드 불랭빌리에의 인종투쟁에 관한 역사적-정치적 담론 속에 있는 전쟁과

---

26) Defert, "Chronologie," pp.33, 42, 45.

27) Michel Foucault, "La torture, c'est la raison"(1977), *DÉ*, t.3: 1976-1979, p.391.

28) Michel Foucault, "Des questions de Michel Foucault à 《Hérodote》"(1976), *DÉ*, t.3: 1976-1979, p.94.

29) Michel Foucault, "L'oeil du pouvoir"(1977), *DÉ*, t.3: 1976-1979, p.206. [홍성민 옮김, 「시선의 권력」, 『권력과 지식: 미셸 푸코와의 대담』, 나남, 1991, 202쪽.]

지배의 테마들을 분석한다. 실제로 헤이스팅스 전투 이후 노르만족이 색슨족을 지배한 서사, 갈리아 침략 이후 프랑크족이 갈리아-로마인들을 지배한 이야기는 그들이 자연법이라는 '허구'와 법률의 보편주의에 대립시킨 정복의 역사에 기초해 있다. 푸코에 따르면, 니콜로 마키아벨리나 홉스에게서가 아니라 바로 여기서, 전쟁·정복·지배에 관해 이야기하며, 잉글랜드에서는 왕권과 귀족에 맞서는 무기로서, 프랑스에서는 왕권과 제3신분에 맞서는 무기로서 기능한 역사의 급진적 형태가 탄생했다. 푸코는 여기서 1936년에 프리드리히 마이네케가 이론적-정치적 맥락 아래 완전히 상이한 목적으로『역사주의의 성립』에서 정식화한 테제를 직접적으로 혹은 간접적으로 다시 채택하며, 정복의 역사적-정치적 담론을, 즉 투쟁의 담론, 전투의 담론, 인종의 담론을 '역사주의'라고 부른다. 노르만족의 정복과 제3신분의 형성에 관한 저작들 속에서 오귀스탱 티에리가 사용한 뒤에, 그리고 나치즘이 인종 문제를 잘 알려진 차별과 절멸의 정치에서 사용하기 전에, '변증법'은 19세기에 이 투쟁을 코드화, 그러니까 '중성화'했던 듯하다. 그리고 이 역사적-정치적 담론이 역사가에게 '중립적' 입장(솔론에서 임마누엘 칸트에 이르기까지 철학자의 입장인 "중재자, 재판관, 보편적 증인"의 입장)에서 벗어나 어떤 진영에 가담할 수밖에 없게 했다는 것이 사실이더라도, 또한 확실히 이 담론들이 전쟁 속에서 탄생한 것이지 평화 속에서 탄생한 것은 아니라는 것이 사실이더라도, 여전히 이 담론들에서 지배의 사실들이 도입하고 전쟁 모델이 설명하는 이항적 관계는 규율권력에 의해 야기된 현실적 투쟁의 다양체를 완전하게 설명해주지 못하며, 하물며 생명권력에 의해 산출된 품행에 대한 통치의 효과들도 거의 설명해주지 못하는 것처럼 보인다.

그런데 1976년 이후부터 푸코의 연구는 이 권력의 마지막 유형에 대한 분석으로 나아가고 있었다.『"사회를 보호해야 한다"』의 중심을 차지하고 있는 전쟁의 문제계가 폐기까지는 아니더라도 나중에는 거의 거론조차 되지 않았던 이유들 가운데 하나가 어쩌면 바로 여기에 있을 수도 있다. '논쟁적'인 현실 속에서, 푸코는 **"우리는 만인이 만인에 대해 투쟁하고 있다"**라고 1977년에 말했다.[30] 그렇지만 언뜻 보기에 홉스적인 이 단언에 현혹되어서는 안 될 것이다. 투쟁이 역사의 어떤 순간에, 하지만 어떤 특정한 순간에만 취하는 것은 거대한 이항 대결이나 강렬하고 폭력적인 형태가 아니다. 즉, '혁명'이라는 형태로 코드화된 대결이 아니다. 오히려 투쟁은 지배라는 대대적인 사실과 전쟁이라는 이항적 논리가 도저히 포착할 수 없는, 권력의 장에서 벌어지는 일회적이고 산개된 투쟁의 전체, 국지적이고 예측불가능하며 이질적인 저항의 다양체의 형태를 취한다. 푸코는 자신의 삶이 끝날 무렵인 1982년에 거의 철학적 '유언'과도 같은 텍스트를 하나 썼다. 자주 그렇게 했듯이(이것이야말로 그의 사유의 '형상'[특징] 중 하나인 것처럼 보이는데), 푸코는 이 텍스트를 통해 이 문제를 자신의 최근 작업에 비춰서 다시 사유하고 새로운 전망 아래에 다시 놓았다. 푸코는 이렇게 썼다. 자신의 의도는 "권력의 현상들을 분석하는 것도, 이런 분석의 기초를 닦는 것도 아니며," 오히려 "우리 문화에서 인간 존재의 상이한 주체화 양식의 역사"를 산출하는 것이었다고. 그러므로 푸코에 따르면 권력은 그리스도교적 사목과 '통치성'의 양식 위에서, 특히 '품행을 인도'하는 데 행사된다. "결국 권력은 두 적수들 간의 대결, 혹은 하나가 다른 하나와 맺는 약속의 차원이라기보다는 '통치'의 차원에 속한다"라고 푸코는 썼다. 그리고 권력과 투쟁 사이의 이런 관계에 대해 푸코는 이렇게 결론내렸다(하지만 우리는 이 텍스트 전체를 읽어야 한다). "결국 모든 대결의 전략은 권력관계가 되기를 꿈꾼다. 그리고 모든 권력관계는 순조롭게 전개될 때이든 정면의 저항에 직면할 때이든 승리의 전략이 되는 경향이 있다."[31]

---

30) Foucault, "Le jeu de Michel Foucault," p.311.

31) Foucault, "Le sujet et le pouvoir," pp.222~230, 237, 242. [서우석 옮김, 「주체와 권력」, 『미셸 푸코: 구조주의와 해석학을 넘어서』, 나남, 1989, 297, 313, 318~319쪽.]

푸코는 이미 『광기의 역사』에서부터 권력의 문제를 제기했다. 위험한 개인들(부랑자, 범죄자, 광인)의 '대감금'이라는 국가적·행정적 기술들을 통해 작동하고 행사된 권력이 바로 그것이었다. 이 물음은 1970년대 초반의 콜레주드프랑스 강의에서, 고대 그리스에서의 진실의 생산과 체제에 관해, 중세 이래 유럽에서의 처벌메커니즘에 관해, 규율적 사회의 규범화의 장치들에 관해 다시 채택됐다. 하지만 이 모든 것의 배경에는 정치적-군사적 맥락, 즉, 국제 분쟁이나 1968년 이후 프랑스에서의 사회투쟁이라는, 조르주 캉길렘이 말한 '역사적 상황'이 있다.

이런 상황의 역사를 여기서 되풀이할 수는 없다. 기억을 위해 간략히 다음과 같은 일이 일어났던 시대였음을 환기해보자. 베트남 전쟁, 요르단의 '검은 9월'[요르단 내전](1970년), 살라자르 정권에 맞선 포르투갈 학생들의 시위(1971년)과 3년 뒤의 '카네이션 혁명,' 아일랜드공화국군의 테러(1972년), 욤 키푸르 전쟁으로 인한 아랍-이스라엘 분쟁의 재발[제4차 중동 전쟁](1973년), 체코슬로바키아의 '정상화'(1969~71년), 그리스 육군 대령들의 군사 정권(1967~74년), 칠레 살바도르 아옌데 정권의 전복(1973년), 이탈리아 파시스트들의 테러(1974년), 영국 광부들의 파업(1974년), 프란시스코 프랑코 독재체제에 의한 스페인의 가혹한 고통(1936~75년), 크메르 루즈의 캄보디아 권력 장악(1975년), 레바논, 페루, 아르헨티나, 브라질, 그 외 수많은 아프리카 국가들의 내전.

권력에 대한 푸코의 관심은 여기서, 즉 니체가 '거대한 정치'라고 불렀던 것, 가령 전 세계에서 대두된 파시즘, 내전, 군사 독재의 수립, 강대국들(특히 베트남에서의 미국)의 억압적인 지정학적 목적을 추적할 때 그 자신이 기울인 경계, 주의, 관심 속에서 연원한다. 특히 1970년대에 푸코가 행한 '정치적 실천'도 그 뿌리를 이룬다. 이 실천 덕분에 푸코는 감금체계의 기능을 현장에서 직접 파악하고, 수감자의 처지를 관찰하고, 그들 삶의 물질적 조건을 연구하고, 교도행정의 실천을 고발하고, 그 어디에서 발생했든지 간에 갈등과 반란을 지원할 수 있었다.

인종주의에 관해 말하면, 이 주제는 정신의학, 처벌, 비정상인들에 관한 강의와 세미나에서, 또한 (의학의 '퇴화' 이론, 우생학의 법의학 이론, 사회적 다윈주의, '사회방어'의 형벌 이론을 중심으로 19세기에 '위험한' 개인들을 차별하고 고립시키고 규범화하는 기술들을 수립했던) 모든 앎과 실천에 관한 세미나와 강의에서 나타나고 거론됐다. 이런 앎이나 실천은 인종청소와 노동수용소의 선구자이다(푸코 자신도 환기시키듯이, 19세기 말의 프랑스 범죄학자 쥘 레베이예는 상트페테르부르크에서 열린 국제형벌 회의에서 러시아의 동료들에게 시베리아에 노동수용소를 건설하라고 권유했다[32]). 새로운 인종주의는 '유전의 앎'(이에 관해 푸코는 콜레주드프랑스의 응모 서류에서 자신의 향후 연구 과제로 내세우려고 했다[33])이 정신의학적 퇴화 이론과 결합됐을 때 탄생했다. 그리고 1974~75년 콜레주드프랑스 강의 『비정상인들』의 11강(1975년 3월 19일) 끝부분에서 푸코는 청강생들에게 이렇게 말했다. "정신의학이 실제로 어떻게 이 퇴화 개념에서 출발해, 유전에 관한 이 분석에서 출발해 인종주의에 접목됐는가, 아니 오히려 인종주의를 야기했는가를 …… 알 수 있습니다."[34] 그리고 푸코는 이렇게 덧붙인다. 나치즘은 이 새로운 인종주의를 비정상인에 맞선 사회의 내적 방어수단으로서, 19세기의 풍토병이었던 종족적 인종주의에 '접목'시킨 것에 불과하다고 말이다.

"공기조차도 빨갰다"고 말해지는 이 시절의 전쟁, 전쟁들, 투쟁들과 반란들을 배경으로 하면, 『"사회를 보호해야 한다"』는 권력의 정치적 문제와 인종의 역사적 문제가 마주치고 결합되고 절합되는 지점일 수 있

---

32) Foucault, "Le jeu de Michel Foucault," p.325.

33) Michel Foucault, "Titres et travaux," *DÉ*, t.1: 1954-1969, pp.842~846.

34) Michel Foucault, *Les Anormaux: Cours au Collège de France, 1974-1975*, éd. s. dir. François Ewald et Alessandro Fontana, par Valerio Marchetti et Antonella Salo-moni, Paris: Gallimard/Seuil, 1999, leçon du 19 mars 1975, p.299. [이재원 옮김, 『비정상인들: 콜레주드프랑스 강의 1974~75년』, 도서출판 난장, 근간.]

다. 즉, 이 강의는 17~18세기의 인종투쟁에 관한 역사적 담론에서 출발해, 그 역사적 담론이 19~20세기에 어떻게 변형됐는지 다루는 인종주의의 계보학이다. 권력의 장을 가로지르며 힘들을 현전시키고 친구와 적수를 구별하며 지배와 반란을 낳는 전쟁에 관해서는, 푸코가 1983년의 인터뷰에서 말한 '유년기 추억'을 떠올려볼 수 있다. 여기서 푸코는 [오스트리아의] 엥겔베르트 돌푸스 수상이 암살된 1934년에 느꼈던 '공포'에 관해 말했다. "전쟁의 위협은 우리 실존의 배경막이자 틀이었습니다. 그리고 전쟁이 터졌습니다. 가정생활의 풍경 이상으로, 우리 기억의 실체는 세계에 관한 이런 사건들입니다. 저는 '우리'의 기억이라고 말합니다. 왜냐하면 당시 프랑스의 젊은 남녀 대부분이 똑같은 경험을 했으리라 거의 확신하기 때문입니다. 그것은 우리의 사적 삶을 짓누르는 진짜 위협이었습니다. 어쩌면 바로 이런 이유 때문에 저는 역사에 매혹되고, 개인적 체험과 우리가 그 안에 기입된 사건들 사이의 관계에 매혹됐습니다. 거기에 저의 이론적 욕망의 핵심이 있다고 생각합니다."[35]

푸코가 『"사회를 보호해야 한다"』를 강의하기 몇 년 전, 즉 맑스주의의 위기와 신자유주의 담론의 부상으로 특징지어지는 시절의 '지적 정세'에 관해 말하면, 푸코가 당시 강의에서 명시적이든 암묵적이든 어떤 저작을 참조했는지 아는 것은 불가능하지는 않더라도 어렵다. 1970년 이래 막스 베버, 한나 아렌트, 에른스트 카시러, 막스 호르크하이머와 테오도르 W. 아도르노, 알렉산드르 솔제니친의 저작들이 번역·출판됐다. 푸코는 강의 도중에 질 들뢰즈와 펠릭스 가타리의 『안티 오이디푸스』에 대해 명시적인 경의를 표하고 있다. 푸코는 강의 일지를 작성하지 않은 것 같은데, 다른 한편으로 저자들끼리의 언쟁도 좋아하지 않았다. 즉, 논쟁보다는 문제화를 더 선호했다.[36] 우리는 푸코의 독서방식, 문헌 사용

---

35) Michel Foucault, "Une interview de Michel Foucault par Stephen Riggins"(1983), *DÉ*, t.4: 1980-1988, p.528.

방식, 원자료 활용방식에 관해서도 추측으로 짐작할 수밖에 없다(푸코가 책을 어떻게 '제작'해내는지에 관해서는 향후 연구되어야 할 것이다). 우리는 푸코가 강의를 어떻게 준비했는가도 알지 못한다. 여기에 우리가 출판하는 것은 거의 전체가 집필된 것으로서, 우리는 다니엘 드페르의 호의와 도움으로 강의원고를 참조할 수 있었다. 그렇지만 실제로 행해진 강의와 일치하지는 않는다. 강의원고는 푸코에게 밑그림, 좌표, 길잡이 역할을 하는 '사유의 덩어리'였으며, 푸코는 이로부터 이러저러한 논점을 발전시키고 심화시키면서, 또 앞으로의 강의를 예고하거나 지나간 강의로 되돌아가면서 자주 즉흥성을 발휘했다. 우리는 또한 다음과 같은 인상을 갖게 된다. 즉, 푸코는 미리 완벽하게 세워진 계획에 따라 나아가는 것이 아니라 하나의 문제 혹은 문제들에서 출발하며, 따라서 강의는 일종의 내적 발생에 의해 분기나 예측이나 포기와 더불어 '행해지면서' 전개됐다(예를 들어 '억압'에 관한 강의를 약속했으나 이 강의는 이뤄지지 않으며, 『지식의 의지』에서 다시 채택됐다). 자신의 작업, 작업방식에 관해 푸코는 1977년에 이렇게 썼다. "저는 철학자도 아니고 작가도 아닙니다. 저는 작품을 쓰는 것이 아니라 역사적인 동시에 정치적인 연구를 하고 있습니다. 저는 한 권의 책 속에서 마주쳤으나 그 책 속에서는 해결할 수 없었던 문제들에 자주 끌려 다니고 있으며, 그래서 다음번 책에서는 그런 문제들을 다뤄보려고 합니다. 현실성 속에서[그 시점에서] 긴급한, 정치적으로 긴급한 문제로서 등장하고 그 때문에 제 관심을 끄는 정세적 현상들도 있습니다."[37] '방법'에 관해, 또한 『앎의 고고학』에 관해 푸코는 이렇게 말했다. "상이한 영역들에 똑같은 방식으로 적용할 수 있는 방법을 저는 갖고 있지 않습니다. 오히려 반대로, 방법의 문제

---

36) Michel Foucault, "Polémique, politique et problématisation"(1977), *DÉ*, t.4: 1980 -1988, pp.591~598. [정일준 옮김, 「논쟁, 정치, 문제제기」, 『미셸 푸코의 권력 이론』 (수정증보판), 새물결, 1995, 127~138쪽.]

37) Foucault, "Le pouvoir, une bête magnifique," pp.376~377.

를 전혀 특권시하지 않고서, 연구를 하고 있는 바로 그 순간에 제가 발견하거나 만들어낸 도구를 사용해 저는 대상의 똑같은 장, 대상의 똑같은 영역을 떼어내 다룬다고 할 수 있습니다."[38]

20년의 시차가 있는데도 불구하고 이 강의는 그 현행성[시의성]과 긴급성을 결코 잃지 않았다. 여기서는 권력관계들과 힘관계들을 앎들의 대결과 현실의 투쟁에서 규명할 수 없는 법 이론과 정치적 교리가 배격되고 있다. 이 강의는 계몽주의 시대에 관한 재독해로서, 여기서 우리는 '이성'의 진보를 보는 것이 아니라 오히려 지배적인 앎들의 집중화·규범화·규율화에 유리하게 '소수자적' 앎들의 자격이 박탈됨을 봐야만 할 것이다. 이 강의는 역사가 18세기에 부상한 부르주아지의 발명이자 유산이라는 관념에 대한 비판이다. 또한 이 강의는 '역사주의'에 바쳐진 찬사, 정복과 지배를 말하는 역사에 바쳐진 찬사, 자연법에 대립하는 인종투쟁에서 출발해 구축된 (말의 진정한 의미에서의) '역사-전투'에 바쳐진 찬사이다. 마지막으로, 이 강의는 19세기에 이 투쟁이 변형된 이후 품행의 생명정치적 조절이라는 문제, 최근의 기억과 가까운 지평으로서의 인종주의와 파시즘의 탄생과 발전이라는 문제의 제기이다. 푸코의 무대장식 변화에, 지배적 관념과 기성의 앎들에 대한 푸코의 관점 변경에 익숙한 독자들은 [이 점에] 놀라지 않을 것이다. 전문가들에 관해서는, 이 텍스트가 책이 아니라 강의라는 것, 따라서 그런 식으로 이해되어야 한다는 점을 잊어서는 안 된다고 제언할 수 있을 뿐이다. 즉, 박학다식을 보여주는 작업이 아니라 오히려 '긴급한' 문제, 즉 인종주의 문제의 제기이며, 이 문제를 재사유하기 위한 [연구] 실마리의 열림이며, 계보학적 도면의 초안으로서 말이다. 그렇다면 어떻게 읽을까? 이에 대해서는 1977년에 푸코가 말했던 것을 결론적으로 환기할 수 있다. "철학의 문제는 우리 자신이기도 한 이 현재의 문제입니다. 이 때문에 오늘날의

---

38) Foucault, "Pouvoir et savoir," p.404.

철학은 전적으로 정치적이며 전적으로 역사적입니다. 철학은 역사에 내재적인 정치이며, 정치에 필수불가결한 역사입니다."[39]

⚜

이 강의를 준비하기 위해 푸코가 참조했을 수도 있는 연구에 관해서는 추측에 의존할 수밖에 없다. 원자료들[출처]이 각주에 인용되어 있기는 하지만, 푸코가 그것들을 직접 읽었는지 2차 문헌에서 빌려온 것인지를 아는 것은 사실상 불가능하다. '학문적' 문헌목록은 서지사항, 출판사, 쪽수와 더불어 인쇄물에 대해 푸코가 꼼꼼하게 붙인 노트에서 출발해 정해질 수밖에 없었다. 하지만 푸코는 이것들을 주제별로 분류했을 뿐, 이러저러한 책이나 이러저러한 강의를 위한 자료로서 분류해 놓지는 않았다. 푸코의 '장서'를 재구성해야 하는 이 작업은 해야 할 일로 남아 있으며, 어떤 경우든 이 [책에 수록된] 각주의 틀을 넘어선다.

　당분간은 [연구의] 실마리를 열고 독자들과 미래의 연구자들을 안내하기 위해, 강의에서 제기된 질문들과 관련 있고 푸코가 강의를 준비할 때 이용할 수 있었던 저작들을 알려주는 데 그칠 수밖에 없다.

| '트로이 신화'와 인종들의 역사 |

—— Théophile Simar, *Étude critique sur la formation de la doctrine des races: Au XVIIIe siècle et son expansion au XIXe siècle*, Bruxelles: M. Lamertin, 1922.

—— Jacques Barzun, *The French Race: Theories of Its Origins and Their Social and Political Implications Prior to the Revolution*, New York: Columbia University Press, 1932.

—— Marc Bloch, "Sur les grandes invasions: Quelques positions de problèmes," *Revue de synthèse*, no.60, 1945.

---

39) Foucault, "Non au sexe roi," p.266. [「권력과 성」, 33쪽.]

——Léon Poliakov, *Histoire de l'antisémitisme*, t.III: De Voltaire à Wagner, Paris: Calmann-Lévy, 1968; *Le Mythe aryen: Essai sur les sources du racisme et des nationalismes*, Paris: Calmann-Lévy, 1971.

——Claude-Gilbert Dubois, *Celtes et Gaulois au XVIe siècle: Le développement d'un mythe littéraire*, Paris: Vrin, 1972.

——George Huppert, *The Idea of Perfect History: Historical Erudition and Historical Philosophy in Renaissance France*, Urbana: University of Illinois Press, 1970; *L'Idée de l'histoire parfaite*, trad. Françoise et Paulette Braudel, Paris: Flammarion, 1973.

——André Devyver, *Le Sang épuré: Les préjugés de race chez les gentilshommes français de l'Ancien Régime, 1560-1720*, Bruxelles: Éditions de l'Université, 1973.

——Arlette Jouanna, *L'Idée de race en France au XVIe siècle et au début du XVIIe siècle*, Lille: Université de Lille III, 1975(6월에 제출된 박사학위 논문); Paris: H. Champion, 1976.

프리드리히 마이네케 이후에 죄르지 루카치가 『이성의 파괴』 7장에서 인종들에 대한 역사편찬에 이의를 제기했음도 밝혀둔다.

——György Lukács, *Die Zerstörung der Vernunft*, Berlin: Aufbau Verlag, 1954; *La Destruction de la Raison*, 2 vol., trad. Stanislas George, André Gisselbrecht, Édouard Pfrimmer, René Girard, et . Jöel Lefebvre, Paris: L'Arche, 1958~59. [한기상·안성권·김경연 옮김, 『이성의 파괴』(전3권), 심설당, 1997]; *Der historische Roman*, 2 Aufl., Berlin: Aufbau Verlag, 1956; *Le Roman historique*, trad. Robert Sailley, Paris: Payot, 1965. [이영욱 옮김, 『역사소설론』(3판), 거름, 1999].

'트로이 신화'라는 문제에 대해서는 독일의 옛 저서 두 권도 상기하라.

——Edmund Lüthgen, *Die Quellen und der historische Wert der Fränkischen Trojasage*, Bonn: R. Weber, 1876.

— Maria Klippel, *Die Darstellung der fränkischen Trojanersage in Geschichtsschreibung und Dichtung vom Mittelalter bis zur Renaissance in Frankreich*, Marburg: Beyer und Hans Knecht, 1936(프리드리히-빌헬름-대학교[지금의 베를린-훔볼트대학교]에 제출된 박사학위 논문).

| 수평파와 개척파 |

— Joseph Frank, *The Levellers: A History of the Writings of Three Seventeenth-century Social Democrats, John Lilburne, Richard Overton, William Walwyn*, Cambridge: Harvard University Press, 1955.

— Christopher Hill, *Puritanism and Revolution: Studies in Interpretation of the English Revolution of the 17th Century*, London: Secker & Warburg, 1958; *Intellectual Origins of the English Revolution*, Oxford: Clarendon Press, 1965; *The World Turned Upside Down: Radical Ideas during the English Revolution*, London: Temple Smith, 1972.

— Henry Noel Brailsford, *The Levellers and the English Revolution*, ed. Christopher Hill, London: Cresset Press, 1961.

| 중세에서 르네상스 시대까지의 로마 제국 사상과 '제국의 이양' |

— Frances Amelia Yates, *Astraea: The Imperial Theme in the Sixteenth Century*, London/Boston: Routledge and Kegan Paul, 1975; *Astrée: Le symbolisme impérial au XVIe siècle*, trad. Jean-Yves Pouilloux et Alain Huraut, Paris: Belin, 1989.

| 앙리 드 불랭빌리에 |

— Renée Simon, *Henry de Boulainvilliers, historien, politique, philosophe, astrologue*, Paris, Boivin, 1942; *Un révolté du grand siècle, Henry de Boulainvilliers*, Garches: Éditions du Nouvel Humanisme, 1948.

| 프랑스 왕정, 역사편찬, '헌법'에 대한 18세기의 '로마파'와 '게르만파'의 논쟁 |

— Elie Carcassonne, *Montesquieu et le problème de la constitution française au XVIIIe siècle*, Paris: PUF, 1927; Genève: Slatkine, 1970.

—— Louis Althusser, *Montesquieu: La politique et l'histoire*, Paris: PUF, 1959. [김석민 옮김, 「몽테스키외: 정치와 역사」, 『마키아벨리의 고독』, 새 길, 1992; 재판, 중원문화, 2010.]

| 왕정복고와 7월 왕조 시대의 프랑스 역사편찬과 오귀스탱 티에리 |

—— Pierre Moreau, *L'Histoire en France au XIXe siècle: État présent des travaux et esquisse d'un plan d'études*, Paris: Les Belles Lettres, 1935.

—— Kieran Joseph Carroll, *Some Aspects of the Historical Thought of Augustin Thierry, 1795-1856*, Washington, D.C.: Catholic University of American Press, 1951 (미국가톨릭대학교에 제출된 박사학위 논문).

—— Friedrich Engel-Jánosi, *Four Studies in French Romantic Historical Writings*, Baltimore: Johns Hopkins University Press, 1955.

—— Boris Reizov, *L'Historiographie romantique française, 1815-1830*, Moscou: Éditions en langues étrangères, 1957.

—— Stanley Mellon, *The Political Uses of History in the French Restoration*, Stanford: Stanford University Press, 1958.

—— Martin Seliger, "Augustin Thierry: Race-Thinking during the Restoration," *Journal of History of Ideas*, vol.19, no.2, April 1958.

—— Rulon N. Smithson, *Augustin Thierry: Social and Political Consciousness in the Evolution of Historical Method*, Genève: Droz, 1972.

| 19세기 프랑스 좌파의 '반유대주의' |

—— Robert Francis Byrnes, *Antisemitism in Modern France*, New Brunswick: Rutgers University Press, 1950; New York: H. Fertig, 1969.

—— Rabi [Wladimir Rabinovitch], *Anatomie du judaïsme français*, Paris: Minuit, 1962.

—— Léon Poliakov, *Histoire de l'antisémitisme*, t.III: De Voltaire à Wagner, Paris: Calmann-Lévy, 1968.

푸코는 『유대인 문제를 다룬 사회주의자들』에 묶인 에드문트 질베르너 의 많은 작업들과 조자 샤이코프스키의 저작도 알고 있었을 것이다.

—— Edmund Silberner, *Sozialisten zur Judenfrage: Ein Beitrag zur Ge-schichte des Sozialismus vom Anfang des 19. Jahrhunderts bis 1914*, übers. Arthur Mandel, Berlin: Colloquium Verlag, 1962.
—— Zosa Szajkowski, *Jews and the French Revolutions of 1789, 1830 and 1848*, New York: Ktav Publishing House, 1970; 1972.

마지막으로 [푸코가 한창 강의 중이던] 1976년 2월에 레이몽 아롱의 클라우제비츠 평전(전2권)이 출판됐다는 점도 언급해둔다.

—— Raymond Aron, *Penser la guerre, Clausewitz*, t.1. *L'âge européen*; t.2. *L'âge planétaire*, Paris: Gallimard, 1976.

알레산드로 폰타나, 모로 베르타니

옮긴이 해제

우리는 이기기 위해 전쟁을 벌이는 것이지
전쟁이 정의롭기 때문에 그런 것은 아닙니다.[1]

1. 미셸 푸코의 1976년 콜레주드프랑스 강의인 『"사회를 보호해야 한다"』는 프랑스에서 1997년에 출판됐고, 한국에서도 1998년이라는 비교적 이른 시기에 박정자의 번역으로 출판되어 많은 이들의 주목을 끌었다. 사실 이 강의는 푸코가 살아 있을 때부터 아주 유명했기에 당시부터 요약·필사된 판본이 특히 이탈리아에서 '해적판'의 형태로 나돌았다. 그 중 1~2강은 콜린 고든이 편집한 『권력/지식』(1980년)에 수록됐고,[2] 비록 푸코 사후의 일이기는 하지만 비교적 이른 시기인 1991년에 11강도 「살게 만들고 죽게 내버려두기」라는 제목으로 『현대』에 게재됐다.[3] 게다가 이탈리아에서는 『"사회를 보호해야 한다"』가 프랑스에서 정식으로 출판되기 전인 1990년에 이미 번역판이 나와 있었다.[4]

---

1) Michel Foucault, "De la nature humaine: Justice contre pouvoir"(1971), *Dits et Écrits*, t.2: 1970-1975, éd. Daniel Defert et François Ewald, avec collab. Jacques Lagrange, Paris: Gallimard, 1994, p.503. [이종인 옮김, 「인간의 본성: 정의와 권력」, 『촘스키와 푸코, 인간의 본성을 말하다』, 시대의창, 2010, 77쪽.] 이하 'DÉ, 권수, 쪽수'만 표기.

2) Michel Foucault, "Two Lectures," *Power/Knowledge: Selected Interviews and Other Writings 1972-1977*, trans. Kate Soper, ed. Colin Gordon, London: Pantheon Books, 1980. 이 책의 한국어판도 이미 1991년에 출판됐다. 홍성민 옮김, 「권력, 왕의 머리베기와 훈육」, 『권력과 지식: 미셸 푸코와의 대담』, 나남, 1991.

3) Michel Foucault, "Faire vivre et laisser mourir: La naissance du racisme," *Les Temps Modernes*, no.535, février 1991, pp.37~61.

그리고 이 강의의 논의 지평에서 갑자기 사라져버린 '억압 모델' 혹은 '[빌헬름] 라이히 가설'에 대한 검토와 비판은 같은 해 12월에 출판된『지식의 의지』(『성의 역사』1권)의 서두에서 이뤄졌다. 또한 인종주의에 대한 더 자세한 논의를 포함하고 있으며, 나치로 체현된 국가인종주의의 형성을 정면에서 문제삼는 11강은『지식의 의지』5장(「죽음에 대한 권리와 삶에 대한 권력」)의 논의와도 어느 정도 중복되고 있다. 이 때문에 이 강의는『감시와 처벌』(1975년)뿐만 아니라『지식의 의지』와도 연결되어 논의되어왔다.[5] 한편 2000년대에 들어서는 이 강의의 내용 대부분을 차지하면서도 그동안 상대적으로 주목을 받지 못했던 3~10강의 내용(16~17세기의 영국을 비롯해 17~18세기의 프랑스에서 앙리 드 불랭빌리에로 대표되는 인종들 간 투쟁을 테마로 한 정치 이론의 분석)에 대한 정밀한 독해도 이뤄지고 있다.[6] 특히 전쟁 모델에 대한 푸코의 검토를

---

4) Michel Foucault, *Difendere la società: Dalla guerra della razze al razzismo di stato*, trad. Mauro Bertani e Alessandro Fontana, Firenze: Ponte alle Grazie, 1990. 스톨러에 따르면, 이에 따라 이미 1990년대부터 이탈리아어판에 기초한 연구가 나타나기 시작했다. Ann Laura Stoler, *Race and the Education of Desire: Foucault's History of Sexuality and the Colonial Order of Things*, Durham, N.C.: Duke University Press, 1995, pp.56~57. 또한 이 책의 3장 전체를 참조할 것.

5)『"사회를 보호해야 한다"』의 11강과『지식의 의지』5장에 관해 부연해두자. 다니엘 드페르에 따르면, 푸코는『지식의 의지』에서 5장을 가장 먼저 완성했다. James Miller, *The Passion of Michel Foucault*, New York: Harper Collins, 1993, p.241. [김부용 옮김,『미셸 푸코의 수난』(2권), 인간사랑, 1995, 56쪽.] 또한 푸코는 1977년 인터뷰에서『지식의 의지』가 아주 짧은데도 사람들이 마지막 장까지 읽지 않은 것 같다고 의심하면서, "마지막 장이 책의 근간입니다"라고 언급했다. Michel Foucault, "Le jeu de Michel Foucault"(1977), *DÉ*, t.3: 1976-1979, p.323; "The Confession of the Flesh," *Power/Knowledge*, op. cit., p.222. [홍성민 옮김, 「육체의 고백」,『권력과 지식: 미셸 푸코와의 대담』, 나남, 1991, 272쪽.] 이것은『"사회를 보호해야 한다"』를 직접 겨냥한 말은 아니었지만, 강의와 글의 내용 면에서 보면 푸코가 살아 있었을 때는 11강 역시 똑같이 취급받았음을 알 수 있다. 이 때문일까? 아무튼『지식의 의지』5장은 앞의 다른 장들과 아귀가 정확히 들어맞지 않은 모양새를 하고 있으며, 1990년대(사실은 2000년대) 이후에야 본격적으로 논의되기 시작한다.

인종들 간 대결을 포함해 국가인종주의와 연결하고 이를 프리드리히 니체, 칼 슈미트, 한나 아렌트 등과 관련지어 분석하는 논의도 활발히 이뤄지고 있다(굳이 참고문헌들을 따로 밝히지는 않겠다).

아무튼 지금까지의 풍부한 연구 상황을 감안하면 옮긴이로서 내가 여기서 특별히 덧붙이고 싶은 바는 없다. 그 대신에 나는 내가 내내 품고 있었던 의문을 푸코의 여러 문헌들을 참조해 제기하고자 한다. 푸코가 '니체의 가설'이라 부른 전쟁 모델은 1978년 이후 통치성 논의를 전개하는 과정에서 과연 '폐기' 혹은 '수정'됐을까? 그랬다면 그 이유는 무엇일까? 더 본격적으로 묻는다면, 푸코의 전쟁 모델은 생명권력론이나 생명정치론, 더 나아가 통치성론과 어떤 관계에 있을까?

이 의문의 표적은 푸코에 관한 표준적 이해이다. 이런 이해는 다음과 같은 도식에 의존한다. 푸코는 1975년 『감시와 처벌』을 발표하며 권력론을 본격적으로 전개하기 시작했다. 1976년에는 『"사회를 보호해야 한다"』를 통해 권력론을 정리하면서 억압 모델이 아니라 전쟁 모델, 투쟁 모델에 입각해 권력론을 전개하려 했다. 그러나 전쟁 개념은 권력을 분석하는 데 불충분했다. 권력메커니즘의 복잡성을 파악하기에는 지나치게 이분법적이고 정면충돌적인 모델이었기 때문이다. 그리하여 전쟁

---

6) 전쟁 모델에 관한 푸코의 논의에 일찍부터 주목한 글로는 다음을 참조하라. Pasquale Pasquino, "Political Theory of War and Peace: Foucault and the History of Modern Political Theory," *Economy and Society*, vol.22, no.1, February 1993. 또한 『지식의 의지』에 집중되기는 하지만 인종의 역할에 관한 으뜸가는 독해 중 하나로는 다음을 참조하라. Étienne Balibar, "Foucault et Marx: L'enjeu du nominalisme," *Michel Foucault Philosophe: Recontre International Paris*, 9, 10, 11 Janvier 1988, Paris: Seuil, 1988. [윤소영 옮김, 「푸코와 마르크스: 명목론이라는 쟁점?」, 『대중들의 공포: 맑스 전과 후의 정치와 철학』, 도서출판b, 2007.] 이밖에도 다음을 참조하라. John Marks, "Foucault, Franks, Gauls: *Il faut défendre la société*, The 1976 Lectures at the Collège de France," *Theory, Culture & Society*, vol.17, no.5, October 2000; Mark Kelly, "Racism, Nationalism and Biopolitics: Foucault's *Society Must Be Defended*, 2003," *Contretemps*, no.4: Security and Risk, September 2004.

과 호전적 대결의 모델을 포기하고 더 복합적인 '통치성' 모델을 통해 권력을 더 수월하게, 더 심도 깊게 분석할 수 있게 됐다. 이에 따라 통치성 개념이 생명관리권력 개념을 대체했다.[7] 이런 이해를 도식화하면 다음과 같다. **규율권력론(법적·경제적 모델 비판) → 억압-전쟁 모델 제시(억압 모델 비판 + 전쟁 모델 탐사) → 전쟁 모델 폐기 + 생명권력(정치)론 → 통치성론 → 윤리적 전회**. 겉으로 보면, 이런 이해의 문헌학적 근거는 튼실해 보이며, 실제로 상당히 정합적인 독해이기도 하다. 그런데도 옮긴이가 이렇게 의도된 도발을 하는 이유는 궁극적으로 푸코에게 정치란 무엇인가, 정치와 윤리의 관계는 무엇인가를 보기 위해서이다. 물론 이 글에서 이런 의문을 다 풀어내기는 어렵겠지만, 최소한의 실마리를 확보해보려고 한다.

2. 이 도발은 다음의 상반되는 두 경향에 거리를 두려는 것이기도 하다. 그 거리가 서로 다르긴 하지만 말이다. 우선 가깝지만 거리를 두려고 하는 한 가지 경향은 1980년대 영국과 이탈리아에서 시작된 경향, 즉 '좌파'의 신자유주의 비판으로 수용된 푸코의 통치성론이나 생명정치론이다. 이 경향을 대표하는 것이 안토니오 네그리 등의 견해인데, 이에 관해서는 국내에서도 어느 정도 논의된 바 있었고 다른 글들을 통해 다시 모습을 드러낼 것이기 때문에 여기서는 굳이 언급하지 않겠다.[8] 두 번째로 내가 아주 먼 거리를 두려는 경향은 1980년대의 프랑스에서 지배적이었던 경향으로서, 푸코의 '자유주의적' 수용이다.[9] 이 경향을 대표

---

7) 내가 표준적 이해라고 부른 내용은 다음에서 인용한 것이다. 심세광, 「옮긴이 해제」, 미셸 푸코, 『안전, 영토, 인구: 콜레주드프랑스 강의 1977~78년』, 도서출판 난장, 2011, 542~543쪽. 한편, 나는 기존의 한국어판에서 인용할 때를 빼고는 생명관리권력과 생명관리정치를 각각 '생명권력'과 '생명정치'로 표기할 것이다.

8) 네그리의 견해는 『제국』, 『다중』, 『공통체』 등에 잘 드러나 있다. 이 경향의 다른 연구로는 다음을 참조하라. 김상운 외 옮김, 『비물질 노동과 다중』, 갈무리, 2005.

9) 프랑스에서 푸코에 대한 '좌파적' 독해가 없었다는 것이 아님에 유의하자. 이에 관해서는 '프랑스'라는 나라로 통합시켜버리긴 했지만 문헌들을 통해 그 여러 갈래가

하는 것이 콜레주드프랑스에서 푸코의 조교였던 프랑수아 에발드의 '변신'이다. 에발드는 푸코가 살아 있을 때에는 '좌파 푸코주의자'로 알려졌지만, 푸코 사후에 입장이 완전히 선회한다. 에발드는 보험사회의 탄생과 리스크 개념의 등장을 다룬『복지사회』를 쓴 뒤, 울리히 벡의 위험사회론 등에 관심을 보이다가, 2000년에는 (우리나라의 '전국경제인연합회'에 해당하는) 프랑스경제인연합회의 수뇌부인 드니 케슬레와 함께「리스크와 정치의 결혼」[10]을 발표하고 사회보장개혁 프로그램을 공동 제안하는 데 이른다. 이 글에서는 복지국가체제를 띤 현대 자본주의 사회에서 개인과 사회에 대한 관리·통제의 존재방식(통치성)에 대한 비판이, 적극적인 위험론을 통해 '자기의 통치'를 실천하는 개인(신자유주의적 개인 모델)에 대한 찬양으로 미끄러지고 있음을 볼 수 있다.[11]

물론 이런 흐름은 에발드라는 특정 개인의 자질 문제라기보다는 좌파의 '중도화'라는, 1980년대 이래 전면화되는 경향 속에서 파악되어야 할 것이다. 가령 2001년부터 콜레주드프랑스 교수를 역임하고 있는 정치사상가 피에르 로장발롱의 관심의 변천이나 추이 속에서도 이런 흐름을 간파할 수 있다. 로장발롱은 푸코와 친분이 없었지만, 1970년대 말에 통치성론과 엇비슷한 관심에서 18세기 정치경제학의 탄생을 시장 개념의 생성으로 논했고, 1990년대 전반기에는 19세기부터 20세기 초반까지의 프랑스 정치사상사를 행정관리의 이론과 실천이라는 관점에서 재구성했다.[12] 1970년대 후반 이후 프랑스에서는 자유주의의 '부흥'을 꾀

있음을 암시한 바 있다. 김상운, 「옮긴이 후기」, 사토 요시유키,『신자유주의와 권력: 자기-경영적 주체의 탄생과 소수자-되기』, 후마니타스, 2014, 215~216쪽.

10) Denis Kessler et François Ewald, "Les noces du risque et de la politique," *Le Débat*, vol.109, mars-avril 2002, pp.55~72.

11) François Cusset, *French Theory: Foucault, Derrida, Deleuze & Cie et les mutations de la vie intellectuelle aux États-Unis*, Paris: La Découverte, 2003, pp.332~334. [문강형준 외 옮김,『루이비통이 된 푸코?: 위기의 미국 대학, 프랑스 이론을 발명하다』, 도서출판 난장, 2012, 506~509쪽.]

하는 정치사상사 연구의 조류와 비공산당계 좌파 세력의 '현실 노선화'
라는 정치적 움직임을 나란히 볼 수 있다. 1982년에 창설될 때부터 시
작해 1999년에 해산할 때까지 로장발롱이 사무국장을 역임했던 생시몽
재단에 대한 평가와 비판 역시 이 점에 집중됐다.[13]

  로장발롱에게 발견되는 흐름을 푸코의 논의에 따라 바꿔 말하면, 로
장발롱은 '통치'의 문제계를 계약론과 자유주의 사이의 대립, 즉 사회적
인 것의 일원성과 정치적인 것의 다원성 사이의 대립으로 재파악한 뒤,
자유주의에 의한 통치성의 다원성을 높이 평가하는 쪽으로 선회한다. 이
것을 사회혁명과 정치혁명이라는 대립 도식과 겹쳐 놓고 보면, 사회적인
것의 일원성은 장-자크 루소에서 자코뱅 독재를 거쳐 '전체주의'에 이
르는 계보라고 말할 수 있다. 로장발롱은 자신이 이런 '전체주의'에 반
대되는 입장을 취하게 됐던 계기로 1970년대 전반기에 대두된 알렉산
드르 솔제니친의 문제를 거론하는데, 이 흐름은 푸코가 일관되게 동유
럽의 반체제 운동에 관심을 기울였던 것이나 민주화 지원 혹은 인도적
지원 같은 문제를 매개로 베르나르 앙리-레비나 앙드레 글뤽스만 같은
신철학자들과 교분이 있었다는 것과도 어느 정도 겹친다.[14]

---

12) Pierre Rosanvallon, *Le Libéralisme utopique: Histoire de l'idée de marché*, Paris:
   Seuil, 1979; *L'État en France de 1789 à nos jours*, Paris: Gallimard, 1990.

13) 한편 1970년대 후반 이래 프랑스의 정치적·이론적 맥락에 관해서는 얀 물리에-
   부탕이 이치다 요시히코와 나눈 인터뷰를 참조하라. 「インタヴュー: ヤン・ムー
   リエ・ブータンに聞く『Multitudes』/移民運動/アルチュセール」, 市田良彦 訳,
   『批評空間』, 第2期, 第25号, 2000, pp.132~146. 로장발롱에 관한 더 자세한 내용
   으로는 다음을 참조하라. Vincent Laurent, "Les architectes du social-libéralisme:
   Enquête sur la Fondation Saint-Simon," *Le Monde diplomatique*, no.534, septem
   -bre 1998; François Cusset, *La Décennie: Le grand cauchemar des années 1980*,
   Paris: La Découverte, 2006, pp.68~78; Pierre Rosanvallon, "Un intellectuel en poli
   -tique," *Les Inrockuptibles*, no.566, 3 octobre, 2006.

14) 신철학에 대한 영어권의 비판으로는 다음을 참조하라. Peter Dews, "The Nouvelle
   Philosophie and Foucault," *Economy and Society*, vol.8, no.2, May 1979, pp.127~

이런 두 경향은 푸코의 논의에 내포되어 있는 양의성을 반영한 것이라고 할 수 있다. 좌파적 통치성론이나 조르조 아감벤 등의 생명정치론은 복지국가와 신자유주의(푸코는 이 두 가지의 연속성을 강조한다)에 대한 비판적 관점을 도입한다. 그러나 푸코의 통치성론은 현대 사회의 구조를 자세히 규명하는 데에만 그 목적이 있는 것이 아니다. 푸코의 논의는 자기의 행동conduite, 자기에 대한 통치의 방식을 지금 여기의 현실에서 출발해 어떻게 바꿀 수 있는가라는 물음의 주변을 맴돌고 있다. 통치성론이나 생명정치론을 현대 사회에 관한 이론으로만 받아들인다면, 작금의 사회체제를 어떤 입장에서 규명·비판하든, 그로부터는 '더 좋은' 혹은 '더 나쁜' 통치술을 제안하는 것 이상의 대답이 나오지 못하며, 따라서 굳이 말할 필요조차 없는 것을 말하는 수준에 머물게 되지 않을까? 더 나아가 이런 테크노크라트적이고 개량주의적인 견해야말로 우리가 피해야 할 '덫'이 아닐까? 푸코가 감옥정보그룹 활동을 할 때 말했듯이, "개혁은 관료의 몫"이며, 지식인들이 이런 것을 새삼스레 말하지 않아도 "사람들은 잘 알고" 있다. 네그리와 마이클 하트는 에발드나 로베르토 에스포지토가 생명정치를 관리통제의 관점에서만 파악한다고 비판하는 동시에 저항의 실천을 극한적이고 희소한 것, 드문 것으로 제시하는 아감벤의 입장을 배격한다. 이들은 권력과 대칭을 이루는 것은 저항

---

171. '1968년 5월' 이후부터 1990년대까지 프랑스 좌파가 보여준 사회운동과 사유에 관해서는 다음을 참조할 것. Kristin Ross, *May '68 and Its Afterlives*, Chicago: University of Chicago Press, 2002. 다만, 푸코는 폴란드의 '연대노조'를 지지하는 운동에서는 확실히 프랑스민주주의노동총동맹과 연계했지만, 이른바 '제2의 좌파'와는 일정한 거리를 뒀다고 한다. 1981년에는 역사학자 피에르 노라와 철학자 마르셀 고셰를 중심으로 잡지 『논쟁』(*Le Débat*)이 창간됐는데, 그 편집진은 생시몽재단의 인맥과 겹친다. 푸코는 『말과 사물』의 출판 당시부터 노라와 친분이 있었지만, 이 잡지의 창간 당시 그 내용을 둘러싸고 갈등을 빚다가 결별한다. Didier Eribon, *Michel Foucault, 1926-1984*, Paris: Flammarion, 1989, pp.310~311. [박정자 옮김, 『미셸 푸코, 1926~1984』, 그린비, 2012, 502~503쪽]; David Macey, *The Lives of Michel Foucault*, New York: Vintage Books, 1995, pp.423~424.

이 아니라 '주체성의 대안적 생산', 즉 "권력에 저항할 뿐만 아니라 권력으로부터의 자율도 추구하는 것"[15]이라고 본다. 아감벤이나 에스포지토에 대한 이들의 해석이 갖고 있는 장단점은 여기서 논할 계제가 아니지만, 권력과 저항이라는 이원론적 도식에서 벗어나야 한다는 이들의 주장에는 경청할 것이 있다. 그러나 이로부터 벗어나는 길에는 생명권력과 생명정치를 대립시키면서 후자를 주체성의 대안적 생산과 관련짓는 것만 있는 것이 아니다. 오히려 통치성론의 장점은 통치라는 일원론적 관점에서 후기 푸코의 문제설정을 밝힌다는 점에 있다. 물론 이때에도 생명정치와 통치성의 관계가 핵심 쟁점으로 남을 것이다. 즉, 생명정치론은 일원론적 관점일 수 없는가라는 문제가 남는 것이다. 이때 관건은 생명이나 통치 자체가 아니라, 오히려 푸코에게서 '정치' 혹은 '정치화'란 무엇인가일 것이다. 그리고 이 물음에서 결코 회피될 수 없는 것이 푸코의 '전쟁 모델' 혹은 '전쟁 담론'의 위상일 것이다.

3. 전체적으로 볼 때 『"사회를 보호해야 한다"』에서 푸코가 초점을 맞추는 것은 전쟁 담론이다. 이 논의는 크게 두 가지로, 더 세분하면 세 가지로 구분될 수 있다. 물론 이것들은 서로 뒤얽혀 있다. 푸코의 논의가 두 가지로 구분될 수 있다고 볼 때, 그 첫 번째 논의는 전쟁 담론의 계보를 추적함으로써 권력 이론을 다시 벼려내려는 과제에 할애된다. 즉, 권력론을 어떻게 전개할 것인가라는 방법론적 수준의 과제가 있는 셈이다.

---

15) Michael Hardt and Antonio Negri, *Commonwealth*, Cambridge, M.A.: The Belknap Press, 2009, p.56. [정남영·윤영광 옮김, 『공통체: 자본과 국가 너머의 세상』, 사월의책, 2014, 101쪽.] 한편, 푸코의 통치성론을 현대 신자유주의와 연결해 분석한 것으로는 다음을 참조하라. 요시유키, 『신자유주의와 권력』; 사카이 다카시, 오하나 옮김, 『통치성과 '자유': 신자유주의 권력의 계보학』, 그린비, 2011; Maurizio Lazzarato, *La fabrique de l'homme endetté : Essai sur la condition néolibérale*, Paris: Amsterdam, 2011. [허경 옮김, 『부채인간』, 메디치미디어, 2012.]

두 번째 논의는 19세기의 사회보호 담론과 국가인종주의의 탄생에 대한 계보학에 할애된다. 이것은 요컨대 대상 수준의 과제이다.

푸코의 논의가 세 가지로 구분될 수 있다고 볼 때, 그 첫 번째 논의는 마찬가지로 방법론적 과제에 할애된다. 이것은 우선 정치권력에 관한 기존의 양대 이론인 법적·자유주의적 견해와 맑스주의적 견해를 물리치는 것과 관련된다. 푸코는 이 두 견해가 권력에 관한 '경제주의적' 사고방식을 고집한다고 지적한다. 권력을 양도나 계약을 통해 재화처럼 분배할 수 있다고 간주하거나, 정치권력의 역사적 존재 이유를 경제 속에서 찾아내려는 생각을 고집한다는 의미에서 그렇다.[16] 그러나 권력이 늘 실제로 작용하며, 권력은 작동한다는 것에 의해서만 성립한다고 보는 푸코는 권력의 행사란 무엇인가, 권력관계란 무엇인가라고 물어야 한다고 본다. 이런 물음을 통해 우리는 두 개의 가설에 이르게 되는데, 그 중 하나가 권력은 억압한다고 보는 억압 가설이고, 다른 하나가 바로 전쟁 가설, 즉 권력은 투쟁이나 대결이나 전쟁 같은 용어로 분석되어야 한다는 가설이다. 푸코는 전자를 '라이히의 가설'이라고 부르고 후자를 '니체의 가설'이라고 부른다. 그리하여 푸코는 권력을 경제주의적인 계약도식이나 억압 도식이 아니라, '투쟁과 전쟁의 도식'에 입각해 분석하고자 한다.[17] 그렇다면 왜 '전쟁'일까? 권력 자체는 '힘관계'이다. 모든 것은 힘의 대결이며, 도처에 전쟁이 있고, 지배와 복종이 있다. 따라서 전쟁은 그치지 않는다. 힘관계의 벌거벗은 형태, 힘관계의 극단적인 예로 전쟁을 사유해야 한다. 그러니까 푸코에게 문제는 '전쟁' 자체를 해명하는 것이 아니다. 도처에 권력관계가 있고 이것이 끊임없이 전쟁을

---

16) 미셸 푸코, 김상운 옮김, 『"사회를 보호해야 한다": 콜레주드프랑스 강의 1975~76년』, 도서출판 난장, 2014, 31~34쪽. 이하 본문에 쪽수만 표시.

17) 푸코는 본서의 1~2강에서 이런 방법론적 과제에 대해 말하며 억압 가설에 대해 다시 언급하겠다고 하지만 이뤄지지 않는다. 그 대신에 이에 대한 푸코의 논의는 『지식의 의지』에서 더 풍부하고 정밀하게 전개된다.

거듭하고 확대해간다면 '전쟁'이야말로 권력관계의 궁극적인 모습을 보여주는 것이리라. 따라서 '전쟁'에서 도출된 '전략'이나 '전술' 같은 개념이야말로 권력관계를 가장 잘 설명할 수 있는 개념이며, '전쟁관계'야말로 '권력관계'에 관한 분석자로서 가장 중요한 것이라고 생각할 수 있다. 따라서 이 첫 번째 과제를 **권력에 대한 분석 모델이나 이해가능성의 격자로서의 전쟁론**의 전개라고 볼 수 있을 것이다. 푸코는 칼 폰 클라우제비츠의 명제를 뒤집어 "전쟁이 정치의 연장"인 것이 아니라 "정치가 전쟁의 연장"이라고 본다. 정치란 끝없고 한없는 정복과 피정복의 역사라는 것이다. 그러므로 권력에 대한 분석 모델로서의 푸코의 전쟁론에는 세 가지 의미가 있다. ① "우리 사회와 같은 사회에서 기능하듯이, 권력관계는 원래 역사적으로 확정할 수 있는 어떤 한 시기에 전쟁 속에서, 또한 전쟁에 의해 확립된 일정한 힘관계에 정박되어 있다." ② "'시민평화'의 내부에서, 정치투쟁이나 권력에 관련된, 권력에 대한, 권력을 위한 항쟁이나 한쪽의 증대, 전복 등 힘관계의 변경 같은 이 모든 것은 하나의 정치체제에 있어서 전쟁의 계속으로 해석되어야만 한다." ③ "최종 결정은 전쟁에서, 즉 무기가 최후의 판관이 되는 힘겨루기에서 나올 수밖에 없다." 이 말이 뜻하는 바는 "최후의 전투가 정치를 종식시킨다는 것, 혹은 달리 말하면 최후의 전투가 지속된 전쟁으로서의 권력의 행사를 최후에, 최후에서만 정지시킬 수 있다는 것"이다(34~35쪽).

⚜

두 번째로 푸코는 3~10강에 걸쳐, 16세기부터 20세기까지 전개된 **다양한 전쟁 모델에 대한 분석으로서의 전쟁론**을 검토하고 논의한다. 이것은 첫 번째 과제와 연결된 다음의 질문에서 비롯된다. 도대체 누가 '전쟁'을 모델로 '정치'를 사유하려는 담론을 시작한 것일까? 이런 사고방식은 오늘날 어떤 형태로 계속되고 있을까? 이것은 '역사'나 '사회'의 담론에서 여전히 은밀하게 계속 이뤄지고 있는 것이 아닐까? '국가'나 '인종,' '국민'이나 '민족,' '계급'을 말하는 것은 '전쟁 담론'과 모종의 방식으로 연결된 것이 아닐까? "언제부터, 어떻게, 왜 사람들은 일종의 부단한 싸움[전투]이 평화를 가동시키고, 시민질서란 결국 그 근본에 있어서, 그 본질에 있어서, 그 본질적 메커니즘에 있어서 하나의 전투질서라고 상상하게 됐는가? 시민질서란 전쟁질서라고 상상했던 것은 누구인가? [……] 평화의 행간에서 전쟁을 간파했던 것은 누구인가? 전쟁의 굉음·혼란 속에서, 전투의 진흙탕 속에서 질서, 국가, 국가의 제도와 역사를 이해할 수 있는 원리를 찾아낸 사람은 누구인가?"(65~66쪽).

　　푸코의 '전쟁'과 '정치'의 계보학은 16~17세기 잉글랜드의 수평파와 의회 반대파가 제시한 노르만족 정복을 둘러싼 역사 담론, 루이 14세 말기의 프랑스 귀족이 주장한 게르만-프랑크족에 의한 갈리아-로마인 지배에 관한 역사 담론으로 거슬러 올라간다. 수평파나 청교도파의 담론은 노르만족 군주제와 귀족의 정복·지배에 맞서 색슨족의 원초적 자유 회복을 주장하는, 왕권이나 법의 보편주의에 입각한 대항 담론이다. 푸코는 에드워드 쿡 등을 들먹이며 역사를 인종들 사이의 전쟁의 계속으로 분석하는 역사적 담론의 계보를 다룬다. '역사' 담론 자체가 인종(종족)race을 통해 전쟁의 무기가 되며 혁명을 준비한다. 다른 한편 프랑스의 경우, 이런 역사 담론은 게르만 출신이라고 자칭한 귀족들에 의한 담론이었으며, 왕의 주권을 둘러싸고 특권을 주장하는 담론, 왕권과 부르주아지 혹은 관료의 유착에 대항하는 담론이다. 이때 푸코가 중점적으로 다루는 것은 앙리 드 불랭빌리에 백작의 역사 담론이다. 17세기의 역사가인 불랭빌리에는 프랑스 역사를 갈리아족과 게르만족 사이의 항쟁으로 파악했다. 이것은 "역사 분석의 원리를 인종의 이원성과 인종들 간의 전쟁 속에서" 찾아내려는 것이다(321쪽). 또한 이것은 군주나 주권이나 국가의 보편적 중립성이 아니라 역사를 끝없는 투쟁으로 파악하는 역사적 앎의 등장이었다. 푸코가 역사적-정치적 담론이라고도 부른 이 전쟁 담론은 무엇보다 주권과 법질서를 정당화하는 법적-주권적 이론을 비판의 대상으로 삼았다. 주권 이론에서 역사 혹은 역사서술은 국가에 의한 국가의 역사, 혹은 권력이 자신에 관해 말하는 '주권'의 이야기(역사)였다. 그러나 인종들 간의 투쟁의 담론, 곧 역사적-정치적 담론이 등장함으로써 역사는 주권의 역사가 아니라 민족nation의 역사가 된다. 이때의 민족은 이 새로운 역사적 담론의 담지자(주체)인 동시에 대상이기도 하다. 그러나 당시의 민족은 아직 '국민'이 아니며 국경을 갖고 있지 않았다. 이것은 '결사'인 동시에 '집단'이며 고유한 법·관습·습속에 의해 특징지어진 '개인들의 집합, 즉 '사회'로 불리기도 했다. 따라서 이때의 민족에는 『백과전서』에서 정의된 이후 오늘날 지배적인 의미를 갖게 된 것, 즉 국가라는 뜻이 내포되지 않았다. 이런 '민족' 혹은 '사회'가 '역사'의 '주체'이자 '주권'으로서 등장한 것이다. 불랭빌리에 같은 반동 귀족을 통해 나타나게 된 인종들 간의 투쟁 담론은 이후 민족투쟁의 역사를 말하는 오귀스탱 티에리의 역사학으로 계승되며, 이 계보는 칼 맑스와 프리드리히 엥겔스의 계급투쟁 담론으로까지 이어진다. 이처럼 '사회'가 '역사'의 '주체'가 되는 사건은 주권의 법학적-철학적 사유의 계보가 아니라 인종이나 민족들 간의 투쟁 담론의 계보 속에서 일어났다.

이처럼 (부르주아) 사회에 대항하는 담론이었던 전쟁론은 프랑스 혁명 전만 해도 사회에 널리 통용됐다. 역사적 담론이 사회적 지위에 상응하는 이데올로기 같은 것이 아니라 정치투쟁 속에서 사용되는 전술적 도구가 됐기 때문이고, 이런 투쟁이 확대됨에 따라 일반화됐기 때문이다. 그러다가 프랑스 혁명을 계기로 이런 역사적 앎은 세 개의 상이한 방향으로 일반화됐다. 하나는 민족성nationalité을 둘러싼 문헌학이고, 다른 하나는 계급투쟁론이며, 세 번째는 인종을 중심에 둔 생물학이다. 이중 세 번째는 무엇보다도 국가인종주의와 관련되어 있기에 세 번째 과제와 연결해 살펴보기로 하고, 우선은 앞의 두 가지만 살펴보자.

첫째, 민족성을 둘러싼 문헌학이 등장한다. 이는 시간 관념의 변화와도 연결된다. '현재'라는 시간은 18세기만 해도 부정적으로 간주됐으나 19세기의 역사적-정치적 담론에서는 긍정적으로 파악되기에 이른다. 이와 더불어 민족도 과거와의 관계가 아니라 국가état와의 관계에 의해 정의되기에 이르렀다. 그리하여 역사는 정복·지배와 전쟁이라는 분열된 시작에서 종합과 보편성이라는 끝에 이르는 과정으로 기술된다. 에마뉘엘-조제프 시에예스는 민족을 국가 및 보편성과 묶었으며, 프랑수아 도미니크 드 레노 몽로지에 백작은 정치과정을 힘관계의 변화가 아니라 새로운 계급의 창조로 파악했고, 티에리는 승자와 패자의 싸움이 어떻게 싸움의 소멸로서의 보편성에 도달할 수 있는가를 보여주는 것이 역사 분석이라고 생각했다. 이제 민족은 '국민'이 되고, '국민'의 싸움은 '주권자'로서의 보편성을 획득하는 투쟁이 된다. 이것은 전쟁 혹은 투쟁 담론의 부상이자 '국민주권' 담론에 의한 '투쟁' 담론의 은폐이기도 하며, 민족(국민)과 민족주의의 탄생이자 인종과 민족을 연결한 국민국가의 탄생이고, 국가-국민-주권을 통합적으로 연결한 근대 정치권력의 탄생이기도 했다. 그리고 이런 의미에서 역사학은 국민을 주체이자 주제로 삼은 새로운 역사적 담론으로서 등장한다. 이때 국민의 '현재'에 초점을 맞춘 새로운 역사적 담론의 가능성의 조건이 생겨나며, 역사의 '현재'에 있어서 '보편성'을 담지하는 것은 무엇인가라는 '변증법'이 성립한다. 이렇듯 국가화된 전쟁론은 변증법이라는 형식을 취했다.

둘째, 전쟁 담론은 19세기에 계급투쟁의 담론으로 번역됐다. 1882년 3월 5일 요제프 바이데마이어에게 보낸 편지에서 맑스는 "우리가 우리의 계급투쟁을 어디서 발견했는지 자네도 잘 알 걸세. 우리는 프랑스 역사가들이 인종투쟁에 관해 떠들어댈 때 계급투쟁을 발견했지"(104쪽)라고 말한다. 실제로 인종투쟁에서 계급투쟁으로의 번역은 19세기 전반기에 티에리 같은 역사가들에 의해 이뤄졌다. 그런 까닭에 1854년 7월 27일 엥겔스에게 보낸 편지에서 맑스는 티에리에 관해 "프랑스의 역사 서술에 있어서 '계급투쟁'의 아버지"(104쪽)라고 평가한 것이다.

세 번째 과제를 언급하기 전에 지적되어야 할 두 가지 사항이 있다.

우선 푸코는 2강의 서두에서 첫 번째 과제와도, 두 번째 과제와도 다른 의미의 전쟁론을 연구하겠다고 밝혔다. "5년 전부터 지금까지는 대체로 규율을 연구"했는데, "앞으로 5년간은 전쟁, 투쟁, 군대를 연구"하고 싶다고 한 것이다(39쪽). 그러나 푸코의 이 기획은 실제로 이뤄지지 않았다. 「강의정황」에서 지적되고 있듯이, 푸코는 이에 대해 산발적으로 언급하고 있으며, 따라서 정말로 이런 기획을 계속 품고 있었음에 틀림없다. 그러나 이 기획을 왜 포기하게 됐는지는 분명하지 않다.

다음으로 지적되어야 할 것은 첫 번째 과제와 두 번째 과제 사이의 관계이다. 얼핏 보면, 푸코가 7강에서 불랭빌리에의 전쟁론과 관련해 한 말에 입각해 이 둘을 구별해야 한다고 주장할 수도 있을 것이다. 푸코에 따르면, 불랭빌리에의 기여는 사회를 파악하기 위한 '이해가능성의 격자'로서 전쟁을 규정했다는 점이다. 그런데 푸코는 '이해가능성의 격자'라고 해서 불랭빌리에가 말한 것이 진실이라는 뜻은 아니라고 밝힌다. 더 나아가 불랭빌리에가 말한 것이 모조리 거짓일 것이라고도 지적한다(203~204쪽). 얼핏 보면, 이것은 권력에 대한 분석 모델로서의 전쟁론을 평가하는 것과 불랭빌리에 같은 개별 전쟁론의 주장을 평가하는 것이 별개의 것일 수 있음을 함의한다.

그러나 이렇게 생각하는 것은 푸코의 방법론이 지닌 특색을 엄밀하게 살피지 못한 결과일 수 있다. 무엇보다 주로 1~2강에서 전개되는 첫 번째 과제(즉, 권력에 대한 분석 모델이나 이해가능성의 격자로서의 전쟁론의 전개)가 가능하려면 3~11강에서 펼쳐지는 두 번째 과제처럼 역사적-정치적 담론들에 대한 분석으로서의 전쟁론이 필요하며, 후자를 분석하려면 전자가 필요하다. 이 상호의존성은 '통치성' 분석과 관련해 미셸 세넬라르가 주목한 '특이한 일반성'généralité singulière을 통해 해명될 수 있다. 사전적으로 보면, 이 개념은 시간적·공간적·역사적·지역적으로 엄밀하게 규정된 '사건'이 어떤 일반성을 띤다는 것을 의미한다. 즉, 특이성 속에 존재하는 일반성을 가리킨다. 그런데 이것은 『안전, 영토,

인구』와 『생명정치의 탄생』과 관련지어 볼 때 자못 흥미롭다. 왜냐하면 전자에서 '통치성' 개념은 특이성, 혹은 역사적·지역적으로 한정된 의미로 정의되는 반면, 후자에서는 훨씬 일반적이고 추상적으로 정의되기 때문이다. 가령 『안전, 영토, 인구』에서 푸코가 말하는 '통치성'은 안전권력이나 안전장치와 주로 관련되며, 따라서 주권권력이나 규율권력보다 통치유형의 권력이 우세하게 되는 과정을 가리킨다. 이것은 18세기에 이뤄진 과정이며, 따라서 18세기의 사건이다. 그리고 이런 통치형 권력이 우세하게 되는 과정은 서구 역사에서만 볼 수 있으며, 따라서 서구의 사건이다.[18] 그러나 『생명정치의 탄생』에서부터 '통치성' 개념은 더 일반적이고 더 추상적이게 되며, 그리하여 이것은 두 가지 의미를 갖게 된다. 곧, **인간의 품행을 지도하는 방식**을 뜻하는 동시에, 전쟁론과 마찬가지로 **권력관계의 분석틀**이 되기도 하는 것이다. 1982년 콜레주드프랑스 강의인 『주체의 해석학』에서 '통치성'은 "유동적이고 변경가능하며, 역전가능한 권력관계의 전략적 장"[19]으로 정의되며, '통치'는 이 전략적 장의 중심부에서 확립된 '품행의 지도' 유형들을 가리킨다. 이 전략적 장은 권력관계들이 서로 어떻게 결합되는가를 보여주는데, 이때 '통치성'은 하나의 구조, 달리 말해 변수들 사이의 관계불변식을 이루는 것이 아니

---

18) 이런 한정성은 통치성 개념의 적용 영역에서도 드러난다. 『안전, 영토, 인구』에서 통치성은 '국가 문제'와 관련된 권력관계의 특수한 장을 떼어낼 수 있게 해주는 개념이다. "[올해의 강의에서는 영혼의 통치, 자기의 통치, 국가의 통치 등과 같은] 정치적 '통치성'의 형성, 다시 말해서 개인들로 이뤄진 총체의 품행이 주권적 권력의 행사 내에 점차적으로 명확하게 함의되어가는 방식을 몇 가지 측면에서 분석했다." Michel Foucault, "Résumé du cours," *Sécurité, Territoire, Population: Cours au Collège de France, 1977-1978*, éd. Michel Senellart, Paris: Seuil/Gallimard, 2004, p.374. [오트르망 옮김, 「강의요지」, 『안전, 영토, 인구: 콜레주드프랑스 강의 1977~78년』, 도서출판 난장, 2011, 486~487쪽.]

19) Michel Foucault, *L'herméneutique du sujet: Cours au Collège de France, 1981-1982*, éd. Frédéric Gros, Paris: Seuil/Gallimard, 2001, p.241. [심세광 옮김, 『주체의 해석학』, 동문선, 2007, 283쪽.]

라 '특이한 일반성'을 이룬다. 즉, 통치성이 어떤 일반성을 지닌다고 해도, 그 변수들은 서로의 우연적 상호작용에 있어서 상황에 따라 변하며, 그러므로 이 일반성의 변수들은 개별성을 갖고 있다. 쉽게 말해서 권력관계, 정치적 관계, 타자와의 관계, 자기와의 관계 같은 모든 인간관계나 힘관계는 어떤 수준에서는 '지도'의 관계라고 할 수 있기 때문에 '품행의 지도'(통치성)는 일반적인 것이라고 할 수 있다. 그러나 이런 일반성은 이런 한에서는 아직 그 어떤 현실적 관계도 포함하지 않으며, 따라서 아무런 내용도 없다. 그러나 정치, 가족, 자기 등과 같은 개별 수준에서는, '지도'의 형식이 공통적일지라도 각각 완전히 다른 '지도'의 형태를 갖고 있다. 따라서 푸코가 하고자 하는 것은 미시권력의 수준에서 개별적인 작업을 통해 어떤 일반성을 분명히 하려는 것인데, 이것이 곧 '개별적 일반성'이자 '미시권력에 내재하는 합리성'이다.

『"사회를 보호해야 한다"』의 첫 번째 과제와 두 번째 과제 역시 이런 수준에서 이해할 수 있다. 그렇다고 해서 첫 번째 과제와 두 번째 과제를 구별하는 것이 무용하다는 말은 아니다. 이것은 특히 무엇보다 푸코의 분석이 지닌 정확성이나 타당성을 평가하는 것과 관련된다. 즉, 사태에 관한 개별적 분석이 방법론적 개념이 되고, 방법론적인 일반 이론의 추구가 개별적 사태에 내장되어 진행되는 그런 분석적 운동이 과연 얼마나 설득력 있는가와 관련된다는 것이다(한편, '특이한 일반성'과 관련된 이런 논의에 기초해 오히려 따져야 할 것은, 세 번째 과제에서도 이것이 관철되고 있는가이다. 이에 관해서는 후술한다).

⚜

세 번째 논의는 위의 것과 마찬가지로 11강에서 집약적으로 논의되는 국가인종주의의 탄생, 19세기의 사회보호론과 관련된 함의이다. 물론 여기서 19세기의 사회보호론을 언급하는 것에 대해 뜬금없다고 여기는 사람도 있을 것이다. 사실 11강을 중심으로 읽은 사람들은 대체로 다음과 같은 인상을 갖고 있는 듯하다. 요컨대 『감시와 처벌』이 '비정상인'이라는 테마를 다뤘고 『지식의 의지』가 섹슈얼리티라는 테마를 다뤘듯이, 『"사회를 보호해야 한다"』는 인종주의의 계보학을 다룬다고 보는 것이다. 그러나 사태는 그리 단순하지 않다. 무엇보다 푸코 자신이 이미 5강의 앞 부분에서 이번 강의의 테마는 인종주의도 아니고 인종들의 문제도 아니라고 명시적으로 언급했기 때문이다.

그렇지만 푸코는 분명히 11강에서 근대적인 '국가인종주의'와 생명권력('살게 만드는 권력') 사이의 관계를 논의하고 있다. 그리고 이 대목에서 우리가 뒤에 다루게 될 슈미트를 연상하는 사람도 있을 것이다. 주권권력을 쥔 주권자는 신민을 죽게 만들 것인지 살게 내버려둘 것인지를 정할 권리를 갖고 있다. 사람들의 목숨이나 생명에 대해 주권자가 갖고 있는 권리는 궁극적으로 주권자가 지닌 죽음에 대한 권리에서 유래한다. 그러나 근대의 정치적 권리에서 일어난 거대한 변화는, 사람들의 생명에 대한 새로운 권리를 가진 권력이 출현했다는 점이다. 그것은 사람들을 살게 만들 것이냐 아니면 죽음 속으로 내던져버릴 것이냐는 권력이다. 규율권력에서 권력은 신체를 관리해 살게 만들고자 한다. 그러나 18세기 후반에 새롭게 출현한 권력테크놀로지, 즉 생명으로서의 인간, 종으로서의 인간을 대상으로 한 '생명권력'의 테크놀로지는 규율권력과는 다른 수준에서 작동한다. 규율권력이 신체의 해부정치학이라면, 생명권력은 종으로서의 인간의 '인구'를 대상으로, 종으로서의 인간을 통계적으로 관리하고 인구의 생명에 대해 작동되는 통치테크놀로지이다. 이처럼 '주권'권력의 죽게 만드는 권리를 대신해, 사람들을 살게 만드는 '규율권력'과 '생명권력'이 전면에 나서게 된다. 이것이 바로 '근대'의 권력 문제이다. 근대 권력에서는 '주권'권력처럼 신민이나 영토를 소유하는 것으로는 충분하지 않다. 이제는 사람들의 신체에 작동해 노동이나 생산을 가능케 하도록 '훈육'시키는 것이 필요한 동시에('규율권력'), '인구'를 통계적으로 제어해 통치하는 것이 필요하다('생명권력'). 따라서 규율권력에 의한 신체-조직-규율-제도의 분절화, 인구-생산과정-제어메커니즘-국가라는 생명정치의 분절화, 그 양자의 분절화에 근대 사회 이후의 권력 작동의 역점이 있는 것이다. 그리고 바로 이것들이 '규범'의 원리가 지배하는 '규범화 사회'를 산출한다. 이런 점에서 '규율권력'과 '생명권력'이라는 두 가지 권력의 등장은 '주권'에 관한 법학적-철학적 담론의 한계를 표식하는 권력의 변용이기도 하다.

그런데 집단에 대한 생명권력적 관리는 집단의 유지와 개량만을 목표로 하는 것이 아니다. 집단의 생존을 위협하는 '적'에 대해서는 '전쟁'이라는 형태를 통해 문자 그대로 섬멸하고자 하며, 이 섬멸에 개인을 참여시킬 뿐만 아니라 집단을 유지하기 위해 죽으라고 요구하기도 한다. 푸코는 나치즘이 자기 민족 자체의 소멸까지도 꾀했다는 점에서 생명권력의 극한에 위치한다고 말한다. 이 국가인종주의에서 '생명'에 대한 권력은 주권적인 '죽음'에 대한 권력과 결부된다. 이때 '인종'이란 집단으로서의 '우리'의 생존을 '저놈들'이 위협하고 있다는 식으로 설정된다. 인종들 간의 전쟁 담론이 근대 국민국가의 '민족적(국민적) 보편성' 담론에 의해 역사적 분석에서 배제되긴 했지만, 그래도 이런 식으로 '인종'이라는 테마는 사라지지 않았다. '주권' 담론에서 지워진 '인종'이 '생명권력' 담론에서 회귀한다. 더욱이 생물학적 앎에 의해 뒷받침되어 '국가인종주의'로 회귀하는 것이다. 또 '계급'의 투쟁이 스탈린주의로 귀착된 것에서 드러나듯이, 인종들 간의 투쟁 담론은 계급투쟁의 담론으로 바뀌어 나타난다. 이 당시 푸코가 염두에 뒀던 것은 무엇보다 사회의 규범화 혹은 정상화, 즉 생명'정치'의 작동이 명명한 '비정상인'이다. 이것은 특히 섹슈얼리티와 관련되어 펼쳐졌다. 그러니까 여기서는 '비정상성'을 설정하고 이를 섬멸함으로써 집단의 '건강한' 정상성을 보존한다는 서양 근대의 정상성 생산 시스템이 나치즘이나 스탈린주의를 예로 들어 논의되는 것이다(계급 대립 역시 다른 계급의 '섬멸'을 구상하며, 나치즘의 살육 대상은 좁은 의미의 인종이 아니라 '아리아 민족'의 생존을 위협하는 모든 적-집단이다). 이 논의를 더 일반화하면, 법적-주권적 권력 이론에 대한 비판에 못지않게 사회의 '내부의 적'이 산출되는 메커니즘을 규명하려고 한 푸코의 논의와도 쉽게 연결될 수 있다. 법률 위반자에서 비정상인으로, 유대교도에서 유대인으로, 동성애 행위에서 동성애자로 등과 같은 변환의 메커니즘에 초점을 맞출 수도 있다는 것이다('법 바깥의 사람들'의 형성). 인종주의 역시 마찬가지이다. 전쟁론에서 볼 수 있던 사회의 이항 대립적 세계상은 이제 외적인 두 인종 사이의 대립이 아니라 동일한 하나의 인종 내의 우등 인종과 열등 인종으로 변용되어 이중화된다. 인종주의는 "만일 살고 싶다면 너는 다른 사람을 죽이지 않으면 안 된다. 혹은 살해할 수 없으면 안 된다"라는 전쟁의 관계를 생명권력과 모순되지 않는 형태로 도입했다. 죽음에 대한 선고는 정치적 적대자에 대한 승리가 아니라 생물학적 절멸의 위협으로 향한다. "사회를 보호해야 한다"는 것은 내적인 적, 즉 '비정상인들'에 대한 것이다.

이후의 푸코는 이것에서 더 나아간 논의를 전개하고 있지 않다. 더욱이 이런 국가인종주의에 대한 푸코의 논의는 완전한 것이 아니다. 특히 식민주의나 제국주의에 관한 논의의 누락과 연결해볼 때 더욱 그렇다. 실제로 푸코는 식민주의에 대해 암시적인 언급만 할 뿐,[20] 본격적인 논의를 전개하지 않는다. 이와 마찬가지의 공백이나 결함은 자주 눈에 띈다. 가령 푸코는 19세기 후반의 역사학에 관해서는 그다지 언급하지 않는다. 더 나아가 앞에서 지적했던 전쟁 담론의 일반화와 관련된 푸코의 언급은 마치『말과 사물』에서 제시한 근대의 에피스테메를 떠올리게 한다. 그러나『말과 사물』에서 근대의 에피스테메가 전쟁 담론이나 역사

---

20) 푸코는 5강에서 유럽의 신대륙 정복은 노르만족의 잉글랜드 정복과 평행적으로 이해되고 있다고 지적하며, 식민지 모델은 거꾸로 유럽 내부의 내부 식민주의를 규정했다고 지적한다(131~132쪽).『"사회를 보호해야 한다"』를 근대 식민지주의·인종주의 문제의 구도에 위치지은 획기적 연구에서 스톨러도 이 중요한 언급을 지적하고 있다. Stoler, *Race and the Education of Desire*, pp.74~75.

적 앎과 관련되어 논의되지 않았다는 점을 감안하면, 이 강의에서는 최소한 이와 관련된 수정이나 정정이 제시됐어야 할 것이다. 그러나 이런 것은 전혀 찾아보기 어렵다. 물론『안전, 영토, 인구』나『생명정치의 탄생』에서는 부분적으로『말과 사물』에 대한 언급이 나오기는 하지만, 그것은 어디까지나 '안전장치'와 관련된 것이나 '정치경제학'과 관련된 것에 국한될 뿐이다. 그에 따라 인종 담론과 민족 담론에 관한 논의가 포괄적이기보다는 단편적인 수준에서 머물러 있다.

그렇지만 이 대목에서 특별히 강조해둬야 할 것이 세 개 있다.

먼저 첫째로 국가인종주의에 대해 푸코가 언급하고 있지만, 이것 또한 역사적 담론의 '진실 효과'의 하나로 다뤄진다는 점에 유의해야 한다. 이런 의미에서『"사회를 보호해야 한다"』는 역사적 앎의 정치성을 정면에서 문제삼고 있으며, 역사서술이 국가의 도구가 되는 동시에 국가를 전복하는 도구가 되기도 하는 그 힘의 장을 해명하고자 했다. 역사를 무지와 앎의 대립 구도에서 파악하는 계몽주의 모델에서 벗어나, 상이한 앎의 형태가 동시대의 사회질서에 어떤 상이한 진실의 효과를 미치는가를 핵심적인 고찰 대상이자 내용으로 삼았다는 것이다. 이런 점에서 이 강의 전체를 이끌고 있는 실타래는 전쟁 모델을 통한 권력 분석이며, 초미의 관심사는 역사서술의 계보학이다.

둘째, '생명권력'이라는 용어의 '생사'이다. 푸코는『"사회를 보호해야 한다"』이후 성의 역사나 삶의 기법, 통치와 통치성 연구를 진행하는데, 여기서 관건이 되는 것은 '생명권력'이라는 용어이다. 사실 '생명권력'이 사용된 시기는 대체로 1976년으로 한정되어 있다.『말과 글』전체를 보면, 1976년 이탈리아에서 행한 강연인「권력의 그물망」에서 한 차례 등장했을 뿐이다.『안전, 영토, 인구』에는 딱 한 번 등장하며,『생명정치의 탄생』에서는 아예 찾아볼 수 없다. 따라서 푸코의 이론적 틀에서 '생명권력'은 고유한 개념으로 존재하지 않으며, '생명정치'와 '안전'에 포함되거나 이것으로 대체됐다고 할 수 있다.[21]

셋째, 앞에서 말한 '특이한 일반성'과 관련된 것이다. 비록 조금 전에 11강의 주요 흐름에 대해 정리했지만, 그리고 국가인종주의라는 문제가 앞의 강의들에서도 나오기는 하지만, 이것이 전쟁 담론과 어떤 식으로 연결되는지는 그 논의가 상대적으로 빈약하다. 특히 앞에서 말한 식의 '특이한 일반성'이 그다지 가동되지 않고, 정말로 갑작스럽게 생명권력이나 국가인종주의의 문제가 전면에 등장하게 된다.

4. 푸코의 전쟁론에 관해서는 몇 개의 상이한 견해가 제시되고 있다.
　(1) 푸코는 전쟁론을 구상했으나 실현되지 못했다는 견해이다. 이것은 다시 두 개의 견해로 갈린다. ① 푸코의 전쟁론은 당시에 새롭게 구상된 것이라는 견해이다. ② 푸코의 전쟁론은 푸코가 콜레주드프랑스에 취임한 이래 줄곧 가져온 관심사라는 견해이다. 이 중에서 문헌적 근거가 뒷받침해주는 것은 다니엘 드페르로 대표되는 ②이다. 드페르는 푸코의 전쟁론을 이미 "과거 5년간 행한 연구의 결실이자 결말"로 본다.[22] 이것과 비슷한 맥락에서 마우로 베르타니도 '국가인종주의,' '생명권력,' '통치술'을 초창기 연구에 속하는 것으로 자리매김한다.[23]
　(2) 전쟁론을 진지하게 고려한 것은 분명하지만 푸코는 '억압' 개념을 비판한 것처럼 '전쟁' 개념 역시 상당한 수정을 거쳐야 한다고 여겼으며("그것을 실행하자마자 저도 이 도식을 재고하지 않을 수 없었습니다. …… '억압'과 '전쟁'이라는 두 개념이 어쩌면 궁극적으로 폐기되어야만 한

---

21) Michel Foucault, "Les mailles du pouvoir"(1976), *DÉ*, t.4: 1980-1988, pp.198~199; *Sécurité, territoire, population*, p.23. [『안전, 영토, 인구』, 50쪽.]

22) Daniel Defert, "Le 'dispositif de guerre' comme analyseur des rapports de pouvoir," *Lecture de Michel Foucault*, t.1: A propos de *Il faut défendre la société*, Lyon: ENS Editions: 2001, pp.59~66.

23) Mauro Bertani, "Sur la généalogie du bio-pouvoir," *Lecture de Michel Foucault*, t.1: A propos de *Il faut défendre la société*, Lyon: ENS Editions: 2001, pp.19~20.

다고는 말할 수 없어도, 대폭 변경되어야만 한다고 생각했기 때문입니다" [36~37쪽]), 이 수정이 통치성론을 통해 이뤄진다는 견해이다. 이것은 『"사회를 보호해야 한다"』의 두 편집자 알레산드로 폰타나와 베르타니가 취하는 입장으로, 이런 점에서 (1)과 연속된 견해이다.

(3) 푸코는 전쟁론을 폐기하고 통치성론으로 나아갔다는 견해이다. '불충분'과 '포기' 사이에서 진동하기는 하지만 『안전, 영토, 인구』와 『생명정치의 탄생』을 번역한 심세광의 입장은 이것에 가깝다.

✤

나는 (1)의 ②와 (2)의 입장에서 푸코를 해석하려고 한다. 그런 점에서 본서의 「강의정황」에 소개된 입장과 상당 부분 견해를 같이 한다. 그러나 특히 (2)와 관련해서는 약간 다른 점이 있음을 분명히 밝혀두고 싶다. 여기서 관건은 바로 전쟁론, 통치성론, 생명정치론이 맺는 관계에 관한 것이다. 다시 말해 (2)의 경우, 전쟁론의 수정은 통치성론과 관련해 드러나긴 했지만 그 충분한 함의는 오히려 통치성론보다는 (미완으로 그친) 생명정치론과 관련해 드러난다고 생각한다. 이것은 두 가지를 전제한다. 우선 통치성론과 생명정치론을 동일한 것으로 보지 않으며, 오히려 생명정치론 속에 통치성론을 포함시키는 편이 낫다고 생각한다는 것이다. 그러나 이때의 생명정치론은 생명권력과 생명정치를 구분해 논의하는 네그리보다는 오히려 아감벤의 입론과 상당히 가깝다. 이는 곧바로 두 번째 전제를 상기시킨다. 그것은 전쟁 모델의 다른 말인 '니체의 가설'의 수정 혹은 폐기가 슈미트의 '친구–적' 모델의 수정 혹은 폐기와 동일하면서도 다른 지점이 있다는 것이다. 이는 무엇보다 정치나 정치화에 대한 푸코의 사유가 무엇인지에 관한 규명을 요구한다.

(1)의 ②와 관련해 폰타나와 베르타니는 「강의정황」에서 관련 자료만을 간략히 언급하고 넘어간다. 그러나 이들이 언급하지 않은 전거들도 중요하다는 점에서 그것들을 발췌 번역하는 것에서 시작하자.

"권력에 대한 분석 모델 혹은 이해가능성의 격자로서의 전쟁론"은 흔히 '니체의 가설'로 불리는데, 이것은 1971년 콜레주드프랑스 강의인 『지식의 의지』에서 이미 제시되어 있다. "올해 강의는 '지식의 의지의 형태학'을 한 조각 한 조각 조금씩 구성해내려는 일련의 분석을 개시한다. 지식의 의지라는 이 테마는 때로는 특정한 역사적 탐구에 투자될 것이다. 또 때로는 그 자체로, 그 이론적 함의 속에서 다뤄질 것이다."24)

그리고 지식의 의지를 분석하기 위한 개념 도구로서, 아리스토텔레스와 니체의 그것이 분석된다.

[니체의 모델에서] 쾌락과 행복에서 떼어내진 인식은 서로 맞서 실행되는 투쟁, 증오, 악의와 연결된다. 이 투쟁, 증오, 악의는 한층 더 투쟁, 증오, 악의를 낳음으로써 스스로를 포기하기에 이른다. …… 올해 강의에서는 이 [인식] 모델이 일련의 예와 관련해 자유롭게 활용되고 적용됐다. …… 정의의 분배는 우리가 검토한 모든 기간에 걸쳐 중요한 정치 투쟁의 쟁점이었다. 정치 투쟁은 결국 어떤 지식과 연결된 정의 형태를 초래했다. 그 지식에서 진리는 가시적이고, 확인 가능하며, 측정 가능하고, 세계의 질서를 지배하는 것과 비슷한 법칙에 따르는 것으로 설정됐다. 그 지식의 발견은 자기 수중에 정화의 가치를 보유한다. 이런 유형의 진리 주장은 서구 지식사에서 결정적이었음에 틀림없다.25)

푸코는 같은 해에 발표된 「니체, 계보학, 역사」라는 논문에서도 이렇게 주장한다. "인류는 규칙이 영원히 전쟁을 대신하는 보편적 상호관계

---

24) Michel Foucault, "Résumé du cours," *Leçons sur la Volonté de Savoir: Cours au Collège de France, 1970-1971*, éd. Daniel Defert, Paris: Seuil/Gallimard, 2011, p.217. [양창렬 옮김, 「강의요지」, 『지식의 의지에 관한 강의: 콜레주드프랑스 강의 1970~71년』, 도서출판 난장, 2017, 307쪽.]

25) Foucault, "Résumé du cours," pp.220~221. [「강의요지」, 앞의 책, 311~312쪽.]

에 이를 때까지 싸움에서 싸움으로 천천히 진보한 것이 아니다. 인류는 이런 폭력들 각각을 규칙의 체계 속에 심어두고 그렇게 함으로써 지배에서 지배로 나아가는 것이다."26)

이런 푸코의 주장은 역시 같은 해의 11월에 네덜란드에서 노암 촘스키와 나눈 대화에서도 반복된다.

저는 이 문제에 대해 약간 니체 식으로 설명해보겠습니다. 제가 보기에 정의라는 개념은 특정 정치·경제권력의 지배 수단으로서 혹은 그런 권력에 대항하는 무기로서, 여러 다른 유형의 사회에서 발명·유통된 개념입니다. 그래서 제가 볼 때, 그 어느 경우든 정의라는 개념은 계급 사회에서 억압받는 계급이 자기 주장을 강화하기 위해 만들어낸 개념 혹은 그 주장을 정당화하는 개념이라는 것입니다.27)

물론 촘스키는 이런 푸코의 견해에 대해 동의하지 않는다고 명시적으로 밝힌다. 이와 같은 맥락에서, 푸코는 1973년 5월 브라질의 리우데자네이루가톨릭대학교에서 행한 일련의 강연(「진리와 법적 형태」)에서 다음과 같이 주장하기도 한다.

니체의 작업은 제가 제안하는 연구를 위해 의거할 수 있는 모델들 중에서 최선이자 가장 유효하면서 가장 현실적인 것이라고 말할 수 있습니다. 니체에게서 우리는 인식 주체가 먼저 존재함을 인정하지 않고서 주체 자체의 형성을 역사적으로 분석하고, 어떤 유형의 앎의 탄생을 역사적으로 분석하는 담론 유형을 실제로 발견합니다. …… [니체에 따르면]

---

26) Michel Foucault, "Nietzsche, la généalogie, l'histoire"(1971), *DÉ*, t.2: 1970-1975, p.145. [이광래 옮김, 「니체, 계보학, 역사」, 『미셸 푸코: 광기의 역사에서 성의 역사까지』, 민음사, 1989, 343쪽.]

27) Foucault, "De la nature humaine," p.503. [「인간의 본성」, 80쪽.]

인식을 야기하는 것은 투쟁, 싸움, 싸움의 결과이며, 결국 위험과 우연입니다. 인식은 본능적인 것이 아니라 반-본능적입니다. 마찬가지로 인식은 자연적인 것이 아니며 반-자연적입니다. …… 니체는 인식의 근저에서 증오, 투쟁, 권력관계 **같은** 것을 중심에 둡니다. …… [니체에 따르면] 인식은 늘 인간이 놓여 있는 어떤 전략적 관계입니다. 이 전략적 관계가 인식의 효과를 규정하게 되며, 바로 그 때문에 불가피하게 편파적이며 치우쳐 있으며 원근법적인 성격을 갖지 않는 인식을 상상한다는 것은 완전히 모순적이게 될 것입니다. 인식의 원근법적 성격은 인간본성에서 유래하는 것이 아니라 언제나 인식이 지닌 논쟁적이고 전략적인 성격에서 유래합니다. 전투가 있기 때문에 인식의 원근법적 성격을 말할 수 있는 것이며, 인식이 이런 전투의 효과이기 때문입니다. …… 게르만의 법은 전쟁을 정의와 대립시키는 것이 아니며, 정의와 평화를 동일시하지도 않습니다. 오히려 이와 반대로, 게르만의 법은 법이 개인들 사이에서 전쟁을 이끌고 보복행위를 하게 만드는 어떤 특이하고 규칙화된 방식이라는 것을 전제하고 있습니다. 그러니까 법은 전쟁을 행하는 규칙화된 방식인 겁니다. …… 따라서 법은 전쟁의 의례적 형태입니다.[28]

여기서도 잘 드러나듯이, 푸코가 『"사회를 보호해야 한다"』에서 천명한 전쟁론 혹은 전쟁 모델은 최소한, 콜레주드프랑스에서의 강의가 시작된 1976년 이전부터 이미 구상되어 있었다. 그리고 그 핵심 실타래는 니체의 계보학적 사유이다. 그러나 리우데자네이루가톨릭대학교에서의 강연 말미에 푸코가 브라질의 작가인 아폰수 후마누 지 산타나와 주고받은 질문과 대답에서도 드러나듯이, 이 전쟁론 혹은 전쟁 모델은 소피스트들에 대한 푸코의 파악과도 밀접히 연결된다.

---

28) Michel Foucault, "La vérité et les formes juridiques"(1974), *DÉ*, t.2: 1970-1975, pp.542, 545, 549, 551, 572~573.

산타나: 당신의 전략적 입장을 보건대, 당신을 **파르마콘**의 문제계와 비교하는 것이 적절할까요? 그리고 당신을 철학자들, 즉 진리의 말을 하는 사람들의 편이 아니라 소피스트들, 즉 사실임직함^{vraisemblance}을 말하는 사람들의 편에 세우는 것은요?

푸코: 아, 저는 그런 점에서 근본적으로 소피스트 편에 서 있습니다. 그래서 제가 콜레주드프랑스에서 한 첫 번째 강의는 소피스트에 관한 것이었습니다. 저는 소피스트들이 아주 중요하다고 생각합니다. 왜냐하면 거기에는 본질적으로 전략적인 담론의 실천과 이론이 있기 때문입니다. 그러니까 우리는 진리에 도달하기 위해서가 아니라 [논쟁에서] 이기기 위해서 담론을 만들어내고 논의하는 것입니다. 이것은 게임입니다. 누가 이기는가, 누가 지는가인 것이죠. 그렇기 때문에 소크라테스와 소피스트들의 투쟁은 제게 매우 중요합니다. 소크라테스의 경우에 진리를 이야기하지 않는다면 말하는 것은 아무 필요도 없습니다. 둘째로, 소피스트들의 경우에 말한다는 것, 논의한다는 것은 어떤 대가를 치르고라도, 빤히 들여다보이는 간계를 구사해서라도 승리를 거두고자 하는 것인데, 이는 이들에게 담론의 실천이 권력의 행사와 불가분하기 때문입니다. 말한다는 것은 권력을 행사한다는 것이며, 말한다는 것은 자신의 권력을 위험에 빠트리는 것이며, 말한다는 것은 성공하거나 모든 것을 잃거나 하는 위험을 무릅쓴다는 것입니다. 그리고 거기에는 여전히 흥미로운 어떤 것, 소크라테스주의와 플라톤주의가 완벽하게 멀리했던 것이 있습니다. 즉, 말하기, 로고스는 결국 소크라테스부터 시작해, 더 이상 권력의 행사가 아니게 된 것입니다. 로고스는 기억의 행사일 뿐이게 된 것이죠. 권력에서 기억으로의 이 이행이 무엇보다 중요합니다. 셋째로, 마찬가지로 중요하다고 보입니다만, 소피스트들이 지닌 이런 생각, 즉 로고스, 요컨대 담론은 물질적 실존을 지닌 어떤 것이라는 생각입니다.[29]

---

29) Foucault, "La vérité et les formes juridiques," p.632.

아무튼 니체와 관련된 푸코의 이런 언급은 이후에도 지속된다. 푸코는 1975년 5월의 「권력에 관한 대화」에서도 이렇게 말한다.

제가 투쟁, 전투, 적대적 메커니즘과 같은 과정이 존재한다고 끈질기게 거듭해서 말했다면, 그것은 이런 과정이 [실제로] 현실 속에서 발견되기 때문입니다. 더욱이 이런 과정은 변증법적인 과정이 아닙니다. 니체는 이 문제에 관해 많이 이야기했습니다. G. W. F. 헤겔보다 훨씬 더 자주 말했다고도 할 수 있을 것입니다. 그러나 니체는 변증법적 관계 따위는 전혀 참조하지 않은 채 이 적대를 서술했죠.[30]

한편, 콜레주드프랑스에서 한창 『"사회를 보호해야 한다"』를 강의하던 1976년에 푸코는 『에로도트』라는 잡지와 두 차례에 걸쳐 인터뷰를 한다. 이 잡지의 1-3월호에 수록된 첫 번째 인터뷰(「미셸 푸코에게 지리학에 관해 묻다」)에서 푸코는 이렇게 말했다.

아주 주목해야 할 것들이 있습니다. 가령 정치권력의 발달 속에서 군대와 군대의 역할에 관해 맑스가 썼던 모든 것 말입니다. 사람들이 주구장창 잉여가치에 관한 주석만 달다 보니 사실상 방치된 상태로 남아 있었지만 그것은 대단히 중요한 것입니다.[31]

또한 이 잡지의 7-9월호에 수록된 두 번째 인터뷰(「미셸 푸코가 《에로도트》에 묻다」)에서는 다음과 같이 말하기도 했다(폰타나와 베르타니도 「강의정황」에서 이 구절을 인용하고 있다).

---

30) Michel Foucault, "Dialogue sur le pouvoir"(1978), *DÉ*, t.3: 1976-1979, p.471.

31) Michel Foucault, "Questions à Michel Foucault sur la géographie"(1976), *DÉ*, t.3: 1976-1979, p.39. [홍성민 옮김, 「지형학에 대한 몇 가지 질문」, 『권력과 지식: 미셸 푸코와의 대담』, 나남, 1991, 108쪽.]

앎에 대해, 그리고 앎이 권력과 맺는 관계에 대해 분석하고 싶을 때, 전략 개념은 본질적입니다. 이 개념은 문제의 앎을 통해 **전쟁**이 행해진다는 것을 필연적으로 내포할까요? 전략은 권력관계들을 **지배**의 기술로서 분석하는 것을 허용하지 않을까요? 더욱이 지배는 전쟁의 계속된 형식일 뿐이라고 말해야만 할까요?[32]

폰타나와 베르타니는 이 구절을 근거로 푸코가 이미 전쟁론에 일종의 유보를 덧붙이고 있었다고 지적한다. 그런데도 불구하고 푸코의 이런 전쟁론은 1976년 12월에 출판된 『지식의 의지』의 4장 2절(「성적 욕망의 장치」)과 5장(「죽음에 대한 권리와 삶에 대한 권력」)에 그 흔적을 남기고 있다. 먼저 4장 2절에서 푸코는 '법적-담론적' 권력 모델을 대신하는 것으로 전쟁 모델을 제시한다. 또 2절의 끝 부분은 『"사회를 보호해야 한다"』를 떠올리게 하는 구절로 끝나고 있다.

[권력 분석에 중요한 것은] 전쟁의 모델이지 법적 권리의 모델이 아니다. 이것은 사변적 선택 혹은 이론상의 우선적 결정이 아니다. 그런 것이 아니라 전쟁에서, 모든 형태의 싸움에서 오랫동안 그 주된 표현을 찾아내온 힘관계가 차츰차츰 정치권력의 질서 안에서 스스로의 지위를 확립한 것이 사실상 서구 사회의 근본 특징 중 하나이기 때문이다.[33]

또 전쟁론의 문제가 전면에 나오지는 않지만 4장 4절에서 '귀족의 푸른 피'에 관해 서술한 부분은 불랭빌리에에 관한 언급을 떠올리게 한다.

---

32) Michel Foucault, "Des questions de Michel Foucault à 《Hérodote》"(1976), *DÉ*, t.3: 1976-1979, p.94. 또한 본서의 「강의정황」, 특히 334쪽을 참조하라.

33) Michel Foucault, *Histoire de la sexualité, t.1: La volonté de savoir*, Paris: Gallimard, 1976, p.135. [이규현 옮김, 『성의 역사 1: 지식의 의지』(3판), 나남, 2010, 112쪽.]

그리고 5강의 서술이 전쟁론의 한 축을 이루는 인종들 간의 전쟁, 국가
인종주의, 생명권력에 관한 논의를 전개한 『"사회를 보호해야 한다"』의
11강을 짙게 반영하고 있다는 것은 두말할 나위가 없다(이 때문에 드페
르는 『지식의 의지』 중 가장 먼저 쓴 것이 5장이라고 말했던 것이다).

지금까지의 인용을 통해 우리는 푸코의 전쟁론이 상당히 이른 시기
에 구상됐고, 이것이 1976년에도 계속 이어지고 있음을 살펴봤다. 그렇
다면 이른바 '통치성' 논의로 진입했다고 알려진 시기는 어떤가? 푸코의
전쟁론이 단순히 소멸된 것은 아니라는 점을 확인하기 위해서는 푸코가
안식년을 맞이한 1977년에 했던 두 개의 인터뷰와 『안전, 영토, 인구』의
강의 시기와 겹쳐지는 1978년의 글을 볼 필요가 있다.

먼저 푸코는 1977년 3월에 행한 인터뷰 「성의 왕권에 반대한다」에
서 이렇게 주장한다.

> 한 가지 확실한 듯이 보이는 것은, 권력관계들을 분석하기 위해 우리는
> 지금으로서는 두 개의 모델밖에는 갖고 있지 않다는 것입니다. 즉, 법적
> 모델(법률, 금지, 제도로서의 권력)과 힘관계들에 입각한 전쟁적 혹은 전
> 략적 모델입니다. 전자는 강력하게 활용됐는데, 그 결과 그 성격이 적절
> 하지 않음이 드러났다고 저는 생각합니다. …… 또 다른 모델[전쟁 모델]
> 에 관해서도 많은 것이 말해졌음을 알고 있습니다. 하지만 이것은 그저
> 말의 수준에 머물러 있습니다. 즉, 기성 개념이나 비유('만인에 대한 만인
> 의 전쟁,' '생존경쟁') 혹은 형식적 도식(전략 개념은 특히 미국의 몇몇 사
> 회학자나 경제학자에게서 아주 유행하고 있습니다)이 활용되고 있죠. [그
> 러나 이보다 더 나아가] 저는 힘관계들에 관한 이 분석을 더 가다듬으려
> 노력해야 한다고 생각합니다. …… 맑스주의적 분석에서 인상적인 것이
> 있습니다. 늘 계급투쟁이 문제라고 하는데 그 표현에서 주목받지 못한
> 단어가 있으니, 그것이 바로 '투쟁'입니다. 여기서도 역시 세심하게 표
> 현해야 합니다. 맑스주의자들 중 가장 위대한 사람들은 (맑스 본인도 포

함해) 군대의 문제들(국가의 장치로서의 군대, 무장 봉기, 혁명 전쟁)을 매우 강조했습니다. 그러나 이들이 계급투쟁을 역사의 일반적 동력이라고 말할 때, 이들은 계급이 무엇인지, 계급이 어디에 위치하는지, 계급이 포괄하는 것이 무엇인지를 알려고 신경을 곤두세웠지만, 투쟁이 구체적으로 무엇인지에 관해서는 결코 신경을 쓰지 않았습니다.[34]

맑스주의에 대한 이런 언급은 이후에도 계속된다. 『안전, 영토, 인구』의 1강(1978년 1월 11일)이 시작되기 전인 1977년 12월의 인터뷰 「고문, 그것은 이성입니다」에서 푸코는 이렇게 말한다.

저는 여기서 또 다른 질문을 제기하고 싶습니다. 역사를 전쟁의 과정으로, 승리와 패배의 연속으로 기술할 수 있을까요? 맑스주의가 아직 완전히 타개하지 못한 것이 바로 이 중요한 문제입니다. 계급투쟁이라는 말에서 투쟁은 무슨 뜻일까요? 그것은 전쟁, 전투의 문제일까요? 한 사회의 내부에서 산출되고 그 사회를 특징짓는 대결, 압제는 해독되고 있을까요? 이 대결, 이 투쟁은 일종의 전쟁으로서 판독되고 있을까요? 지배의 과정은 전쟁보다 훨씬 복잡하고 까다로운 것이 아닐까요?[35]

한편, "올해 강의에 …… 저는 '안전, 영토, 인구'라는 제목을 선택하지 말았어야 했습니다"라고 말하며 '통치성' 연구로의 '전회'를 명시적으로 밝힌 『안전, 영토, 인구』의 4강(1978년 2월 1일)을 전후로 푸코는 파스콸레 파스퀴노와 인터뷰(「권력에 관해 정확하게 말하기: 일부의 비판에 답하여」)한 바 있는데, 거기서 다음과 같이 주장한다.

---

34) Michel Foucault, "Non au sexe roi"(1977), *DÉ*, t.3: 1976-1979, p.268. [황정미 옮김, 「권력과 성」, 『미셸 푸코, 섹슈얼리티의 정치와 페미니즘』, 새물결, 1995, 36~37쪽.]

35) Michel Foucault, "La torture, c'est la raison"(1977), *DÉ*, t.3: 1976-1979, p.391.

사실 제가 하고 싶은 것은 어떤 실제적인 것에 관한 해석·독해를 작동시키는 것에 있습니다. 그렇게 함으로써 한편으로는 이런 해석이 진실의 효과를 산출할 수 있도록 하고, 다른 한편으로는 이런 진실의 효과가 가능한 투쟁의 한복판에서 도구가 될 수 있도록 하는 것 말입니다. 이런 시도가 지닌 어려움도 [사실은] 여기에 있죠. 공격받을 수도 있을 진실을 말하기. 실제의 지층 속에서 힘의 선과 약함의 선, 저항의 지점들과 가능한 공격의 지점들, 이미 놓여진 길과 [은밀한] 샛길이 떠오르게 되는 방식으로 이런 실제의 지층을 독해하는 것. 제가 드러내고자 하는 것은 가능한 투쟁의 실제[현실성]입니다.36)

이런 주장은 『안전, 영토, 인구』가 끝난 시점인 1978년 4월 25일에 일본의 철학자 요시모토 류메이(다카아키)와 행한 인터뷰(「세계 인식의 방법: 맑스주의를 어떻게 청산할 것인가?」)에서도 되풀이된다.

인류의 역사적 사건이나 인간의 행동을 독해할 수 있게 만드는 것은 갈등과 투쟁의 원리로서의 전략적 관점이라고 선언함으로써, 우리는 우리가 지금까지 정의하지 못했던 유형의 합리적 관점과 마주할 수 있습니다. 이런 관점을 긍정할 수 있을 때, 우리가 사용하는 것이 바람직한 근본 개념들은 전략·갈등·투쟁·분쟁일 것입니다. 이런 개념들을 사용하면 적수들이 대치하는 상황, 한 쪽이 승리하고 다른 쪽은 패배하는 상황이 진행되고 있는 적대를, 말하자면 분쟁을 명확히 할 수 있습니다. 그런데 서구의 철학을 개괄해보면 분쟁 개념도, 전략에서 따온 분석 방법도, 적대·투쟁·갈등 개념도 충분하게 규명되어 있지 않다고 할 수 있습니다. 그 결과, 오늘날의 철학이 제공해야 할 지적 독해의 새로운 기회

36) Michel Foucault, "Précisions sur le pouvoir: Réponses à certaines critiques"(1978), *DÉ*, t.3: 1976-1979, p.633.

는 전략적 관점의 개념이나 방법의 총체입니다. …… 우리는 이런 시도
가 니체적 계보학의 성질을 띤다고 말할 수 있습니다. 그러나 화려하고
수수께끼 같은 '권력의지' 개념에 의해 수선되고 이론적으로 심화된 내
용을 찾아내야만 하며, 이와 동시에 니체의 경우보다도 훨씬 더 실제에
부합하는 내용을 찾아내야만 합니다. 제가 말한 것에 단순한 지적 하나
를 덧붙이고 싶습니다. 맑스가 사용한 것은 분명하지만 오늘날에는 거
의 잊혀진 용어가 하나 있습니다. 그것은 바로 '계급투쟁'이라는 용어입
니다. 제가 방금 언급한 관점을 취했을 때 이 용어를 다시 사유하는 것
이 가능하지 않을까요? 가령 맑스는 실제로 역사의 동력은 계급투쟁 안
에 있다고 말합니다. 그리고 맑스 이후에 많은 사람들이 이 테제를 반
복해서 말했습니다. 실제로 그것은 부인할 수 없는 사실입니다. 사회학
자들은 하나의 계급이 무엇인지, 누가 계급에 속하는지 알기 위해 끝없
는 논쟁을 거듭했습니다. 그렇지만 지금까지 그 누구도 투쟁이란 무엇
인가라는 질문을 검토하지도 않았고 심화시키지도 않았습니다. 계급투
쟁이라고 말할 때 투쟁이란 무엇일까요? 투쟁을 말하기 때문에, 그것은
갈등·전쟁과 관련되어 있습니다. 그런데 이 전쟁은 어떻게 전개될까요?
그 목적은 무엇일까요? 그 수단은 무엇일까요? 이 전쟁은 어떤 합리적
인 성질에 기초해 있는 것일까요? 제가 맑스에서 출발해 논의하고 싶은
것은 계급의 사회학이라는 문제가 아니라, 투쟁을 둘러싼 전략적 방법
입니다. 맑스에 대한 제 흥미는 여기에 뿌리박고 있으며, 바로 이것에서
출발해 저는 문제들을 제기하고 싶습니다.37)

이렇게 보면, 통치성 논의로의 '전회'가 이뤄진 시기에도 전쟁론은
그대로 폐기된 것은 아님을 알 수 있다. 오히려 "지식의 의지라는 이 테

---

37) Michel Foucault, "Méthodologie pour la connaissance du monde: Comment se
débarrasser du marxisme"(1978), *DÉ*, t.3: 1976-1979, pp.605~606.

마는 …… 그 자체로, 그 이론적 함의 속에서 다뤄질 것이다"[38]라는 푸코의 예고가 실현된 것이 『"사회를 보호해야 한다"』에서 전개된 전쟁론이라고 할 수 있다. 이런 점에서, 이 강의와 같은 해에 출판된 『성의 역사』 1권의 제목이 『지식의 의지』인 것도 의미심장하다.

5. 그러면 전쟁론은 통치성론의 전개와 더불어 어떤 위치를 차지하게 됐을까? 베르타니와 폰타나는 국가인종주의와 생명권력의 문제를 계기로 푸코가 통치성 문제로, 더 나아가 윤리의 문제로 관심을 옮겨간다고 지적한다. 즉, 전쟁론은 고고학에서 규율론과 계보학으로, 규율론에서 통치성론으로 나아가는 푸코 사유의 변천을 이해하는 중요한 열쇠로 간주된다. 그러나 이것은 전쟁론과 통치성론의 관계를 '모호'하게 말하는 것에 지나지 않는다. 따라서 이 점을 해명하기 위해 우리는 몇 개의 우회로를 거칠 필요가 있다(물론 여기에는 전쟁 담론이라고 말하면 곧장 떠오르는 '니체의 가설'에 대한 푸코의 입장, 혹은 그 변경이나 유보가 무엇인가는 포함되지 않는다. 푸코는 죽을 때까지 '니체주의자'를 자임하지만, 1976년 전후로 니체에 대한 태도에서 모종의 변경이 있었던 것 같다). 오히려 우리는 미셸 세넬라르가 『안전, 영토, 인구』의 「강의정황」에서 인용한, 슈미트에 관한 푸코의 언급에 주목할 것이다. 그리하여 잠정적인 결론부터 미리 말한다면, 푸코의 전쟁론은 '통치성론'을 통해 '기각' 또는 '폐기'되는 것이 아니라 '수정을 통해 내밀화'된다고 주장할 것이다.

통치성을 특이한 일반성으로서 분석한다는 것은 "모든 것은 정치적이다"tout est politique[라는 명제]를 함축한다. 전통적으로 이 표현에는 두 가지의 의미가 있다.

---

38) Foucault, "Résumé du cours," *Leçons sur la Volonté de Savoir*, p.217. [「강의요지」, 『지식의 의지에 관한 강의』, 307쪽.]

—— 정치적인 것은 국가 개입의 전체 영역에 의해 정의된다. …… 모든 것이 정치적이라고 말하는 것은 국가가 직접적이든 간접적이든 어느 곳에나 있다고 말하는 것과 마찬가지이다.

—— 정치적인 것은 두 적수들 사이의 투쟁이 편재한다는 것에 의해 정의된다. …… 이 다른 정의는 K.(원문대로) 슈미트의 것이다.

동지[동료/아군]의 이론. [……]

요컨대 두 개의 정식화가 있다. 즉, 사물의 본성상 모든 것은 정치적이라는 정식, 그리고 적수의 존재 때문에 모든 것은 정치적이라는 정식이 그것이다.

오히려 이렇게 말해야만 할 것이다. 즉, 그 어떤 것도 정치적이지 않다. 모든 것은 정치화할 수 있다. 모든 것은 정치적으로 될 수 있다. 정치는 통치성에 대한 저항, 최초의 봉기, 최초의 대결과 더불어 생겨나는 것, 그 이상도 그 이하도 결코 아니다.[39]

여기서 잘 볼 수 있듯이, 푸코는 '정치적인 것'을 국가적인 것이라거나 투쟁적인 것이라고 정의하려 들지 않고, 통치-저항의 관계라는 독특한 방식으로 정의하려고 한다. 전자가 슈미트적인 의미에서의 '정치적인 것'이라는 점을 감안하면, 푸코가 정의하려고 했던 것은 이런 것이라기보다는 오히려 '정치화'라고 할 수 있다.

잘 알려져 있듯이 슈미트는 '정치적인 것'의 궁극적인 식별 표식을 친구-적의 구분에 둔다. "정치적 행동과 동기의 원인이 되는 특정하게 정치적인 구분이란 **친구**와 **적**의 구분이다."[40] 친구-적의 구별은 도덕에서의 선-악, 미학에서의 미-추, 경제에서의 이득-손실 같은 범주론적

---

39) Michel Senellart, "Situation des cours," *Sécurité, Territoire, Population*, p.409. [「강의정황」, 『안전, 영토, 인구』, 530~531쪽.]

40) Carl Schmitt, *Der Begriff des Politischen*(1932), 8 Aufl., Berlin: Duncker & Humbolt, 2009, p.25. [김효전·정태호 옮김, 『정치적인 것의 개념』, 살림, 2012, 39쪽.]

구별로 환원될 수 없다. 그보다 오히려 슈미트의 문제의식은 '인식'의 문제와 '결정'의 문제로 간추릴 수 있다. 첫째, 개인이든 집단이든, 적을 식별하는 것과 정치를 자각하는 것은 동시에 일어난다. "정치적 사유와 정치적 본능은 친구와 적을 구분하는 능력을 이론적으로나 실천적으로 입증한다. 이와 마찬가지로, 위대한 정치의 정점은 적이 구체적인 명료성에서 적으로 파악되는 그 순간이다."[41] 둘째, 적의 존재는 대립, 투쟁, 전쟁을 전제하며, "친구, 적, 투쟁이라는 개념들은 특히 신체적 살해의 실제적 가능성과 관련되고 이 관련이 계속 유지된다는 사실을 통해 그 실제적 의미를 보존한다."[42] 그렇기 때문에 이런 중대하거나 예외적인 상황에서 문제가 되는 것은 어떤 결정을 내리는 '계기'이다. 따라서 슈미트가 '국가'나 '주권'이라는 '일원적-보편적'인 '정치통일체'를 내세우는 것은 모든 권력이 국가에 의해 독점된다는 의미에서가 아니라[43] '결정'이 원래 일원적일 수밖에 없다는 의미에서이다.

경제적·문화적·종교적 반대 세력들이 위급한 경우에 대한 결정을 스스로 내릴 수 있을 정도로 강할 때, 그 세력들은 이제 정치통일체의 새로운 실체가 된다. 그 세력들이 자신들의 이해와 원칙에 어긋나게 결정된 전쟁을 막을 수 있을 정도로 강하지 않다면, 그것은 그들이 정치적인 것

---

41) Schmitt, *Der Begriff des Politischen*, p.62. [『정치적인 것의 개념』, 90쪽.]

42) Schmitt, *Der Begriff des Politischen*, p.31. [『정치적인 것의 개념』, 46쪽.]

43) "두 가지 말[주권과 통일체]은 모두 하나의 정치통일체에 속하는 모든 인간 현존재의 개별성이 정치적인 것으로부터 규정되며 그 명령에 따라야만 한다거나 중앙집권적 체계가 모든 다른 조직이나 법인을 부정해야만 한다는 것을 결코 의미하지 않는다. 경제적인 고려가 경제적으로는 중립을 표방하는 국가의 정부가 원하는 모든 것들보다 강할 수도 있다. 그리고 마찬가지로 종파들에 대해 중립을 표방하는 국가의 권력이 종교적인 확신에 대해서는 쉽게 한계에 도달할 수 있다. 결정적인 것은 언제나 오직 분쟁의 경우이다." Schmitt, *Der Begriff des Politischen*, p.37. [『정치적인 것의 개념』, 53~54쪽.]

의 결정적인 지점에 도달하지 못했다는 사실을 보여준다. 그 세력들이 국가의 지휘를 받지만 자신들의 이해나 원칙에 어긋나는 전쟁을 막을 수 있을 정도로 강하면서도 스스로 자신들의 결정에 따라 전쟁을 확정할 만큼 강하지는 않다면, 통일체로서의 정치 세력은 더 이상 존재하지 않는 것이다. [사정이] 어떻든 간에 유효한 적에 맞선 유효한 투쟁이라는 가능한 위기상황의 관점에서 볼 때, 필연적으로 정치통일체는 친구의 결집에 대해서든 아니면 적의 결집에 대해서든 척도가 되는 통일체이며, 이런 (어떤 경우에도 절대주의적이지는 않은) 의미에서 주권적이다. 또한 그렇지 않다고 할 때 정치통일체는 존재하지 않는 것이다.[44)]

슈미트에게 정치의 '인식'과 '결정'은 '정치적인 것'을 '비정치적인 것'으로 만들려는 모든 전략이나 효과에 대항하기 위한 것이다. 즉, '비정치화'에 대항하는 것이다. 슈미트에 따르면, 자유주의적 사유는 정치적 다원론(국가 간의 다원론이 아니라 국가 내의 다원론)이며, 최고의 비정치화이다. "자유주의 사유는 지나치게 체계적으로 국가와 정치를 우회하거나 무시한다." 자유주의적 개념들은 전형적으로 "윤리('정신성')와 경제(사업) 사이에서 오가는 것"이며, "모든 정치적 개념을 변용시킨다." 가령 "**투쟁**이라는 정치적 개념은 경제적인 측면에서 **경쟁**이 되고, 또 다른 '정신적' 측면에서 **토론**이 된다."[45)] 성선설이라는 인간학적 전제[46)]에 입각한 자유주의적 사유는 본래적으로 '비호전적'이지만, 그것은 다

---

44) Schmitt, *Der Begriff des Politischen*, p.37. [『정치적인 것의 개념』, 54쪽.] 『정치신학』(1922)에서 슈미트가 제기한 기본 테제, 즉 "주권자란 예외상태에 관해 결정을 내리는 자를 가리킨다"도 이런 맥락에서 이해될 수 있다.

45) Schmitt, *Der Begriff des Politischen*, pp.66. [『정치적인 것의 개념』, 94~96쪽.]

46) 슈미트는 모든 정치 이론이나 국가 이론은 두 개의 인간학적 전제에 의해 분류된다고 말하며, 그 자신의 주관적인 선호일 수도 있으나, 내실이 있는 이론은 모두 성악설에 준거하는 이론이라고 한다.

만 '용어만' 그럴 뿐이며, 자신들이 폭력적이라고 규정하면서 기피하려고 하는 "국가와 정치를 근절할 수는 없으며 세계를 탈정치화시킬 수도 없다." 그리하여 제국주의에서 극명하게 드러나듯이, 자유주의는 "경제적 대립이 정치적이 된다"는 것에 관해 눈을 감으려 한다.[47]

> '순수하게' 종교적인, '순수하게' 도덕적인, '순수하게' 법률적인, '순수하게' 경제적인 동기에서 수행되는 전쟁이란 이치에 맞지 않는다. 인간 삶의 이런 영역들에 특정한 대립으로부터는 친구와 적의 결집, 그리고 그에 따른 전쟁 역시 도출될 수 없다. 전쟁은 경건한 것일 필요도, 도덕적으로 선한 것일 필요도, 이윤이 남는 것일 필요도 없다. …… 이 간단한 인식은 다음의 사정 때문에 대개 혼란스러워진다. 즉, 종교적이거나 도덕적인, 그리고 다른 대립들은 정치적 대립들에 이르게 되도록 강화되며 친구와 적으로의 결정적인 투쟁의 결집이 야기될 수 있기 때문이다. 그러나 이런 투쟁의 결집에 도달하면, 그 준거가 된[척도부여적인] 대립은 더 이상 순수한 종교적, 도덕적, 혹은 경제적 대립이 아니라 정치적 대립이 된다. …… 모든 종교적, 도덕적, 경제적, 윤리적[인종적], 혹은 다른 종류의 대립은 인간을 친구와 적에 따라 유효하게 결집시킬 수 있을 정도로 충분히 강할 때, 정치적 대립으로 변한다.[48]

"모든 것은 정치적이다"라는 문장은 푸코의 슈미트 해석인 "두 적수들 사이의 투쟁의 편재성"이라는 의미에서, 곧 '정치화'라는 의미에서 이해되어야 할 것이다. 실제로 푸코는 '통치성'으로의 전회가 이뤄진 시기로 추측되는 1977년의 어떤 인터뷰에서 '정치적인 것'에 대한 명확한 견해를 보여달라는 질문에 이렇게 대답했다.

---

47) Schmitt, *Der Begriff des Politischen*, p.71. [『정치적인 것의 개념』, 104쪽.]
48) Schmitt, *Der Begriff des Politischen*, pp.34, 35. [『정치적인 것의 개념』, 50~51쪽.]

한 사회에서 힘관계의 총체가 정치의 영역을 구성한다는 것이 맞다고 해도, 또 하나의 정치가 이런 힘관계를 조율하고 목표를 정하려고 하는 다소간 포괄적인 전략이라는 것이 맞다고 해도, 저는 다음과 같이 당신의 질문에 대답할 수 있다고 생각합니다. 즉, 정치는 기본적이고 본성상 중립적인 관계들을 최종 심급에서 결정하는 것(또는 과잉결정하는 것)이 아니라는 것입니다. 모든 힘관계는 매 순간마다 (그 힘관계의 일종의 순간적인 절단면으로서의) 권력관계를 내포합니다. 그리고 각각의 권력관계가 그 효과뿐만 아니라 그 가능성의 조건을 참조하듯이, 각각의 권력관계는 자신의 일부가 된 정치적 장을 참조합니다. "모든 것은 정치적이다"라고 말한다는 것은 힘관계의 이런 편재성, 그리고 정치적 장에 대한 그 힘관계의 내재성을 말한다는 것입니다. 그러나 이것은 또한 이 무한정 얽혀 있는 실을 푼다는 과제, 거의 소묘된 적 없는 과제를 맡는다는 것을 의미합니다. …… 정치적 분석과 정치적 비판은 상당 부분 발명되어야 합니다. 그러나 마찬가지로 전략 역시 발명되어야 합니다. 이런 힘관계를 수정하는 동시에 이런 수정을 가능케 하고 이런 수정을 현실 속에 기입하듯이, 이런 힘관계를 조율할 수 있는 전략 말입니다. 이것은 정치적 입장을 정의하는 것(그렇게 하는 것은 우리를 기존의 체스판에서 이뤄진 선택으로 돌아가게 하는 것입니다)이 문제가 아니라, 정치화의 새로운 도식을 상상하고 실존하게 만드는 것이 문제라고 말하는 것입니다. 만일 정치화한다는 것이 선택으로 돌아가게 하는 것이나 판에 박은 조직들로 돌아가게 하는 것을 뜻한다면, 이 모든 힘관계와 권력메커니즘을 일부러 분석해 수립할 필요는 전혀 없습니다. (다국적 경제나 관료주의 국가에 대응하는) 권력의 새롭고 거대한 기술들에 대해 새로운 형태를 갖춘 정치화를 대립시켜야만 하는 것입니다.[49]

---

49) Michel Foucault, "Les rapports de pouvoir passent à l'intérieur des corps"(1977), *DÉ*, t.3: 1976-1979, pp.233~234.

여기서 드러나듯이, 푸코는 더 이상 『지식의 의지』에서처럼 권력 '일반'에 대한 저항을 논의하지 않는다. 이제 저항은 '특정한 권력,' 즉 '통치하는 권력'이나 '지도하는 권력'에 대한 저항이라는 더 엄밀한 의미를 갖게 된다. 아니, 기본적으로 불균형한 힘관계로서의 권력관계와 이에 대응하는 저항이라는 막연한 도식(즉, 이분법적인 '니체의 도식')이, 지도관계로서의 권력관계라는 '더 일반화'된 권력관계와 이에 대응하는 저항이라는 도식으로 한층 더 '엄밀화'되는 것이다. "주권을 행사하는 것도 아니고 착취하는 것도 아니라 지도하는 권력의 형태들에 맞선 반란의 유형, 혹은 그런 저항의 특정한 짜임새를 뭐라 부르면 좋을까요?"[50]

푸코가 '대항-지도'contre-conduite라고 부른 것이 바로 이런 종류의 저항이다. 세넬라르는 통치성과 저항 또는 대항-지도의 관계를 다음과 같이 간결하게 정리하고 있다.

> 푸코에게 통치성의 유형을 분석하는 것은 이런 분석에 대응하는 저항 또는 '대항-지도'의 형태를 분석하는 것과 불가분의 관계에 있다. 『안전, 영토, 인구』의 8강(1978년 3월 1일)에서 푸코는 사목에 대해 중세에 발달한 대항-지도의 주요 형식의 목록을 작성하고 있다(수덕주의, 공동체, 신비주의, 성서, 종말론적 신앙). 또한 푸코는 그 해의 강의 마지막에 국가이성의 원칙으로 정리된 근대적 통치성의 분석으로부터 시민사회, 인구, 국민의 이름 아래에서 이뤄지는 특정한 대항-지도의 상이한 중심을 부각시키고자 했다. 투쟁이나 저항의 새로운 양상을 정의하기 위해서는 각각의 시대에서 '통치성의 위기'의 징후를 이루는 이런 대항-지도가 현재의 위기에서 어떤 형태를 취하고 있는지를 자문해보는 것이 중요하다. 따라서 푸코가 제안한 자유주의의 독해는 이런 물음을 근저에 놓지 않는 한 이해될 수 없다.[51]

---

50) Foucault, *Sécurité, Territoire, Population*, p.203. [『안전, 영토, 인구』, 282쪽.]

여기서 잠시 자유주의에 대한 슈미트와 푸코의 견해에 대해 짧게 살펴볼 필요가 있다. 얼핏 보면 자유주의의 다원론적 성격에 대해 푸코는 슈미트와 유사하게 분석하는 듯하다. 그러나 자유주의에 대한 이들의 해석에는 중대한 차이가 있다. 우선, 친구-적의 구별에 입각해 '정치'를 정의하는 슈미트의 견해에서 보면, 자유주의의 다원론적 사유는 '비정치화'에 해당된다. 그러나 푸코에게 자유주의는 통치테크놀로지나 통치합리성의 한 형태이다. 다시 말해, 통치-저항의 관계에 입각해 '정치'를 정의하는 푸코에게 주권적 형태처럼 일원론적인 것이든, 자유주의적 형태처럼 다원론적인 것이든, 이 모든 것은 통치의 형태에 속하며, 이런 의미에서 이미 저항이 포함되어 있는 다원론적인 것 역시 '정치'라는 점에서는 매한가지이다. 주권의 통치성이란, 그 합리성을 주권자(국가일 수도 있고 군주일 수도 있다)의 기능·자격·자질로서 요구하고 기대하는 통치성이며, 경우에 따라서는 바로 그 합리성을 구실로 주권자의 통치를 비판하기도 하는 그런 통치성이다. 이에 반해 자유주의의 통치성은 주권자가 통치합리성을 소유한다는 생각을 근본적으로 부정하는 통치성이다. 무엇보다 능력이라는 의미에서 볼 때, 주권자가 통치합리성을 갖는다는 것은 불가능하다. 또 이 합리성은 호모 에코노미쿠스라는 추상적인 점의 다양체에 의해 탈중심화된다. 여기서 합리성의 주체는 주권자가 아니라 호모 에코노미쿠스이다. 물론 이해관계에 입각해 행동하는 호모 에코노미쿠스는 매우 조작하기 쉽고 통치하기 쉽다. 그리고 바로 여기에 자유주의의 역설이 담겨 있다고 푸코는 본다.[52]

---

51) Michel Senellart, "Situation des cours," *Sécurité, Territoire, Population*, p.408. [「강의정황」, 『안전, 영토, 인구』, 529~530쪽.] 여기서 나는 'conduite'를 '품행'이 아니라 '지도'로 옮기고 있다. 윤리적 의미가 다소 강한 '품행'이라는 어휘로는 'conduite'에 함축된 정치적 계기를 제대로 드러낼 수 없다고 보기 때문이다.

52) Michel Foucault, *Naissance de la biopolitique: Cours au Collège de France, 1978-1979*, éd. Michel Senellart, Paris: Seuil/Gallimard, 2004, leçon du 28 mars et 4 avril

다시 정치의 문제로 돌아가자. "정치는 통치성에 대한 저항, 최초의 봉기, 최초의 대결과 더불어 생겨나는 것, 그 이상도 그 이하도 결코 아니다." 이렇게 보면 푸코는 분명히 통치-저항 혹은 지도-대항지도의 도식을 친구-적의 도식보다 유효한 것으로 간주하고 있음이 틀림없다. 하지만 **이것은 푸코가 전쟁 모델을 폐기했음을 곧바로 뜻하지 않는다. 오히려 푸코의 도식은 엄밀해지며, 마찬가지로 전쟁은 내밀해진다.** 푸코의 '전쟁으로서의 정치'에 따르면, "정치권력의 역할은 이 힘관계를 일종의 조용한 전쟁에 의해 제도들, 경제적 불평등들, 언어, 심지어 각자의 신체에 계속 기입해 넣으려고 하는 것 …… 달리 말하면, 정치란 전쟁에서 드러난 힘의 불균형을 승인하는 것이자 갱신하는 것[이다]"(35쪽). 또한 슈미트에게 전쟁은 최종 결단을 내려야만 하는 긴박하고 예외적인 상황을 가리키는 좁은 의미로 쓰이기도 한다. 그러나 푸코에게는 다르다. "최종 결정은 전쟁에서, 즉 무기가 최후의 판관이 되는 힘겨루기에서 나올 수밖에 없다 …… 이것이 뜻하는 바는 최후의 전투가 정치를 종식시킨다는 것, 혹은 달리 말하면 최후의 전투가 지속된 전쟁으로서의 권력의 행사를 최후에, 최후에서만 정지시킬 수 있다는 것[이다]"(35쪽). 정치를 '조용한 전쟁'이라 규정하는 푸코의 이 견해는 이후 명시적으로 표명되지는 않는다. 그러나 이 견해를 일반화한 것이 바로 "정치는 통치성에 대한 저항, 최초의 봉기, 최초의 대결과 더불어 생겨나는 것, 그 이상도 그 이하도 결코 아니다"라는 정식이다. 이렇듯 '통치성에 대한 저항'이 '정치'라면, 권력-저항의 도식보다는 통치성-저항의 도식이 푸코가 말하는 '정치화'를 더 일반적으로 촉진시킨다. 이 점을 좀 더 살펴보자.

푸코는 『안전, 영토, 인구』 1강(1978년 1월 11일)의 첫머리에서 흥미로운 말을 하고 있다.

1979. [오트르망 옮김, 『생명관리정치의 탄생: 콜레주드프랑스 강의 1978~79년』, 도서출판 난장, 11~12강(1979년 3월 28일, 4월 4일).]

제가 연구하고 있는 바는 역사학도, 사회학도, 경제학도 아닙니다. 제 자신이 이런 연구에 적합하다고 말하려는 것은 아닙니다. 제가 이에 대해 전혀 모르기 때문입니다. 그러나 제가 하는 것은 어떤 방식으로든, 단순히 사실적인 몇 가지 이유 때문에 철학, 즉 진실의 정치와 관련된 어떤 것입니다. 이것 말고는 '철학'이란 말의 다른 정의를 찾을 수 없네요. 제가 하는 것은 진실의 정치입니다. 사회학도 역사학도 경제학도 아닌 바로 진실의 정치가 문제인 한에서, 여러분도 알고 있듯이 권력메커니즘들의 분석은, 제 머리 속에서는 우리 사회에서 전개되는 투쟁, 대결, 싸움, 그리고 이 투쟁의 요소인 권력의 전술들에 의해 우리 사회에서 생산되는 앎의 효과들이란 어떤 것인지 보여주는 것을 그 역할로 삼습니다.[53]

푸코가 보기에 권력 분석이란 투쟁, 즉 정치에 의해 산출된 앎의 효과들을 보여주는 것이다. 왜냐하면 정치가 없는 순수한 앎이란 있을 수 없기 때문이다. 이렇게 투쟁–정치와 앎의 관계를 사유하는 것이 푸코가 말하는 철학이다. 진리의 정치, 즉 철학이란 진리의, 진리에 의한, 진리를 위한 비판이자 투쟁이자 정치이다.

어떤 방식으로든지 명령적 담론 같은 것에 의해 관통되거나 지탱되지 않는 순수하게 이론적 담론이나 분석은 없다고 저는 생각합니다. 그러나 저는 이론의 차원에서 "이것을 좋아하라, 저것을 싫어하라, 이것은 좋다, 저것은 나쁘다, 이것에 찬성하라, 저것을 믿지 마라"라고 말하는 명령적 담론은, 아무튼 실제로는 단지 미학적 담론일 수밖에 없다고 생각합니다. 미학적 차원의 선택에서만 그 토대를 발견할 수 있는 그런 담론 말입니다. 어떤 교육기관에서 발화되든, 아니면 그저 종이 위에 적

---

53) Foucault, *Sécurité, Territoire, Population*, pp.4~5. [『안전, 영토, 인구』, 19쪽.]

혀 있을 뿐이든 간에 "이런저런 방법으로 이것저것에 대항해 싸워라"라고 말하는 명령적 담론은 매우 경박해 보입니다. 어쨌든 앞으로 연구해야 할 차원은 실제적인 힘의 장 내부에서만 나타날 수 있다고 생각합니다. 요컨대 말하는 주체가 혼자서 자기 자신의 말만으로는 결코 만들어낼 수 없는 힘의 장 내부에서 말입니다. 이런 힘의 장은 명령적 담론의 내부에서 결코 통제되거나 유효화될 수 없습니다. 따라서 어쨌든 명령이 꼭 하나 있어야만 하기 때문에, 저는 그저 그것이 우리가 하려고 시도하는 이론적 분석을 지탱해주는 다음과 같은 조건부 명령이었으면 합니다. 투쟁하고 싶은가? 그렇다면 바로 여기가 요충지이고, 힘의 전선이고, 빗장이고, 장애물이다. 달리 말하면 저는 이런 명령이 전술적 지표 외에는 아무것도 아니기를 바랍니다. 전술의 용어로 유효한 분석을 하려면 실제적인 힘의 장에서 우리가 어디에 있는지를 아는 것이 제게는 물론이고 동일한 방향에서 연구하는 사람들에게도, 결국 우리에게 중요합니다. 그러나 뭐니 뭐니 해도, 거기에는 투쟁과 진실의 순환이 있습니다. 즉, 바로 철학적 실천의 순환이 있는 겁니다.[54]

이것은 앞서 언급한 슈미트의 '정치적인 것'을 곧바로 떠올리게 만든다. 즉, 미학이나 도덕이나 경제의 범주로 환원되지 않는 정치의 범주를 표식하는 것은 투쟁이라는 것이다. 그러나 여기서도 푸코는 슈미트보다 한걸음 더 나아가려는 듯이 보인다. 여기서 투쟁의 전술적 지표를 보여주는 조건부 명령, 혹은 가언명령은 우리가 '실제적인 힘의 장'의 어디에 놓여 있는가를 알아야 한다는 것이다. 이것은 정치적인 입장을 명확하게 표명해야 한다는 말이 결코 아니다. 부르주아지냐 프롤레타리아트냐, 민주주의냐 사회주의냐, 어떤 정당을 지지하느냐, 어떤 이론에 의거하느냐와 같은 것은 모두 기존의 정치적 선택으로 되돌아가는 것인데,

---

54) Foucault, *Sécurité, Territoire, Population*, p.5. [『안전, 영토, 인구』, 19~20쪽.]

이런 것이 결코 아니라는 말이다. 투쟁은 국지적으로, 일상적으로, 두드러지지 않은 형태로 행해지는데, 이런 구체적이고 실제적이고 현실적인 투쟁들에서 무엇이 관건이고 전선이 어디에 있으며, 어떤 도구가 사용되는지 등이 문제인 것이다. 따라서 역설적이게도, 여기서는 이념이나 인류, 생명, 인간, 인권, 자연, 법 등에서 비롯되는 정언명령 따위는 없다. 오로지 있는 것이라고는, 그 근거가 무엇이든 간에, 일종의 '참기 힘듦' 밖에는 없다. 이것에 대해서만은 싸우지 않으면 안 된다고, 참기 힘들 정도로 느끼는 감성, 바로 여기서 정치가 생겨날 가능성이 있는 것이다 (이 감성에 관해서는 뒤에서 다시 언급한다).

그렇지만 푸코는 이에 덧붙여 곧바로 하나의 정언명령을 제시한다.

> 투쟁과 진실이 맺고 있는 이토록 심각하고 근본적인 관계, 즉 그 안에서 수세기 동안 철학이 전개되어온 바로 이 차원은 이론적 담론 내부의 논쟁polémique 속에서 스스로를 극장화하다가 무미건조해지고, 결국 그 의미와 효과를 잃고 있다는 것입니다. 따라서 이에 대해서는 하나의 명령만을, 정언적이고 무조건적인 명령을 제안하고 싶습니다. 정치를 절대로 하지 말라는 명령이 바로 그것입니다.[55]

"정치를 절대로 하지 말라"는 이 정언명령은 특수한 의미로 이해되어야 한다. 세넬라르는 이 말을 1968년의 경험에 대한 푸코의 언급과 연결시키고 있다.[56] 1968년 당시의 푸코는 튀니지와 프랑스에서 근본적

---

55) Foucault, *Sécurité, Territoire, Population*, pp.5~6. [『안전, 영토, 인구』, 20쪽.]

56) Foucault, *Sécurité, Territoire, Population*, p.25, note 2. [『안전, 영토, 인구』, 20~21쪽.] 세넬라르가 논거로 인용한 것은 푸코와 이탈리아의 공산주의자 둣치오 트롬바도리와의 대담이다. Michel Foucault, "Entretien avec Michel Foucault"(1978), *DÉ*, t.4: 1980-1988. [이승철 옮김, 『푸코의 맑스: 미셸 푸코, 둣치오 뜨롬바도리와의 대담』, 갈무리, 2004. 이 한국어판은 영어판을 저본으로 삼은 것이다.]

으로 다른 것을 경험했다. 튀니지에서 벌어졌던 투쟁은 "개인적이고 신체적이며 실제적인 참여"였던 반면, 프랑스에서는 이론적 논쟁만이 번성했다고 푸코는 느끼면서 이에 실망감을 표시했다. 이것은 푸코의 '정치화'가 '정치'를 '논쟁'과 같은 것으로 여기는 것이 아님을 뜻한다. 그러니까 앞의 정언명령에서 절대로 하지 말아야 할 것으로서의 '정치'란 '논쟁'을 일삼지 말라는 뜻이다. 다시 말하면, 투쟁과 진리의 관계는 자칫하면 철학을 그 어떤 생산성도 없는 이론적 논쟁에 휘말리게 하기 때문에, 그렇게 하지 않도록 주의해야 한다는 것이다.

그렇다고 이 '정언명령'이 푸코의 역사적 경험만을 반영하고 있는 것은 아니다. 푸코는 논쟁과 정치의 관계에 관한 이론적 고찰도 남겼기 때문이다. 이것의 대략적인 개요가 잘 드러난 것이 1984년에 폴 레비노우와 행한 대담인 「논쟁, 정치, 문제화」이다. 푸코는 여기서 논쟁을 토론 discussion과 대립시키고 정치를 문제화problématisations와 대립시킨다.

푸코가 보기에 논쟁과 토론(혹은 대화)은 근본적으로 다르다. 논쟁은 권력관계의 강요인 반면에, 토론은 진실의 행위이다. 진솔한 토론은 "진실의 탐구 및 타자와의 관계에 관련된 것인 도덕"과 관계된 반면에, 논쟁가는 "자신이 사전에 간직하고 있으며, 결코 문제삼는 것을 받아들이려고 하지 않는 특권으로 가득 찬 채 나아간다." 논쟁가는 "원리상 전쟁[수행]을 허가하고 더욱이 이 투쟁을 정의의 기획으로 만드는 권리들을 소유하고 있는 자"이다. 논쟁가의 맞은편에 있는 것은 진리 탐구의 파트너가 아니라 '적수'adversaire, '적'ennemi, "잘못을 저지르고 해롭기만 하며, 따라서 실존 자체가 위협"인 자이다. 논쟁가에게 게임은 상대방을 "말할 권리를 가진 주체로 인정하기는커녕, 모든 가능한 대화의 상대방으로서도 부정해버리는 데 있다." 논쟁가의 최종 목표는 "어려운 진실에 가능한 한 가까이 접근하는 것이 아니라, 자신이 처음부터 명시적으로 담지하고 있는 정당한 대의가 승리토록 하는 것"이다. 논쟁가는 "정의상 그 적수가 그로부터 배제되는 정당성에 기대고 있는 것이다."[57]

이어서 푸코는 논쟁의 역사가 존재한다며 세 개의 역사적 모델, 즉 종교 모델, 재판 모델, 정치 모델을 제시한다. 종교 모델의 논쟁은 '적수의 잘못'을 '도덕적 잘못'이나 '유죄'라며 고발한다. 재판 모델의 논쟁은 대화 상대가 아니라 용의자가 유죄인 증거를 수집하고 판결을 내린다. 둘 다 진실을 말하지만, 권위를 좇아 말한다. 오늘날 가장 유력한 정치 모델에서 논쟁은 "동맹을 규정하고 동료를 모으며 이해관계나 의견을 집약하고 하나의 당파를 대표한다." 이 모델은 타자를 대립된 이해관계를 담지한 적으로 간주하고, 이 적이 소멸할 때까지 철저히 싸운다. 물론 논쟁은 실제의 투쟁이 아니며, 이런 이단의 배척, 파문, 유죄판결, 전투, 승리·패배는 말장난에 불과하다. 그렇지만 담론의 차원에서 이것들은 무의미하지 않다. 논쟁은 불모화하는 효과를 갖는다. 그래서 푸코는 이렇게 반문한다. "논쟁에서 어떤 새로운 생각이 생겨나는 것을 본 적이 있습니까?" 그런데 논쟁과 대화의 이런 근본적 차이보다 더 중요한 것은 "이 희극 속에서 전쟁, 전투, 전멸 혹은 무조건적 항복을 사람들이 흉내낸다"는 것이며, 위험한 것은 "이런 길을 통해 진리에 접근할 수 있다고 믿게 만드는 것, 따라서 이런 길에 의해 정당화될 수 있는 정치적 실천을 설령 단순히 상징적인 형식으로라도 실제로 승인하는 것"이다. 이런 논쟁적 태도와 거리를 두면서 푸코는 "나의 태도는 …… '문제화'의 차원에 속한다"고 말한다. "즉, [문제화란] 정치에 문제를 제기하는 듯한 사실, 실천, 사유의 영역을 수립하는 것"이다.[58]

이 문제화의 핵심에 놓인 것이 감성^{sensibilités}의 문제이다. 푸코는 권리, 인권, 국제적 시민권, 연대에 관해 보기 드물게 긍정적으로 말한 적

57) Michel Foucault, "Polémique, politique et problématisations"(1977), *DÉ*, t.4: 1980 -1988, pp.591~592. [정일준 옮김, 「논쟁, 정치, 문제제기」, 『미셸 푸코의 권력 이론』 (수정증보판), 새물결, 1995, 128~129쪽.]

58) Foucault, "Polémique, politique et problématisations," pp.592~593. [「논쟁, 정치, 문제제기」, 129~130쪽.]

이 있다. 푸코가 1981년에 해적 행위에 반대하는 국제위원회 창설 기자 회견 석상에서 읽은 다음의 글을 보자.

우리는 우리에게 일어나는 일을 견뎌내는 데서 공통적으로 뭔가 어려움을 겪고 있다는 것 이외에는 아무런 말할 자격도, 함께 말할 자격도 갖고 있지 않은 사적인 사람들로서 여기에 모여 있습니다.

물론 우리는 어떤 남성들과 여성들이 자기네 나라에서 사는 대신 그곳을 떠나려 하는 이유에 대해 우리가 별로 해줄 수 있는 것이 없다는 명백한 사실을 받아들입니다. 그것은 우리의 능력 바깥의 일입니다.

그렇다면 누가 우리를 [이런 일을 하도록] 임명한 것일까요? 그 누구도 아닙니다. 그리고 바로 이 점이 우리의 권리를 형성합니다. 제가 보기에 우리는 이런 발의를 인도한 세 가지 원칙을 염두에 둘 필요가 있는 것 같습니다. [······]

(1) 그것이 누구에 의해 저질러지든, 그리고 그 희생자가 누구이든 간에 모든 권력 남용에 반대해 분연히 일어나는, 자신의 권리와 의무를 지닌 국제 시민성이 존재합니다. 결국 우리 모두는 피통치자들이며, 이런 자격으로 우리는 연대하고 있습니다.

(2) 사회의 행복을 책임진다는 미명 하에 모든 국가의 정부들은 자신들의 결정이 야기한, 그리고 자신들의 태만이 허용한 사람들의 불행을 손익계산으로만 따지는 권력 남용을 저지르고 있습니다. 자신들의 책임이 아니라고 결코 말할 수 없는 수많은 사람들의 불행을 각국 정부들의 눈과 귀가 보고 들을 수 있도록 만드는 것이 이 국제 시민성의 임무입니다. 사람들의 불행은 결코 정치의 침묵하는 잔여물이 되어서는 안 됩니다. 이런 불행은 권력을 쥐고 있는 이들에 맞서 일어서고 자신을 주장할 수 있는 절대적 권리를 정초합니다.

(3) 흔히 사람들이 우리에게 제안하는 과업의 분산, 곧 분노하고 말하는 일은 개인들이 맡고, 성찰하고 행동하는 일은 정부가 맡는다는 분산

을 거부해야 합니다. 좋은 정부는 피통치자의 의분을 받아들인다는 것은 확실히 사실입니다만, 그것은 이 의분이 서정적인 것으로 머물러 있는 경우에만 한정됩니다. 아주 자주, 말하는 자는 통치자들이고, 통치자들은 말하는 것밖에는 할 수 없으며, 말하는 것밖에는 바라지 않는다는 것을 깨닫지 않으면 안 된다고 생각합니다. 경험이 보여주듯이, 우리는 우리에게 제시된 순전한 분개라는 배역을 거부할 수 있으며, 거부하지 않으면 안 됩니다. 국제사면위원회, 인간의지구[국제아동구호단체], 세계의사회는 새로운 권리, 곧 사적 개인들이 국제 정치와 전략의 질서 속에 실제로 개입할 수 있는 권리를 창조해낸 주도적 단체들입니다. 개인들의 의지는 정부가 독점하려고 해온 현실 속에 기입되어야 합니다. 이런 정부의 독점을 날마다 조금씩 탈취해야만 합니다.59)

시민사회, 개인의 자유와 권리, 자연권 등을 획득해야만 한다는 것으로 푸코의 이 글을 단순하게 해석해서는 안 된다. 그렇게 하는 것은 잘못일 것이며 최소한 오해의 여지를 남기는 것이다. 가령 "사적 개인들이 국제 정치와 전략의 질서 속에 실제로 개입할 수 있는 권리"라고 할 때, 이것은 자유주의적 의미의 권리가 아니라 역사적 의미의 권리이며, 지금껏 없었던 완전히 새로운 권리이다. 이 새로운 권리의 창설은 『"사회를 보호해야 한다"』 2강에서도 시사된다. "반규율적이지만 동시에 주권의 원리로부터 해방된 법[권리]의 방향을 향해야만 합니다"(59쪽).60) 아무

---

59) Michel Foucault, "Face aux gouvernements, les droits de l'homme"(1984), *DÉ*, t.4: 1980-1988, pp.707~708.

60) 이것에 비견되는 것이 있다면, 임마누엘 칸트의 세계시민으로서의 의무나 이성의 공적 사용 정도일 것이다. 실제로 우리는 이 선언문에서 칸트의 세계시민, 세계시민법, 세계시민의 체제를 곧바로 떠올릴 수 있다. Immanuel Kant, "Zum Ewigen Frieden"(1795), *Kleinere Schriften zur Geschichtsphilosophie, Ethik und Politik*, Hrg. Karl Vorländer, Hamburg: Felix Meiner, 1964. [이한구 옮김, 『영구평화론: 하나의 철학적 기획』, 서광사, 2008]. 칸트의 논의는 푸코가 『생명정치의 탄생』에서 애

튼 이 선언문의 마지막 문구는 개인들의 의지를 현실 속에 기입하는 변혁으로 이어지는, 최소한의 정치화에 대한 정의에 해당된다. 여기서 최소한의 정치화란 무엇보다 통치에 대한 '참기 힘듦'과 관련된다.

권력메커니즘을 더 위협적인 것으로 만드는 대신, 기존의 권력메커니즘을 떠받치는 문턱을 낮추기, 피부를 더 과민하게 만들고 감성을 더 다루기 힘들게 만들기, 권력의 행적과 그 행적의 소리를 줄이는 습관들에 대해 더 예민하게 참지 않기, 권력메커니즘을 작고 연약하며, 따라서 개방된 성격을 갖는 것처럼 보이게 만들기, 요컨대 공포를 강화하는 것이 아니라, 그 용어의 엄격한 의미에서 '용기를 북돋는' 현실 조치를 통해 두려움의 균형을 변경하기.[61]

[제 계획은] 광기, 정상성, 질병, 비행, 처벌에 관해 몇 가지 '명증성'이나 '상투적인 말'이 벗겨져 떨어지도록 도와주는 것, 또 다른 많은 것들과 더불어 몇몇 구절들이 더 이상 그렇게 손쉽게 말해질 수 없게 하는 것,

---

덤 퍼거슨의 『시민사회사』(1787)를 통해 분석하는 시민사회는 지구, 인류, 세계 등의 공동체가 아니다. 시민사회는 '국지화'된 공동체(가족, 촌락, 동업조합 등)이며, 그 외연을 최대한 확장해도 일국적인 것 이상이 아니다. 이런 점에서 보면 칸트의 세계시민사회는 공상에 가깝다. 그러나 경제의 공간이나 시장의 공간에는 이런 국지화, 영토성, 집단화가 존재하지 않는다. 경제의 공간에는 이해관계의 주체인 호모 에코노미쿠스가 살고 있으며, 이들은 이익을 위해서라면 공동체를 벗어나는 것도 마다하지 않는다. 이런 한에서 경제의 원리는 시민사회를 해체하는 원리이기도 하다. 그런데 푸코가 분석하는 시민사회는 "정치권력의 영구적 모체"라는 또 다른 특징을 갖고 있다. 이런 점에서 보면, 권력자의 존재나 권력의 위계질서 등은 계약에 의해 사후적으로 구성되는 것이 아니라 자연발생적으로 형성된다. 따라서 시민사회 이론은 권력관계를 정당화하는 이론이다. 이 때문에 푸코는 시민사회를 이론적 준거점으로 삼는 것을 일관되고 지속적으로 거부했다.

61) Michel Foucault, "Préface"(in *Les Juges kaki*)[1977], *DÉ*, t.3: 1976-1979, pp.139~140.

혹은 몇몇 몸짓이 더 이상 적어도 아무런 주저 없이 이뤄지지 않게 하는
것, 지각·행동의 방식에 몇몇 변화가 생기도록 기여하는 것, 감성의 형
식들과 관용의 문턱의 이 어려운 전이에 참가하는 것 등입니다.[62]

역사적 성찰의 관점에서도, 정치적 분석의 관점에서도 한 사회에서 불관
용의 문턱들은 크게 주목받을 만하다. 왜냐하면 이것들은 단순하게 '감
성'에 관한 사태일 뿐만 아니라 저항, 거부의 능력, 싸움의 의지에 관한
사태이기 때문이다. 문턱의 이런 전이들의 역사 전체는 시사하는 바가
많다. …… 불관용의 문턱은 바뀌는 것이라고 말해져야 한다.[63]

위 인용문들에서 알 수 있듯이 감성의 문제는 에토스, 곧 윤리의 문
제이다. 여기서 푸코의 정치화가 지닌 윤리적 형식이 나타난다. 1983년
4월 미국에서 행한 인터뷰 「정치와 윤리」에서 푸코는 "사실 제가 관심
을 갖고 있는 것은 정치보다도 도덕, 특히 윤리로서의 정치입니다"라고
말했다. 이미 일어난 것이나 통치의 수동성을 감수하지 않겠다는 태도,
이것은 "윤리적 태도이기도 하며 정치적 태도이기도" 하다.[64]

푸코는 국가이성, 자유주의, 신자유주의의 통치술을 2년 동안 검토
한 뒤, 그 결론격인 『생명정치의 탄생』의 마지막 강의(1979년 4월 4일)
에서 이렇게 말한다. "상이한 지표를 지닌 상이한 통치술의 게임이자 이
상이한 통치술이 불러일으킨 논쟁이 아니라면, 결국 정치란 도대체 무엇
일까요? 제게는 바로 여기서 정치가 생겨나는 것처럼 보입니다."[65]

---

62) Michel Foucault, "Table ronde du 20 mai 1978"(1980), *DÉ*, t.4: 1980-1988,
    pp.30~31.

63) Michel Foucault, "Postface"(in *L'Impossible Prison: Recherches sur le système péni
    -tentiaire au XIXᵉ siècle*)[1980], *DÉ*, t.4: 1980-1988, pp.35~36.

64) Michel Foucault, "Politique et éthique: Une interview"(1984), *DÉ*, t.4: 1980-
    1988, pp.586, 588.

통치와 그것에 대한 불관용·저항이 정치를 산출한다. 이것은 역사에 관한 독해틀인 동시에 현실에 대한 변혁의 계기이기도 하다. 그러나 이 변혁 또는 '불관용의 문턱'을 전이시키는 것은 '어려운' 작업이다. 그것은 직접적 행동에 의해 나오는 것도, 단순한 고발에 의해 나오는 것도 아니다. 오히려 이론적인 작업, '진리의 작업'이 필요하다. 그것이 이 변혁을 '유효'하게 수행하는 길이다.[66] 이런 점에서 볼 때 『안전, 영토, 인구』를 비롯해 이른바 통치성 연구를 통해 전개되고 있는 정치적 합리성에 대한 푸코의 분석과 비판은 이런 '정치화'를 통해 읽어볼 필요가 있을 것이다. 이럴 때에야 푸코가 말하는 정치적 합리성이 폭력과 맺고 있는 명시적 관계도 분명히 드러날 수 있을 것이다.

6. 푸코의 전쟁론(인종들 간의 투쟁론)이 다른 논자들의 그것에 비해 갖는 독특성은 무엇일까?

『"사회를 보호해야 한다"』를 통해 불랭빌리에의 이름을 처음 접한 사람도 있겠지만, 사실 그의 이름은 샤를 드 몽테스키외의 『법의 정신』(1748)과 시에예스의 『제3신분이란 무엇인가?』(1789) 같은 고전적 저작에 등장한다. 그리고 이와 관련된 '두 개의 인종[종족] 이론' 역시 유럽사회사 연구에서 이미 주목받았다. 이 이론에 따르면 평민은 갈리아족과 로마인이며, 귀족의 지배권은 게르만족의 정복에서 찾을 수 있다. 이미 16세기에 싹튼 이 이론을 나중에 불랭빌리에가 부활시켰으며, 이 것이 계몽주의 시대의 가브리엘 보노 드 마블리 신부를 거쳐 시에예스에게 영향을 줬고, 티에리와 프랑수아 기조의 입헌군주제적인 부르주아적 자유주의 역사관으로 결실을 맺었다는 것이다.[67]

---

65) Foucault, *Naissance de la biopolitique*, p.317. [『생명관리정치의 탄생』, 433쪽.]

66) Michel Foucault, "Une mort inacceptable"(1977), *DÉ*, t.3: 1976-1979, p.8.

67) 불랭빌리에의 인종 담론에 대해서는 다음을 참조하라. Stoler, *Race and the Educa-*

인종주의나 인종 담론을 특정한 역사가들에서부터 추적해 들어간다
든지, 귀족계급에서 기원했음을 드러낸다든지 하는 것 역시 푸코가 처
음으로 한 것이 아니다. 여기서는 두 사람을 즉각 꼽을 수 있는데, 한 명
은 아렌트이고 다른 한 명은 잘 알려지지 않긴 했지만 클로드 레비-스
트로스이다. 아렌트는 『전체주의의 기원』의 제2부 6장(「인종주의 이전의
인종사상」)에서 불랭빌리에를 인종주의적 사유의 기원으로 상세하게 다
루면서, 불랭빌리에의 논의가 19세기 조제프 아르튀르 드 고비노의 인
종주의 이론에 의해 어떻게 수정됐는지를 고찰했다.[68] 레비-스트로스
역시 고비노와 관련지어 불랭빌리에의 역사관을 문제삼았다. 비록 각주
에서 언급하고 있는 데 지나지 않기는 하지만, 레비-스트로스는 『야생
의 사고』 마지막 장(「역사와 변증법」)에서 장-폴 사르트르가 『변증법적
이성 비판』에서 제시한 역사관을 날카롭게 비판하며 고비노의 반(反)역사
가 불랭빌리에의 발명이었다고 지적했다.[69]

이렇게 보면 푸코의 독특성은 별로 없는 듯하다. 그러나 푸코의 분석
은 단순히 '인종'이라는 용어의 개념사나 인종전쟁 논의의 계보를 추적
하는 것에 그치지 않는다. 무엇보다 푸코는 개념이나 용어의 연속이나

tion of Desire; Jacques Barzun, *The French Race : Theories of Its Origins and Their
Social and Political Implications Prior to the Revolution*, New York: Kennikat
Press, 1932; André Devyver, *Le sang épuré: Les préjugés de race chez les gentils-
hommes francais de l'Ancien Régime, 1560-1720*, Bruxelles: Université de Bruxell
-es, 1973; Arlette Jouanna, *L'idee de race en France au XVe siècle et au début du
XVIIe siècle, 1498-1614*, Paris: Champion, 1976; François Furet et Mona Ozouf,
"Deux légitimations historiques de la société francaise au XVIIIe siècle: Mably et
Boulainvilliers," *L'Atelier de l'histoire*, Paris: Flammarion, 1982.

68) Hannah Arendt, *The Origins of Totalitarianism* (1951), New enl. ed., New York:
Harcourt, Brace and World, 1968, pp.162~165. [이진우·박미애 옮김, 『전체주의의
기원 1』, 한길사, 2006, 325~330쪽.]

69) Claude Lévi-Strauss, *La Pénsée Sauvage*, Paris: Plon, 1962, pp.346~347. [안정남
옮김, 『야생의 사고』, 한길사, 1996, 373쪽.]

단절 같은 이분법적 파악 대신에, 주변화된 담론이 어떻게 새로운 형식으로 중심에 진입하면서 재주조되는지, 그 중층적 과정을 드러낸다. 또 푸코는 인종이라는 용어가 다양한 정치적 진영에 의해 이용됐다고 지적하는 것에 그치지도 않는다. 푸코는 인종전쟁 담론이 '이데올로기'에 불과한 것이 아니라고 주장한다. 다시 말해 이것은 투쟁 속에 투입된 앎이며, 상이한 입장으로 전이가능한 것임을 강조한다. 다른 한편 푸코는 이 앎이 18세기부터 19세기에 걸쳐 이뤄진 국가에 의한 앎의 규율화를 통해 국가화(국유화)되고, 결국에는 국가인종주의의 형성에 기여하게 된 경위에 관해서도 날카롭게 지적한다. 이런 점을 감안하면 푸코의 독특성은 **계급투쟁 담론과 인종투쟁(국가인종주의) 담론이 전쟁 담론에서 파생됐다**고 주장한 점에 있다. 이 독특성은 아렌트나 베네딕트 앤더슨의 논의와 대비시킬 때 분명해진다. 가령 아렌트는 19세기에 돌출된 두 개의 '이데올로기'가 계급투쟁과 인종주의라고 지적하면서, 불랭빌리에의 논의를 오직 인종주의와 연결해 논의할 뿐이다. 또 앤더슨은 인종주의의 기원이 민족 이데올로기가 아니라 계급 이데올로기에 있다고 지적하면서, 고비노를 인종주의의 기원으로 간주한다.[70] 이런 앤더슨의 논의에는 두 개의 난점이 있다.[71] 첫째, 앤더슨은 귀족층의 인종주의와 부르주아지의 인종주의, 즉 근대적 인종주의가 완전히 다르다는 점을 간과하고 있다. 둘째, 인종주의가 민족이 아니라 계급에서 파생된 이데올로기라고 주장함으로써 민족주의에 대해 면죄부를 준다는 점이다. 이에 반해 푸코는 맑스주의와 관련해 매우 분명하게 지적하듯이, 민족·계급·인종이라는

---

70) Benedict Anderson, *Imagined Communities: Reflections on the Origin and Spread of Nationalism Sauvage*, London: Verso, 1983, p.137. [윤형숙 옮김, 『상상의 공동체: 민족주의의 기원과 전파에 대한 성찰』, 나남, 2003, 194쪽.]

71) Stoler, *Race and the Education of Desire*, p.30. 한편, 아렌트와 앤더슨의 논의가 서로 똑같은 것은 아니다. 앤더슨은 고비노의 인종주의가 나치로 그대로 이어진다고 보는 경향인 반면, 아렌트는 이보다 더 미묘한 입장을 취하고 있다.

단위보다는 이 말들의 다의성이나 가변성, 곧 '투쟁'이나 '전쟁'에 강조점을 둠으로써, 계급과 민족주의를 대립적이거나 모순적인 것으로 보는 곤궁에서 벗어나고 있다. 인종주의가 귀족층의 담론에서 부르주아지의 담론으로 전이되는 과정을 전쟁 담론이 '국가화'되는 메커니즘으로 파악하는 것은 무엇보다 이와 관련되는 것이다.

7. 푸코가 『"사회를 보호해야 한다"』를 강의하던 시기의 정세에 대해서는 폰타나와 베르타니가 「강의정황」에서 (조금 나열식이기는 하지만) 굵직한 사건들을 중심으로 유용하게 잘 정리하고 있다. 그래도 굳이 몇 마디 덧붙인다면, 다음과 같은 사항이 있을 것이다. 이 시기(1975~76년)는 푸코가 예감하지 못했고 편집자들도 지적하지 않은 "미소 냉전의 종언"과는 상당히 거리가 먼 시대였고, 소련과 동구권에서 반체제 지식인들의 운동이 활성화되던 시기였다. 프랑스로 좁혀 말하면 1981년에 좌파연합을 통해 프랑수아 미테랑 정권이 탄생하기 전이며, 사형제도가 아직 폐지되지 않았던 시대이다. 그러니까 '현실 사회주의 체제'의 붕괴를 뜻하는 1989년의 베를린 장벽 붕괴가 일어나기 한참 전이고, 인터넷은 아예 듣도 보도 못한 시대이며, 전지구화도 시장원리주의도 신자유주의도 '실천'되기 훨씬 전이다. 당시의 지적인 상황을 보면, 자크 라캉은 콜레주드프랑스와 그리 멀지 않은 파리1대학에서 세미나를 열고 있었고, 당시에는 검은 머리였던 자크 데리다가 파리 고등사범학교에서 강의를 하고 있었다. 롤랑 바르트는 푸코의 도움으로 콜레주드프랑스의 문화사회학 교수로 초빙됐고, 질 들뢰즈와 장-프랑수아 리오타르는 뱅센느에 있는 파리8대학에 교수로 재직 중이었다. 즉, 이 시기는 이른바 '포스트구조주의' 철학자들이 전성기를 구가하던 시기이자 1980년대에 활기차게 벌어지기 시작한 '포스트모던 논쟁'이 일어나기 전이다.

　이런 시차時差를 감안하(지 않)더라도, 혹은 푸코의 사유 전체에 대한 나와 독자들 사이의 시차視差를 감안하(지 않)더라두, 『"사회를 보호해야 한다"』는 어떻게 보면 강한 의미에서 '실패'한 것이거나 약한 의미에서 '불충분'한 것일지도 모른다. 이런 입장은 통치성 논의에 입각한 논자들 중 일부가 지적하는 것이기도 하다. 실로 앞에서 내가 구구절절 적어 놓은 것도 분명히 하나의 '독해'에 불과하다. 그리고 이 독해 자체에서 내가 전혀 생각하지도 못한 모순이나 비일관성을 찾아내는 현명한 독자들도 있을 것이다. 그것이 무엇이건 의도적 오독도 포함된 생산적 독해가 풍성하게 무르익기를 바란다. 예상보다 많이 늦어진 번역본을 기다렸을 독자들에게 죄송한 마음으로 고개를 조아린다.

찾아보기

표지그림

Unknown, "Battle between Clovis and the Visigoths," miniature, penwork on vellum, 95×185cm, 1325~1335, in Jacob van Maerlant, *Spiegel Historiael of Rijmkronijk met aanteekeningen door Jacob Arnold Clignett*, Leyden: Frans de Does, 1784, fol.158r

"사회를 보호해야 한다" 콜레주드프랑스 강의 1975~76년

초판 1쇄 인쇄 | 2015년 1월 19일
초판 1쇄 발행 | 2015년 1월 26일
초판 2쇄 발행 | 2018년 1월 22일
초판 3쇄 발행 | 2023년 6월 19일

지은이 | 미셸 푸코
옮긴이 | 김상운
펴낸곳 | 도서출판 난장·등록번호 제307-2007-34호
펴낸이 | 이재원
주   소 | (04380) 서울시 용산구 이촌로 105 이촌빌딩 401호
연락처 | (전화) 02-334-7485 (팩스) 02-334-7486
블로그 | blog.naver.com/virilio73
이메일 | nanjang07@naver.com

책값은 뒤표지에 있습니다. 잘못 만들어진 책은 구입하신 서점에서 바꿔드립니다.
ISBN 978-89-94769-17-2 04100
ISBN 978-89-94769-01-1 (세트)

이 도서의 국립중앙도서관 출판예정도서목록(CIP)은
서지정보유통지원시스템 홈페이지(http://seoji.nl.go.kr)와
국가자료공동목록시스템(http://www.nl.go.kr/kolisnet)에서 이용하실 수 있습니다.
(CIP제어번호: CIP2014036470)